“十二五”国家重点出版物出版规划项目
铁路科技图片出版基金资助出版

高速铁路特长水下盾构隧道施工技术

洪开荣 著

中国铁道出版社

2014年·北京

内容简介

本书以广深港高速铁路狮子洋水下隧道工程施工技术为基础，以大量工程建设中的数据、经验和教训为依托，全面客观地对高速铁路特长水下盾构隧道施工技术进行分析、总结和提升，提出一些理念与原则，对今后我国跨江越海长大隧道工程建设具有一定的指导意义。

全书共分9章，主要内容有：狮子洋水下隧道工程地质特点及盾构选型、大直径泥水盾构及设备配套、现场组装与始发、水下盾构隧道结构力学特征分析、施工期管片上浮及控制、盾构掘进引起地层变形与控制技术、高磨耗性地层盾构刀具比选与减压限排换刀技术和泥水盾构掘进控制与对接技术。

本书可供隧道及地下工程修建中的设计、施工、科研等技术人员及广大师生使用和学习。

图书在版编目(CIP)数据

高速铁路特长水下盾构隧道施工技术/洪开荣著.
—北京：中国铁道出版社，2013.10（2014.02重印）
ISBN 978-7-113-16062-3
Ⅰ.①高… Ⅱ.①洪… Ⅲ.①高速铁路—水下隧道—隧道施工—盾构法 Ⅳ.①U459.1
中国版本图书馆CIP数据核字(2013)第021199号

书　　名：高速铁路特长水下盾构隧道施工技术
作　　者：洪开荣 著

责任编辑：徐　艳　**电话**：010-51873193
编辑助理：张卫晓
封面设计：冯龙彬
责任校对：马　丽
责任印制：郭向伟

出版发行：中国铁道出版社（100054，北京市西城区右安门西街8号）
网　　址：http://www.tdpress.com
印　　刷：中国铁道出版社印刷厂
版　　次：2013年11月第1版　2014年2月第2次印刷
开　　本：787 mm×1 092 mm　1/16　**印张**：19.25　**字数**：482千
书　　号：ISBN 978-7-113-16062-3
定　　价：85.00元

作者简介

洪开荣(1965～),男,博士,教授级高级工程师,中铁隧道集团有限公司总工程师,盾构及掘进技术国家重点实验室主任。现任中国土木学会隧道及地下工程分会常务理事、秘书长,中国岩石力学与工程学会常务理事,《隧道建设》期刊编委会副主任。

编者长期从事隧道及地下工程的技术研究和管理工作,先后主持了太平驿引水隧洞的岩爆防治技术、我国首座地下储气洞库修建技术、浅埋跨江越海隧道建设技术、高速铁路特长水下隧道修建技术、城市地铁大型暗挖车站修建技术等重大课题的研究工作。提出的复合盾构理念与方法,极大地推动了我国地铁修建技术的进步,并持续推进我国盾构技术的自主创新和产业化发展;提出的水下浅埋大跨互通立交隧道的施工技术以及目标型注浆方法与工艺,保障了我国首座钻爆法海底隧道和首座水下立交互通隧道的顺利建成。先后参加了我国铁路、公路、水电、地铁与市政等重难点隧道工程建设,公开发表论文30余篇,并出版专著8本,获国家科技进步一等奖一项、二等奖一项,省部级科技进步奖一等奖两项。获第七届詹天佑青年奖和第九届詹天佑成就奖,2006年获国务院政府特殊津贴。

序

我国拥有1.8万公里的陆地海岸线、6000多座岛屿，同时还有上百座因“择水而居”理念建设的城市，如何改善海岸交通条件，加强大陆与岛屿的连接、改善城市两岸的交通，拓展城市发展空间，是我国经济发展必须面临的问题。

近年来，隧道建设者们做出一些有益的探索，建成厦门翔安海底隧道、胶州湾海底隧道、长沙湘江水下互通立交隧道等重大工程。目前国内外对采用水下隧道作为跨越江河湖海方式已基本形成共识，也标志着水下隧道时代的来临，广深港高速铁路狮子洋隧道就是一个例证。

狮子洋隧道10.8 km，三次穿江越洋，其中狮子洋水面宽达3 300 m，水深达26.6 m，设计水压达0.67 MPa，是国内首条特长铁路水下隧道，也是我国第一条特长水下盾构隧道。其在软土地层、软硬不均地层和全岩层中采用大直径泥水盾构施工，也是国内首次采用盾构“相向掘进、地中对接、洞内解体”的施工技术，其技术难度及施工风险相对较大。另外，在这本专著中，作者对盾构管片结构设计方法进行了较系统的研究。认为目前盾构拼装式管片在周边介质发生变化时会成为外扩式不稳定结构，极易导致隧道失稳。特别是狮子洋隧道为水下高速铁路隧道，对管片的使用寿命要求很高，增加二次衬砌以确保隧道结构稳定和隧道的耐久性，这才是真正的百年大计。

在狮子洋水下隧道施工过程中，本书作者精心组建具有高技术水平的管理团队，以高度的社会责任感、讲科学的建设理念、勇于探索的精神，先后攻克“高水压、强渗透”地质条件下，盾构带压更换刀具等多项世界性技术难题，成功穿越深水、淤泥和超浅埋地段，实现盾构的水下精确对接。

经过4年多的施工与建设，在所有参建方的共同努力下，狮子洋水下铁路隧道顺利建成，目前运营良好。在施工过程中，建设者们克服了许多技术难题和想象不到的困难，取得许多宝贵的经验和教训。他们编著的《高速铁路特长水下盾构隧道施工技术》是一部很好的施工技术总结，其全面、客观地将狮子洋水下隧道地质复杂、技术难度高的特征反映出来，是一部能开拓思路、很有应用与创新价值的书，我从内心感到高兴，因为这样的书是来自工程实践、资料真实。本专著所述的施工经验及技术很宝贵，以后我国修建三大海峡隧道都可以借鉴和参考。

愿作者继续努力，为我国隧道及地下工程建设事业作出更大的贡献。

中国工程院院士

2012年12月

前　言

广深港高速铁路是我国中长期铁路网规划"四纵四横"之"北京—广州—深圳—香港"高速铁路的重要组成部分，对于拉动珠三角经济圈的发展具有重要意义。全线控制工程——狮子洋隧道在国内首次采用"相向掘进、地中对接、洞内解体"施工方式，被工程界专家誉为"中国铁路世纪隧道"，是我国铁路隧道从"穿山越岭时代"向"跨江越海时代"迈进的标志性工程。

本书以广深港高速铁路狮子洋隧道工程为依托，对高速铁路水下盾构隧道结构力学特征及盾构掘进与对接技术进行深入的研究，实现上千次的水下高压进仓作业，攻克了强渗水、管片上浮、盾构姿态控制等一系列难题，全面系统地论述跨江越海隧道盾构施工关键技术，对我国将来跨江越海盾构隧道的修建具有重要的参考价值与指导作用。

本书 9 章内容全部由洪开荣策划，第 1、2、3、5、7、8 章由洪开荣主笔执写，方俊波、李凤远、李洋参与编写；第 4、6 章由方俊波主笔执写，杜闯东、郑清君、李凤远参与编写；第 9 章由杜闯东主笔执写，方俊波、洪开荣、郑清君参与编写。本书第 1 章概述狮子洋水下隧道工程特点和技术难点。第 2 章介绍狮子洋水下隧道工程地质特征和盾构选型。第 3 章详细介绍狮子洋隧道所采用的大直径泥水盾构机的主要组成和性能参数，及其主要结构、关键系统和附属系统等。第 4 章介绍泥水盾构现场组装方案、调试和盾构始发技术，并结合实际应用，重点介绍施工中对盾构所进行的适应性改造。第 5 章对盾构管片结构受力进行较系统的研究，提出减少管片配筋率以提高经济性等观念，研究结果显示高速铁路拼装式管片衬砌水下隧道设置二次衬砌很有必要。第 6 章对管片设计、生产工艺流程、管片上浮机理及上浮量的计算、数值模拟及实测结果、控管片上浮措施等关键性技术进行介绍。第 7 章通过大量监测数据与分析，得出盾构掘进时隧道纵向、横向地表沉降和地中土体水平位移规律。第 8 章通过对岩土层磨蚀性与岩土成分试验、刀具的金相分析，寻找刀具磨损规律，并结合掘进效果对刀具进行比选，同时提出"减压限排换刀技术"。第 9 章介绍盾构姿态的控制方法，总结掘进参数、泥浆参数等在盾构掘进中的重要地位；并通过研究对接点的工程地质和水文地质以控制对接点的围岩稳定，对接点的贯通精度进行估算以控制对接精度，在此基础上制定对接及解体施工方案。

"平步越高山，谈笑跨江海"，这是隧道与地下工程建设者的梦想，也是隧道科技未来使命之所在，期望本专著能对我国将来的跨海隧道建设提供参考与借鉴。

在编写本专著的过程中，参考有关单位和学者的技术资料，并引用其中部分内容及试验数据。在全书组稿过程中，中铁隧道集团有限公司教授级高工方俊波全程参与，并做了大量细致的工作；在成稿过程中也得到许多基层技术人员的支持与帮助，在此一并向他们致以诚挚的感谢！

此外，无论是项目施工过程还是本专著编写，都得到了王梦恕院士、谭忠盛教授等专家学者的精心指导和帮助，在现场调研、理论分析、试验和技术总结中，得到了北京交通大学、中铁隧道集团技术中心等单位和同仁的大力支持和帮助，并得到国家国际科技合作专项项目（编号 2011 DFB 71550）和河南省创新型科技人才队伍建设工程项目的资助，在此对他们表示衷心的感谢！

在本书的出版过程中，中国铁道出版社高度重视，并给予出版基金的支持，在此对出版社的各相关人员表示忠心的感谢。

尽管付出大量的心血，但书中不可避免会有错漏或不当之处，有些提法也可能需要大家一起讨论，敬请提出并指正。

作　者

2012 年 11 月 28 日

目　　录

1 概　　述

1.1 工程背景

随着社会的发展,可利用土地资源相对减少,交通压力日益增大,环境保护越来越受重视,为实现可持续发展,隧道及地下空间的开发将发挥重要的作用,特别是江河、海峡两岸的交通问题亟需解决。然而,基于"资源节约型、环境友好型"的发展观念,为减少对两岸的环境影响和破坏,提高土地资源的利用率,同时保障运营不受气候的影响,确保有有效的抗震性能和抗战性能,因此以跨江越海隧道的方式将会越来越多。就铁路而言,以往铁路隧道的行车速度目标值较低,在跨江越海工程中,大多采用桥梁方式,随着高速铁路运行速度目标值的提高,线路标准要求更高,而大跨度的桥梁难以解决振动和舒适度问题,同时部分通航标准要求较高的大江、大河,对于设置水中墩特别敏感,对防洪也提出了较高的要求,因此,水下隧道的优势明显加大,所以在穿越较大的水域时,世界上大多数国家都采用隧道水下穿越方式。

目前,我国正在建设连接港珠澳的伶仃洋跨海工程,在主航道上,因为航道资源的要求和香港机场起降限制,采用长度 6 km 沉管隧道方式修建。此外正在规划设计的海峡隧道有 3 条,分别是连接广东和海南两省的琼州海峡跨海工程、连接大连与烟台的渤海湾跨海工程、连接福建和台湾的台湾海峡跨海工程。

广东、海南两省间由于琼州海峡相隔,目前琼州海峡的运输主要以轮渡为主,包括粤海铁路也是采用轮渡方式。琼州海峡是国道主干线——黑龙江至海南三亚的同三高速公路的必经之地,因此跨海工程是同三高速公路的"咽喉"。由于受台风(年平均 27 次,登陆时风力在 12 级以上)、浓雾(年平均日数为 23 d,最多 43 d)等不良气象条件的影响,琼州海峡每年不适航天数在 80 d 左右,阻碍了同三高速公路的畅通,并在一定程度上制约了海南的经济发展。建造跨海大桥同样面临着以下困难:琼州海峡最窄处近 20 km,海水深度在 20～117 m 之间,海底地质条件复杂,而且由于海水较深,海床下 200 多米深未见基岩,给桥梁的基础施工带来较大的难度。同时,根据航道计划,该海峡还要求具备 30 万吨油轮通行,则其安全航道宽度不得小于 1 400 m,通航净高要超过 70 m,其技术难度巨大,工程造价也会急剧增加。琼州海峡的浓雾、暴风雨天气使得桥梁方案亦难以保证全天候通行,另外桥梁方案不利于国防要求,桥梁目标明显,易于遭到战略轰炸,且残桥又会妨碍潜艇与航母通过。据初步估算,在此处建桥,其造价不会低于 5 万元/m^2(按桥面面积计),要高于相同车道隧道工程。而修建隧道则不受气候的影响,可以保证全天候通行,且不会对所在海域造成污染,不干扰海面通航,因此隧道方案比桥梁方案更具优势。

台湾海峡最窄的地段是从福建福州市附近的平潭到台湾台北市附近的新竹,直线距离约 125 km,海峡深度普遍在 80 m 以内。计及隧道在两岸的延伸总长可能达 135 km。这条线路的两端均靠近台湾和福建的政治、经济、文化中心。此外,从福建的厦门经金门、澎湖到台湾的台南以北,也是一个可供选择的方案,其优势是中间有几个岛屿,不过线路要长得多。专家们设想中的台湾海峡桥梁、隧道工程建设有北线、中线和南线三个方案，起点均在福建。其中最短的是北线隧道，起于福建的平潭，止于台湾的桃园海滨，长 125 km；最长的是南线，即厦门—金门—澎湖—嘉义海滨，跨海总长约 207 km；中线从福建莆田到台湾中部，因为此线的海底地质情况复杂，已很少再被提及。

总之，我国水下隧道的建设刚刚起步，随着我国经济腾飞的迫切需要和工程建设的不断发展，跨洋越海隧道工程将会愈来愈多，如琼州海峡隧道、渤海湾桥隧工程以及台湾海峡隧道的修建将提到议事日程。连接港珠澳的伶仃洋跨海工程已开始实施。连接大连与烟台的渤海湾跨海隧道已进入论证阶段。

广深港高速铁路狮子洋水下隧道修建技术具有重要的理论意义和现实意义，其技术成果与工程建设经验必将会对以上海峡隧道的建设提供很好的借鉴作用，尤其是对琼州海峡隧道的建设有一定的参考价值。

1.2　工程概况

广深港高速铁路北起广州新铁路枢纽的广州南站，经南沙区黄阁镇下穿狮子洋后进入东莞市、深圳市，然后经深圳皇岗进入香港，全长 146 km，线路按上下行双线设计，设计时速为 350 km。狮子洋水下隧道为整个广深港高速铁路的控制性工程，该隧道位于珠江三角洲平原区，处于广深港高速铁路东涌站—虎门站区间内。线路在出东涌站后，在沙公堡以 7 000 m 的曲线半径右转进入隧道，然后以直线下穿小虎沥、小虎岛、沙仔沥、沙仔岛、珠江航运的主航道——狮子洋水道、虎门港沙田港区后，以 7 000 m 曲线半径左转下穿沿江高速公路后出地面，线路部分地段下穿民居。狮子洋水下隧道由明挖引导段、明挖暗埋段、双洞单线盾构隧道组成，起止里程为 DK33＋000～DK43＋800，全长 10.8 km。狮子洋隧道立面布置如图 1-1 所示。

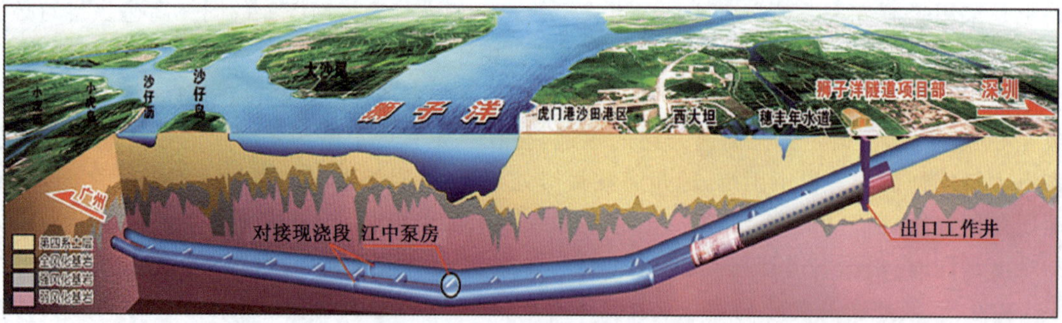

图 1-1　狮子洋水下隧道布置图

狮子洋水下隧道最大纵坡为 20‰，最小纵坡为 3‰。盾构隧道最大覆土 52.3 m，最小覆土 7.8 m；河道内的隧道最小覆土 8.7 m，水深最大 26.6 m 处的隧道覆土 26.0 m。盾构隧道大部分处于砂岩、砂砾岩中，部分地段穿越软硬不均地层，穿越基岩的最大单轴抗压强度为 82.8 MPa，基岩的渗透系数达 6.4×10^{-4} m/s，基岩的石英含量最高达 55.2%，岩石地层的黏粉粒（≤75 μm）含量为 26.1%～55.3%。隧道范围内地下水位处于地表以下 0.5～1.2 m。狮子洋水下隧道纵剖面如图 1-2 所示。

本区段两条 ϕ10.80 m 的盾构隧道，采用 4 台气垫泥水加压式平衡盾构相向掘进，并于洋底对接。气垫泥水加压式平衡盾构是一个具备多种功能于一体的综合性设备，该设备集合盾

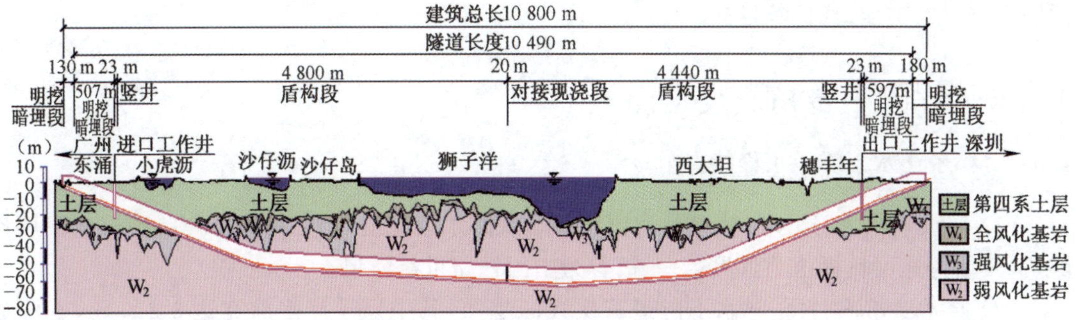

图 1-2 狮子洋水下隧道纵剖面图

构施工过程中的开挖、出渣、结构安装、注浆、导向等全部功能。

隧道平面为直线，左、右线间距约为 17～22 m。纵断面设置了 2 段竖曲线，曲线半径 25 000 m，总长度 675 m，占总体长度的 15%。

狮子洋水下隧道盾构段隧道长 9 340 m，内径 9.8 m，外径 10.8 m，管片厚度 500 mm，管片宽度 2.0 m，管片采用“7＋1”分块模式的通用楔形环，盾构隧道的有效净空面积为 65 m^2。狮子洋水下隧道限界如图 1-3 所示，管片结构如图 1-4 所示。

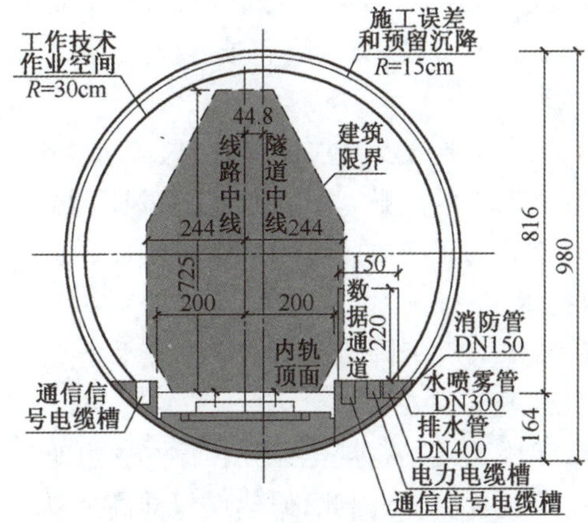

图 1-3 狮子洋水下隧道限界图(单位：cm)

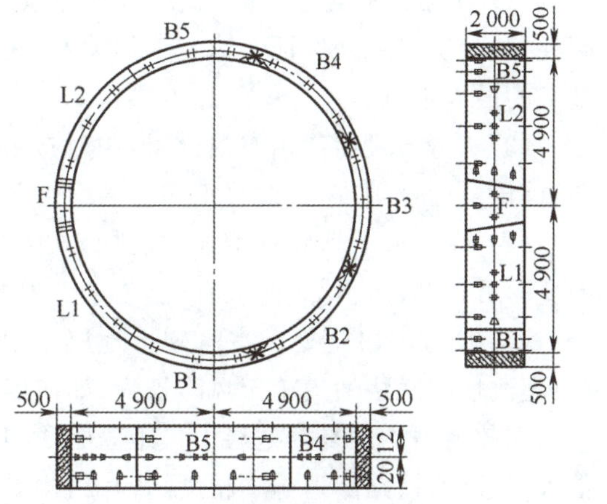

图 1-4 管片结构分块图(单位：mm)

盾构隧道以管片自防水为主，接缝采用两道弹性密封止水条防水。

本工程是广深港高速铁路的控制性工程，也是国内高速铁路工程中第一个水下盾构隧道工程，具有项目建设规模大、技术要求高、建设周期长、系统复杂、项目质量要求高、技术复杂、技术风险大等特点，而且隧道水压高、线路长、地层渗透性大、运行速度快，设计采用洋底“地中对接、洞内解体”的盾构施工方法亦为国内首创，无借鉴先例。

本隧道分为 2 个标段(SDⅡ标、SDⅢ标)相向施工，SDⅢ标承担从隧道出口向隧道进口的施工任务，其两台盾构从东莞侧出口盾构井始发，穿越穗丰年村、穗丰年水道、西大坦，在狮子洋底与 SDⅡ标盾构对接。本书主要以 SDⅢ标即出口段的盾构隧道施工为主要对象展开论述。

SDⅢ项目实行“项目法管理、专业化施工、专家资源支持”的项目组织方式，以质量管理体系标准、职业健康安全管理体系标准、环境管理体系标准进行控制，应用网络技术进行资源和进度的动态管理，贯彻“构筑世纪工程、打造世界品牌”的项目管理理念，全面实现本项目施工的安全、质量、工期、环保等目标。

1.3 工程的主要特点及难点

1.3.1 狮子洋水下隧道工程特点

(1) 建设规模大：狮子洋隧道是我国第一条铁路水下隧道，也是我国第一条特长水下盾构隧道，其运行速度目标值为世界第一，被誉为中国铁路世纪隧道。

(2) 技术要求高：狮子洋水下隧道三次穿江越洋，其中狮子洋水面宽达 3 300 m，水深达 26.6 m，设计水压达 0.67 MPa，为我国目前水压最大的水下盾构隧道。

(3) 科技含量高：盾构隧道处于软硬不均地层中，且在国内是首次采用“相向掘进、地中对接、洞内解体”的盾构施工技术。

1.3.2 狮子洋水下隧道施工技术难题

狮子洋水下隧道在我国隧道建设史上具有里程碑意义，其主要技术难题是：

(1) 通过大直径、长距离、高水压、软硬不均地层水底隧道的盾构选型，来确保破岩与切土协调、有效稳定工作面、高效密封防止涌水、保障环流畅通，是本工程施工的重大难点。

(2) 在黏粉粒含量高的地层中，盾构施工极易形成“泥饼”，且刀具易磨损，如何降低刀具磨耗、减少换刀量是保证快速施工的关键；在高水压下更换刀具，其风险和难度极大，是本工程施工的最大难点。

(3) 盾构长距离“相向掘进、地中对接、洞内解体”，对接精度要求高、安全风险大、技术复杂、拆机与运输困难，且对接工作面的稳定关系到整个工程的成败，是工程的主要风险点。

(4) 特长水下软硬不均地层、拼装式管片隧道，在高速列车的运行下，如何保证隧道结构的变形可控、防水可靠、防灾有效，是本工程的关键技术。

(5) 明挖段隧道处于富水软土地层中，如何确保其工后沉降满足运营要求；水下软土地层、超浅埋的联络通道施工风险极大，如何确保安全至关重要。

在软硬不均的复杂地层中长距离的采用盾构修建大直径、高水压的水下盾构隧道难度非常大，且高速铁路隧道施工精度、管片结构受力等技术要求更高，因此，修建广深港高速铁路狮子洋水下隧道就给予了施工单位更严峻的挑战。

2　狮子洋水下隧道工程地质特点及盾构选型

2.1　狮子洋水下隧道地层特点

2.1.1　隧道工程地质

(1) 地形、地貌

狮子洋水下隧道工程所在地位于珠江三角洲冲积平原区，地形平坦开阔。线路自西向东跨越狮子洋水道，水深流急，在过江处江面宽达 3 300 m，主航道宽约 700 m，最大水深 26.6 m。隧道陆域段上方有村庄、房屋、水塘、道路，河渠密布，地面标高－0.8～1.5 m。隧道所处区域水系发育，其间还跨越较多小河涌。

(2) 地层

根据前期勘察报告可分为：第四系全新统人工填土层(Q_4^{ml})；第四系全新统海陆交互层(Q_4^{mc})；第四系残积层(Q^{el})；基岩主要为下白垩系(K_1b)，按风化程度可分为全风化、强风化、弱风化。地层由上而下分别为。

1) 人工填土层(Q_4^{ml})

主要为素填层，局部为杂填土及耕植土，颜色主要呈土灰色、褐黄色等，由黏性土组成，属Ⅰ级松土，实测标贯击数 2～4 击。本层主要分布在珠江两岸，厚层 0.40～3.55 m，平均厚度 1.36 m。

2) 海陆交互相沉积层(Q_4^{mc})

① 粉质黏土层：本层零星分布，呈灰色、土灰色，大部分呈软塑状，局部硬塑状，层厚 0.50～9.20 m，平均 2.51 m；标贯击数一般 2～11 击，平均击数 7.2 击。

② 淤泥层：本层分布广泛，呈深灰色、灰黑色，主要成分为黏粒，含少量粉粒，手感滑腻，属高压缩性土，土质较均匀，局部夹粉砂薄层，属Ⅱ级松土。该层层厚 0.80～17.50 m，平均层厚 5.27 m；标贯击数一般 1～5 击，平均击数 2.3 击。

③ 淤泥质土层：本层分布广泛，呈深灰色，主要成分为黏粒，含有机质，饱和、流塑状。该层层厚 0.65～12.85 m，平均层厚 4.09 m；标贯击数一般 1～7 击，平均击数 2.8 击。

④ 粉土层：本层零星分布，呈深灰色，组成物主要为粉粒、黏粒，很湿，稍密，局部松散，标贯击数一般 2～6 击，平均击数 3.3 击，层厚 1～3.5 m，平均层厚 2.22 m。

3) 冲积层(Q^{al})

① 黏性土层：本层大部分地段有分布(主要为珠江两岸)，呈褐黄色、灰色、杂色等，组成物主要为粉质黏土，局部为黏土、粉土，呈软塑状、局部硬塑状，标贯击数一般 4～21 击，平均击数 9 击，层厚 0.6～9 m，平均层厚 3.07 m。

② 淤泥质土层：本层主要分布在东莞侧，广州侧地段零星分布，呈深灰色、灰黑色，组成物主要为淤泥质黏土和淤泥质粉质黏土，饱和，流塑状，标贯击数一般 1～8 击，平均击数 4.5 击，层厚 0.6～8.5 m，平均层厚 3 m。

③ 粉细砂层：本层主要分布在珠江两岸，呈灰白色、褐黄色等，组成物主要为粉砂、细砂，分选性好。饱和，稍密～中密状，局部松散或密实状，标贯击数一般 5～30 击，平均击数 15.2 击，层厚 0.6～11.5 m，平均层厚 3.46 m。

④ 中砂层：本层主要分布在沙仔岛和东莞侧，呈灰白色、褐黄色等，组成物主要为中砂，分选性好。饱和，稍密～中密状，局部松散或密实状，标贯击数一般 6～58 击，平均击数 19.5 击，层厚 0.55～12.9 m，平均层厚 3.83 m。

⑤ 粗砾砂层：本层主要分布在沙仔岛和东莞侧，呈灰白色、褐黄色等，组成物主要为粗砾、砂砾，分选性好。饱和，中密状，局部稍密或密实状，标贯击数一般 4～89 击，平均击数 25.5 击，层厚 0.55～13.05 m，平均层厚 3.99 m。

⑥ 砾石、卵石层：本层在珠江两岸零星分布，呈灰白色，组成物主要为圆砾、角砾、卵石，分选性差。饱和，中密状，标贯击数一般 10～50 击，平均击数 28.1 击，层厚 0.6～5.9 m，平均层厚 1.82 m。

4）残积土层（Q^{el}）

本层零星分布，呈褐红色、灰色，组成物主要为粉质黏土、黏土，大部分呈硬塑状，局部呈软塑状，遇水易软化，标贯击数一般 7～47 击，平均击数 19.4 击，厚层 0.55～15.40 m。

5）基岩（K_1b）

基岩岩性主要为泥岩、泥质粉砂岩，局部含粉砂岩、细砂岩等，根据风化程度把基岩分为三层：

① 岩石全风化层：本层大部分钻孔有揭露，呈褐红色、灰色、深灰色等，原岩组织结构已风化破坏，岩石已风化成坚硬土状，标贯击数一般 30～90 击，平均击数 44.5 击，层厚 0.5～11 m，平均层厚 2.74 m。

② 岩石强风化层：本层大部分钻孔有揭露，呈褐红色、灰色、深灰色等，原岩组织结构已风化破坏，岩石大部分呈岩状，局部半岩半土，风化裂隙发育，岩石较破碎，岩质软，标贯击数一般 50～90 击，平均击数 54 击，层厚 0.4～49.61 m，平均层厚 5.66 m。

③ 岩石弱风化层：本层分布广泛，呈褐红色、灰色等，主要由泥质粉砂岩、泥质细砂岩组成。陆源碎屑结构，中厚层状，泥质、钙质胶结，局部铁质胶结，局部裂隙发育，岩芯呈短柱状、柱状及碎块状，岩质稍碎，揭露层厚 1～53.3 m，平均层厚 17.91 m。

（3）断裂构造

根据部分区域地质资料，勘察范围存在东莞—厚街断裂、化龙—南沙断裂和文冲—狮子洋断裂。其中东莞—厚街断裂 NE60～70 走向，倾向 NW，倾角 70°左右。化龙—南沙断裂，总体走向 NNW，为正断层，倾角 60°～70°。文冲—狮子洋断裂，总体走向 NW330°，倾向 SW，倾角 50°～80°。

根据初测及定测物探、钻探成果资料，未揭示到大的断裂破碎带，物探仅在里程 DK39＋541、DK39＋738 附近存在范围较窄的物探异常带。

钻探结果表明：在里程 DK38＋150～DK38＋250、DK39＋600～DK39＋730 段存在基岩风化面凹槽及软弱夹层，部分钻孔在施工过程中存在漏水现象，说明裂隙较发育，有可能为断裂影响。

（4）地层主要参数表

1）岩石单轴极限抗压强度

岩石单轴极限抗压强度见表 2-1。

表 2-1 单轴极限抗压强度表

地　　层	试验状态	样品最大值(MPa)	样品最小值(MPa)	样品平均值(MPa)
强风化层	天然	3.55	1.23	2.48
	饱和	14.7	0.7	5.73
弱风化层	天然	82.8	6.54	27.91
	饱和	78.7	3.1	23.99

各种岩石抗压强度所占的比例见表 2-2。

表 2-2 岩石抗压强度分布情况表

试验状态	抗　压　强　度			
	<5 MPa	5～20 MPa	20～50 MPa	>50 MPa
弱风化天然状态	0%	30%	60%	10%
弱风化饱和状态	2%～3%	约 30%	60%	7%～8%

2）泥质粉砂岩、粉砂质泥岩的粉粒、黏粒含量

盾构段岩石强～弱风化带颗粒分析汇总见表 2-3。

表 2-3 盾构段岩石强～弱风化带颗粒分析汇总表

岩性	样号	深度(m)	粗粒组		细粒组			
			粗	中	细	粉粒	黏粒	
			各种级配的百分含量(%)					
			2～0.5 mm	0.5～0.25 mm	0.25～0.075 mm	0.075～0.05 mm	0.05～0.005 mm	<0.005 mm
泥质粉砂岩	Jz-Ⅳ05-隧沙28-2-Y1	32.00～32.60	1.6	26.7	45.6	8.3	17.8	
泥质粉砂岩	Jz-Ⅳ05-隧沙23-Y2	47.40～48.00	5.7	19.9	30.3	9.7	28.0	6.4
泥质粉砂岩	Jz-Ⅳ05-隧沙25-Y3	54.70～55.30	3.9	23.6	25.1	12.8	28.2	6.4
泥岩	Jz-Ⅳ05-隧沙19-Y2	53.10～53.70	3.8	38.0	34.9	6.6	16.7	
泥质细砂岩	Jz-Ⅳ05-隧莞岸67-Y1	34.20～34.80	4.3	29.6	34.0	7.0	25.1	
细砂岩	Jz-Ⅳ05-隧莞岸2-1-Y5	54.30～54.80	3.3	16.8	24.6	17.5	30.1	7.7
泥质粉砂岩	Jz-Ⅳ05-隧沙27-Y1	52.70～53.00	7.3	28.7	26.8	11.6	18.1	7.5
泥质粉砂岩	Jz-Ⅳ05-隧沙28-Y2	38.20～38.70	2.7	17.0	39.7	9.7	27.9	3.0

3)石英含量

盾构段各岩土层石英含量见表 2-4。

表 2-4　盾构段各岩土层石英含量汇总表

岩　性	SiO_2(%)		
	最大值	最小值	标准值
粉细砂	28.2	10.25	16.72
中砂	90.54	14.7	44.57
砾、粗砂	93.71	17.5	38.71
圆砾土	30.6	9.95	19.02
砾岩	47.3	44.9	46.1
砾岩	73.78	21.7	39.94

各地层统计饼状图如图 2-1 所示。

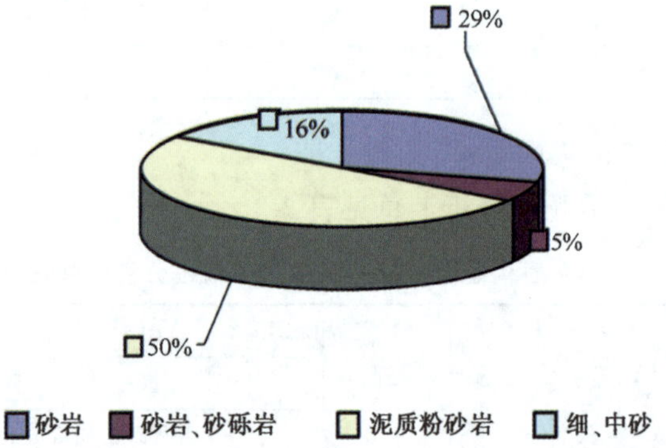

图 2-1　狮子洋水下隧道出口盾构区间地层饼图

2.1.2　隧道穿越地层特性

根据狮子洋水下隧道地质纵断面图及地质钻孔资料，盾构隧道洞身主要穿越淤泥质地层至岩石弱风化层，各层长度统计见表 2-5。

表 2-5　盾构隧道通过地层一览表

序　号	地层名称	折合长度(m)	占隧道长度百分比(%)
1	淤泥层	55.2	0.60
2	黏性土层	155.48	1.69
3	淤泥质土层	355.12	3.86
4	粉细砂层	138.92	1.51
5	粗砾砂层	278.76	3.03
6	岩石强风化层	1 356.08	14.74
7	岩石弱风化层	6 860.44	74.57
合计		9 200	

由表 2-5 可以看出，盾构隧道主要穿越岩石弱风化层，此地层主要特性：呈褐红色、灰色等，主要由泥质粉砂岩、泥质细砂岩组成；陆源碎屑结构，中厚层状，泥质、钙质胶结，局部铁质胶结，局部裂隙发育，岩芯呈短柱状、柱状及碎块状，岩质稍碎，揭露层厚 1～53.3 m，平均层厚 17.91 m。

2.1.3　隧道水文地质特征

隧道处于南亚热带季风气候区，雨量充沛，地表河塘广布，珠江、北江和东江流经施工区域，地表水丰富，为地下水补给提供充足的补给来源。可分为两大基本类型，第四系松散岩类孔隙水和白垩系基岩(红层)裂隙水。

(1) 第四系松散岩类孔隙水

测区松散岩类包括第四系上更新统河流相冲积层和全新统三角洲相冲积～海积层。第四系厚度 10～35 m，含水层岩性为粉砂、细砂、中砂、粗砂及砾砂，淤泥、粉质黏土层为相对隔水层。

含水层类型以承压水为主，且为两层承压水层：上层承压水层为第四系全新统粉细砂含水层，厚度 3～12 m，承压水位标高 0.1～1 m。渗透系数 0.82～5.92 m/d，弱透水～强透水。矿化度 5.02～9.71 g/L，咸水。下层承压水为粉细砂、中粗砂、砾砂含水层，厚度 4～16 m，承压水位标高 0.1～0.5 m。渗透系数 5～15 m/d，中等透水～强透水，矿化度 3～10 g/L，咸水。

部分地段地表为粉、细砂层或淤泥质粉砂层，含孔隙潜水或上层滞水。

(2) 白垩系基岩(红层)裂隙水

红层岩性为泥质粉砂岩、粉砂岩、细砂岩等。裂隙水为承压水，基岩面标高一般为－33～－23 m，但承压水位标高 0.5～1 m，承压水头高度 28～55 m，单位吸水量 0.1～1.1 L/(min·m^2)，节理发育，渗透系数 30.5～54.5 m/d，强透水。

2.1.4　地　　震

本区地震烈度为Ⅶ度区，地震动峰值加速度为 0.1g，地震动反应谱特征周期为 0.35 s。

2.2　狮子洋水下隧道盾构选型

2.2.1　盾构选型的几个原则

盾构选型一般按照适用性、可靠性、先进性、经济性相统一的原则进行，这几个方面互为补充、相互统一。

(1) 适用性原则

根据工程水文地质、环境接口、施工行业等要求，选择适合本工程施工的盾构设备。

(2) 可靠性原则

根据本工程施工对地表沉降、施工防水、管片衬砌、环境保护等要求，选择可靠的施工设备。

(3) 先进性原则

根据盾构行业发展情况，综合比较选择先进的盾构设备，以利于施工企业的集中管理、劳动工人的人性化操作。

(4) 经济性原则

结合工程特点，根据市场比较，选择综合性价比优的盾构设备，满足工程造价的需要。

2.2.2　盾构类型的一般选型依据

根据盾构的发展历程，盾构类型基本分为敞胸式盾构与闭胸式盾构。敞胸式盾构主要包括敞开式盾构、网格挤压式盾构、机械式和半机械式盾构；密闭式（闭胸式）盾构包括泥水加压式盾构、土压平衡式盾构。目前隧道施工行业应用较多的是土压平衡式盾构和泥水平衡式盾构。下面介绍对这两种盾构进行类型选择的一般依据。

（1）工程地质

根据提供的隧道工程地质资料，综合分析隧道围岩岩性和级别，选择合适的盾构类型，确保施工安全可靠，确保地面建筑物的安全，确保施工进度目标的实现。不同类型的盾构适应的地质范围不同，所选择的盾构要求既能适应地质条件，又能保持开挖面稳定。

1）根据围岩岩性和级别进行盾构选型是隧道施工中盾构选型的常用方法。

土压平衡盾构是依靠推进油缸的推力将刀盘切入开挖面，并将带有压力的压缩空气注入开挖面，以平衡开挖面的水土压力，达到开挖面的稳定，土压平衡盾构又称 EPB 模式。主要适用于粉土、粉质黏土、淤泥质粉土、粉砂层等黏稠土体的施工。掘进时，由刀盘切削下来的土体进入土仓后由螺旋输送机输出，在螺旋机内形成压力梯降，保持土仓压力稳定，使开挖面处于稳定。盾构向前推进的同时，螺旋机排土，使排土量等于开挖量，即可使开挖面的地层始终保持稳定。当渣土中的含砂量超过某一限度时，渣土的塑流性明显变差，土仓内的土体因固结作用而被压密，导致渣土难以排送，需向土仓内添加膨润土、泡沫或聚合物等添加剂，以改善渣土的流塑性。

对于砂卵石地层，由于粉砂土及黏土含量少，开挖面在刀盘的扰动下易坍塌，采用一般的土压平衡盾构已经不能满足这种地层的需要，必须采取辅助措施，注入足够数量的添加剂，进行渣土改良，或者选择泥水平衡式盾构。

泥水盾构利用循环悬浮液的体积对泥浆压力进行调节和控制，采用膨润土悬浮液（俗称泥浆）作为支护材料。开挖面的稳定是通过将泥浆送入泥水仓内，在开挖面上用泥浆形成不透水的泥膜，通过泥膜表面扩张作用，以平衡作用于开挖面的土压力和水压力。开挖的土砂以泥浆形式输送到地面，通过泥水处理设备进行分离，分离后的泥水进行质量调整，再输送到开挖面。泥水平衡盾构从某种意义上说在隧道开挖面平衡方面比土压平衡盾构优越。

2）从隧道围岩的颗粒级配关系曲线进行盾构选型，也是一个很重要的因素。

一般来说，细颗粒含量多，渣土易形成不透水的流塑体，容易充满土仓的每个部位，在土仓中可以建立压力，平衡开挖面的土体。粗颗粒含量高的渣土流塑性差，实现土压平衡困难。

目前常用的盾构类型与颗粒级配的关系曲线如图 2-2 所示，图中左边白颜色区域为卵石砾石粗砂区，为泥水盾构适用的颗粒级配范围。右边白颜色区域为细砂淤泥黏土区，为土压平衡盾构适用的颗粒级配范围。

因此隧道工程的盾构选型，一个重要方面就是工程地质关于围岩颗粒级配试验的数据资料，从图 2-2 显示的工程围岩取样样件 1 和样件 2 可以看出级配曲线优势于泥水盾构。

3）根据工程地质进行盾构选型，如上所述，概念上有所区别，但是在一定条件下这种区别是可以统一的。

比如在北京、成都砂卵石比例很大的情况下，根据上述选型原则，泥水盾构更加适合工程，但是对传统土压平衡盾构进行性能改造的情况下还是可以适应的，可以加入足够量的膨润土、泡沫剂、水等复制渣土改良剂，使盾构掘进的渣土呈流塑性，这样土压平衡盾构也是可以完全胜任这种地质状况的。北京地铁采用土压平衡盾构进行施工的标段成功实例也不少。又如上海、南京地层基本以砂土、淤泥为主，非常适合土压平衡盾构掘进，但是采用泥水盾构，引入高性能的泥水分离设备，施工也是非常顺利的。广州、深圳地铁可以说是采用盾构施工的一种典

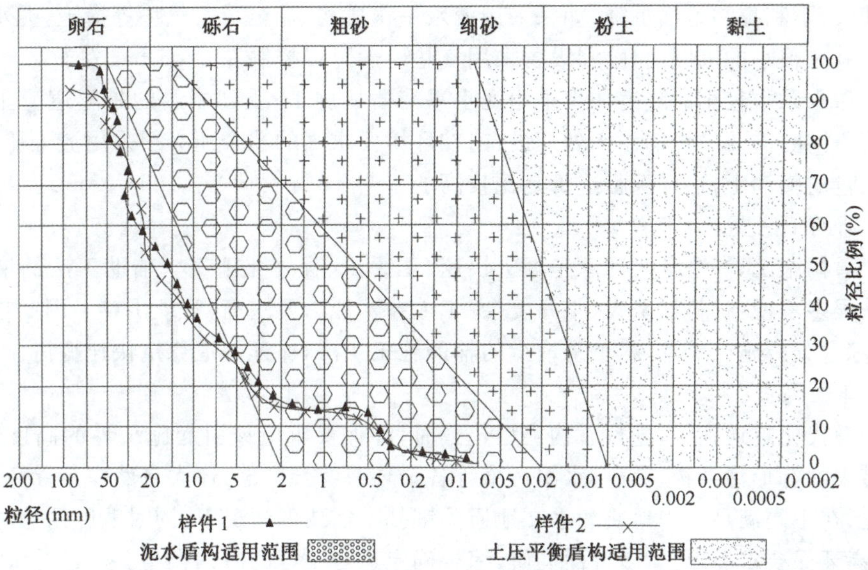

图 2-2 盾构类型与颗粒级配的关系

型的复杂地层，这样对于采用土压平衡盾构还是泥水平衡盾构是各有利弊，但不同机型在辅助工法上或者设备上采取措施，都是可以实现的。

(2) 水文地质

隧道盾构施工另外一个重要选型依据就是隧道围岩水文地质因素，围岩渗水系数是盾构选型常用的一个参考指标。图 2-3 是地层渗透系数和盾构选型的关系示意图。

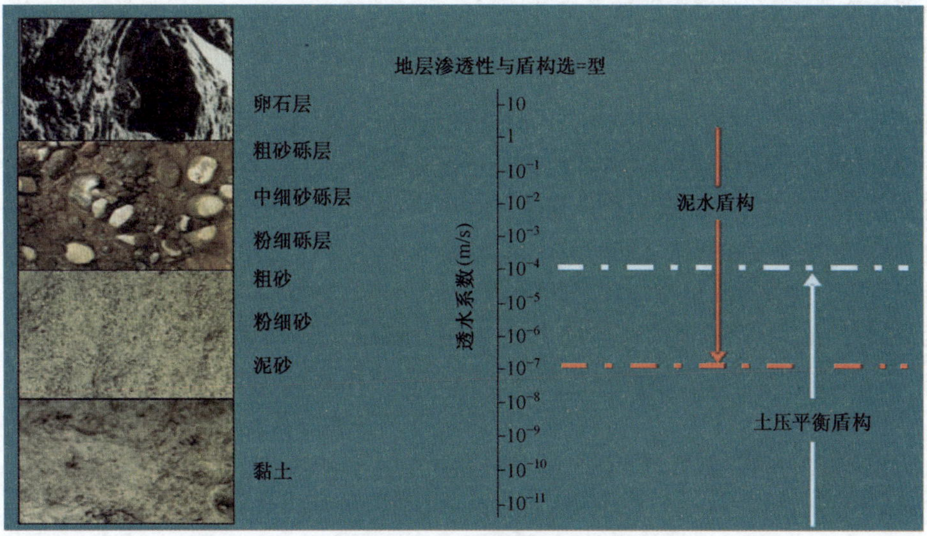

图 2-3 盾构类型与地层渗透系数的关系

当地层的渗透系数小于 10^{-7} m/s 时，可选用土压平衡盾构；当渗透系数在 10^{-7}～10^{-4} m/s之间时，可选用泥水盾构，在渣土改良的情况下，也可选用土压平衡盾构；当地层的渗透系数大于 10^{-4} m/s 时，宜采用泥水盾构。

对于渗水系数大的隧道采用土压平衡盾构施工，螺旋输送机"土塞效应"难以形成，螺旋输送机出渣会经常发生"喷涌"现象，这样对施工是非常不利的，同时引起的一个直接反映是土仓压力波动大，不利控制地面沉降，如果采用泥水平衡盾构，甚至采用气垫等措施，泥水仓压力波动可以控制在很小的范围内，欧洲设备采用气垫一般可以控制在 0.05 bar 左右。

对于渗水系数较小的隧道如果采用泥水平衡盾构施工，受到制约的是隧道渣土排放需要较长的管道同时需要昂贵的泥水处理设备，在环境要求高的场合还必须采用渣土压滤设备，同时耗费大量的膨润土，这样工程造价是比较高的。

(3) 辅助工法要求

对于盾构施工，一个重要理念是掘进快速、工序少、程序化施工。辅助工法的增多给隧道施工带来很多不便：材料耗费大，工序复杂，工人技术能力要求高，管理困难。因此进行盾构选型，应该综合分析施工成本，尽量采取少的辅助施工工法，保证隧道稳定快速掘进。

(4) 环保要求

对于现代化隧道施工，进行盾构类型选择时，环保要求应该引起施工界的高度重视，对盾构施工带来的有形污染物、噪声、水源污染等各个环节综合考虑，还大自然一个绿色天地。

总之，在主要满足工程地质和水文地质关键技术需要的情况下，同时兼顾采用尽量少的辅助工法、高环保要求等因素，多方面调研，综合确定适合工程的盾构类型。

根据广深港狮子洋水下隧道地质水文特征、工期及环保要求，经过多个厂家技术交流，盾构类型选为气垫式泥水盾构，并针对本工程专门设计。在针对性地设计和制造上考虑了本工程的所有要求(地质方面的要求、工地现场的运输安装要求以及招标文件中规定的其他要求)。

气垫技术通过使用主开挖室后面的一个分隔的气垫室精确地控制开挖室及盾构前方的压力，泥水压力的控制精度为±0.05 bar。这种系统能保证整个盾构掌子面压力的稳定，能够在盾构掘进过程中精确地控制沉陷，可保持开挖区附近的地层稳定。在开挖不稳定和/或静水压力较高的含水地层掘进时，这种技术较有优势。

2.2.3 盾构关键参数的确定

(1) 盾构直径

盾构直径是决定盾构施工成本和控制地层变形的关键参数之一。

盾构直径的选择是由隧道衬砌断面设计要求所确定的。考虑施工过程中隧道掘进土体的开挖量、隧道开挖洞室和盾尾之间间隙注浆量，盾构开挖直径越接近隧道衬砌环外径越经济。但是对于盾构直径设计一般考虑盾尾间隙、盾体和土体的摩擦、刀具的更换等方面。一般盾构设计呈倒锥形，也就是说盾构前体略大于盾尾。确定了盾尾间隙后，一般刀盘开挖直径(DC_{max})、刀盘直径(DC_{min})、盾体前端尺寸(DS_{max})、盾尾直径(DS_{min})呈如下关系：

$$DC_{max} \approx DC_{min} + 30\ \text{mm}$$

$$DC_{min} \approx DS_{max} + 15\ \text{mm}$$

$$DS_{max} \approx DS_{min} + 15\ \text{mm}$$

$$DS_{min} = DG_{max} + 2\times\delta + 2\times\delta_1$$

式中 DG_{man}——衬砌环直径；

δ——盾尾间隙；

δ_1——盾尾钢板厚度。

刀盘开挖直径和刀盘的差值一定意义上反映了刀盘最外沿边刀的磨损极限，刀盘直径和盾构前体直径差值一定意义上保证了盾构边刀的合理更换，盾构前体和盾尾的差值主要考虑盾体和掘进后隧道土体的摩擦，从而提高盾构的有效推力。图 2-4 是某盾构厂家的刀盘开挖直径、刀盘直径、盾构前体直径、盾尾直径的关系示意图。

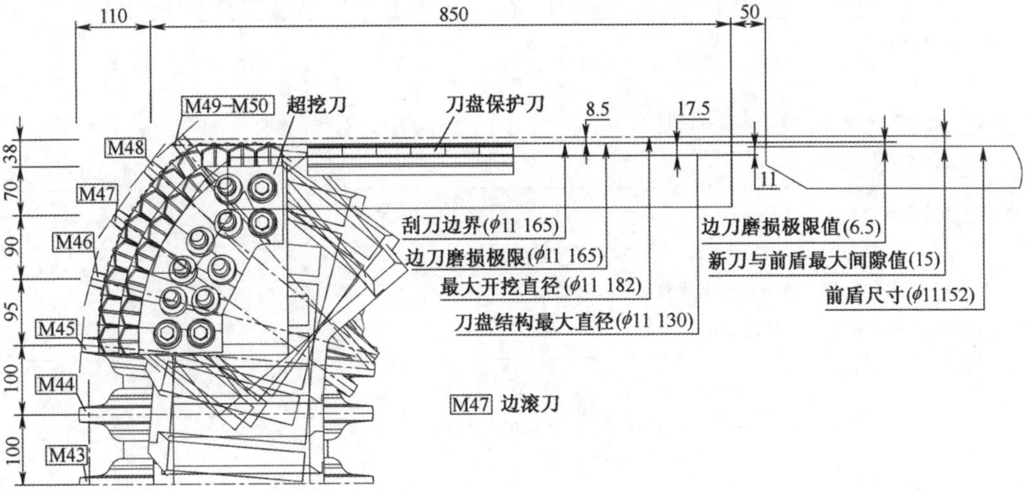

图 2-4　刀盘和盾体尺寸关系示意图(单位:mm)

(2) 盾构推力

盾构推力是决定破岩效果及掘进贯入度的主要参数。

盾构的推力一般包含盾体和土体的摩擦力、刀盘推进力、盾尾密封摩擦力、后配套拖拉力、压力仓(土仓或泥水仓)反力。一般盾构总推力可以按照表 2-6 进行计算确定。

表 2-6　盾构推力计算

<table>
<tr><th>压力模式计算(适合土压和泥水盾构)</th><th>敞开模式计算(适合土压盾构)</th></tr>
<tr><td>总计算公式:
$\sum F=F_M+F_C+F_S+F_t+F_{yP}$
式中　$\sum F$——总推力;
F_M——盾体和土体的摩擦力;
F_C——刀盘推力;
F_S——盾尾密封摩擦力;
F_t——后配套牵引力;
F_{yP}——压力模式下压力仓反力。</td><td>总计算公式:
$\sum F=F_M+F_C+F_S+F_t$
式中　$\sum F$——总推力;
F_M——盾体和土体的摩擦力;
F_C——刀盘推力;
F_S——盾尾密封摩擦力;
F_t——后配套牵引力。</td></tr>
<tr><td colspan="2">盾壳和土层的摩擦力 F_M:
$F_M=\mu\times[\pi\times D\times L\times P/4]$
式中　μ——盾壳和土体间的摩擦系数,根据经验值取 0.25;
D——盾壳直径;
L——盾壳长度;
P——盾体四周土压平均值。</td></tr>
<tr><td colspan="2">硬岩刀盘推进力 F_C:
$F_C=n_1F_{HC}+n_2F_{SC}$
式中　F_{HC}——单把硬岩滚刀承载力,参数值咨询盾构厂家,对于破碎一般抗压强度为 120 MPa 的岩石,滚刀承载力取 250 kN;
F_{SC}——单把切刀承载力,参数值咨询盾构厂家,对于 140 mm 宽度左右的切刀具一般取 60 kN 左右,刮刀可以按照宽度相应的折算成切刀具;
n_1——滚刀个数;
n_2——切刀个数。</td></tr>
</table>

续上表

压力模式计算(适合土压和泥水盾构)	敞开模式计算(适合土压盾构)
盾尾密封的摩擦力 F_s: $$F_s=\mu_1\pi D$$ 式中 μ_1——每米摩擦力,参数值咨询盾构厂家; D——盾尾内径。	
拖拉后配套的牵引力 F_t: $$F_t=\mu_2 N$$ 式中 μ_2——钢铁和钢铁的静滚动摩擦系数一般取 0.15; N——后配套拖车的预计总重量。	
压力仓反力 F_{yp}: $$F_{yp}=P\times\frac{D^2\times\pi}{4}$$ 式中 P——压力仓压力; D——刀盘直径。	忽略

(3) 盾构扭矩及驱动功率

盾构扭矩选择决定了盾构掘进的效率,是确定盾构主驱动功率重要因素之一,是盾构选型中一个主要参数。

盾构在土层中掘进时的扭矩包含切削扭矩、刀盘的旋转阻力矩、刀盘所受推力荷载产生的反力矩、盾尾密封装置所产生的摩擦力矩、刀盘前端面的摩擦力矩、刀盘后面的摩擦力矩、刀盘开口的剪切力矩、土压腔内的搅动力矩。随着土仓(泥水仓)和掌子面渣土改良技术的发展,在土层开挖中刀盘的扭矩可以得到大幅度的降低。理论计算是一个比较复杂的过程,一般采用常用的经验公式进行计算确定:

$$T=\alpha\times D^3$$

式中 α——土压平衡盾构系数,根据盾构直径的大小不同一般取值 14～23(硬岩取大值,软岩取小值);

D——盾构开挖直径。

盾构驱动功率的确定:

$$P=\eta\times T\times\omega$$

式中 η——传动部件总的机械效率;

T——刀盘扭矩;

ω——刀盘转动角速度(咨询盾构厂家脱困时刀盘角速度设计,如果采用变频电机则与变频电机基频有关)。

(4) 盾尾间隙

盾尾间隙的大小直接关系到盾构施工管片衬砌质量的好坏、防水效果是否符合标准,因此盾尾间隙在盾构施工中是一个非常重要的参数,特别是小曲线段的掘进,盾尾间隙合理选择尤为重要。

盾尾间隙包括以下几部分:理论最小间隙、管片允许拚装误差、盾尾制造误差、盾尾结构变形、以及盾尾密封的结构要求等。计算确定如下:

盾尾间隙 δ：

$$\delta=\delta_1+\delta_2+\delta_3+\delta_4+\delta_5+\delta_6$$

式中　δ——实际盾尾间隙；

δ_1——理论最小盾尾间隙；

δ_2——管片精度和管片拼装误差，一般取 4～5 mm；

δ_3——盾尾制造误差取厂家设计值；

δ_4——盾尾变形因素 3～5 mm；

δ_5——盾尾安装尺寸，咨询盾构厂家确定；

δ_6——其他因素，一般取 5 mm。

理论最小间隙 δ_1 的确定：

$$\delta_1=(R_0-D/2)\left\{1-\cos\left[\arcsin\left(\frac{L}{R_0-D/2}\right)\right]\right\}$$

式中　R_0——隧道曲线半径；

D——盾构开挖直径；

L——盾尾端至第一环管片前端的距离。

理论盾尾间隙与隧道曲线的关系如图 2-5 所示。根据图 2-5 可以直观看出，如果隧道曲线半径无穷大，也就是说直线隧道，则该理论间隙为 0，直角三角形将不能形成。

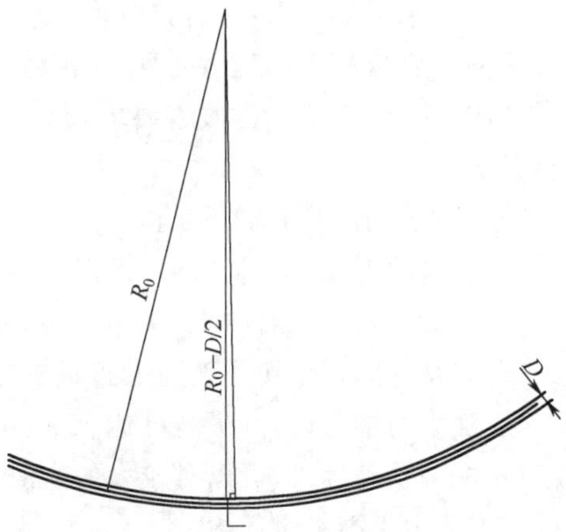

图 2-5　理论盾尾间隙与隧道曲线的关系

2.2.4　狮子洋水下隧道盾构选型

根据以上选型原则、依据及关键参数要求，对于广深港狮子洋水下隧道盾构进行了厂家关键参数校核，决定采用由国内外联合开发研制的气垫式泥水盾构，其主要参数见表 2-7。

表 2-7　狮子洋水下隧道盾构关键参数

关键参数	参　数	备　注
刀盘开挖直径	ϕ11 182 mm	
开口率	31%	
刀盘驱动型式	变频电机驱动，双向	
刀盘转速	0～3.2 r/min（双向、无级调速） 1.24～3.2 双向无级调速	
刀盘额定最大扭矩	13 650 kN·m	
刀盘最大转速下扭矩	5 289 kN·m	
刀盘脱困扭矩	17 745 kN·m	
刀盘驱动装机功率	2 000 kW（8×250 kW）	
前体直径、长度、钢板厚度	ϕ11 152 mm、长 2 405 mm、厚 80 mm	厚 40 mm+40 mm
中体直径、长度、钢板厚度	ϕ11 140 mm、长 3 900 mm、厚 80 mm	厚 40 mm+40 mm
盾尾直径、长度、钢板厚度	ϕ11 140 mm、长 4 675 mm、厚 60～80 mm	
盾尾间隙	保护环部分 40 mm	尾刷部分 65 mm
盾构最大总推力	94 500 kN(275 bar)	测试压力为 375 bar
	123 850 kN(350 bar)	

2.3 狮子洋水下隧道盾构选型的基本功能要求

(1) 较好的地质适应性

1) 对粗粒砂层的适应性

狮子洋水下隧道出口盾构穿越的软土地层包括粗粒砂岩地层,这种地层石英含量高,对刀盘、刀具、排泥管路的磨损性强,且开挖面易坍塌。

采用的盾构应具有如下功能:

① 刀盘、刀具、泥浆泵、泥浆管路进行专门的耐磨设计;

② 采用恰当的刀盘开口率、合理的开口位置;

③ 先进的泥水平衡模式,保证开挖面泥水压力波动较小。

2) 对泥质粉砂岩、泥质细砂岩的适应性

狮子洋水下隧道出口盾构隧道穿越的地层有超过 50% 的泥质粉砂岩、泥质细砂岩,这种地层中石英含量高,对刀盘、刀具、排泥管路的磨损强;岩石较硬,天然单轴抗压强度在6.54～82.8 MPa 之间,对盾构的破岩要求较高。且较长地段岩层节理裂隙极其发育,掘进岩渣块度可能较大。

采用的盾构应具有如下功能:

① 盾构的刀盘为面板式,从而保证刀盘强度和刚度;

② 刀盘上安装耐磨的 17″单刃滚刀,用来提高破岩效率;

③ 刀盘外圈每个切削轨迹上布置多把滚刀,用来提高掘进效率;

④ 强大的推力设计(最高可达 120 000 kN),确保岩层中掘进的推力;

⑤ 配备了破碎机,可以对较大的岩渣进行破碎。

(2) 适用于高水压环境

隧道工程穿越地层主要为粗粒砂岩、泥质粉砂岩,渗透系数较大,地下水压力高达 0.67 MPa,且一次掘进距离可能要达 6.0 km。在这种高水压地段施工,重点是保证盾构密封在高水压下的正常工作、高水压下换刀的安全,以及长距离掘进下的各种密封仍正常。

盾构采用如下措施:

① 采用 5 道唇形主轴承密封,工作压力在 7 bar,测试压力可达 10 bar。

② 采用 4 道盾尾密封,可以抵抗 10 bar 的水压,并配备一道紧急密封,以方便前面 2 道盾尾密封的更换。

③ 配备压缩空气下换刀的人舱,工作压力可达 7 bar,测试压力 10 bar,以确保压缩空气下换刀的安全。

④ 配置了两台盾构保压装置,冗余的保压系统设计充分保证了高水压地层掘进保压及带压换刀的安全。

(3) 能长距离输送泥浆

狮子洋水下隧道出口盾构设计掘进长度最大达到 5 206 m(左线),为适应长距离和高扬程的泥水输送,选用了大功率、高扬程、高耐磨的重型送排泥泵。

泥水处理系统建在竖井旁,使用 2～3 台送泥泵、4～5 台排泥泵。第一台送泥泵 P1.1 安装在地面调浆池旁,可以保证掘进 2 100 m,盾构掘进到 2 200 m 左右时,在隧道内 2 100 m 位置安装第二台送泥泵 P1.2,随掘进距离的延伸而安设。主排泥泵 P2.1 安装在盾构后配套拖车上，在盾构掘进到1 000 m左右时，在竖井底部安装第二台排泥泵P3；盾构掘进到2 400 m左右时，在隧道内2 300 m左右位置安装第三台排泥泵P2.3；盾构掘进到4 700 m左右时，在隧道内4 600 m左右位置安装第四台排泥泵P2.2，随掘进距离的延伸而安设。

（4）掘进时兼顾铺底施工

1）工期计划要求

狮子洋水下隧道出口段要求的总工期为35个月，包括引道段180 m，明挖暗埋段597 m，盾构井23 m，盾构段左线4 450 m（实际掘进了5 206 m），右线4 750 m（实际掘进了5 160 m），还包括隧道铺底工程、洞门工程等。根据高速铁路技术要求，混凝土强度必须达到100%后方可承载，因此，该工程任务重、工期紧张，为了保证工期和履约要求，必须考虑盾构掘进和隧底填充、沟槽等施工并行作业。

表2-8是隧道出口段工期进度计划（施工进度指标：掘进、隧道底部填充等施工平均300 m/月，混凝土等强时间30 d）。

表2-8 广深港狮子洋水下隧道出口段主要工序工期计划

项　目	开始时间	结束时间	总工作天数
施工准备	2006.05.01	2006.05.31	31 d
盾构右线制造及运输	2006.06.01	2007.05.31	364 d
右线盾构组装调试	2007.05.01	2007.05.30	30 d
右线盾构掘进	2007.06.01	2008.10.30	519 d
右线隧底填充等施工	2007.06.21	2009.02.06	597 d
左线盾构制造及运输	2006.05.01	2007.05.30	396 d
左线盾构组装及调试	2007.06.01	2007.06.31	31 d
左线盾构掘进	2007.07.01	2008.10.30	458 d
左线隧底填充等施工	2007.07.21	2009.02.07	568 d
盾构对接和拆机	2008.10.31	2009.01.28	90 d
左右线洞门施工	2009.01.29	2009.02.19	50 d
竣工验收	2009.03.20	2009.03.30	11 d

从表2-8可以看出，针对复杂地层大断面盾构施工而言，每月300 m的掘进指标是很高的，且在对接施工过程中无法进行隧底填充等作业，因此盾构后配套设计必须考虑盾构掘进和隧底填充等工作并行作业，并尽量减少隧道施工运输列车行驶频率，提高工作效率。

2）列车编组要求

盾构厂商按照“1人车＋1机车＋1砂浆车＋2管片车”进行初步设计，根据经验，按“1人车＋1机车＋2砂浆车＋4管片车”的编组方式进行施工，保证1列列车满足掘进一个循环的材料运输需要。因此盾构后配套拖车为4节。

3）隧底填充后的净空要求

该工程设计为进、出口段采用四台盾构两两相向施工，并地中对接，故盾构的拆卸必须在洞内进行。根据洞内拆机条件，后配套拖车采用35 t机车逐节拉至盾构工作井进行拆卸，这样盾构后配套设计必须考虑隧底填充、沟槽等施工后的净空要求。

为满足此要求，考虑将盾构后配套走行轨设计轨面抬高500 mm。因线路存在一定的偏心，沟槽与一侧轮对有冲突，拆机时后配套轮对需换装，如图2-6所示。

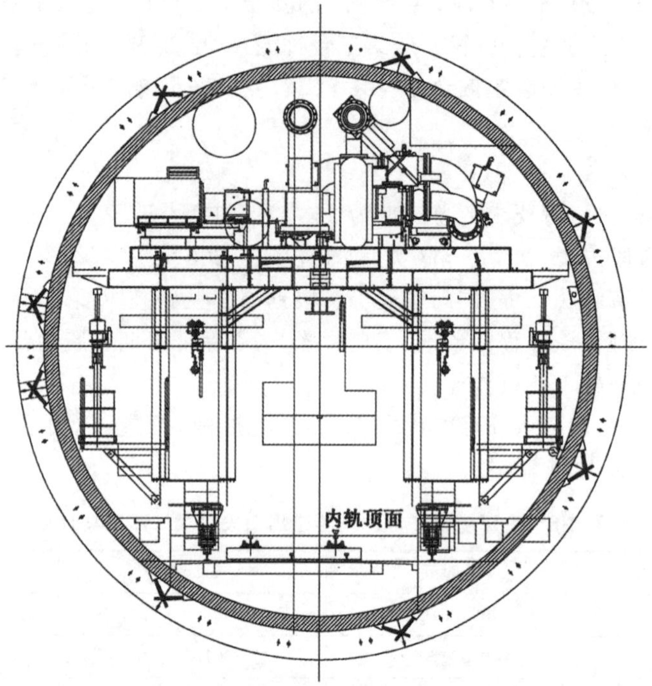

图 2-6　后配套拖车抬高 500 mm 后的断面示意图

后配套行走轨、拖车内及其后部一定范围内的运输轨线采用型钢直接抬高到距隧底 1 130 mm，即后配套拖车轨道与运输轨道高度一致。原设计机车运输轨线与后配套拖车行走轨间高差为 630 mm，后配套拖车走行轨抬高 500 mm 后运输轨线相应需抬高为1 130 mm。拖车和运输机车的轨道均铺设在 6.25 m 长的型钢上，如图 2-7 所示。

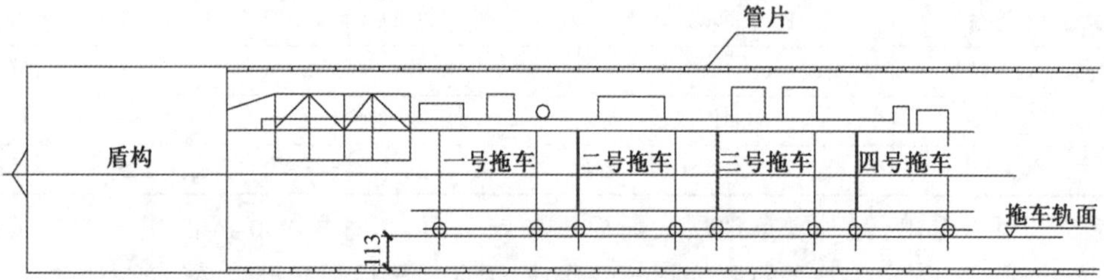

图 2-7　后配套拖车抬高 500 mm 纵断面示意图(单位：cm)

隧底填充和沟槽施工在后配套后 100 m 处与盾构掘进并行作业，同时在距隧底填充和沟槽施工工作面之后，再采取抬高运输轨线 250 mm 后进行 C40 混凝土底座的施工。

采用此方案后，盾构掘进速度有了较大提高，实现了广深港狮子洋水下隧道出口盾构施工首先到达原设计对接点，并完成追加任务数百米后，另率先达到对接点为后续铺底作业节省了工期。

(5) 进行"相向施工，洞内解体"专门设计

针对广深港盾构施工特点，采用两台盾构分别从进、出洞口相向施工，盾构将在洞内解体拆除，因此盾构选型时进行充分的适应性设计。

1) 刀盘采用面板辐条结构，8 辐条＋8 面板控制最大块质量在 30 t 以内，充分考虑刀盘洞内分块方便和可实施性。

2）前体和中体均采用 40 mm 厚双层钢板设计，保证了盾壳的足够刚度，外层钢板为整体卷制而成，在盾构拆机时将留在地层中，作为隧道围岩临时支护的一部分。盾体外层钢板和内层钢板采用栓接螺栓固定，方便快速解体。

3）前体和中体均采用分块设计，控制单块重量在 80 t 以内，充分考虑盾构洞内解体的起吊能力。

4）盾尾采用 60 mm 厚钢板进行整体卷制，和中体进行密封焊接，在盾构拆机时将留在地层中，作为拆机时的隧道围岩临时支护，保证拆机安全。

（6）快速掘进可靠性

盾构的可靠性和掘进速度是确保工程总工期的基本要求。

采用的盾构应具有如下功能：

① 刀盘和刀具配备，考虑了高强度和高破岩效率，确保掘进速度；

② 强大的推力设计，确保岩层中的掘进速度；

③ 采用先进的综合监控系统，确保设备的高可靠性。

盾构设计考虑在隧道施工中可能发生的各种情况，具备了盾构施工中开挖、出渣、支护、注浆、导向、控制等过程所需的全部功能，包括开挖系统、主驱动系统、推进系统、管片安装系统、泥水系统、注浆系统、油脂系统、液压系统、电气控制系统、激光导向系统及通风、供水、供电系统等。

盾构的特点之一就是在施工过程中某些关键部件不易维修，所以对盾构关键部件的设计是要求百分之百可靠，如主轴承、刀盘及盾壳等。由于盾构在施工时荷载变化范围很大，并且往往难以得到准确的荷载值，所以盾构在结构设计时选取了较大的安全系数，各部件的强度、刚度均留有较大余量，以满足盾构施工特殊的荷载要求。

（7）良好的可操作性

盾构的操作设计考虑减轻操作者的劳动强度，提高操作者的劳动效率。主司机在主控室内可以控制盾构掘进的绝大部分操作，如启动泵站、推进、调向、刀盘操作、平衡压力控制、油脂系统的注入、泥水系统的控制等，盾构的主要状态参数如各种油压油温、气压力、盾构的姿态等直接反馈到主控室内。

管片安装机的操作采用无线遥控的方式，不但使操作者能轻松、高效地操作，使注意力更多地集中在控制管片安装的质量上，同时也避免了操作者使用有线控制时在盾构上爬上爬下可能带来的危险。

注浆过程的操作和参数控制也全部在一个操作面板上完成，其过程由 PLC 自动控制。

盾构可操作性的另一个方面还表现在所有的刀具都可以在刀盘背后更换，避免了人员进入刀盘前面更换刀具而可能发生的危险。

此外盾构的人舱压力控制、盾尾油脂密封及主轴承密封油脂系统等均采用全自动化控制，可大量减少操作者的劳动强度。

（8）技术先进性

盾构上大量采用变频、液压、控制、导向等领域的新技术。控制系统的底端全部由 PC 可编程控制器直接控制，上端由上位机进行总体控制。盾构还可以通过网络系统由洞外技术部门或盾构厂家进行远程监控、调试及控制。盾构的数据采集系统可以记录盾构操作过程的所有参数。

液压的推进系统及管片安装系统大量采用比例控制、恒压控制、功率限止等先进的液压控制技术。

盾构采用先进的 PPS 激光导向系统来控制隧道的掘进方向，这在隧道的方向控制上也是比较前沿的高端技术。

(9) 环境保护性

盾构设计充分考虑施工及消耗材料对环境的保护要求。

盾构通过泥水加压平衡模式可以有效地稳定开挖面地层，且通过泥水形成的泥膜有效地防止涌水，并通过同步注浆可以很好地控制地表下沉且能避免发生管片渗漏，从而能够保证地面环境、地面建筑物不受隧道施工的影响。

盾构使用的泥水添加剂具有生物可降解性和无毒性，属于绿色环保材料，其环保性能完全符合欧洲标准。

3　狮子洋水下隧道盾构及设备配套

盾构施工体系主要由 3 部分组成，即施工环境（主要是工程地质环境）、盾构和操控设备的人。地质环境是盾构施工的对象，是穿越工程的基础条件，它的复杂程度对穿越工程能否成功的影响是不言而喻的。虽然可以通过加强地质勘探工作加以了解或掌握，并在穿越前采取相应的措施，但事实上，地质的复杂性对穿越工程的影响是巨大的，特别是在盾构施工过程中不可能让施工人员及时地、面对面地了解盾构前方的地质情况并进行针对性施工。面对复杂地质情况的只能是盾构，盾构是穿越工程的唯一工具，是人发挥主观能动性、克服地质因素、实施成功穿越的唯一依靠。可以说，一个穿越工程能否成功首先在于盾构选型是否合适，其对穿越工程地质环境的适应性是否良好。

盾构法隧道中的盾构属专用设备，一般要求针对特殊的地层和断面形态设计制造，因此其适应性和地层的敏感性非常强。如广州、深圳等珠江三角洲地区软硬不均的复杂地层较多，盾构刀盘以滚刀、齿刀结合方式为主；长三角地层以软弱砂土地层为主，刀盘设计主要以齿刀为主；埋深较大的地层以泥水盾构为主等。这些已有的成果已被很广泛地得以应用。

另外，在施工进度、环境因素控制和施工成本控制方面，泥水盾构施工配套设备的选型至关重要。如选择不当，有可能影响施工的顺利进行，甚至带来安全的隐患。从成本控制来看，如果由于配套设备的选型不当而造成泥水盾构施工成本较高就是浪费。因此，在盾构施工中，尤其是大直径盾构，其选型及配套设备更为困难，必须以具体的工程条件以及精确的计算为依据，并充分考虑实际施工过程中可能出现的问题，只有这样，才能尽可能提高泥水盾构施工的功效，创造更大的效益。

3.1　气垫式泥水盾构

经过比选，选择由国内外厂家联合开发及制造的气垫式泥水盾构，该盾构专门针对本工程而设计，在针对性的设计和制造上尽最大努力考虑满足本工程的要求。盾构组装及始发现场图片如图 3-1 所示。

图 3-1　盾构组装及始发现场图片

广深港高速铁路狮子洋水下隧道出口段盾构隧道施工采用气垫模式泥水平衡盾构，其结构如图 3-2 所示。

图 3-2　气垫模式泥水平衡盾构示意图

泥水平衡盾构在结构上包括刀盘、盾壳、人舱、渣土破碎系统、泥水输送系统、管片安装机和后配套拖车等；在功能上包括推进系统、管片安装系统、泥水输送系统、水循环系统、同步注浆系统、二次通风系统、PPS 激光导向系统、PDV 数据采集系统等。

刀盘[2]旋转时，开挖面[1]上的泥土被切削下，沿刀盘的开口落至泥水仓的泥浆[3]中。刀盘的旋转空间[4]称泥水仓。泥水仓与气垫室[9]之间由一道隔板分隔，在隔板的下部设有开口，切削下来的土料经由此开口被输送到碎石机，然后再到排浆管。泥土和支护泥浆通过排浆管[10]排出泥水仓，然后泵送到地面上的泥水分离站。泥水仓和工作室内被排空部分的体积将由来自送浆管[6]提供的新鲜膨润土泥浆予以填充。盾构上的常压区域与高压区域由隔板分隔开来。工作室内的压力由气压仓[7]予以设定和调整，该压力略高于隧洞开挖面上的土压和水压，以维持开挖面的稳定。

隔板后部的液位随气压而变化，而隔板前面的泥水仓则完全充满泥浆。通过压力调节系统，可以精确控制平衡仓内的气压，可以准确地保持其额定压力值。气压平衡仓形成空气缓冲层，气压作用在泥浆接触面上，由于接触面上气、液具有相同压力，因此只要调节空气压力，就可以确定和保持在开挖面上相应的泥浆支护压力。盾构掘进时，有时由于泥浆的流失或推进速度的变化，进排泥浆量将会失去平衡，气液接触面就会出现上下波动现象，但气压平衡仓的空气缓冲层可以非常容易地对泥浆回路中的压力波动以及土压和水压的变化进行补偿。为了避免泥浆回路中发生堵塞，确保泥浆泵平稳工作，在吸浆管的前面安装了一个栏石栅[11]，以防止大石块进入排浆管中。膨润土泥浆和泥土的混合物在隧洞外进行水土分离，经分离后的泥浆在调浆池中进行质量调整后重新送入盾构的泥水室。隧洞的内衬采用预制钢筋混凝土管片[12]，管片在盾尾通过管片安装机进行拼装。推进过程中，管片与开挖直径之间建筑间隙通过盾尾[13]进行同步注浆填充。

泥水平衡机理如图 3-3 所示。开挖仓内的泥水压力通过气压调节方式，对泥水压力进行控制。气压调节采用自动调节方式，根据设定的泥水压力，气压仓压缩空气能自动达到设定的压力。当地层的水压力和土压力大于开挖仓内的泥水压力时，气压调节仓内的泥水水位升高，空气被压缩，压力自动升高，开挖仓泥水压力与地层水压力及土压力平衡。当地层的水压力和土压力小于开挖仓内的泥水压力时，气压调节仓内的泥水水位降低，空气膨胀，压力自动降低，开挖仓泥水压力与地层水压力及土压力达到平衡。

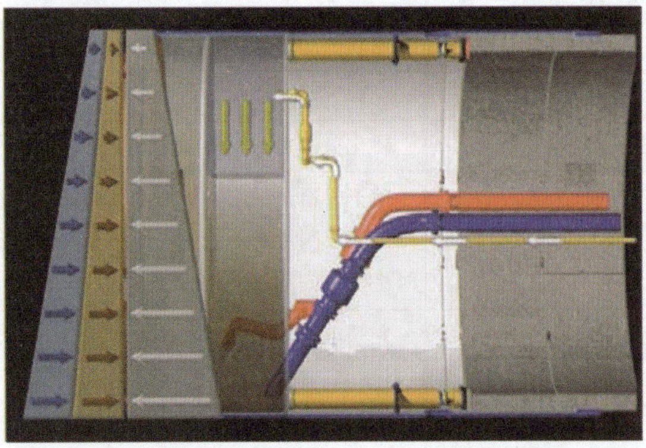

图 3-3　泥水平衡机理及压力调整原理图

3.1.1　主要部件及性能参数

气垫式泥水盾构主要部件及性能参数见表 3-1。

表 3-1　气垫式泥水盾构主要部件及性能参数表

主部件名称	项　目	参　数	备注
综述	盾构类型	气垫式泥水盾构	
	盾构总长度	约 69 m	
	盾构及后配套总重	1 600 t	
	最小转弯半径	500 m	
刀盘	刀盘重量	157 t	
	刀盘结构形式	8 个辐条＋面板	
	分块数量	3	
	开挖直径	ϕ11 182 mm	
	开口率	31％	
	先行撕裂刀数量	60 把	
	切刀数量(含面切刀和中心切刀)	278 把	
	切刀型式	双层碳钨合金刀齿背部装有双排碳钨合金柱齿	
	切刀最大磨损量	2×32＝64 mm	
	周边刮刀数量	16 把	
	周边刮刀型式	装有一排连续的碳钨合金齿和双排碳钨合金柱齿	
	周边刮刀最大磨损量	理论值 32 mm，实际值 13 mm	相对于前体
	仿形刀数量	1 把	
	仿形刀行程	75 mm	
	仿形刀装机功率	11 kW	
	周边保护刀	16 把	
	滚刀	50 把单刃滚刀＋10 把中心刀	
	切刀磨损检测装置	3 把	

续上表

主部件名称	项　目	参　数	备注
刀盘	换刀方式	背装式(可从刀盘后部拆卸、安装刀具)	
	搅拌臂数量	4 个	
	刀盘防磨保护	硬化处理并堆焊耐磨材料(100 mm×100 mm 方格)	
	旋转接头	用于供给仿形刀的液压油回路;仿形刀油缸润滑脂回路;刀具磨损测量系统的液压回路及少量的膨润土浆液的注入回路,留有一个膨润土泥浆喷射口,以防止中心部位堵仓	
刀盘驱动	刀盘驱动型式	变频电机驱动,双向	
	转速	0～3.2 r/min(双向、无级调速) 1.24～3.2 双向无级调速	
	额定最大扭矩(1.24 r/min)	13 650 kN·m	
	最大转速下扭矩(3.2 r/min)	5 289 kN·m	
	脱困扭矩	17 745 kN·m	
	刀盘驱动装机功率	2 000 kW (8×250 kW)	
	主轴承结构型式	高扭矩和大推力的重工况轴承,三排滚子(轴向一径向)	
	大齿圈类型	内齿与主轴承为一个整体结构	
	大齿圈齿数	174	
	模数	22	
	主轴承密封型式	2×5 道唇型密封	
	主轴承寿命	10 000 h	
	使用寿命可靠度	99%	
	大齿圈传动装置、减速器、轴承密封使用寿命	10 000 h	
	工作压力	7 bar	
	主轴承润滑方式	自动集中润滑	
破碎机	安装位置(内置/外置)	内置式	
	破碎型式	鄂式	
	驱动方式	液压驱动	
	最大破碎粒径	由 500 mm 到 100 mm	
	最大破碎力	1 000 kN	
盾壳	型式	无铰接式	
	前体直径、长度、钢板厚度	ϕ11 152 mm、长 2 405 mm、厚 80 mm	厚 40 mm+40 mm
	中体直径、长度、钢板厚度	ϕ11 140 mm、长 3 900 mm、厚 80 mm	厚 40 mm+40 mm
	盾尾直径、长度、钢板厚度	ϕ11 140 mm、长 4 675 mm、厚 60 mm	
	盾壳总长度(含刀盘)	约 11 420 mm	
	盾壳工作压力	7 bar	
	钢丝刷密封数量	3 道	

续上表

主部件名称	项 目	参 数	备注
盾壳	钢板束密封数量	1 道	
	紧急膨胀密封数量	1 道	
	盾尾间隙	保护环部分 40 mm	尾刷部分 65 mm
	预留超前注浆孔数量	22 个(ϕ100 mm 沿盾壳 360°圆周布置)	
盾尾油脂注入系统	盾尾油脂注入口数量	3×10 个	
	盾尾油脂泵型式	适合 200 L 油脂桶的气动泵	
	气压调节	以体积为基础的调节	
	压力传感器数量	3×10 个	
推进系统	比推力	1 275 kN/m^2	
	最大总推力	94 500 kN(275 bar)	测试压力为 375 bar
		123 850 kN(350 bar)	
	油缸数量	44 根	
	油缸行程	2 710 mm(管片搭接按 1 400 mm 考虑)	
	油缸尺寸	320×250	
	最大推进速度	40 mm/min (44 根油缸同时工作)	
	管片安装模式下最大伸出速度	1 500 mm/min (4 组油缸同时工作)	
	管片安装模式下最大回缩速度	3 000 mm/min (4 组油缸同时工作)	
	位移传感器数量	4 个	
	推进油缸分区数量	4 区	
人舱	舱室数量	2 个(1 个主人闸+1 个紧急人闸),配备双气路(一个正常使用,一个备用)	
	容纳人数	3+2 人	
	舱门数量	4 个	
	工作压力	7 bar	
压缩空气调节系统	型式	PID	
	压缩空气调节器数量	2 套	
	压力控制精度	±0.05 bar	
同步注浆系统	注浆管路数量(含备用管路)	2×6 根(其中 6 根为备用)	
	注浆泵的数量	3 台双活塞泵	
	泵送能力	36 m^3/h(3 台泵,3×12 m^3/h)	
	注浆泵装机功率	3×30 kW	
	储浆搅拌罐容量	16 m^3	
	储浆搅拌罐装机功率	15 kW	
	压力传感器数量	6 个	
	双液注浆系统	在后配套上提供空间(3 500×980×1 500 mm),20 kW	
管片安装机	型式	真空吸盘式	
	起吊能力	130 kN	

续上表

主部件名称	项　目	参　数	备注
管片安装机	侧向挤压力	100 kN/m	
	安装功率	160 kW	
	驱动方式	液压驱动	
	自由度	6	
	旋转速度	0～1.5 r/min	
	旋转扭矩	618 kN·m	
	静扭矩	1 648 kN·m	
	移动行程	3 500 mm,可以更换前两道盾尾刷	
	旋转角度	±220°	
	控制方式	无线遥控、有线控制各一套	
	安装一环管片的时间	小于 40 min	
	是否预留超前钻机安装位置	已预留并配有其机械、液压、电气以及超前注浆管的接口	
管片吊机	型式	真空吸盘式单轨吊机	
	起吊能力	130 kN	2.5 倍工厂安全试验为 325 kN
	控制方式	无线遥控	
	工作范围	允许堆放 3 块管片的管片车通过	
	管片吊机装机功率	37 kW	
激光导向系统	激光导向系统型式	PPS 或同类产品	
	激光全站仪和棱镜之间的角度测量精度	2″	
	激光有效工作距离	500 m	
	姿态超限报警	有	
	双轴倾角计测量滚动精度	约 0.1 mm/m	
	双轴倾角计测量倾斜精度	约 0.1 mm/m	
盾尾间隙测量系统	传感器数量	4 个	
	安装位置	管片安装机上	
	报警	报警	
电视监视及电话通信系统	摄像头数量	2 台	
	显示屏数量	1 个	
	显示屏规格	液晶显示器	
	电话数量	5 部	
后配套	拖车数量	3+1 节	
	允许列车通过尺寸(长×宽×高)	2 000 mm 宽,高度允许堆放 3 块管片的运输车通过	

续上表

主部件名称	项 目	参 数	备注
工业水系统	回路设计	双回路:闭式内循环和开式外循环;工业水箱	
	水箱规格	0.5 m^3 补水箱,13 m^3 水箱,热交换器	
	进水参数	60 m^3/h (25℃ 压力 6 bar 条件下)	
	进水水泵装机功率	50 kW	
	水管卷筒规格	DN100×40 m,2 个卷筒	
污水排放系统	盾壳内的潜水泵	盾壳内 5 kW,后配套 12.2 kW,气动	
	污水箱容量	6 m^3	
	安装在污水箱上的转运泵(将沉淀后的污水泵送至排泥管中)	1×60 m^3/h(7 bar,22 kW 电动)	
工业气体压缩机	能力	430 m^3/h (8 bar 条件下)	
	工作压力	8 bar	
	储气罐容量	1 m^3	
气垫空气压缩机	能力	2×1 260 standard m^3/h(8 bar 条件下)	
	工作压力	8～10 bar	
	储气罐容量	14 m^3	
	过滤装置数量	2+2 个	
一次通风设备	流量	40 m^3/s	
	储风桶数量	2	
	储风桶直径	ϕ1 800 mm	
	储风桶更换起吊装置	1 套	
	储风桶容量	150 m	
二次通风设备	流量	40 m^3/s	
	风管直径	2 路风管在后配套单独敷设,直径 ϕ1 000 mm	
	工作区最小风速	大于 0.5 m/s	
	二次通风机装机功率	45 kW	
	消音器数量	2	
	储风桶更换起吊装置	1 套	
液压系统	设计标准	液压系统符合 ISO 标准	
	主油箱容量	13.5 m^3	
	液压油	矿物油 VG46 或 HFDU 可适用	
	清洁度	7 级 (NAS 1638)	
	滤油泵装机功率	15 kW	
	液压油冷却方式	水/油热交换器	
	热交换器进水温度	30 ℃	
	液压管型式	管道配用最少带两层符合 ISO 1436 标准的金属丝编织网加强软管	
	管接头型式	使用焊接的管接头或 SAE 焊接型的套接管来连接	

续上表

主部件名称	项　目	参　数	备注
泥水输送系统	类型	气垫式	
	压力控制精度	±0.05 bar	
	送泥流量	1 190 m^3/h（掘进期间） 1 420 m^3/h（旁通时）	开挖土体密度按 2.3 t/m^3
	送泥密度	1.1 t/m^3	
	送泥管直径（主机和后配套上）	16 英寸（内径 ϕ387 mm），管壁厚 8 mm	
	排泥流量	1 420 m^3/h（掘进期间和旁通时）	开挖土体密度按 2.3 t/m^3
	排泥密度	1.30 t/m^3	
	排泥管直径（主机和后配套上）	16 英寸（内径 ϕ387 mm），管壁厚 8 mm	
	泥水仓压力传感器数量	4 个	
	泥浆管延伸装置型式	软管、球塞式	
	泥浆管延伸装置有效长度	8 m	
送泥泵 P1.1	数量	1 台，叶片和壳体等部件采用耐磨材料	
	型号	Warman 12/10GH	
	扬程	58 m	
	送泥管直径	16 英寸（内径 ϕ387 mm）	
	最大送泥密度	1.1 t/m^3	
	排量	1 190 m^3/h	
	允许通过的最大粒径	160 mm	
	送泥泵 P1.1 装机功率	315 kW	
送泥泵 P1.2	数量	1 台，叶片和壳体等部件采用耐磨材料	
	型号	Warman 12/10GH	
	扬程	58 m	
	送泥管直径	16 英寸（内径 ϕ387 mm）	
	最大送泥密度	1.1 t/m^3	
	排量	1 190 m^3/h	
	允许通过的最大粒径	160 mm	
	送泥泵 P1.2 装机功率	315 kW	
排泥泵 P2.1	数量	1 台，叶片和壳体等部件采用耐磨材料	
	型号	Warman 12/10GH	
	扬程	66 m	
	排泥管直径	16 英寸（内径 ϕ387 mm）	
	最大排泥密度	1.30 t/m^3	
	排量	1 420 m^3/h	
	允许通过的最大粒径	160 mm	
	排泥泵 P2.1 装机功率	500 kW	

续上表

主部件名称	项　目	参　数	备注
排泥泵 P2.2	数量	1 台，叶片和壳体等部件采用耐磨材料	
	型号	Warman 12/10GH	
	扬程	66 m	
	排泥管直径	16 英寸(内径 ϕ387 mm)	
	最大排泥密度	1.30 t/m^3	
	排量	1 420 m^3/h	
	允许通过的最大粒径	160 mm	
	排泥泵 P2.2 装机功率	500 kW	
排泥泵 P2.3	数量	1 台，叶片和壳体等部件采用耐磨材料	
	型号	Warman 12/10GH	
	扬程	70 m	
	排泥管直径	14 英寸(内径 ϕ387 mm)	
	最大排泥密度	1.30 t/m^3	
	排量	1 420 m^3/h	
	允许通过的最大粒径	160 mm	
	排泥泵 P2.3 装机功率	500 kW	
排泥泵 P3	数量	1 台，叶片和壳体等部件采用耐磨材料	
	型号	Warman 12/10GH	
	扬程	35 m	
	排泥管直径	16 英寸(内径 ϕ387 mm)	
	最大排泥密度	1.30 t/m^3	
	排量	1 420 m^3/h	
	允许通过的最大粒径	160 mm	
	排泥泵 P3 装机功率	315 kW	
	从泥浆处理站到竖井的最大距离	150 m	
供电系统	初次电压	10 kV±10%　50 Hz　3 相	
	二次电压	710 V/410 V/230 V(刀盘驱动/辅助/照明)	
	刀盘驱动变压器容量	3 150 kVA 全充填防水(不易燃的，绝缘 C2 级符合 IEC 296 标准)	
	辅助变压器容量	1 000 kVA 全充填防水(不易燃的，绝缘 C2 级符合 IEC 296 标准)	
	变压器防护等级	IP55	
	电机补偿	$\cos\varphi=0.9$ 辅助设备 $\cos\varphi=0.95$ 刀盘驱动电机	
	中线	IT 型	
	刀盘驱动电机和送、排泥浆泵电机防护等级	IP67	

续上表

主部件名称	项　目	参　数	备注
供电系统	电缆	阻燃型,符合 IEC 332-1 标准(C2 级)	
	高压电缆延伸能力(气动)	400 m,自动收放	
	应急发电机组或内燃空压机(用户提供)	后配拖车上预留有安装位置	
控制系统	安装空调的主控制室	1 个	
	可编程逻辑控制器(PLC)	750 输入/输出,存储器采用 E2PROM	
	显示系统	在监视屏上显示运行参数和故障(由主控制室内的 PC 机监控),中英文界面可以方便地切换	
	数据记录系统	主控制室的 PC 机(P4,2.0 GHz,内存 512 M,硬盘 40 G),带 CD 记录器,包括将数据传输至地面 PLC 的调制解调器(电缆不在供货范围之内),多达 40 个可录参数	
	纵倾角和滚动传感器数量	各一个	
安全设施	紧急停机用锁定式按钮	沿机器布置	
	专用的紧急停机	在拼装机控制盒上有锁定式按钮	
	正常照明和应急照明	1 套,沿机器布置	
	消防设施	1 套,沿机器布置	
功率	刀盘驱动	2 000 kW	
	仿形刀	1×11=11 kW	
	推进系统	1×110=110 kW	
	管片安装机	1×160=160 kW	
	破碎机	1×75=75 kW	
	安全闸门	与破碎机共用	
	注浆泵	3×30=90 kW	
	注浆储存罐搅拌器	1×15=15 kW	
	液压油过滤泵	1×15=15 kW	
	主轴承脂润滑	4 kW	
	管片吊机	1×37=37 kW	
	污水排放泵	30 kW	
	冷却水循环回水泵	16.5 kW	
	盾尾油脂泵	气动	
	二次通风机	1×45=45 kW	
	泥浆管铺管吊机	5 kW	
	排泥泵 P2.1	1×500=500 kW	
	工业气体压缩机	1×45=45 kW	
	气垫空气压缩机	2×132=264 kW	
	Miscelaneous	70 kW	
	其他设备	1×85=85 kW	
	总装机功率	3 629 kW	

续上表

主部件名称	项 目	参 数	备注
延长管线快速安装接口	数量	1 套	
超前钻机	钻机台数	2	
	安装位置	安装在管片安装机上	
	品牌型号	Deilmann-Haniel B1000 型或同等级别	
	冲击力	30 kN	
	回转速度	0～350 r/min	
	最大回转扭矩(175 r/min 条件下)	3 160 N·m	
	最大钻孔直径	100 mm	
	行程	1 725 mm	
	参数记录	掘进速度,深度,旋转压力,冲洗水压,旋转速度	
	额定功率	37 kW	
	液压动力	与管片背后注浆系统共用	
有害气体自动监测系统	探测的气体种类	O_2,CO,CO_2,CH_4	
	传感器数量	8	

3.1.2 盾构主要结构

(1) 刀盘

1) 刀盘结构

刀盘是安装在盾构切口环前面的旋转部分,通过不同形式的刀盘上安装不同的刀具或刀具组合,可以在不同地质情况下的进行隧道掘进。刀盘的结构如图 3-4 所示。

图 3-4 刀盘结构示意图

刀盘是针对狮子洋水下隧道出口段特殊地质条件而设计的,包括焊接结构件和刀架。刀盘每个进渣口的周圈及刀盘的中心和外缘进行硬化处理并堆焊耐磨材料,在刀盘外圈设有保护刀具。通过刀盘旋转，切削出的渣土从刀盘的8个开口导入泥水仓。刀盘开口的楔形梯级结构设计使刀盘后面的开口逐渐变大，有利于导入渣土。为适应黏土地层，刀盘采用较大的开口率(31%)，刀盘中间的开口率较高(高于45%)，从而使中间部位的渣土极易进入泥水仓。刀盘的开口限制了进入切削仓的石块粒径在0.5m以下。刀盘背面的支撑臂可以使注入的泥水和切削的渣土在刀盘后面进行充分的搅拌混合。

在刀盘的中心设计有3个泥浆注入口，用于对该处的冲洗和清理。这样既可以防止渣土在刀盘中心区域堆积(冲向开挖仓底部)，同时还可以从中心部位注入泥浆，从而加快泥浆在中心部位的混合。

4个搅拌棒装在刀盘背面靠近外周，主要用于搅拌泥水仓底部的沉渣(这种作用在黏土地层中防止沉渣堵塞排浆管更加明显)，优化泥水压力的控制和改善泥浆的均匀性。

刀盘结构由8块辐条和相应的辐板所组成。刀盘结构和驱动装置之间的连接通过8个梁来连接，这8个梁位于刀盘面板横梁和用螺栓连接于驱动部分的重型环圈之间。横梁将刀盘面板部分连接至辐条。刀盘将采用合格的S355J2G3/Q345B/16MnR材料制作。

刀盘安装在主轴承的内齿圈上，通过8个变频电机驱动。刀盘设计为双向旋转，其转速可无级调节。

为了适应不同地质的掘进要求，在刀盘上可以安装滚刀、切刀、刮刀和齿刀等，并且可以实现滚刀和齿刀的互换。刀具安装采用背装式设计，便于在泥水仓内进行刀具的更换。

刀盘上还安装有仿形刀和泥浆喷嘴等装置，以及所有必需的管道和刀具磨损检测装置的管路。

2）刀具

所有的刀具均按本工程地质条件来设计。

① 切刀

切刀的宽度使得每把刀的切割轨迹之间有一定的重叠。切刀的切削宽度为120 mm。所有的切削刀具配有双层碳钨合金刀齿，以提高刀具的耐磨性，可磨损的高度为64 mm(2×32 mm)，在第一排刀齿磨损后，第二排刀齿可以代替第一排刀齿继续发挥作用，同时在刀具的背部设有双排碳钨合金柱齿。切刀具体样式如图3-5所示。

切刀高出刀盘面板90 mm。所有的切刀均可以从泥水仓内拆卸和更换，并配备有这种作业的提升装置。

在5把刀具上配备有磨损检测装置如图3-6和图3-7所示。在这些刀具上建立起一个人工液压回路。在每把检测刀上都设有一个钻孔通至靠近外表面的地方，通过手动泵来加压，如果刀具磨损到一定程度，注油孔就被揭穿，漏油致使油压不能升高，则意味着刀具已磨损。这些监测工作都是在常压下进行的，不需要进入到泥水仓内部。

② 周边刮刀

周边刮刀安装在刀盘的外圈用于清除边缘部分的渣土，并防止渣土沉积，确保刀盘的切削直径以及防止刀盘外缘的间接磨损。该刀的切削面上设有一排连续的碳钨合金齿和一个双排碳钨合金柱齿，用于增强刀具的耐磨。确保即使在掘进几公里之后刀盘仍然保持必须的开挖直径。周边刮刀示意图如图3-8所示。

③ 滚刀

刀盘上装备有用于安装滚刀的刀座，其中50把单刃滚刀，5把中心双刃滚刀(图3-9)。滚刀刀座设计可以保证滚刀和齿刀互换。

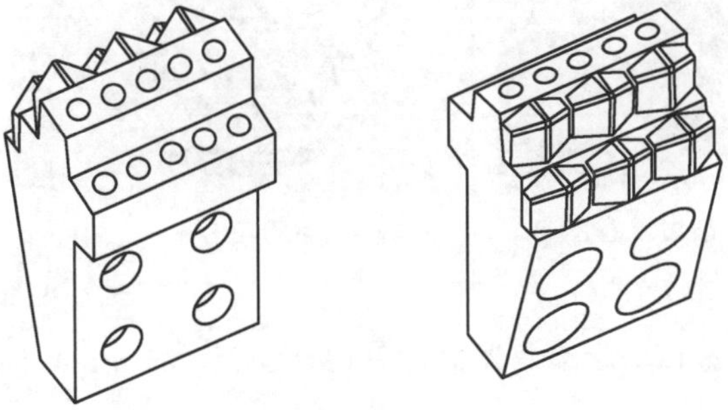

图 3-5 切刀示意图

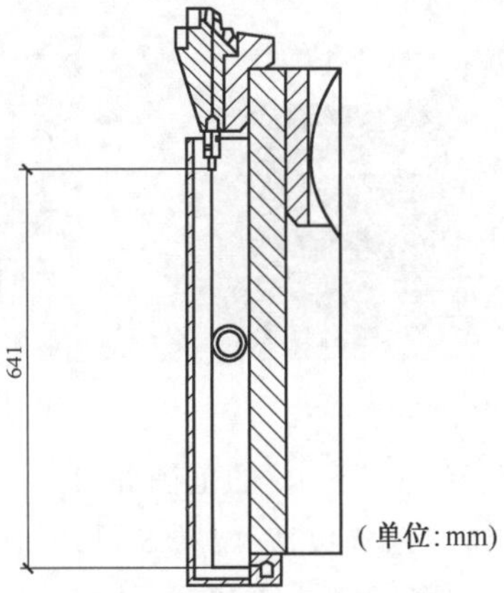

图 3-6 带磨损检测装置的切刀示意图

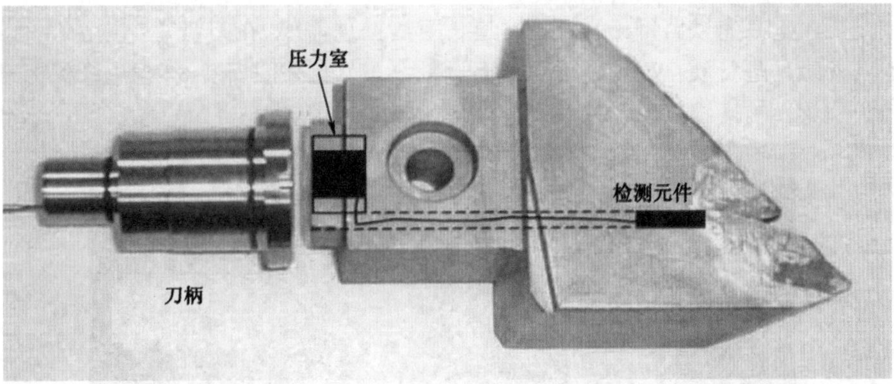

图 3-7 带磨损检测装置的切刀示意图

图 3-8 周边刮刀示意图

对于狮子洋水下隧道工程，盾构上设置有特制的耐磨滚刀，这种滚刀有非常高的耐磨性，以尽量减少在掘进中进行刀具更换，另外滚刀密封等零部件设计综合考虑了 7 bar 的水压环境，滚刀高出切刀 30 mm。

刀具全部背装，并在刀盘上部有安装刀具的平台。

④ 仿形刀

在刀盘的外缘上安装有一把仿形刀，它是通过一个液压油缸伸缩来满足局部要扩挖的需要。仿形刀采用可编程控制，同时也由司机进行控制，其控制是通过刀盘回转传感器来实现。司机可以控制仿形刀开挖范围和深度(即超挖的深度)，以及超挖的位置是在机器左侧还是右侧。如果决定要对左侧进行扩挖以帮助机器向左转弯，那么仿形刀只需在左侧伸出，扩挖左侧

图 3-9　盾构滚刀示意图

水平直径线上、下 45°的范围即可。

仿形刀系统包括：耐磨滚刀、带有行程传感器和角度编码器的油缸（最大行程 75 mm）、油缸安装支座、控制线缆和相应管路。

3）刀盘结构的保护措施

为满足广深港高速铁路狮子洋水下隧道长距离掘进需要，在刀盘每个进渣口的周圈和刀盘的中心及外缘均进行硬化处理并堆焊耐磨材料。在刀盘外圈安装 32 把边缘保护刀，以充分保护刀盘外圈梁不被磨损。刀盘外圈硬化处理如图 3-10 所示。

图 3-10　刀盘外圈硬化处理示意图

4）中心旋转接头

中心旋转接头固定在泥水仓隔板上，它由以下几部分组成。

① 直通式的无压力降的泥浆管道，通过它将新鲜泥浆输送到刀盘中心，刀盘中心安装有面向周围的喷嘴和一个止回阀，用于冲刷底部的渣土沉淀。

② 仿行刀的液压油管道和油脂管道。

③ 与刀具磨损检测装置相连的液压油管道。

（2）盾体

盾体主要由三部分构成：前体、中体和盾尾。前体主要承载刀盘驱动以及人闸、破碎机、安全闸门等。中体主要用于安装推进油缸、管片拼装机、人员舱等部件及系统。盾尾为管片安装区域并集成了盾尾密封组件及系统，管片背后注浆部件及系统。盾体结构如图 3-11 所示。

盾体结构按承受 7 bar 的静水压力进行设计。护盾结构由 Q345B 钢板卷制而成，前体与中体采用两层 40 mm 厚钢板盾壳螺栓栓接而成，盾尾为单层厚度 60 mm 钢板卷制而成，适应本工程高水压的要求。

盾体结构所使用的材料、护盾的尺寸、装备与工程地质（土的含水率及磨损介质等等）和工

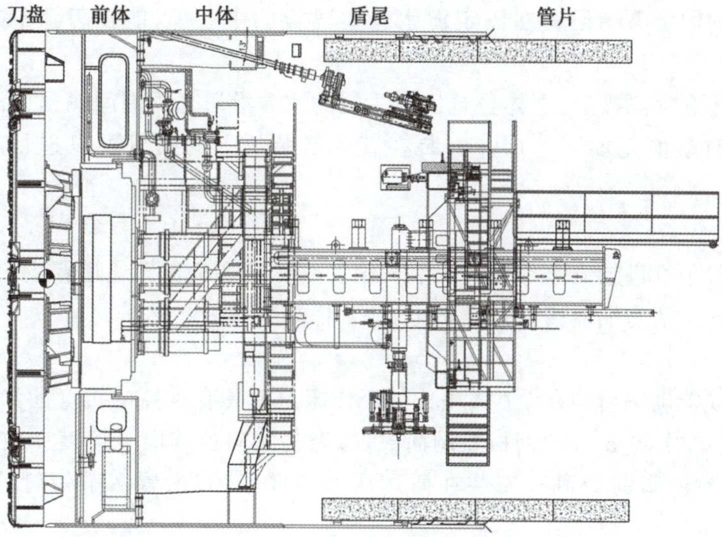

图 3-11 盾体结构示意图

作条件匹配。前体和中体采用 6 块分块设计，各个部分（环向分块以及前体与中体的连接）均为螺栓连接，满足盾构“相向施工、洞内解体”需要。为了适应曲线掘进，盾体的设计为倒锥形，即尾盾的直径比中盾和前盾的直径小。

1）前体

前体用以支撑刀盘、刀盘驱动装置和人闸。两道压力隔板将前体分割成泥水仓和气垫仓。自动调压系统通过调整前体气垫仓的压力，从而确保掌子面压力平衡、稳定。前体的四周预留超前钻孔，以便万一需要进仓作业以及地中对接前预先加固地层。

在前体的隔板上安装有压力传感器用以监测气压仓内的压力，以便在掘进过程中对其进行及时的反馈和调节。

前体结构的特点在于有一个固定在中心部不随刀盘一起转动的隔板。这样可以减少刀盘的额外结构，刀盘仅设计成一个回转部件，使主轴承能在该空间所提供的最佳条件下工作。中心不转动的隔板设计如图 3-12 所示。

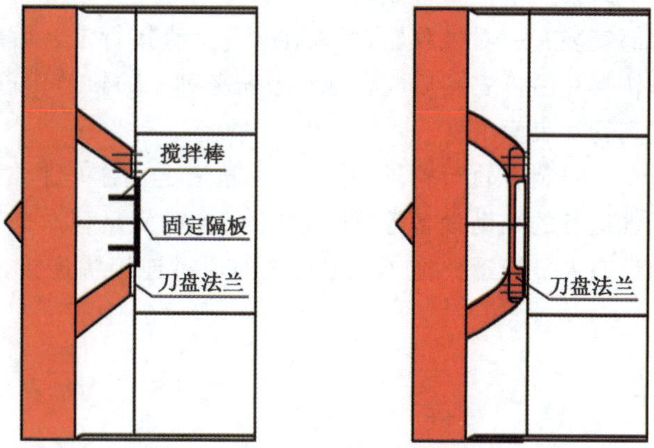

图 3-12 中心不转动的隔板设计示意图

泥水仓的隔板能安装一些固定式的搅拌棒，对泥土仓内的泥浆起搅拌作用，以利于渣土的流动，防止在黏性土地层中掘进时，渣体沉积堵仓。

压注泥浆的固定喷嘴设置在固定泥水仓室隔板的中心部，能在刀盘的中心喷射膨润土泥浆。

在盾构前体仓室隔板后、中体位置以及盾尾的前方沿盾壳周圈间隔预留注入孔，以便万一需要进仓作业时预前先加固地层。安装在管片拼装机上的钻机可以进行超前钻孔和注浆作业。

2）中体

中体内布置了推进缸支座和管片安装机架。管片安装机支架通过相应的法兰盘和管片安装机梁连接起来。活塞端栓接在钢结构上，活塞杆端装有耐磨支撑。

3）盾尾

盾尾设计成能确保盾构在至少 7 bar 的工作压力下具有较高的抗弯曲和抗断裂强度。为此，盾尾壳是用单层 60 mm 的钢板卷制而成，盾壳是均匀连续而且厚度一致。所有用于回填注浆和盾尾密封注脂的管道都安装在盾尾盾壳内壁上，并内置多节短管连接，以方便管路更换。

(3) 拖车

盾构的拖车用以安放液压泵站、注浆泵、砂浆罐和电气设备等。拖车行走在钢轨上，拖车之间用拉杆相连。拖车上的安装设备见表 3-2。

表 3-2　拖车安装设备表

拖车号	主要安装设备
G0	超前钻机、盾尾油脂泵站、主轴承油脂泵站、排浆泵 P2.1、工业气体单元
G1	管片吊机、轨线吊机、管片快速卸载机、主控室、注浆泵及储料罐、主液压泵站、主液压油箱、工业水单元、热交换器
G1b	污水泵、污水箱、可吸气体单元
G2	维修车间、变压器、高压柜、配电柜、水管卷筒、管路延伸区（膨润土浆管，水管，风管）、高压电缆卷筒、二次通风系统

后配套拖车由 4 节门架式平拖车组成，如图 3-13 所示。

第一节拖车的前部安装有一对橡胶轮，可以在管片上直接行走。后部安装有 4×2 个轨行轮。底部可以通过单轨管片吊机安装后配套拖车及服务列车的轨道。重型支撑结构能将车架的重量通过轨道分配到管片表面上。

第二、三、四节拖车亦安装有轨行轮子，并行走在轨道上。拖车平台上安装有动力及控制设备以及保证盾构正常运行的辅助设备等，拖车中部的空间满足列车通行。

在拖车的一侧铺设有人员通道。拖车和主机之间通过连接桥连接，拖车在主机的拖动下前进。

3.1.3　盾构关键系统

(1) 主驱动系统

刀盘驱动系统设计成以同样速度和扭矩进行正反向旋转破岩。刀盘驱动系统包括主轴承组件、减速箱、变频驱动电机及其控制元件。除考虑在狮子洋水下隧道地层条件下掘进而需要的额定扭矩外，还考虑了因刀盘卡阻需要的脱困扭矩和一定的安全度。

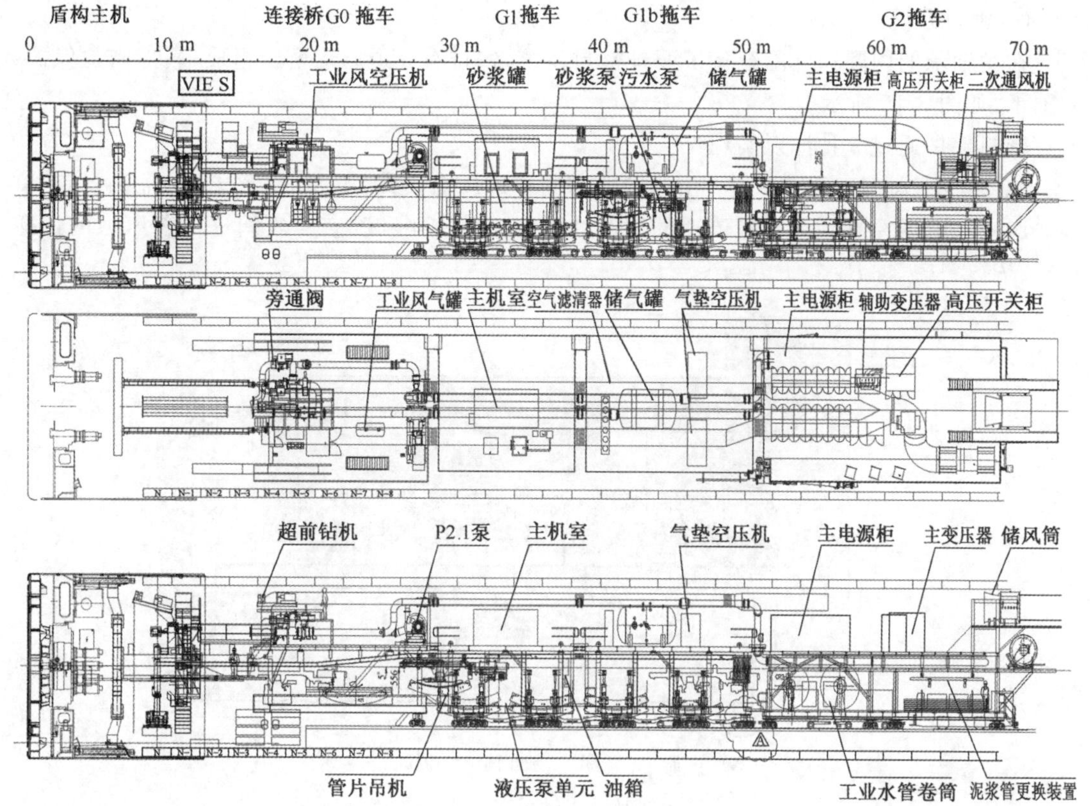

图 3-13 盾构拖车示意图

1）主轴承组件

主轴承安装在前体承压隔板支撑结构上，前部与刀盘用拉伸预紧螺栓连接。

① 结构描述

盾构采用适用于大扭矩和大推力工况下的整体式主轴承，内有三套（轴向/径向）滚柱，轴承支承框架做成刚性焊接结构件，所有环均为整体式，滚道上没有任何不连续性。内齿圈与主轴承为一体。

大齿圈有内齿，可减小主轴承和前护盾之间的反推力。

用螺栓将轴承固定在轴承的支承框架上。这些螺栓能确保轴承座圈预紧力的精确控制，并在高振动条件下保持预紧力。

行星小齿轮安装在两个球形滚子轴承之间。即使在高的载荷条件下，这种设计能够确保行星小齿轮与内齿圈实现良好的啮合。主驱动如图 3-14 所示。

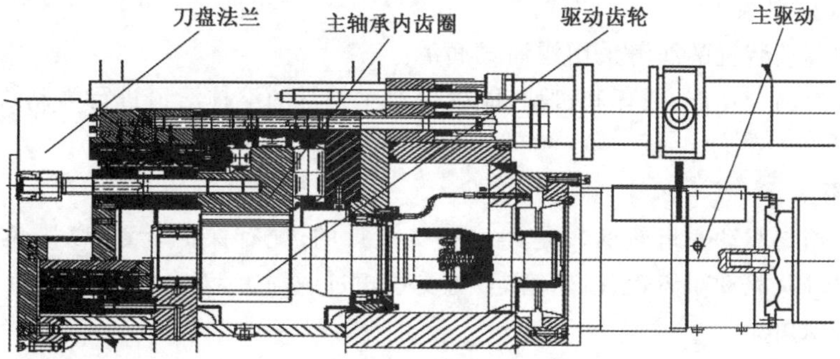

图 3-14 主驱动示意图

② 密封系统

在主轴承的内圈和外圈配备了两排密封系统，每排有 5 道唇形密封组成，唇形密封保护着主轴承，如图 3-15 所示。

密封保护通过 3 种注射实现：

腔室 1：注入 HBW 型油脂。由于腔室密封中的压力损失，压力 P_1 比土压 P_0 高。

腔室 2 和腔室 3 注入恒量流速的润滑油脂并在腔室 1 和腔室 4 之间进行着压力的传递：$P_0 < P_1 > P_2 > P_3 > P_4 = P_5 = P_6$

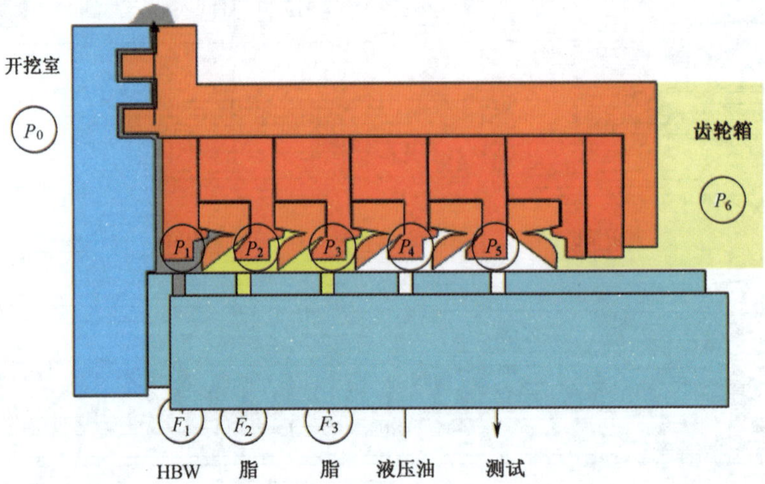

图 3-15　主轴承密封示意图

密封的效果通过注入两种不同的油脂来实现：

在腔室 2 中，以恒流速 F_2 注入 EP2 油脂。

在腔室 3 中，以恒流速 F_3 注入 EP2 油脂。

每个腔室中的压力是可量测的但不能调节。当两个相邻腔室的压力差达到 0.5 bar 时，关闭前一个腔室油脂的注入。

腔室 4 ：使用润滑油进行周期性注入。当第一道密封出现问题，腔室 4 可以弥补两个油脂的注入。

腔室 5：即泄漏测试腔，可以测试主轴承的密封性。

③ 油脂润滑系统

为了确保将油脂按所需的压力和流量安全地分配到各密封腔室内，盾壳内安装了定量分配泵和压力传感器等监控元件。

④ 齿轮油润滑系统

主轴承和驱动装置的润滑采用浸油式润滑。

润滑系统有两个功能：循环和过滤，能确保对主轴承的滚柱滚道进行强制式润滑循环和润滑油过滤。

2）减速箱

连接减速箱与驱动小齿轮的轴是经过特殊设计的，配有保护装置，以避免关键机械部件（如主轴承大齿圈、驱动小齿轮、齿轮箱等）免受扭矩过载损害，寿命满足 10 000 h 的要求。

3）变频驱动电机

刀盘采用变频、水冷式电机驱动，并实现无级变速控制。电动机具有内置式的用于 PLC

故障预测用的热探测器,探测结果显示在司机操作室内控制台上。

每台电动机具有独立的变频器。其优点有:此设计增加了盾构的稳定性,即当主变频器出现故障时,盾构亦能正常工作;各变频器之间的联络时间减少,能改善各个电机之间的同步性;对扭矩/转速的控制装置达到最优化,能改善驱动装置性能。

(2) 推进系统

推进油缸为分组控制,22 对(共 44 根)推进油缸按照在圆周上的区域分为 4 组,如图 3-16 所示。每组油缸均能单独进行压力控制和调整。为使盾构沿着正确的方向开挖,司机可以调整 4 组油缸的压力。每组油缸中有一支油缸安装有位移传感器,通过位移传感器,操作人员在主控室显示屏即可知道油缸的伸出长度和盾构的掘进状态。

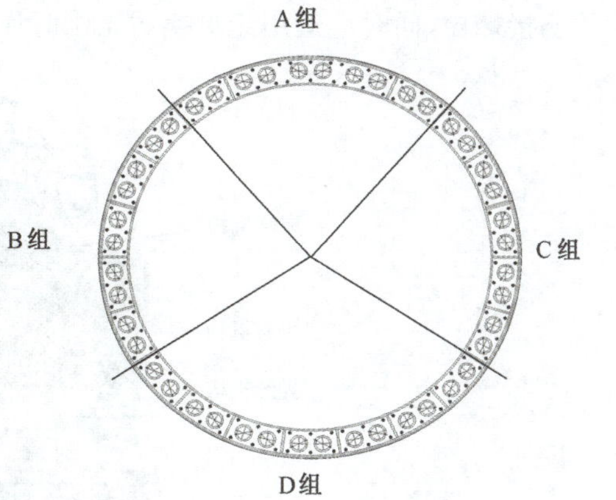

图 3-16　推进油缸分组示意图

安装在球窝关节上的撑靴覆盖有聚氨酯板,以确保与管片端面均匀平滑地接触。

(3) 管片安装系统

1) 管片安装系统组成

管片安装系统包括安装在盾壳内的真空吸盘式管片安装机、管片连接螺栓安装工作平台、真空吸盘式管片吊机、管片存储输送小车等。

2) 真空吸盘式管片安装机

管片安装机安装在盾尾,安装机是为纵向插入式管片衬砌封闭块而设计的,由一对举重油缸、大回转机构、真空抓取机构和平移机构等组成,如图 3-17 所示;真空吸盘式拼装机照片如图 3-18 所示。

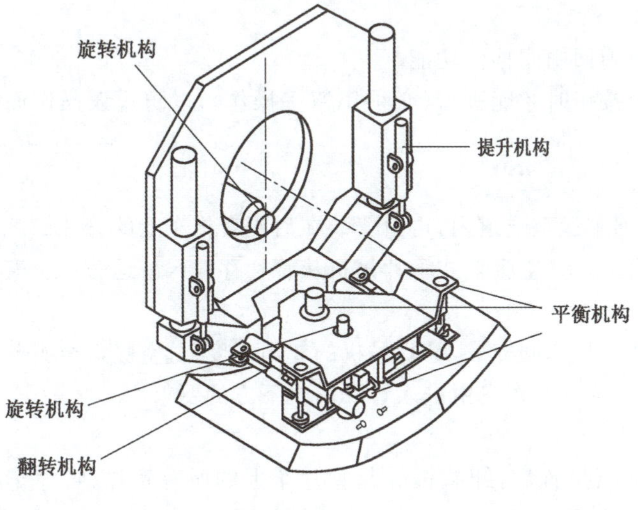

图 3-17　拼装机机构示意图

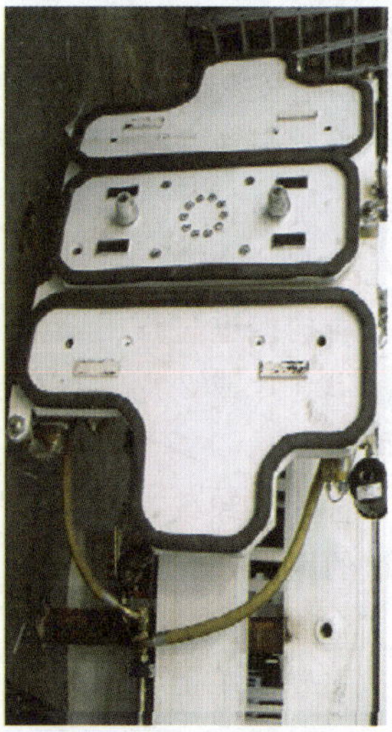
图 3-18　真空吸盘式拼装机

管片安装机的控制方式有遥控和线控两种,均可单独对其实现灵活的操作控制。管片安装机通过自身机构的协同动作,把管片安装到准确位置。管片安装机由单独的液压系统供应动力,并具有紧急状况下的自锁能力,确保施工安全。

安装机的纵向行程使其能够拆卸上一环管片的衬砌块而不需借助其他任何工具，以方便更换盾尾密封刷等操作时使用。

3）管片安装机工作平台

在管片安装机轨道梁上安装有工作平台和走道，能随管片安装机前后移动，以方便安装管片连接螺栓，同时亦适用于更换盾尾刷时使用。其结构如图 3-19 所示。

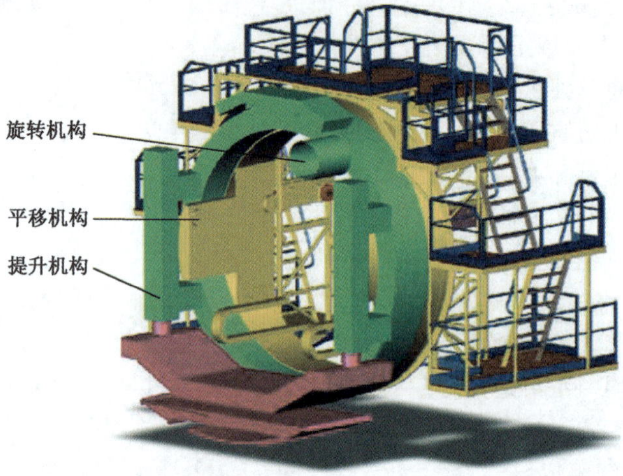

图 3-19　管片安装机平台示意图

4）管片安装机控制及安全联锁功能

当盾构完成一环掘进后，操作员选择管片安装模式。这样推进油缸和管片安装机的控制权转移到固定控制面板或遥控器面板。操作员就不能推进或者控制推进油缸。液压系统也转换为低压大流量模式。控制权只能由管片拼装司机在管片安装区域操作。

吸盘真空度的互锁功能可以防止吸盘真空度低于 80%时抓取管片。真空度能连续显示，并在真空度低于 75%时发出警报。

所有安装器均具有支撑互锁或弹回中间挡位功能。

真空释放只能在同时按住两个按钮时才能进行（必须用双手操作），以防止误操作而放松管片。

5）真空吸盘式管片吊机

盾构掘进过程中，管片由服务列车运至隧道内，再由安装在后配套拖车上的管片卸载机一次吊下 3 片或 2 片管片存放在轨道上。真空吸盘式管片吊机从管片存放区吊运管片至安装机抓取区域。

管片的卸载亦由管片吊机一片一片吊卸完成，管片吊机的起吊高度（真空吸盘至服务列车轨道的距离）满足装载 3 片重叠管片的管片车自由进入管片吊机下方的要求。

6）管片卸载机

当管片车进入到后配套拖车适当位置后，卸载机提起管片车上的所有管片，管片车驶出后，卸载机将所有管片卸载到轨道上。管片卸载机布置如图 3-20 所示。

（4）盾构保压控制系统

盾构保压控制系统采用两台 SAMSON PID 控制站，进行气垫保压冗余控制，保压精度 0.02 bar，主要包括两台冗余配置的空气压缩站及气体洁净装置、SAMSON 控制器、压力变送器、进排气蝶阀等。

图 3-20 管片卸载机布置示意图(单位:mm)

1) 空气压缩站及气体洁净装置

盾构配置两台 21 m^3/min 的空气压缩机,以保证盾构掘进时气垫所需的气源,另配置一台 7.1 m^3/min 的小空压机,空气压缩机出口安装气体洁净装置,以保证带压换刀情况下人员的呼吸,如图 3-21 所示。

2) 人员舱

盾构人员舱包括主舱和应急舱,安装在盾构的上部。人员舱安装有温度计、压力计等。每个人员舱均可在舱内或舱外进行升压或减压操作。人员舱外安装有压力计,显示主舱、应急舱以及开挖仓内的压力,条带记录机记录压力的变化。人闸为盾构作业人员进入开挖室的通道如图 3-22 所示,以便在带压状态下对刀盘维修和刀具的检查更换等作业。

图 3-21 带压换刀时用空气压缩站

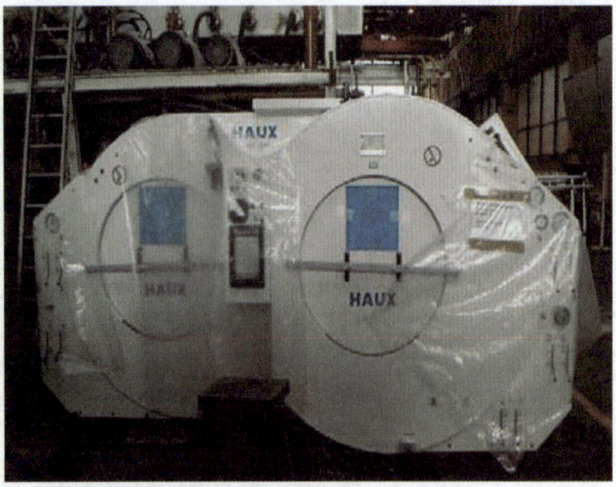

图 3-22 并列式人闸实物照片

主舱可容纳 3 个人,应急舱可容纳 2 个人。应急舱和主舱横向连接,应急舱的作用是在出现紧急情况时作业人员的出入。

人员舱按 CEN 标准设计,压缩空气调节装置安装在中体上,两路供气。

人员舱配套设备按照欧洲气压工作条件下的技术和工作标准进行配置,包含进入人闸的压缩空气阀(加压管阀);带阻尼器的排气阀(减压管阀);通信设备(对讲机、蜂窝电话);工业水闸阀;加热器;照明系统(含应急照明);压力表;时钟;温度计;折叠椅;记录器;气体分析仪;人闸负责人的控制面板(刀盘驱动现场控制面板)。

3) 压缩空气调节系统(SAMSON 控制站)

压缩控制调节系统包括 SAMSON 控制站、压力变送器及进出气蝶阀等。

压缩空气调节器是一种全气动的压力调节装置,安装在盾壳内,用于调节气垫室内的支撑压力以及人员舱内的空气压力,以便保持恒定压力。

掘进过程中,开挖室内的压力调节是通过 PID 压缩空气调节器以及操作员控制泥浆循环系统的进、排泥浆量共同调节来实现。为适应双气路要求,盾壳内安装了两套压缩空气调节器,一套是在正常工作期间使用;另一套为备用。两套系统控制互相跟随,一旦出现故障,备用系统即可以工作。

(5) 注浆系统

1) 盾构同步注浆系统

盾构采用单液同步注浆系统,通过单液同步注浆系统对管片背后的间隙及时充填,以有效保证盾构隧道施工质量与防止地面沉降。单液同步注浆系统包括砂浆存储罐、单液注浆泵以及控制单元,并分别安装在后配套拖车上,单液注浆管路安装在盾壳内壁周围。

盾构配有液压驱动的注浆泵,通过盾尾内的注浆管道将砂浆注入到隧道周壁和管片外径之间的环形间隙。在可调范围内,注浆压力可以通过调节注浆泵工作频率而实现连续调整,并通过注浆同步监测系统监测其压力变化。单个注浆点的注入量和注浆压力信息可以在主控室内显示,可随时储存、查看并控制砂浆注入量和压力。

① 基本组成

单液同步注浆系统通常包含注浆泵、储浆罐、注浆管、阀和控制系统等。

储浆罐通过运输车上的砂浆罐来补充浆液。其内搅拌器可防止砂浆凝固。砂浆存储罐如图 3-23 所示。

图 3-23 砂浆存储罐实物图

单液注浆泵为双柱塞型,液压驱动。注浆泵通过异形连接管和砂浆罐相连,连接段还安装有用于清洗的接口。泵直接装在砂浆罐的下方。同时,还安装有清洁水箱,泵的活塞部分浸在水箱内便于活塞杆的清洗。砂浆泵实物如图 3-24 所示,砂浆泵组成如图 3-25 所示。

每一条注浆管路均是独立的,注浆压力连续可变,因此注浆量可以单独调整。注浆压力、流量和每条管路的注入量通过监测系统进行控制。注浆管路内置于盾尾壳的内侧,可方便地更换堵塞管路。每条管线靠近盾尾注入点处都安装有一个压力传感器。注浆管布置如图 3-26 所示,单液注浆管安装如图 3-27 所示。

图 3-24　砂浆泵实物图

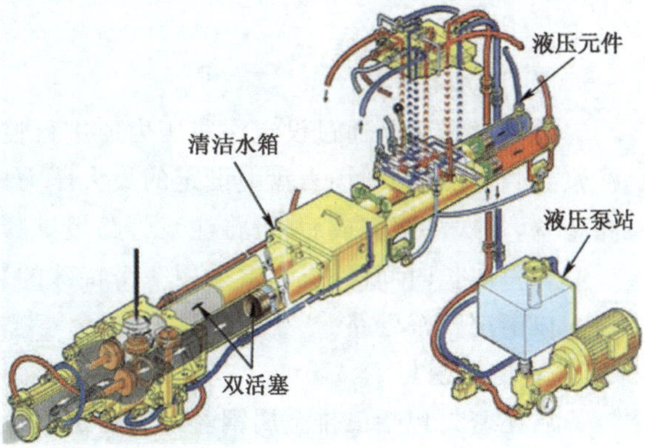

图 3-25　砂浆泵组成

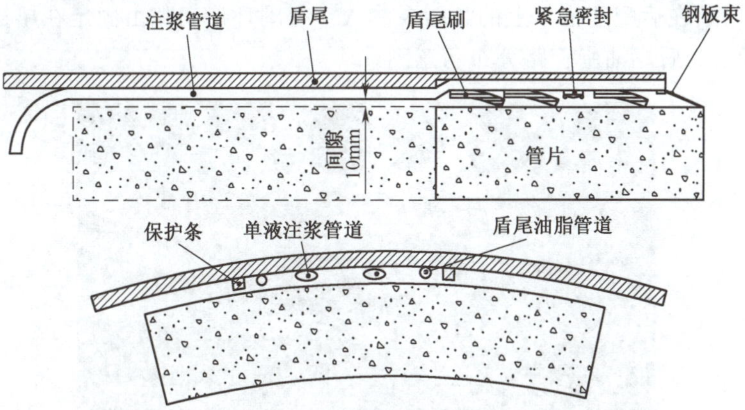

图 3-26　注浆管布置示意图

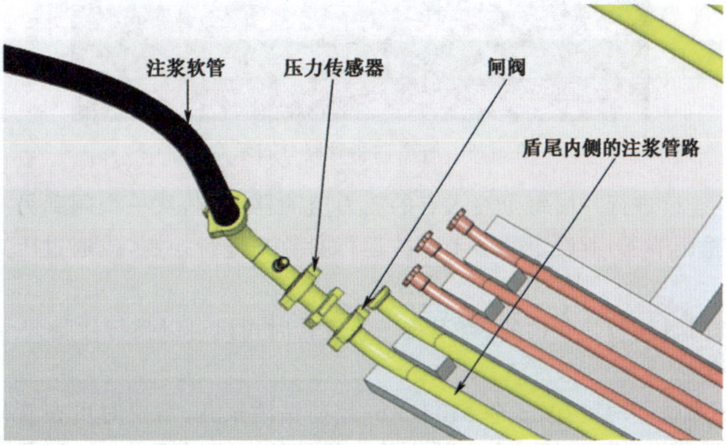

图 3-27　单液注浆管安装示意图

② 操作模式

操作手可以选择两种工作模式,自动和手动。

a. 自动模式

自动模式通过每条管路上设置的两个极限压力控制，最小压力时注浆启动，最大压力时注浆停止。每条管路的最大和最小压力、注浆量(L)以及每环总的注浆量(m^3)均显示在监视屏上。

b. 手动模式

手动模式仍是通过设定注浆压力值进行控制。最小压力时水泥砂浆开始连续注入选定的注浆点，直至达到现场表盘上设定的最大压力极限，然后手动控制停止注浆。为了防止注浆管路堵塞，每次注浆完成后，可将注浆管路填满膨润土浆液。

在每次长时间停机前，常采用一个特殊的装置清洗管路。如采用一个橡胶球并用高压水注入以清洗整个管路。

③ 盾尾密封

盾尾密封包括三排金属钢丝刷和一道钢板束，钢丝刷和钢板束焊接在尾裙上，每一侧都用金属板保护。这 4 排密封之间形成几圈环形空间，持续不断地用密封油脂填充。在第二道和第三道密封之间设有一道紧急密封，紧急密封可重复使用。盾尾密封系统如图 3-26 所示。

油脂通过安装在后配套拖车上的注脂泵注入。每圈环形间隙由固定在尾裙内侧的导管供应油脂。图 3-28 为盾尾油脂管路分布示意图。

图 3-28　盾尾油脂管路分布示意图

油脂注入是连续进行并由每个注入点的压力监测器监测，从一个阀到另一个阀的转换过程由控制室(流量调节器)所设定的若干泵的运行参数来进行控制，或通过压力界限的设定来进行控制。

注脂控制与刀盘旋转是互锁的，当刀盘停止旋转时司机可以强行注脂。

2) 超前钻机

在盾壳前部圆周上均布有 25 个 ϕ100 mm 超前钻注浆孔，需要时可在管片安装机头部安装超前钻机(在管片安装机上加工有安装超前钻机的接口)，对盾构前方地层进行钻孔和注浆作业，用以加固地层。

超前钻机是针对本工程的地质条件和高水压下作业的特殊性，为了确保盾构施工的安全而配置的。

(6) 泥水循环系统

泥水系统是泥水平衡盾构的关键组成部分,由泥水处理系统、泥水循环系统和综合管理系统组成,是施工中确保工作面稳定及排渣的手段。泥水系统的功能是将符合质量要求的泥浆送往开挖面,通过对开挖面加压形成一层不透水的泥膜使其达到稳定,并将流体输送渣土到设在地面上的泥水分离工厂处理。

泥水处理系统设于地面,主要由泥浆制造系统和泥水分离系统等组成。

泥水循环系统由送排浆泵、送排浆管、延伸管线、辅助设备等组成。送浆泵将调制好具有一定黏度和密度的泥浆通过送浆管输送到土仓和掌子面;而排浆泵则将携带渣土的泥水由排浆口排出,并通过排浆管输送到地面的泥水处理设备进行分离。泥水循环系统如图 3-29 所示。

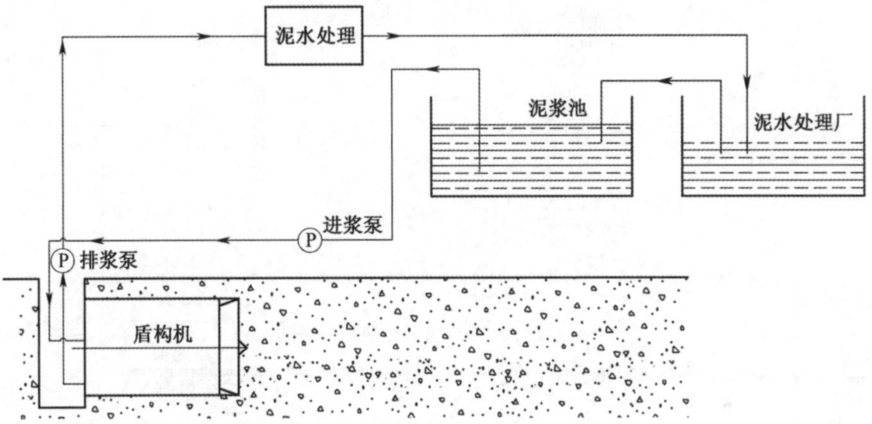

图 3-29　泥水循环系统示意图

根据盾构的切削断面、进浆密度、掘进速度、排浆密度计算进浆流量和排浆流量,再根据流体能输送砾石大小、排出土砂的流速来决定排浆管径。

在本系统中,据计算采用最大掘进速度时,泥水输送量约为 1 500 m^3/h;在盾构拖车部分及隧道内部的泥水输送管均选用 16 英寸规格的输送管。送排浆泵和送排浆管都具有较强的抗磨损能力。

1) 泥浆管线

为减少盾构上泥浆管路的压力损失以及降低泥浆管路的磨损,泥浆管的布置尽可能平顺且尽量减少弯管的使用,安装位置要便于更换和维修。选用的泥浆管为专用的厚壁耐磨管。

2) 泥浆泵

泥浆泵即进浆泵。泥浆通过可变速离心泵(P1.1)从制备厂泵送到泥浆供应管道。对泥浆流进行调节使气垫室里的泥浆能保持恒定的液面高度。进浆泵的关键部件(泵壳体及叶片等)采用耐磨设计。

泥浆主供应回路用于对掌子面供泥浆,在盾构内被分成 5 路,泥水仓掌子面上部布置 2 个喷口,下部 2 个,还有 1 个自回转接头出来接刀盘的中心区域。

在后配套拖车上的排浆管线上安装有一个变量离心泵 P2.1,在隧道内设有两个中继排浆泵 P2.2 和 P2.3,以及在始发井底部也安装一个这样的排浆泵 P3,以助于将泥浆泵送到地面。排浆泵的关键部件(泵壳体及叶片等)采用耐磨设计。送排浆泵型号及规格见表 3-3。

表 3-3　送排浆泵型号规格表

名称	型　号	数量	功率	备　注
送浆泵	Warman 12/10GH 离心式	2	300 kW	风冷式、最大粒径 160 mm
排浆泵	Warman 12/10GH 离心式	3	500 kW	风冷式、最大粒径 160 mm
		1	300 kW	

每套泥浆泵包括变压器、高压单元、变频器、局部的 PLC 控制器、隔离阀门、电气装置架与泵装置架之间的电缆，以及将泵装置与隧道里的排浆管道连接的刚性管道等。泥浆循环系统布置如图 3-30 所示。

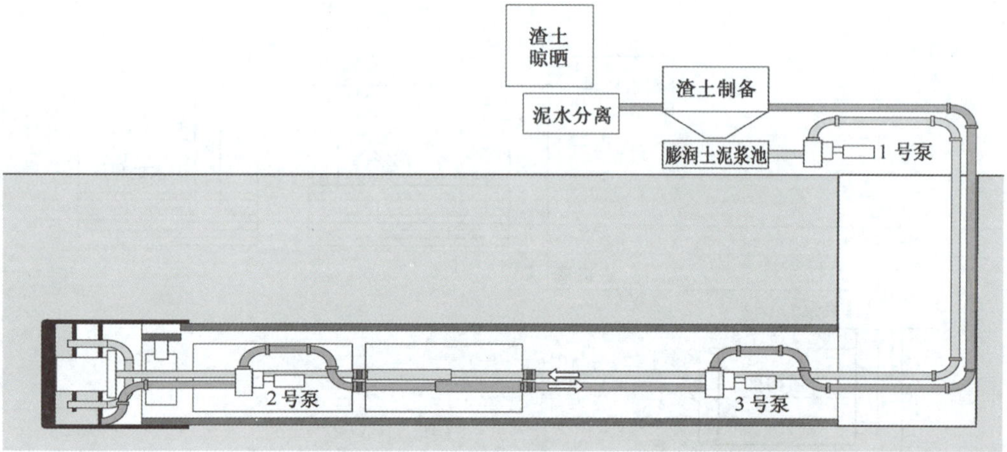

图 3-30　泥浆循环系统布置示意图

3）破碎机及安全闸门

双鄂板式破碎机安装在泥浆排出口隔栅的前面，主要用来破碎岩石，以便于泵送。两片鄂板不断地在泥水仓底部搅动，还有防止土砂在底部沉积的功能，如图 3-31 所示。其驱动为液压驱动，控制模式有自动和手动两种模式，并可在主控室内设定破碎循环时间。在大约 1 000 kN 破碎力的作用下，能够破碎岩石的最大粒径为 500 mm。

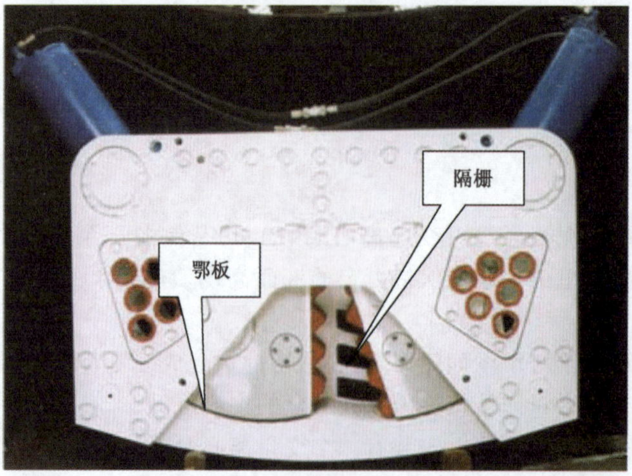

图 3-31　双鄂板式岩石破碎机

由于碎石机安装在隔板安全门阀的后面，这样，一旦破碎机出现故障也无需清空开挖室里的泥浆就可以安全地进到破碎机前进行维修操作。

安全闸门用于隔离泥水仓及气垫仓的通道，在开挖状态安全闸门保持畅通，在紧急情况时关闭安全闸门，以方便人员进行气垫仓内维护。安全门由一块移动钢板组成，液压油缸驱动在两导轨上滑行。导轨和密封面的下部通过安装在安全门下部边缘的一套高压喷嘴来清洗。密封的紧密性由金属支架上的一块金属通过压力释放凹槽产生一种迷宫密封来保证。这些凹槽使用盾尾密封注脂充填以实现闭合处密封的紧密性。安全门的底部可以剪切开挖室底部的沙堆，可以确保安全门的开合。安全门的位置由位移传感器监控。

① 当安全门完全闭合后，控制系统就改变排渣回路工作模式。排浆泵通过泥水仓内的量测压力进行调节。通过排浆泵运行并使用自动气体调节控制和液面显示，司机就可以开始清理气垫仓内的泥浆。

② 如果检测到安全门没有完全打开，控制系统自动将排渣回路的工作模式改成旁通模式。

③ 若要在维修之前清空气垫室内泥浆，首先需要把排渣回路改为旁通模式，然后再改成人工模式，并关闭安全门，调节排浆泵使主机内排浆管里的回路压力小于排浆管进口处气垫室里的泥浆压力。然后打开主机排渣阀，开始清理气垫仓内泥浆。

④ 泥浆出口隔栅

重载耐磨型泥浆出口隔栅安装在岩石破碎机的后面，排泥管进口的前面，以防止较大粒径的石块进入泥浆管道堵塞管路。泥浆出口隔栅的前面焊有耐磨材料，开口约为 100 mm×100 mm。

4）调节原理

通过对泥水仓的压力以及泥浆的进、排流速进行控制，以达到泥浆输送系统调节功能。泥浆的进、排流速应该维持在其临界流速以上，泥浆输送系统调节如图 3-32 所示。泥浆的密度和流量可以分别使用安装在每条管线上的伽马密度计和电磁流量计来测量。每台泥浆泵的驱动电机都配有变频器，实现泥浆泵的无级控制，并可通过 PLC 系统与压缩空气调节器实现联动控制。

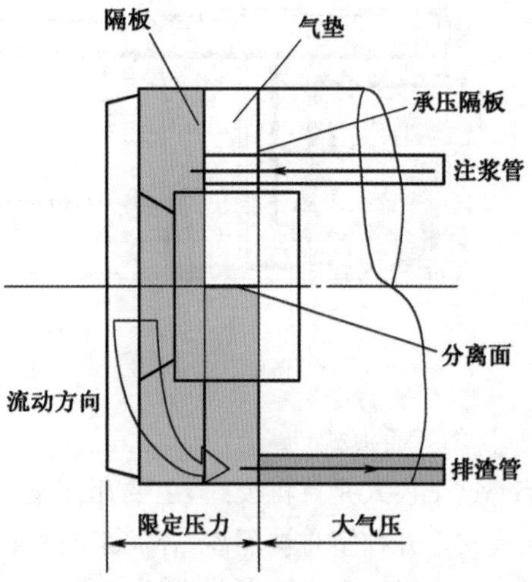

图 3-32　泥浆输送系统调节示意图

正常掘进时，气垫仓内泥浆的液面高度由 P1.1 泵来控制。对泥浆流进行调节使气垫室里的泥浆能保持恒定的液面高度。

当发生漏浆或水自掌子面涌入时，压缩空气调节器起着一个减振作用，通过自动控制进排气量调整泥浆液面的高度，并最终消除压力峰值。

排渣回路由一台安装在后配套拖车上的变量离心泵（P2.1）来控制，当在隧道内安装中继泵时，这个泵由 P1.1 或 P2.1 来控制，或者由自身控制，但此时应配备防管道吸空设施。

5）控制模式

泥浆输送系统有 3 种控制模式。

自动状态：设定开挖参数、旁通模式时的气垫室泥浆液面高度和排渣流量后，司机不需要直接操作(停机模式下除外),泥水输送系统可自动控制。

半自动状态:司机可以操纵泥浆泵的转速和某些电动阀。事实上半自动状况是一种具有主动安全性的手动操作。

手动状态:系统所有命令均通过手动操作完成,司机需要控制泵的流量、阀的开合度及气垫室泥浆液面高度。

压缩空气调节器的气压回路总是处于自动和服务状态,并配有内置的监视装置,气压调节通过计算机控制,控制参数是泵马达的工作强度、压力、流量等。

泥浆输送系统安装有报警装置,可以按照用户的要求进行编程,设定声音报警、灯光闪烁报警或停机。

6) 工作模式

① 开挖模式

根据气垫室内泥浆液面高度以及所要求的排浆流量,对伺服的 P1.1 和 P2.1 泵的转速分别进行调整。调整 P1.1 泵的转速用以校正泥浆\气垫界面高程所要求的值,同时确保下一个泵的超载压力要大于所要求的净吸压头。调整 P2.2 泵的转速,用以校正排渣流量所要求的值,同时确保下一个泵的超载压力要大于所要求的净吸压头。P2.3 泵的转速必须能确保排渣的流体能被泵送到地面的分离厂。调整 P3 泵的转速以便在泥浆分离厂入口处达到必要的压力。开挖模式如图 3-33 所示。

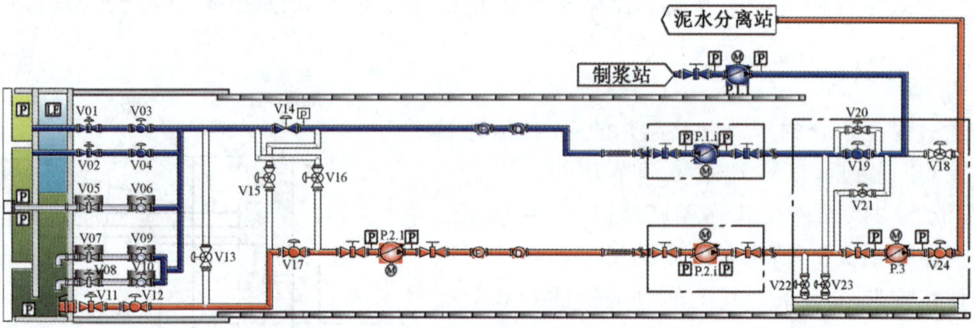

图 3-33　开挖模式示意图

(注:图中 P.1.i 泵表示 P1.2 或 P1.3 泵等,P.2.i 泵表示 P2.2 或 P2.3 泵等,下同)

② 旁通模式

这个模式是待机模式,主要用于盾构功能切换,及不开挖时执行其他功能,如安装管片。此模式下开挖室将被隔离,各泥浆泵根据超载压力及所要求的排渣流量转速保持正常工作状况。由于开挖室没有泥浆供给,因此理论上并不需要控制泥浆\气垫界面高程。而在实际施工中,可能由于水从工作面上流失或进入工作面,需要补充泥浆(只要注入管道压力许可的话)或排出泥浆以调整界面高程。旁通模式如图 3-34 所示。

③ 隔离模式

此模式主要用于隧道泥浆管道的延伸。此模式下隧道内的泥浆管道系统与地面系统处于完全隔离状态,各排浆泵(P2.1,P2.2,P3)以及供给增力泵 P1.2 均停止运转。但设在地面的分离厂和制备厂之间的回路仍保持连通,P1.1 仍保持运行,以保持制备厂和分离厂之间回路的循环。始发井中的旁通阀 V18 控制着这个回路。隔离模式如图 3-35 所示。

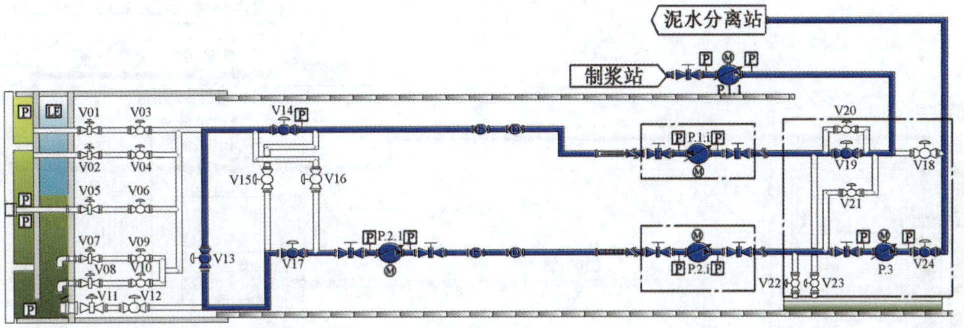

图 3-34　旁通模式示意图

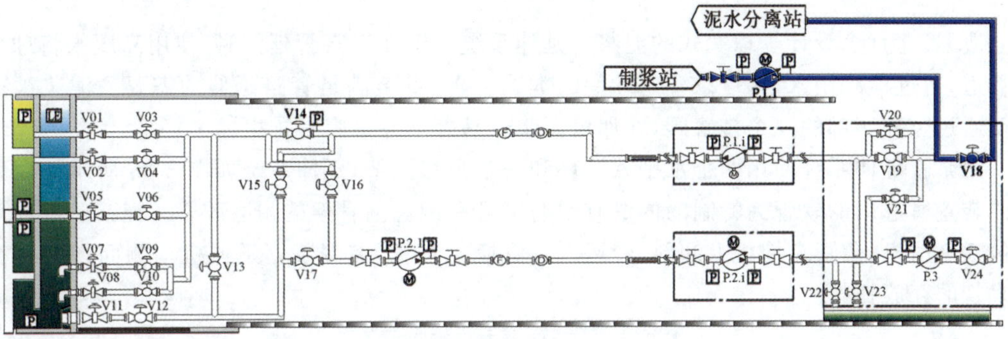

图 3-35　隔离模式示意图

④ 反循环模式

此模式能使开挖室内的泥浆逆向流动。开挖室内泥浆阻塞或清理盾构上的排浆管道需要在此模式下工作。为了不让泥浆充满开挖室，气垫压力与泥浆\气垫界面高程的控制仍需维持。反循环模式如图 3-36 所示。

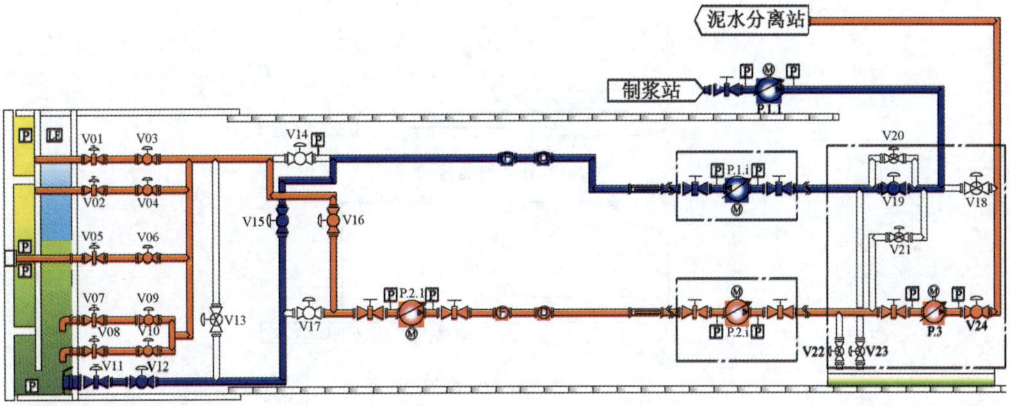

图 3-36　反循环模式示意图

⑤ 长时停机模式

此模式为自动控制。此时所有泵都停止运转。掌子面上压力由压缩空气回路控制。当气垫室泥浆高程低于预定下限时，便进行校正。长时的停机模式如图 3-37 所示。

7）泥浆管延伸系统

延伸隧道内的泥浆管时，需要断开泥浆管道，但若对泥浆管开口处不进行良好封堵，泥浆

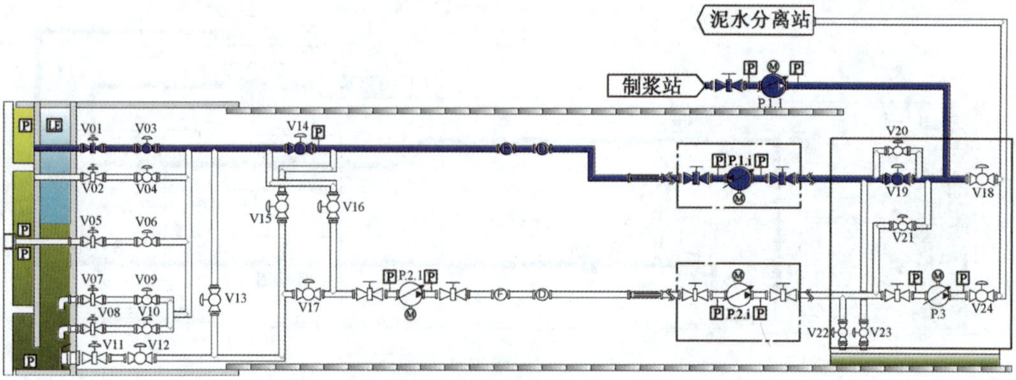

图 3-37 长时的停机模式示意图

将会泄漏。为此，设计了球塞式的泥浆管延伸系统。即在泥浆管延伸时，使用高压水将球塞推入管道，通过检测用水量，可以确定球塞的准确位置，直至满足管路延伸的需要。泥浆被球塞推动通过竖井底部的一个排浆阀，在那里泥浆较易处理并最容易排出。

泥浆管延伸系统使用两个水平软管环和一个平移托架，延伸系统如图 3-38 所示。泥浆管延伸装置所选用的软管为特制的内壁有耐磨层且有钢丝网骨架的耐磨胶管。泥浆管延伸系统还包括一吊机，负责自拖机上卸料、转运以及更换泥浆管，在泥浆管延伸机构侧面还配有存储泥浆管的存放托架。

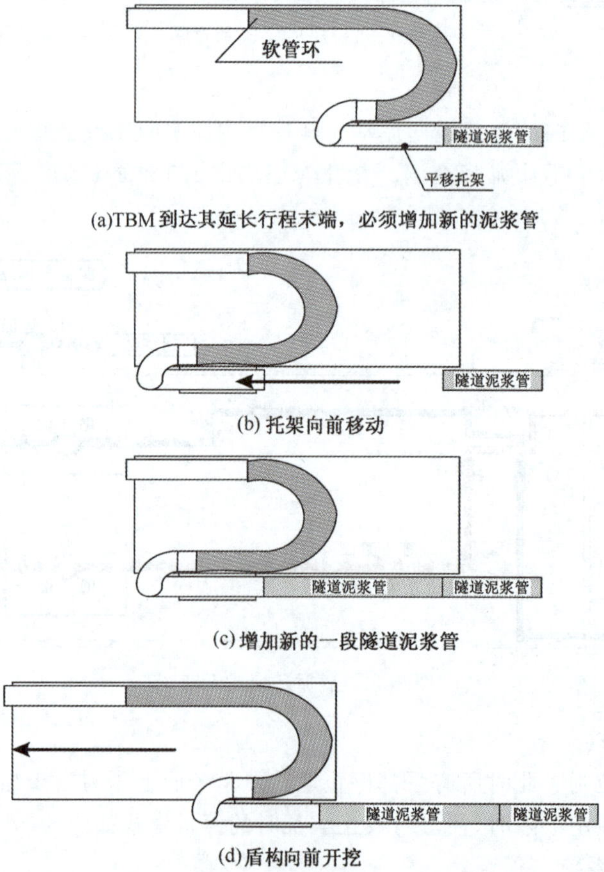

图 3-38 延伸系统图解

3.1.4 盾构主要附属系统

(1) PPS 激光导向系统

盾构安装了一套 PPS 导向系统，对盾构在掘进中的各种姿态、以及盾构掘进方向和位置关系进行精确测量和显示。操作人员可根据导向系统提供的信息，快速、实时地对盾构的掘进方向及姿态进行调整，确保盾构掘进方向。

PPS 导向系统和隧道掘进软件可不间断提供盾构的三维坐标和定向等动态信息。隧道掘进软件是 PPS 的核心，以图表和数字表格形式显示盾构的方位和坐标。PPS 激光导向系统如图 3-39 所示。

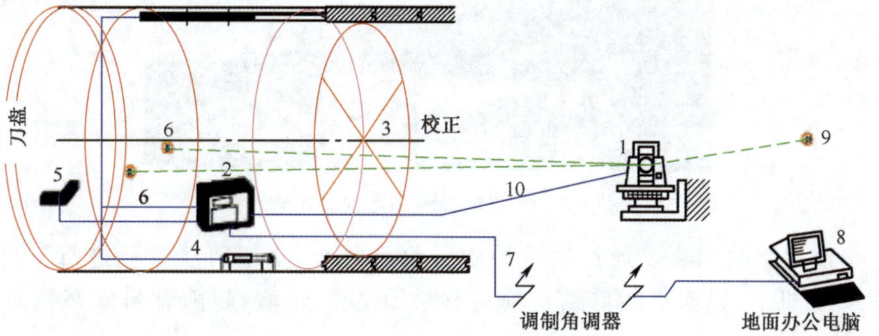

图 3-39 PPS 激光导向系统示意图

1—激光经纬仪；2—工业电脑；3—盾尾间隙测量(可选件)；4—推进油缸数据传送(可选件)；5—仰俯和滚动传感器；6—电动棱镜；7—串行数据传送(可选件)；8—电脑(可选件)；9—后视棱镜；10—控制电缆

(2) PPS 数据采集系统

PPS 数据采集系统可采集、处理、储存、显示、评估与盾构有关的数据，所有必须记录的测量值都以图形的形式显示在监测器上。按功能分组有：掘进；泥水管线；油脂/注浆；温度；其他；错误信息。

通过 PPS 数据采集系统收集到的信息，可以实现对盾构状态的实时信息化管理。通过互联网、电话拨号网以及 PPS 的计算机可以将当前的盾构掘进状态数据传送至业主、监理、设计及等相关单位，为整个工程的信息化管理提供重要信息来源。盾构数据采集系统及盾构状态信息化如图 3-40 所示。

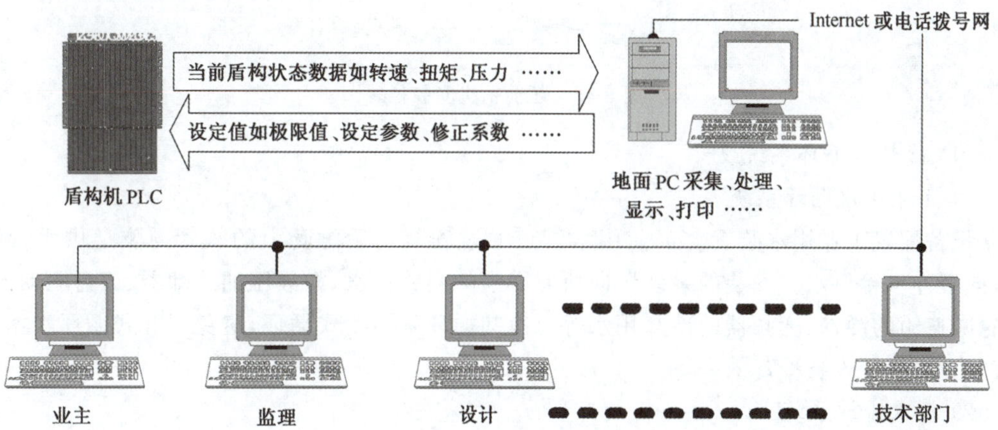

图 3-40 盾构数据采集系统及盾构状态信息化示意图

(3) 超前地质钻机

盾构的辅助设备中配备了重型超前钻机,实现了盾构内超前地质钻孔及注浆作业。BE TM1350钻机主要由驱动电机、钻杆制动和夹具钻轴、钻头、旋转轴、止水装置等构成。超前钻机具体构造如图 3-41 所示。

图 3-41　BE TM1350 型超前钻机构造图

隧道超前注浆加固主要通过盾构护盾上预留的 22 个超前注浆孔进行。超前钻机安装在管片安装机上,以实现超前钻机前后移动及 360°转动,超前钻机安装位置如图 3-42 所示。

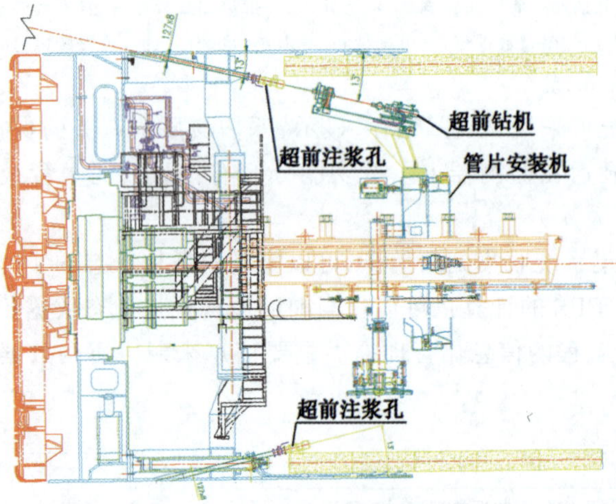

图 3-42　超前钻机安装位置图

(4) 冷却水循环系统

1) 工业用水循环系统

设备配置工业用水装置。工业用水管道通过安装在后配套上的软管与隧道供水管线相连,向缓冲水箱供水。安装的泵装置向所有必须的回路供水,如液压油冷却器、刀盘驱动电机、齿轮减速箱的冷却、变频器的冷却用水等。冷却循环采用闭式循环,避免了开式循环水垢的积累产生,提高了设备冷却效率。

2) 污水排放系统

排水回路的作用是将进入盾构和后配套的积水排走。因此在护盾里装有潜水排污泵,它将积水转送到排浆管路。

(5) 二次通风系统

盾构配置了一套二次通风系统，配置了 37 kW 的二次通风机，从盾构前方靠近护盾的地方将空气抽出并在后配套尾部排出，分别进行盾体人员操作区、管片作业区、油源热发生区、注浆工作区等区域的通风，可以满足盾构工作区最小风速不小于 0.5 m/s 的要求。通风系统分布如图 3-43 所示。

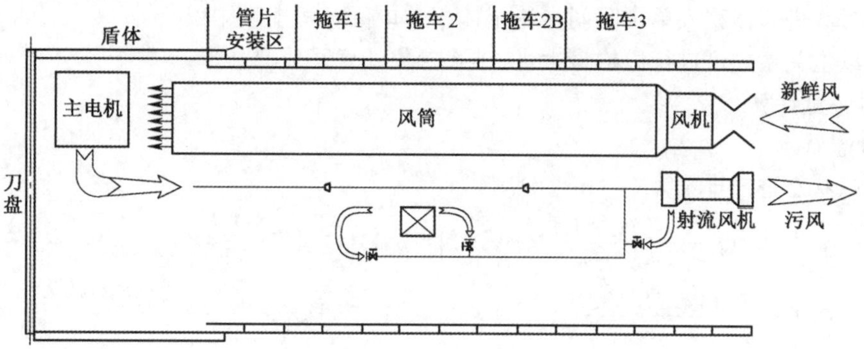

图 3-43 通风系统分布图

(6) 电源供给系统

盾构各系统配置的总用电容量 3 629 kW，初次电压为 10 kV，二次电压为 710 V/410 V/230 V(刀盘驱动/辅助设备/照明)，同时在后配套拖车上安装有应急发电机组和内燃空压机，保证设备能源供给，预防在 10 kV 供电出现故障的情况下保证盾构的保压系统、水循环系统和照明等关键系统仍能正常工作。

3.2 泥水处理系统

泥水盾构是通过加压泥水来稳定开挖面，其刀盘后面有一个密封隔板，与掘进面之间形成泥水平衡仓，里面充满了泥浆，切削土渣与泥浆混合由排浆泵输送到洞外的泥水分离站，经分离后进入泥浆调整池进行泥水性状调整后，由送浆泵将泥浆送往盾构的泥水平衡仓重复使用。通常将盾构掘进排出的泥水中的水和土分离的过程称为泥水处理系统，该系统主要包括泥水分离系统、调浆系统和制浆系统。

泥水处理分为三级。一级泥水处理的对象是粒径 3 mm 以上的砂和砾石，工艺比较简单，用振动筛或有旋流器的离心机等设备对其进行筛分，分离出的土颗粒用车外运。二级泥水处理的对象主要是一级处理时不能分离 45～74 μm 之间及部分 20 μm 的淤泥、黏土等的细小颗粒，主要用旋流器进行水、土分流，一般设置一次(一般分 74 μm 以上)旋流，二次(一般为 45 μm以上)旋流；通过二级处理后剩余的细小颗料通过多级沉淀分离；对环保要求很高时，可采用三级压滤处理，起到泥水完全分离成可排水和泥饼。泥水处理设备设置于地面，由泥水分离站和泥浆制备设备两部分组成。泥水分离站主要由振动筛、旋流器、储浆槽、调整槽、渣浆泵等组成；泥浆制备由沉淀池、调浆池、制浆系统等组成。

3.2.1 主要性能参数

泥水处理系统选型的主要依据是盾构的进排浆量和地层颗粒分布情况等参数。

(1) 单线(洞)进排浆量

泥水处理系统选型最关键的参数是进排浆量，而与进排浆量计算相关的气垫式泥水平衡盾构参数有：刀盘开挖直径 $D=11.182$ m，盾构设计最大推进速度 $v=40$ mm/min，进浆密度 $\rho_1=1.1\ \mathrm{t/m^3}$，排浆密度 $\rho_2=1.3\ \mathrm{t/m^3}$，渣土密度 $\rho=2.1\ \mathrm{t/m^3}$。

假设泥浆均为流体，并作为水和岩层的均匀混合物、非溶液（不会发生化学反应）且不可压缩，根据有关物理原理有如下关系式：

单位时间进浆质量＋单位时间出渣土质量＝单位时间排浆质量

单位时间进浆体积＋单位时间出渣土体积＝单位时间排浆体积

根据以上关系式可进行盾构最大进、排浆参数计算并选型。

1）进浆量计算

① 理想状态

设理想状态进浆排量为 Q_1（$\mathrm{m^3/h}$）则：

$$\rho_1 Q_1+\rho\times\left(\frac{\pi\times D^2}{4}\times v\times 60\right)=\rho_2\times\left(Q_1+\frac{\pi\times D^2}{4}\times v\times 60\right)$$

$$1.1Q_1+2.1\times\left(\frac{3.14\times 11.182^2}{4}\times 0.04\times 60\right)=1.3\times\left(Q_1+\frac{3.14\times 11.182^2}{4}\times 0.04\times 60\right)$$

$$1.1Q_1+2.1\times 235=1.3\times(Q_1+235)$$

$$Q_1=940\ \mathrm{m^3/h}$$

② 考虑地层岩层裂隙渗漏

岩层单位吸水量仅能代表岩层稳定情况时的吸水状况，其不能动态反映盾构掘进过程中水土压力平衡的物理量，因此，取岩层渗水参数作为泥膜形成抵抗水土压力一个平衡参数。根据工程水文地质特点，取泥质粉砂岩最大渗透值为 $K=52.20$ m/d。

考虑掌子面岩层泄漏，则需要浆液流量 Q_2 为：

$$\begin{aligned}Q_2&=\frac{K}{24}\times\frac{\pi\times D^2}{4}\\&=\frac{52.20}{24}\times\frac{3.14\times 11.182^2}{4}\\&=213\ \mathrm{m^3/h}\end{aligned}$$

考虑掌子面和泥水仓周围岩层泥浆泄漏，则需要泥浆流量 Q_3 为：

$$\begin{aligned}Q_3&=\frac{K}{24}\times\pi DL\\&=\frac{52.20}{24}\times 3.14\times 11.182\times 1.8\\&=137\ \mathrm{m^3/h}\quad\text{（其中泥水仓至掌子面 }L=1.8\mathrm{m}\text{）}\end{aligned}$$

③ 总体进浆量计算

实际进浆流量还应考虑盾体部分岩层浆液的泄漏及其他浆液损失（这里可以忽略）。则实际进浆流量 $Q_{进}$ 为：

$$\begin{aligned}Q_{进}&=Q_1+Q_2+Q_3\\&=940+213+137\\&=1\ 290\ \mathrm{m^3/h}\end{aligned}$$

2）排浆量 $Q_{排}$ 计算

每小时渣土开挖量：

$$Q_3=60\times\frac{\pi D^2}{4}\times v$$

$$=60\times\frac{3.14\times11.182^2}{4}\times0.04$$
$$=235\ \mathrm{m^3/h}$$

则每小时排浆流量为：

$$Q_{排}=Q_{进}+Q_3$$
$$=1\ 290+235$$
$$=1\ 525\ \mathrm{m^3/h}$$

3）一般地层盾构进排浆量计算

本工程范围内地层渗水系数为 5～15 m/d。参照以上算法得知地层的一般进浆流量为 976～1 041 $\mathrm{m^3/h}$，排浆流量为 1 211～1 276 $\mathrm{m^3/h}$。

根据盾构采购适用性、可靠性、先进性、经济性原则，如果选用流量大的循环系统，盾构造价无疑较高。但对于一般地层又要考虑一定的富余量，故本工程盾构选型进浆参数选最优为 1 190 $\mathrm{m^3/h}$，排浆流量选为 1 420 $\mathrm{m^3/h}$。

（2）地层颗粒分布情况

泥水处理系统的一次预筛分器首先分出 3 mm 以上的颗粒，二级一次处理的颗粒范围为 74 μm 以上颗粒 2 mm，二级二次处理的颗粒范围主要为 45 μm 以上，结合狮子洋水下隧道工程地层颗粒分布见表 3-4。

表 3-4 工程地层颗粒分布

<table>
<tr><td rowspan="3">序号</td><td rowspan="3" colspan="2">岩土分层</td><td rowspan="3">折合长度(m)</td><td rowspan="3">占隧道长度百分比%</td><td colspan="5">粒径大小（mm），颗粒组成百分比(%)</td></tr>
<tr><td colspan="2">粉粒</td><td>黏粒</td><td>折合长度/m</td><td>折合长度</td></tr>
<tr><td>0.075～0.05 mm</td><td>0.05～0.005 mm</td><td>小于 0.005 mm</td><td>0.075～0.05 mm 的折合长度</td><td>小于 0.05 mm 折合长度(m)</td></tr>
<tr><td>1</td><td colspan="2">淤泥层</td><td>55.2</td><td>0.60%</td><td colspan="3">主要成分为黏粒，含少量粉粒</td><td></td><td></td></tr>
<tr><td>2</td><td colspan="2">黏性土层</td><td>155.48</td><td>1.69%</td><td>21.6</td><td>20.6</td><td>5.2</td><td>33.58368</td><td>40.1</td></tr>
<tr><td>3</td><td colspan="2">淤泥质土层</td><td>355.12</td><td>3.86%</td><td>27.6</td><td>18.9</td><td>5.4</td><td>98.01312</td><td>86.3</td></tr>
<tr><td rowspan="2">4</td><td rowspan="2">粉细砂层</td><td>海陆交互粉细砂层</td><td rowspan="2">138.92</td><td rowspan="2">1.51%</td><td>27.92</td><td>8.42</td><td>0.38</td><td>38.786 464</td><td>12.2</td></tr>
<tr><td>冲积粉细砂层</td><td>27.4</td><td>13.9</td><td>0.52</td><td>0</td><td>0.0</td></tr>
<tr><td rowspan="2">5</td><td rowspan="2">粗砾砂层</td><td>海陆交互粗砾砂层</td><td rowspan="2">278.76</td><td rowspan="2">3.03%</td><td>13.48</td><td></td><td></td><td>37.576 848</td><td>0.0</td></tr>
<tr><td>冲积粗砾砂层</td><td>14.8</td><td></td><td></td><td>0</td><td>0.0</td></tr>
<tr><td>6</td><td colspan="2">岩石强风化层</td><td>1 356.08</td><td>14.74%</td><td>8.3</td><td>17.8</td><td></td><td>112.55 464</td><td>241.4</td></tr>
<tr><td rowspan="4">7</td><td rowspan="4">岩石弱风化层</td><td>泥质粉砂岩层</td><td>2 120.00</td><td>23.04%</td><td>10.4</td><td>24</td><td>3.875</td><td>220.48</td><td>590.7</td></tr>
<tr><td>泥质粉砂岩层</td><td>980.44</td><td>10.66%</td><td></td><td></td><td></td><td>0</td><td>0.0</td></tr>
<tr><td>粉砂岩层</td><td>1 960</td><td>21.30%</td><td></td><td></td><td>13.25</td><td>0</td><td>259.7</td></tr>
<tr><td>粉砂岩层</td><td>1 800</td><td>19.57%</td><td></td><td></td><td>17.05</td><td>0</td><td>306.9</td></tr>
<tr><td>合计</td><td colspan="2"></td><td>9 200</td><td>100.00%</td><td></td><td></td><td></td><td>540.994 752</td><td>1 537.3</td></tr>
<tr><td colspan="8">折合体积(其中隧道截面面积为 $S=3.141\ 6\times5.591\times5.591=98.20$)</td><td>53 127.93 366</td><td>150 969.3</td></tr>
</table>

（3）泥水处理系统主要性能参数

根据以上计算的进排量与地层颗粒分布情况，并结合现场的施工要求，该处理系统的主要性能参数见表 3-5。

表 3-5　泥水处理系统主要性能参数表

序号	项　目	技术参数	备　注
1	最大泥浆处理量	1 500 m^3/h	
2	预筛分离	大于 3 mm	
3	一次除砂分离	0.074～3 mm	
4	二次除砂分离	45～74 μm	
5	渣料筛分能力	1 260 t/h	可根据掘进速度的不同而调整
6	筛分出的渣料含砂率	小于 30%	砂层中
7	达到分离指标时各次处理污浆的密度	小于 1.2 g/cm^3	
8	达到分离指标时各次处理污浆的黏度	黏度 40 s 以下(马氏漏斗) 30 s 以下(苏氏漏斗)	
9	达到分离指标时各次处理污浆的含水率	含砂量小于 20%	
10	装机总功率	736.2×2 kW	
11	单套 ZX-500C 泥水处理系统外形尺寸(m)	13.170×5.115×7.841	
12	总重量	105 t	

3.2.2　系统组成及配套

泥水处理系统包括：泥水分离系统、调浆系统和制浆系统等，根据以上主要性能参数，各系统的组成及配套如下。

(1) 泥水分离系统

1) 系统组成

狮子洋水下隧道泥水分离系统由 6 套相同型号的泥水分离单元组合而成，每套泥水分离单元由预筛分器、泥浆净化装置，泥浆净化装置由一级筛分，二级旋流(一次旋流，二次旋流)，三级压滤组成。

2) 工艺流程

① 一级筛分除砂处理

盾构在砂砾石层或细砂、中粗砂层掘进时，只需进行一级除砂处理。其工艺流程：竖井内的排泥泵将携带土渣的污浆输送到分离站的预筛器；经振动筛选后，将粒径在 3 mm 以上的渣料分离出来；筛余的泥浆进入旋流器；在泵的出口具有一定储能的泥浆沿输浆软管从旋流器进浆口切向射入，经过旋流除砂器分选，粒级 74 μm 以上的泥砂由下端的沉砂嘴排除落入细筛；细筛脱水筛选后，干燥的细渣料分离出来；经过第二道筛选的泥浆循环返回储浆槽内，处理后的泥浆从旋流器溢流管进入中储箱，然后沿总出浆软管输送到泥浆沉淀池或二级除砂处理。泥水分离站原理如图 3-44 所示。

② 二级旋流除砂处理

盾构在粉土、粉砂层掘进时，一级除砂处理不足以将泥浆密度及含砂率降至合理范围内时，需进行二级除砂处理。流程：盾构排出的泥浆经排泥管输送至预振筛内，预振筛将泥浆中 3 mm 以上的砂砾筛除，并使泥浆均匀分配至 2 台泥浆净化装置中。经旋流除砂分离及细筛脱水后清除 74 μm 以上的砂质颗粒，经过第二道筛选的泥浆进入小直径旋流除砂器，将泥浆中剩余的 74 μm 以上砂质清除，并同时清除掉 45 μm 以上的泥质颗粒。二次除砂后的泥浆由

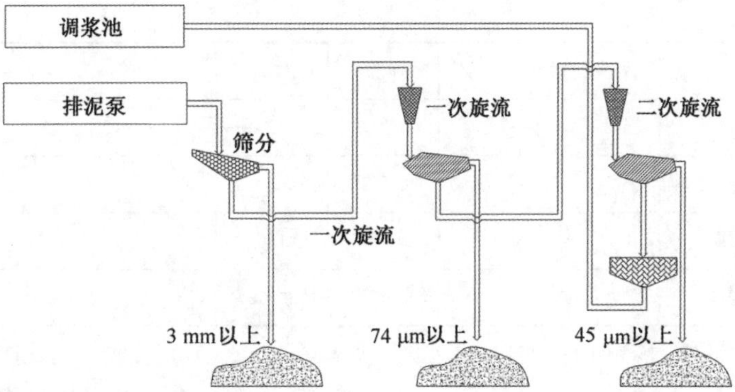

图 3-44 泥水分离站原理图

出浆口输送至沉淀池或调浆池。

③ 二级除泥处理

在黏土地层掘进时,需进行二级除泥处理。其工艺流程与二级除砂处理相似,不同之处在于旋流除泥器组的应用。通过小直径的长锥除泥器和超细目振动筛网的组合,二级除泥处理后泥浆中 30 μm 以上的泥质颗粒及时清除,黏度得以控制。

3) 设备配套

两套设备以双线一字型布置施工,每条线 1 500 m^3/h 的泥浆处理量为基本要求,按 2 个单元组合成 3 000 m^3/h 处理能力的泥水处理厂。

双线均以 500 m^3/h 的泥浆处理量为基本单元,3 套设备组合成 1 500 m^3/h 处理能力的单线泥水分理系统。在粉砂、细砂地层中净化后的泥浆可由中储箱出浆管自流入沉淀池或调浆池,经调配后由送浆泵送回盾构;在粉土和黏土层掘进时,二次除砂系统处理后的泥浆通过转换流程,经沉淀池进一步沉淀后根据需要调配后由送浆泵送回盾构。

泥浆指标超标时,依托管阀切换,可通过送浆泵的泵送形成二次循环处理,也可通过废浆泵的泵送形成二次循环处理。必要时,通过药池的化学泵加入化学絮凝剂对泥浆指标进行调整。

6 套泥水分离单元以 3 套为 1 组,一字形排布,设备基础砌高 2 m。设备前方空地由两侧向中间下挖 1～2 m,呈斜坡状,设为临时渣料场。临时废弃的渣料由装载机装车外运。狮子洋水下隧道泥水分离系统配置明细见表 3-6。

表 3-6 狮子洋水下隧道泥水分离系统配置明细表

序号	名称	型号	单位	数量	备 注
	泥水处理系统	ZX-1500B	单元	2	
一	泥水处理系统	ZX-500C	套	6	
1	泥浆净化装置	ZX-250A	套	12	一级除砂装置(一次旋流)
2	泥浆净化装置	ZX-250C	套	12	二级除砂装置(二次旋流)
3	预筛分器	YSC-600	套	6	
4	其他		套	6	含底架等
5	进浆分配器		套	2	含阀
二	集中控制室		套	1	

续上表

序号	名称	型号	单位	数量	备　注
三	配电		套	2	
1	配电柜		个	6	
2	动力电缆线		m	440	
3	控制电缆		m	2 060	

注：该泥水分离系统配置为隧道出口工区(2 台泥水盾构)的配置。

(2) 调浆系统

1) 工作原理

从泥水分离站排出的泥浆经沉砂池沉淀后进入调浆池，在调浆池内由制浆系统的高速制浆机对泥浆进行调配，确保输送的泥浆性能满足使用要求。

调浆系统由不同功用的泥浆池、泵组、管阀、自动检测仪器以及相关的控制部分组合而成。其主要功能是对泥水处理系统的泥浆进行分配、循环、沉淀和调整。操作人员可以在集中控制室对泥浆的流向、密度和流量予以监控。调浆系统工作原理如图 3-45 所示。

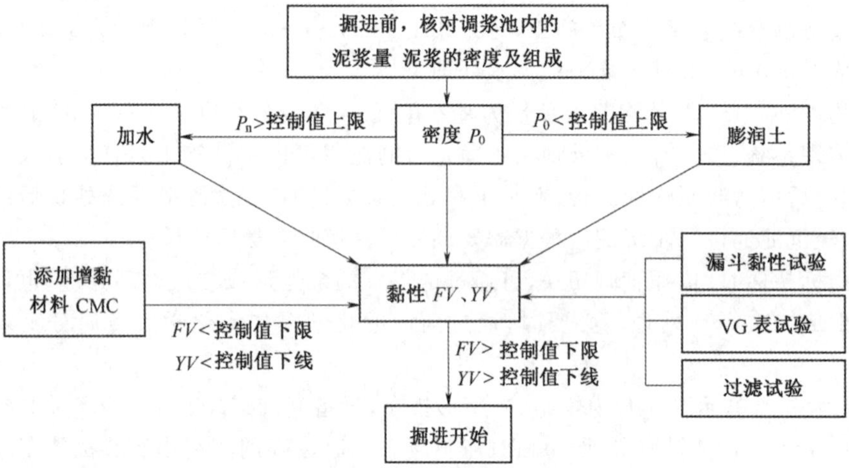

图 3-45　系统工作原理

2) 工艺流程

盾构掘进前，预先将清水池注满，配制好的膨润土浆送入膨化池。配好的水解羧甲基纤维素(CMC)或水解聚丙烯酰胺(PHP)的化学浆液送入药池。膨化池内的泥浆静置 15～20 h 后泵入储浆池。储浆池内的新制泥浆由泵送入调浆池，再经送浆泵送入盾构。

盾构开始掘进时，排出的污浆经过 ZX-1500B 泥水处理系统二次除砂处理后，污浆中的有害固相颗粒得以清除。净化后的回收泥浆在调浆池内与新制泥浆混合后，经泵送入盾构。

调浆池内设有液位传感器，可预先设定信号输出的高液位和低液位。当液面降至低液位，传感器报警并输出信号，控制储浆池内补浆泵对调浆池进行补浆；当液面恢复至正常液位，传感器输出信号，补浆泵停止补浆；当液面升至高液位，传感器报警并输出信号，控制循环泵和其出口电动刀型闸阀开启，泥浆由调浆池往弃浆池排放。

储浆池内同样设有液位传感器，当液面降至低液位，传感器报警并输出信号，控制膨化池内供浆泵及出口的电动刀型闸阀向储浆池补浆；当液面升至高液位，传感器输出信号，供浆泵及出口的电动刀型闸阀停止，同时供浆泵还可以根据需要对调浆池进行直接补浆。

调浆池设置有泥浆密度计，可以准确地在线测量出调浆池回流至盾构的泥浆密度，并将输出信号通过 PLC，控制相应的补浆（水）泵对泥浆密度进行调整。保证调浆池回流至盾构的泥浆密度始终保持在设定的范围内。

如果经泥水处理系统二次处理后的泥浆性能达标，可通过封闭回浆沟至沉淀池的通道，打开回浆管道至调浆池的通道，净化后的泥浆直接进入调浆池，经泵吸返回盾构。

当调浆池内沉淀淤积较多时，可开启废浆泵及其出口相应的电动阀门，将调浆池的泥浆重新送入泥水处理系统进行二次循环净化处理。当某个沉淀池内需要清淤时，也可通过移动式的 4PNL 立式泥浆泵将沉淀池内的泥浆送入废浆池处理，净化后的泥浆经浆沟流至下一沉淀池或调浆池，之后挖掘机对沉淀池进行清淤。

3）设备配套及现场布置

施工现场双线泥浆池总容量为 10 130 m^3，其中剩余泥浆池为 1 106 m^3，辅助沉淀池（废浆池）为 1 280 m^3，调浆池为 1 440 m^3，储浆池为 1 242 m^3，膨化池为 800 m^3，PHP 药池 32 m^3，CMC 药池 32 m^3，清水池 372 m^3。泥浆池深度 4 m，地面以下为 3 m，泥水处理系统场地布置如图 3-46(a)所示，泥水处理系统现场图片如图 3-46(b)所示。

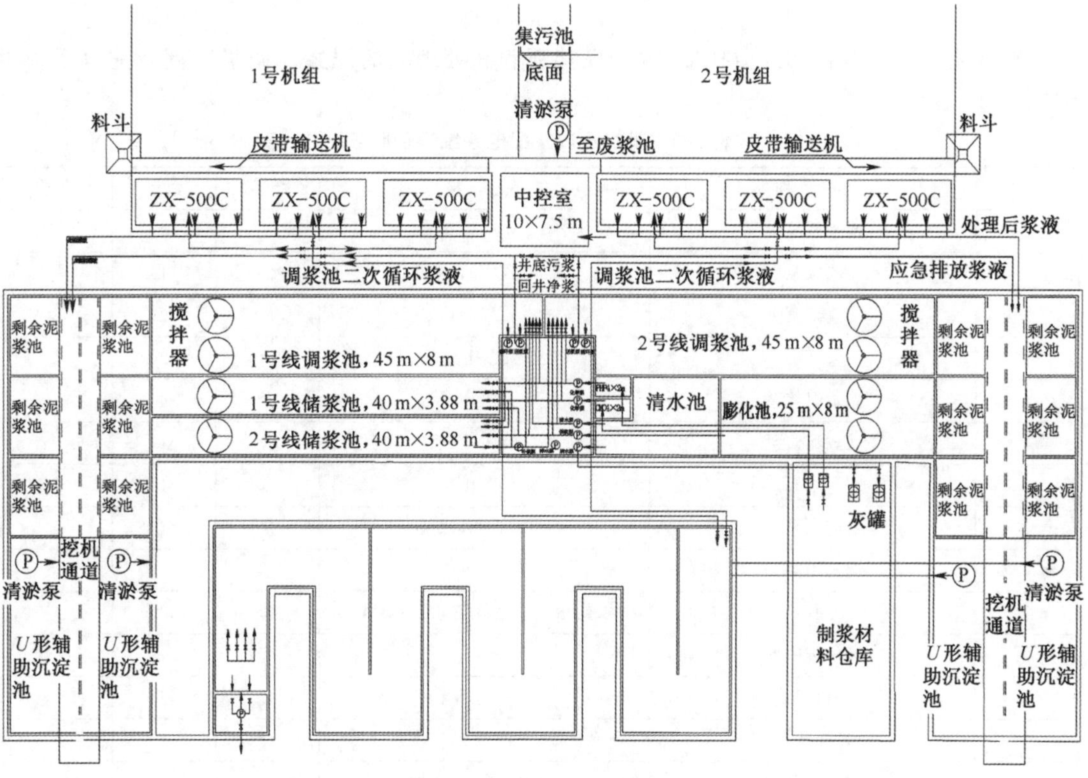

(a) 泥水处理系统场地布置图

(b) 泥水处理系统现场图片

图 3-46　泥水处理系统

在调浆池内设有移动式搅拌器,混合搅拌新制和处理后的泥浆。调浆及调浆配电系统明细见表 3-7。

表 3-7　调浆及调浆配电系统设备明细

序号	名　称	规　格	单位	数量	备注
一	调浆系统泵				
1	渣浆泵	500 m^3/h,55 m	台	1	
2	渣浆泵	500 m^3/h,14 m	台	2	
3	渣浆泵	250 m^3/h,8 m	台	2	
4	立式泥浆泵	4PNL	台	4	
5	立式泥浆泵	2PNL	台	1	
6	污水泵	1PNL	台	1	
7	清水泵	240 m^3/h,12 m	台	1	
二	调浆用阀等				
1	阀门	4 英寸 6 英寸 8 英寸 10 英寸	套	32	
2	液位传感器		套	4	
3	密度计		套	2	
三	搅拌装置		套	8	
四	调浆用管线				
1	螺旋焊管	6 英寸、8 英寸、10 英寸、16 英寸	m	3 060	
2	国标法兰	6 英寸、8 英寸、10 英寸、16 英寸	套	540	

续上表

序号	名　　称	规　　格	单位	数量	备注
3	快装式管道卡箍	6英寸、8英寸、10英寸、16英寸	套	82	
4	无缝弯头	6英寸、8英寸、10英寸、16英寸	个	150	
5	支撑材料		套	1	
6	动力电缆	3×120/50/35/10/4	m	2 660	三芯
7	控制电缆	10×1.5	m	2 900	
8	配电柜		套	2	

4）泥浆材料

① 水：自来水。

② 膨润土：采用钠基膨润土，主要成分是斑脱土，具有形成泥壁的优越性。

③ 黏性土：是易采集的粉砂土、黏土和胶状现场土，虽比斑脱土质量差，但容易分离和弃土，并具有形成泥壁等性能。

④ CMC：能增加黏度和提高泥壁形成性能。

⑤ 砂：在形成泥壁时，略加入一些作为填缝料十分有效。

（3）制浆系统

制浆系统是进行浆液配置的设备，可将膨润土与水及其添加剂混合并快速制成浆液。该系统从物料配制、制浆、输浆采用全自动控制，具有制浆速度快，浆液密度调整灵活、搅拌均匀等特点。

1）主要技术参数

制浆系统主要参数见表3-8。

表3-8　制浆系统主要参数表

序号	项　　目	技术参数	备注
1	制膨润土浆密度	$1.05\times10^3\ kg/m^3$	
2	系统额定制浆能力	$80\ m^3/h$	
3	泥浆系统额定功率	76 kW	
4	化学浆系统额定功率	20 kW	
5	电控系统方式	上位机（工业电脑系统）下位机（PLC和阀门组）	

2）设备配套

制浆系统由膨润土制浆和化学制浆两部分组成，膨润土制浆系统设备配套见表3-9，化学制浆部分见表3-10。

表3-9　膨润土制浆系统配套明细表

序号	名　　称	规　　格	单位	数量	备注
1	数量传感器		套	14	
2	清水泵	$240\ m^3/h$，12 m	台	1	
3	电动阀门		套	10	
4	制浆机	ZJ-3000	台	2	

续上表

序号	名　称	规　格	单位	数量	备注
5	自动上料机		套	1	
6	电控系统	工控机、PLC 柜	套	1	
7	配电及控制总柜		套	1	
8	配电及控制电缆		套	1	
9	水管路及附件		套	1	
10	中控室(含空调)		套	1	

表 3-10　化学制浆部分系统配套明细表

序号	名　称	规　格	单位	数量	备　注
1	制浆机	ZJ-400	台	2	
2	化学泵	36 m^3/h	台	2	
3	补浆阀		件	8	
4	电磁流量计		套	2	
5	数控定量水表		套	2	
6	管路及附件等		套	1	
7	电控柜组		套	1	

3）工艺流程

① 注清水:启动清水泵,打开清水球阀,向制浆机加入定量的水;

② 干物料预称重:在加注清水同时,干物料也开始预称重;

③ 制浆机投干物料:制浆机开始运转,投干物料;

④ 制浆及输浆:完成制浆和输浆,制浆速度为 80 m^3/h;

⑤ 制浆机的清洗:制浆系统每班需要清洗各部分管道、阀门以防堵塞;

⑥ 注清水的其他管路:清水泵还向两台制浆机内供清水,分别配制 CMC 和 PHP 浆液。

⑦ 当调浆池需要化学液时,通过两台化学泵,分别输送 CMC 和 PHP 浆液。

3.2.3　系统控制

采用带上位机的集中控制方案,对泥水生产过程和生产管理实现完全自动化和信息化控制。

(1) 集控系统的主要功能

① 可控制设备按照工艺流程要求正确运行以完成所设定的动作。

② 显示整个系统的工艺流程图以及各设备的运行状态,存储有关的工艺参数,可打印报表。

③ 系统运行出现故障时,能自动报警,并显示故障的发生部位,具有故障记录处理等功能。

④ 控制系统设计有完善的安全保护措施。

⑤ 控制系统便于扩展。当工艺流程改变时,或系统增减设备时,只需修改相应的程序即

可实现。

(2) 机旁手动设置

各基础层设备都配有机旁操作箱,具有手动/自动切换控制功能。在自动方式下,设备由上位机控制;在手动方式下,设备可以脱离 PLC 和工控机进行独立操作,通过机旁操作箱按钮启停设备,确保了控制系统的可靠性。机旁操作箱上设紧急停机开关或事故跳闸,供设备检修或现场应急操作。

(3) 上位机的设置

控制系统配置上位机,用来完成控制系统的监控和管理任务,其主要功能:

① 监测显示系统的工艺流程,各设备的运行状态,工艺参数值,存储系统的主要运行工艺参数值,进行故障报警及处理。

② 控制系统配置组态(如 PLC I/O 点地址的分配,上位机与下位机 PLC 传输数据的通信模式确定),为 PLC 编程。

③ 向 PLC 发设备及某个工艺流程的启、停车等各种控制指令(替代传统操作台上的所有控制按钮)。

④ 实现与各分控制系统之间的通信联网连接。

⑤ 打印报表。

3.3 管片模具

(1) 模具结构特点

根据施工需要,本工程共采用 6 套模具,每套管片模具共由 8 块模具组成。

模具是由各类型钢、钢板经自动焊接机焊接成各总成件,总成件经过时效处理后再在机床上进行相关部位的机械加工,最后由各类销轴和螺栓连接成整体。每套模具包括:底模;两个侧模(脱模时可平移打开);两个端模(脱模时可平移打开);用于环向接缝侧模的加紧和打开装置(其中包括一打开和关闭装置,四个夹紧装置);两个模具盖(脱模时打开);以及把侧模、端模和底模定位锁固成标准管片尺寸腔体的松脱、定位、夹紧锁固的机构装置。

1) 模具定位采用了锥形轴套无间隙定位,锥轴锥套除具有定位作用外,还具有锁固受力的作用。

2) 端、底、侧模间采用橡胶密封条密封,便于更换损坏和失效的密封组件。

3) 模具盖利用拉伸式弹簧帮助关闭和开启以减轻操作力,其上设置有与侧、端部件相配合的密封条。

4) 底模底座上预留有开口,便于人员进入底座内部对模具和振动器进行检查。

5) 模具本身预留有 4 个悬挂点,便于运输时的吊装和定位。

6) 为了减少人工振捣对模具的破坏,确保管片混凝土振捣密实均匀,模具上安装振捣器。

模具的构成有利于减少管片生产中的操作工序劳动强度。对制造(包括组焊成整体时)的精度要求较高,尺寸精度的调整难度较大。但在完成制造并检验合格后能较长时间的保持尺寸精度,不易变形。管片模具实物如图 3-47(a)所示,管片厂整体布置图如图 3-47(b)所示。

(2) 管片模具精度

管片的精度对于管片拼装后的隧道尺寸、管片受力的应力分布、隧道工程的防水非常重要。管片的精度还直接影响管片拼装速度。对于隧道工程防水来说,管片自防水、管片接缝防水、嵌缝防水、螺栓孔防水均与管片精度及拼装质量有关。

(a) 管片模具实物图

(b) 管片厂整体布置图

图 3-47　管片模具及管片厂整体布置

由于管片精度和质量很大程度上取决于管片模具的精度与质量，因此管片模具是隧道建设质量中的重要环节。管片模具精度检查见表 3-11。

表 3-11　管片模具精度检查表

序号	项目	单位	允许偏差	检验数量		检验方法
1	宽度	mm	±0.3	每块	6 个点	左、中、右三个断面各测一个
2	弦长	mm	±0.4	每块	2 个点	两侧各测一个
3	底模端模夹角	mm	＜0.2	每块	4 个点	四角各测一个
4	螺栓孔中心距	mm	＜1	每块	2 个点	抽查
5	内腔高度	mm	－1～＋2	每块	2 个点	抽查

3.4　本章小结

盾构选型是盾构隧道工程成功的关键因素之一，应从对地质的适应性、安全性、可靠性、经济性等方面综合考虑，并尽可能减少辅助施工。泥水盾构靠泥水在切削掌子面形成的泥膜及泥水压力抵抗地层水土压力，在水下穿越工程施工中具有较大的优势，但其需要较为复杂的泥水处理系统，费用较高。

4 大直径泥水盾构现场组装与始发

泥水盾构主机部分主要由刀盘、前体、中体和盾尾等部分组成，盾构的组装也是将以上各部分，分别组装及其相互间连接。组装效果的好坏直接影响盾构的工作性能，而这种工作性能的评估和改善是通过对盾构的各工作部件进行调试来实现的，盾构的组装和调试是盾构能够正常工作的重要环节。

盾构组装调试后，进入始发及试掘进阶段。盾构始发包括盾构在始发井安装。从盾构主机定位开始，刀盘向前推进贯入围岩，沿设计轴线向前掘进及盾构完全进入隧道，洞口反力架及负环管片拆除为止的全过程。但是，根据经验无论是泥水盾构还是土压平衡盾构，其在洞口始发阶段及试掘进阶段较易出现故障，常因为对各种问题考虑不周造成始发不连续或不顺畅。即使是有经验的施工队伍，常会在盾构始发阶段出现一些突水冒浆、地表超量沉降、堵仓结饼、始发基座反力设施失稳及始发姿态超限等事故。

本章通过对狮子洋水下隧道泥水盾构的井下组装、调试、试掘进及始发施工各工序介绍，总结了大直径泥水盾构的组装及始发施工经验，为以后的大直径泥水盾构施工提供借鉴。

4.1 泥水盾构组装

4.1.1 组装重点

泥水盾构与土压平衡盾构组装相比，组装过程中应关注破碎机管线保护是否到位、气垫仓泥浆门等仓门的密封性情况、各闸阀状态和方向性、泥浆管路是否畅通、泥浆泵安装和进出浆密度仪的管理等方面。

组装中大件顺利下井为第一工作重点，除此之外，主机组装应该是重中之重。实际上，盾构组装应以能保证盾构的动力系统、液压系统、电气控制系统正常工作为目的。由于盾构以上三系统的元器件主要分布在前体、中体前段和中体后段，所以对这三部分进行细致的正确组装就显得尤其重要。

① 切口环组装的重点主要是进排浆管路、循环水路、高压空气管路、膨润土泥浆注入管路和刀盘驱动的主轴承系统等。

② 支撑环前段组装的重点主要是进排浆管路、循环水路、高压空气管路、油箱的进出口油路、刀盘的驱动泵组和入仓的增减压系统。

③ 支撑环后段组装的重点主要是高压空气过滤和消声控制系统、管片安装系统、主排浆系统、控制面板和显示系统、推进油缸系统等。

4.1.2 组装方案

（1）盾构组装主线

盾构组装主线：

G2 拖车—→G1b 拖车—→G1 拖车—→G0 拖车—→前体下部→中体下部—→主驱动—→前体右部—→前体左部—→前体上部—→中体右部—→中体左部—→管片拼装机米字梁—→中体阀组、泥浆管道、润滑系统—→盾壳内平台、走道、辅助泵站—→主驱动电机、减速箱等—→人员舱—→中体上部—→中体、前体焊接—→前体中体前移—→安装刀盘—→盾尾下部—→管片安装机轨道梁—→管片安装机—→管片安装机平台走道—→盾尾右部—→盾尾左部—→盾尾上部—→盾尾局部焊接—→反力架—→拖车前移与主机连接—→空载调试—→安装负环。

拖车主框架及下部设备安装后，整体后移，拖车上部设备在始发井后端小竖井进行，与主机并行安装。场地位置关系如图 4-1 所示。

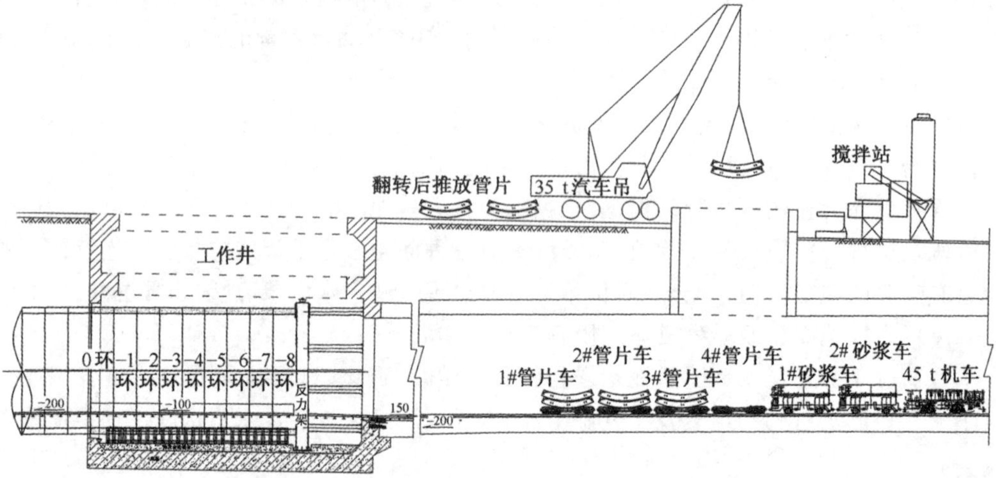

图 4-1　始发井与小竖井平面位置关系示意图

(2) 大件吊装所用起重机、吊索选择

1) 大吨位起重机选择

采用 250 t 履带式起重机进行盾构大件吊装，其工作参数：8 m 工作半径可吊装荷载 139 t；10 m 工作半径可吊装荷载 111.5 t，12 m 工作半径可吊装荷载 100.2 t。可满足盾构最大部件安全起吊。

由于盾构组装后刀盘直径达 11.182 m，重达 170 t，主驱动也重达 130 t，体积较大、重量重、吊装工艺繁多。采用两台 250 t 履带式起重机进行吊装。一台做主吊装起重机，用于除刀盘、主驱动、中体上部以外所有盾构部件的吊装下井；另一台履带起重机作辅助吊装用，待刀盘、主驱动、中体上部地面组装完成后，与主吊装起重机一起合力进行刀盘、主驱动等部件吊装。

2) 吊索选择

① 刀盘吊装

采用弓形 55 t 卡环 8 线 4 点吊装方案，2 根 ϕ56 mm(单根最小破断力为：1 740 kN) 钢丝绳为吊索，计算知其准许吊载约 35 t。采用 8 线钢丝绳则可吊重量为：35 t/线×8 线 = 280 t。满足刀盘吊装要求。

② 前体上部、主驱动吊装

采用弓形 55 t 卡环 4 线 4 点吊装方案。2 根 ϕ56 mm(单根最小破断力为：1 740 kN) 钢丝绳为吊索，计算知其准许吊载为 35 t。采用 4 线钢丝绳可吊重量为：35 t/线×4 线=140 t。满足前体上部、主驱动吊装要求。

③ 后体上下、左右块，管片拼装机等吊装

采用弓形 25 t 卡环、12 t 卡环 4 线 2 点和 4 点吊装，4 根 ϕ30～ϕ34 mm(单根破断力为：509～760 kN)钢丝绳为吊索，4 线钢丝绳可吊重量为：10～15 t/线×4 线＝40～60 t。满足后体上下、左右块，管片拼装机吊装要求。

另外，100 t 汽车式起重机可用于盾构部件的抬吊卸车、抬吊装车、配合各体部件的翻身等。

(3) 组装设备

根据组装方案，需要的设备清单见表 4-1。

表 4-1　盾构组装设备表

序号	设备名称	型号	单位	数量	备注
1	履带式起重机	250 t	台	2	租用
2	汽车起重机	100 t	台	1	租用
3	平板车	40 t	辆	1	租用
4	电焊机	500	台	1	已有
5	电焊机	400	台	1	已有
6	电焊机	300	台	1	已有
7	液压泵站	100 t	台	1	已有
8	电烤箱	10 kW	台	1	购买
9	空压机	电动	台	1	盾构带
10	拉伸预紧扳手		把	1	随机
11	液压扭力扳手		把	1	随机
12	电锯	电动手持式	把	1	新购
13	对讲机		部	6	调配
14	小钻床		1	台	购置
15	攻丝机		1	台	购置
16	台式砂轮机			台	已有
17	电动空压机	V-0.6/7	台	2	已有
18	虎钳		台	1	随机
19	半自动火焰切割机		台	1	已有
20	电焊机	CO_2 保护焊	台	4	租用
21	电焊机	氩弧焊	台	1	租用
22	高压清洗机		台	1	购置
23	双液注浆机		台	1	购置

4.1.3 盾构组装

(1) 拖车组装

1) 拖车进场后，按 G2、G1b、G1、G0 的顺序依次放置在竖井左侧存放区，采用 100 t 汽车式起重机配合 250 t 履带式起重机卸车，部分小结构件整齐摆放在相应拖车周围。

2) 吊装始发台到竖井内，进行精确定位后与底部预埋钢板焊接并紧固螺栓。在始发台上及明挖暗埋段铺设电瓶车轨道与盾构拖车轨道，拖车轨距 4 000 mm，机车轨距 900 mm，沿盾构始发中线对称布置(图 4-2)。

图 4-2　盾构始发轨线布置示意图

3）将充好电的 35 t 电瓶车利用履带式起重机，吊放于铺设的机车轨道上，并行驶到明挖安全区。

4）拖车框架总体装配如下：

①安装轮对，并吊放下井；

②在地面上组装拖车下部左右侧设备，并吊装下井，吊装时注意防护；

③分别安装拖车上部和下部平台、栏杆；

④拖车总体框架安装完成后用 35 t 电瓶车移动拖车到明挖段，并位于后方小竖井内；

⑤用阻车器楔紧拖车轮对，防止拖车前后移动；

⑥用 100 t 汽车起重机在投料孔位置完成拖车上部附属设备安装；

⑦拖车安装完毕后向后移约 45 m，再进行其他拖车安装并依次后移；

⑧将始发井处轨线拆卸并吊出始发井，以安装盾构主机。

5）拖车组装工艺注意事项：各连接表面必须清洁无毛刺，采用手砂轮打磨修复，棉纱清洁干净；螺栓必须按照规定力矩进行紧固；设备安装必须按照设计位置安装；设备吊装必须小心进行，防止撞击损坏；各拖车平台对接应平整、整体外形符合尺寸要求。

（2）主机组装

1）前体下部安装

采用两台 250 t 履带起重机共同吊起前体下部，一台起重机吊钩缓慢起升，另一台起重机吊钩配合缓慢下降，直至完全翻转后利用一台履带起重机吊装下井（图 4-3）。注意后部应定位在始发台焊接工艺区中间位置。

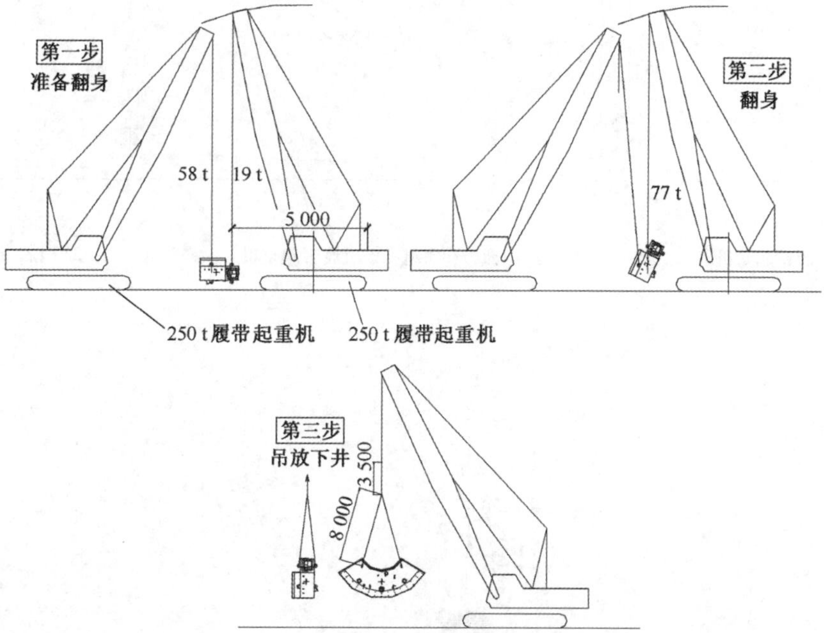

图 4-3　前体下部吊装示意图（单位：mm）

2）中体下部安装

中体下部采用一台 250 t 履带起重机直接吊装到盾构始发井下，小心与前体对接紧固螺栓；安装时注意螺栓必须按照规定力矩拧紧。中体下部吊装示意如图 4-4 所示。

3）主驱动安装

采用两台 250 t 履带起重机共同吊起主驱动，一台起重机吊钩缓慢起升，另一台起重机吊钩配合缓慢下降，直至完全翻转后利用一台履带起重机吊装下井（图 4-5）；主驱动吊装下井后，小心地将其安装在前体下部后，连接主驱动法兰与前体下部螺栓，螺栓采用液压预紧扳手按照规定力矩分两次拧紧。中心回转接头后半部分固定主驱动上。

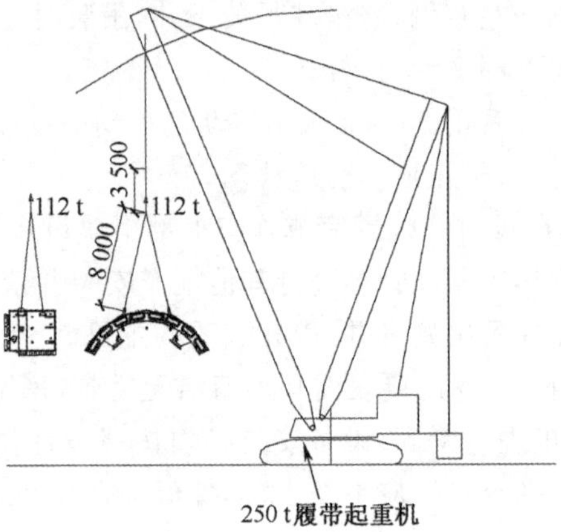

图 4-4　中体下部吊装示意图(单位:mm)

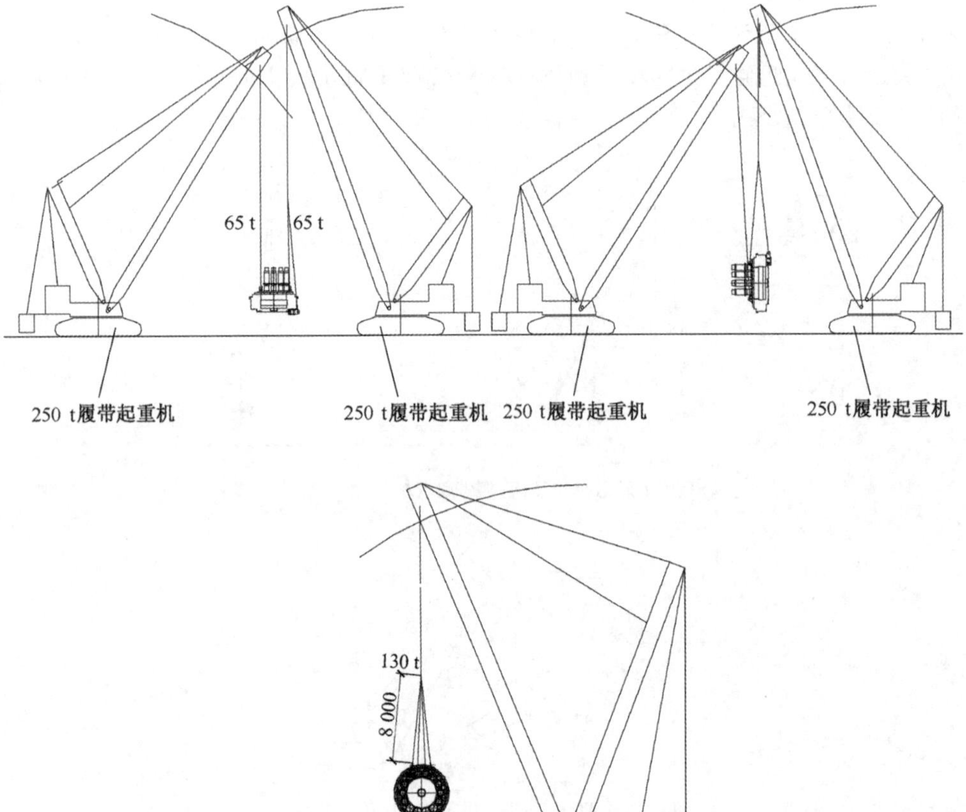

图 4-5　主轴承吊装示意图(单位:mm)

4）前体右部安装

同主驱动,采用两台起重机翻转前体左部后,再利用其中一台吊装下井。小心吊装下井并和前体下部连接板对接,连接螺栓,并采用液压预紧扳手按照规定力矩拧紧。

5）前体左部组装

前体左部组装同前体右部组装。

6) 中体左(右)部安装

采用一台 250 t 履带起重机吊装前体右(左)部下井；下井后首先与中体下部连接，连接紧固后再与前体左(右)部法兰面对接，连接螺栓，并采用液压预紧扳手按照规定力矩拧紧。中体左右部吊装如图 4-6 所示。

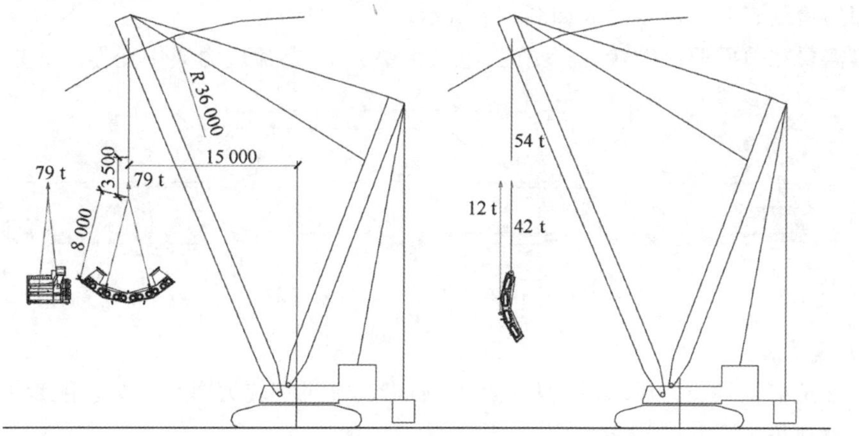

图 4-6 中体左右部吊装示意图(单位：mm)

7) 前体上部安装

前体上部安装同前体下部组装方法相同，采用两台 250 t 履带起重机。

8) 中体内部部件的组装

采用汽车起重机下井，分别在中体内部组装排浆管组件、米字架、盾体平台、辅助泵站、中体推进阀组等部件。安装结合面采用抛光刷进行清理，按照规定上好螺栓扭距，保证机械结构安装精度。

9) 人舱安装

采用一台履带起重机起吊下井。到位后首先清理人舱与前体的结合面，并涂抹油脂；再安装人舱密封，并用密封胶填充间隙；最后安装螺栓，螺栓必须按照规定力矩拧紧；在人舱对位时，迅速用棘轮扳手按照先十字架后圆周的顺序紧固。

10) 中体上部安装

与前体上部安装方法相同，采用两台 250 t 履带起重机，小心翻转后放于井下，并慢慢和前体上部、中体左右部销孔对接，采用抛光刷或面纱清理结合面，后用液压扭矩扳手按照规定力矩紧固中体和前体法兰螺栓、中体上部和左右部连接螺栓。

11) 前体和中体焊接

采用 CO_2 保护焊焊接前体和中体法兰结合面。焊接必须符合结构件焊接要求，法兰内外面必须按照坡口焊接。

12) 盾构前移

盾构总体框架安装完毕后，开始清理始发轨道，并涂抹油脂；后在轨道两侧安装反力支座，用盾构自身的两根推进油缸、并外接辅助泵站为动力，顶推盾构，顶推至距开挖面1 m后停止，等待刀盘安装。

13)刀盘安装

① 刀盘地面对接组装

刀盘进场卸车，首先在地面上将刀盘两半与刀盘法兰对接，以法兰为基准，测量刀盘面的平整度，并按螺栓紧固方法及标准要求紧固所有螺栓，焊接刀盘内侧；然后在起重机辅助下，将刀盘整体翻转，在地面上进行刀盘两半外侧焊接；最后进行刀具安装，包括超挖刀、切刀检测管路的安装。

按要求正确选用焊条，焊接过程中根据气温情况严格采取防止变形和开裂措施，焊接后进行焊缝探伤检测。刀盘焊接摆放如图 4-7 所示。

刀盘需要在地面两次翻转，需要在刀盘底部垫方木，避免应力集中变形。

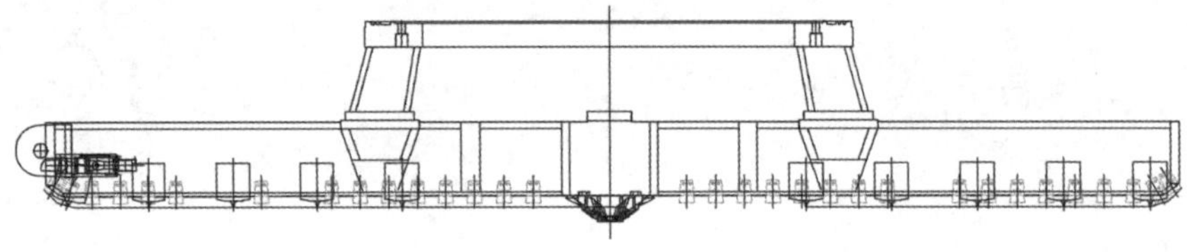

图 4-7　刀盘焊接摆放示意图

② 刀盘吊装

刀盘在地面上组装好后，采用两台 250 t 履带起重机翻转刀盘后，再利用其中一台将组装好的刀盘整体吊装下井(图 4-8)。

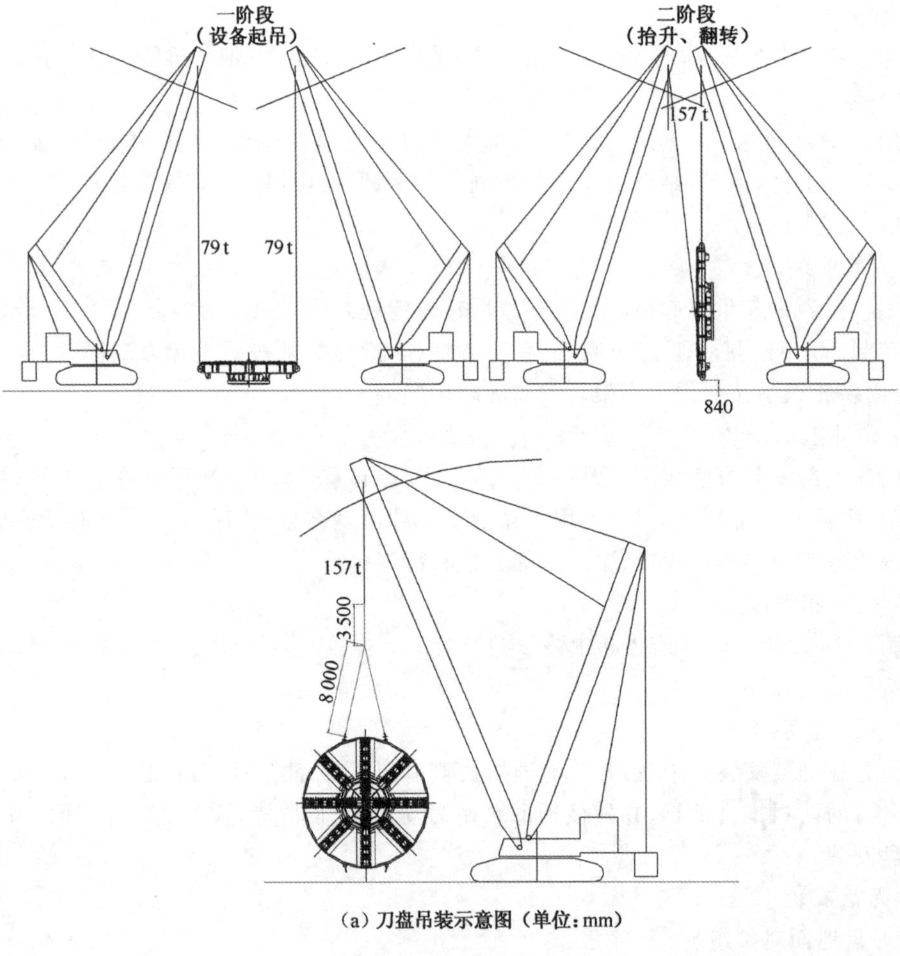

(a) 刀盘吊装示意图（单位：mm）

图　4-8

(b) 刀盘吊装现场图

图 4-8　刀盘吊装

刀盘吊装下井后，用液压预紧扳手紧固刀盘与主轴承连接螺栓。按照额定扭矩和正确顺序(先上下左右各紧固 3 颗，再上下左右紧固全部的螺栓)紧固。

14) 盾尾底部就位安装

首先进行盾尾清理，焊接部位打磨；然后用一台 250 t 履带起重机翻转盾尾底部，并吊装下井，最后用盾尾与中体连接定位块固定中体与盾尾并焊接。

15) 管片安装机轨道梁安装

首先进行管片机支撑梁结合面清理，打磨，后用 250 t 履带起重机吊装下井，并与米字梁对接。最后进行支撑架紧固，达到对应扭矩，并与连接板焊接。

16) 管片安装机安装

管片安装机进场后，在地面上清理并安装其附件。完毕后用两台 250 t 履带起重机将管片安装机翻身，并下井。下井后，小心前移将管片安装机穿进轨道梁，并拖到刀盘一侧采用 3 t 倒链固定。最后安装管片安装机结构附件、左右平台和上部平台。

17) 盾尾剩余部分安装

盾尾剩余部分依此下井，与中体扣件对接，并紧固。同时焊接盾尾之间的连接、盾尾与中体之间的连接，焊接时采用满焊，法兰内外侧均焊接，盾尾底部外侧自预留的豁口外焊接。焊接前要测量盾尾失圆度，若测量值较大，应在焊接前采取措施。

(3) 反力架安装

反力架下井并调整安装就位后，安装、检查无误后紧固反力环，并与结构焊接形成整体，提供反力。反力架安装如图 4-9 所示(详细安装设计详见 4.3.3 节)。

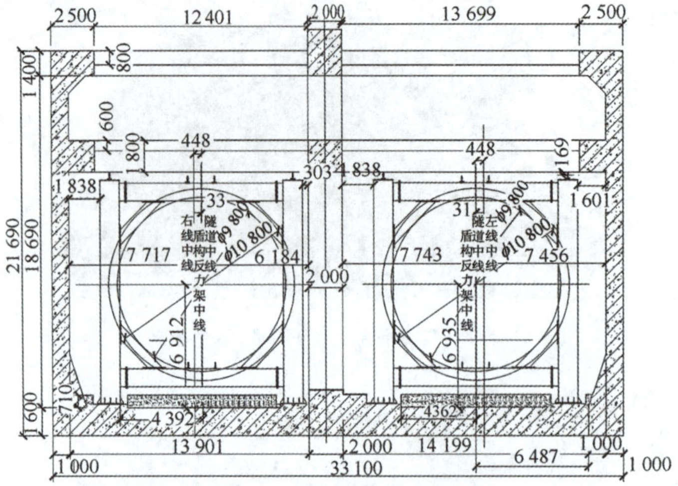

图 4-9　反力架安装示意图(单位:mm)

(4) 后配套拖车与主机对接

拖车前移至支撑架接触主机，后采用 35 t 电瓶机车顶推 G0 拖车与安装机轨道搭接，移动时，应尽量避免突然冲击。拖车就位后，安装后配套拖拉油缸，最后连接管片安装机与后配套连接平台、连接后配套与主机管线等。

(5) 管线安装

在拖车就位后，与结构件安装的同时进行液压、电气、泥浆、风、水管线的连接。

1) 液压管线连接:保持接头和管路的清洁，确保紧固的质量，并按照管线标识连接接头。

2) 电缆:敷设电缆槽，按照标识连接电缆，并将电缆线连接固定到位。

3) 泥浆管线安装:按设计将盾构泥浆管路、盾构与调内外设备管路连接。

4) 其他管线:按照标识连接接头，紧固。

盾构组装完成结构示意如图 4-10 所示。

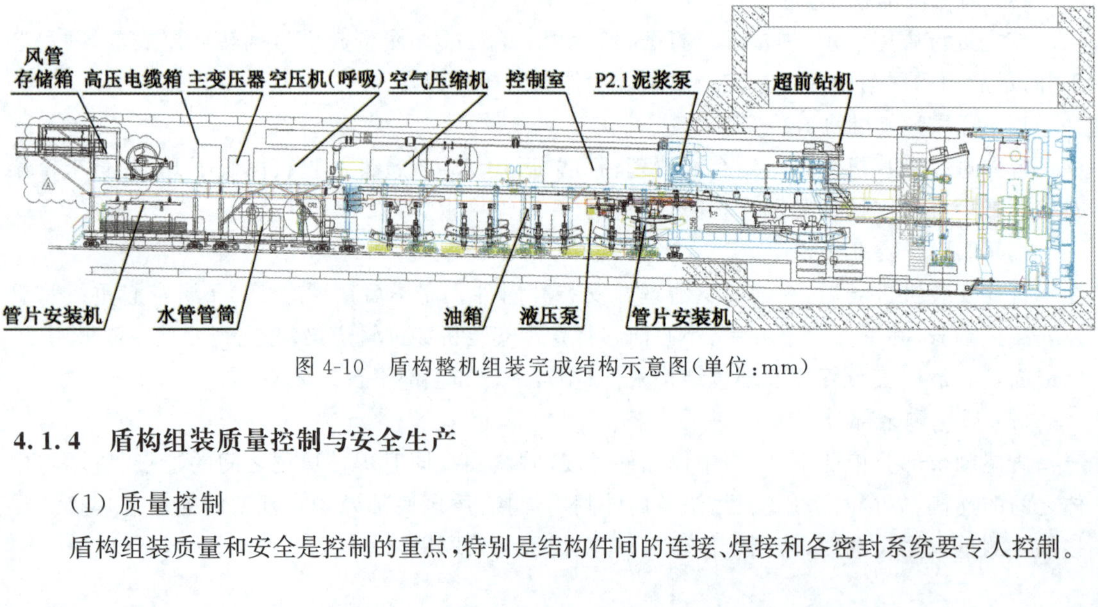

图 4-10　盾构整机组装完成结构示意图(单位:mm)

4.1.4　盾构组装质量控制与安全生产

(1) 质量控制

盾构组装质量和安全是控制的重点，特别是结构件间的连接、焊接和各密封系统要专人控制。

1）焊接质量控制。包括对刀盘、前体、中体、盾尾及其盾尾刷等重要部位的焊接质量的控制，焊接时做好加热、保温等防止变形的措施。并使用探伤机对除刀盘以外的焊接部分进行探伤，采取边焊接边探伤的方式。对于刀盘焊接则采用超声波探伤。

2）液压质量控制。包括液压系统清洁度、液压系统工作性能、管线连接质量等。并进行油水检测，液压等线路上的压力检测等。

3）机械部件安装精度控制。包括结构安装精度、设备安装位置精度、刀盘旋转精度控制等。根据设计图纸，对应公差允许范围要求，使用卷尺、千分尺、塞尺、水平仪等对相应进行测量检测。

4）电气部件质量控制。包括电气安全保护、质量控制等。检测电器部件运转方向，运转电流、电压是否在正常范围内；确认所有检测、控制、连锁、显示、记录、分析等功能的实现。

（2）安全生产

1）成立专门的安全管理组织机构。设安全负责人一名，安全员两名。

2）大件吊装在白天作业，大件吊装下井为防止摆动，必须由人力用绳索牵引控制方向。

3）盾构部件的吊装必须由专业人员负责进行，现场组装配合人员应在吊装专业人员指导下工作。

4）组装过程中须派专人进行指挥。

5）盾构部件的吊装应注意安全，做到自防和他防。

6）根据工地的情况，布置安全防护设施和统一的安全标志。

7）各种吊、运、组装机具，必须在使用前组织试吊、试运行。

8）吊装作业中严禁超载。

9）指定兼职安全人员现场管理，与盾构制造方沟通组织对组装人员进行安全培训与技术交底。

10）管线安装必须做到布置清晰，标识清晰，保证机械设备的安全。

11）管线安装过程中注意有压油液的飞溅和防止触电。

12）组装场地应有围挡，非组装人员不得入内，作业人员应有胸牌标志。

13）场地内严禁烟火，应备有足量的消防器材。

4.2　泥水盾构调试

泥水盾构组装完成后，在始发前，需要进行调试，并对液压和电气等关键部件进行压力设定，进行盾构功能检测。

（1）调试主要内容

调试工作主要是对推进系统、液压系统、管片安装系统、注浆系统、导向系统、电气系统、高压空气系统、循环水路系统和注脂注浆系统等进行调试，确定其工作是否正常。

1）推进系统测试：推进速度、油缸压力检测。检查各油缸动作是否到位，实际的行程和显示值是否一致。

2）刀盘驱动系统测试：正转、反转功能、最大速度、速度调节、压力等是否正常，转速值和显示值是否一致。

3）液压泵站测试：检查液压油过滤、循环系统，以及各液压泵组的电器控制系统是否动作，动作是否正确。

4）管片安装系统测试：各自由度功能检测、真空吸盘功能检测。管片拼装系统的动作是否到位，操作系统是否灵活。

5）超挖刀功能测试：测量刀具高度是否满足设计要求。

6）注浆泵系统测试：各个功能是否达到性能要求，换向和调速是否正常。

7）其他辅助液压系统测试：系统在空载情况下是否正常工作。

8）管片起重机功能测试：动作是否正常。

9）岩石破碎系统测试：动作、工作压力、破碎能力等。

10）齿轮油循环系统测试：是否正常，液位报警功能等。

11）盾尾油脂注入系统测试：工作压力是否正常，自动工作情况是否合理。

12）主轴承 HBW 系统测试：工作压力是否正常，并将刀盘前部油脂注满。油脂密封系统是否正常，并且将油脂注满主轴承，直至溢出，测量压力是否到达要求，控制部分功能是否正常，小油脂桶液位连锁功能是否正常。

13）空气加压系统测试：空气加压系统的控制部分是否正常，压力是否正常。

14）泥水处理系统测试：循环工况是否正常，压力、速度自动调节是否满足要求。

15）水循环系统测试：主驱动部分流速是否达标，压力是否正常。

16）整机联动测试：控制是否正常，各个环节在控制室的控制情况是否正常。各种传感器的功能是否正常。

17）盾构故障显示测试。

18）PPS 导向系统基准的确认。

19）人舱的密封性测试。

以上内容应认真记录测试数据，填写检测报告。

单项测试后，还要测试系统的联动动作是否符合要求。

（2）调试工作重点

1）液压系统调试

① 液压系统调试主要是测试各液压泵、各油缸、各阀块是否工作正常，液压管路是否畅通，液压驱动的各执行机构是否正常等。

② 推力油缸调试：推力油缸的行程为 2 300 mm，当两组推力油缸同时伸出或缩回，所需要的时间与单组油缸动作时所用的时间大致相同。但有时由于在液压油管路中存在少量的空气，导致压力上升或下降过程中不均衡、不协调，压力变化不平稳。故每组的两个油缸在伸出或缩回时不同步，且有爬行现象，解决方法是使油缸反复动作多次，在油压作用下将空气排出管路即可。另外，管片安装机在无负荷状态下常能完成各种动作，但负载抓举时就有可能由于两油缸密封不密实而产生漏油现象，应加强油缸的密封检查。

2）电气系统调试

主要是测试传感器工作是否正常，控制液压系统的电器件的灵敏度是否符合检验要求或满足工作要求。盾构庞大的电气硬件系统的调试一般是靠检测软件来检测的。若不符合要求，可以根据软件显示的部位准确查找电气系统的硬件故障。

3）高压空气系统的调试

主要测试盾尾注脂泵是否工作正常，测试气锁室及加压仓是否可以正常工作。注脂系统是否正常工作，压力是否可以达到额定值。加压仓和气锁室是否可以保压，若能保压则说明高压空气系统完好。

至于循环水路系统和注浆系统的调试，只有在实际的掘进操作中才能准确体现出来。

4.3 泥水盾构始发

4.3.1 盾构始发流程

盾构始发流程如图 4-11 所示。

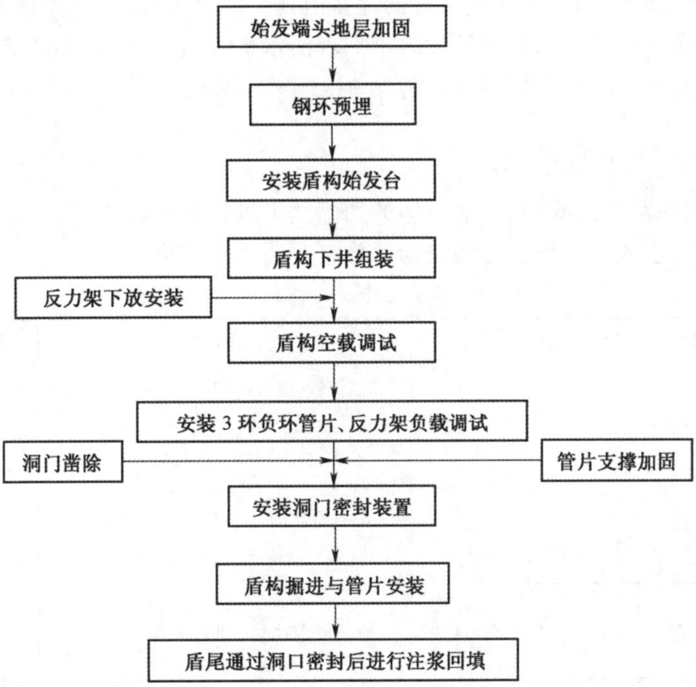

图 4-11 盾构始发流程图

4.3.2 端头加固

盾构井始发端头加固有两方面的作用：一方面是为盾构始发提供稳定的地层条件，保证安全、按期始发；另一方面是为盾构组装提供足够的地基承载力，保证盾构组装时起重机在吊装作业过程中的安全。

(1) 端头地层情况

根据钻探揭露地层情况显示，狮子洋隧道出口工区盾构井端头上部为第四系新近期填土层(Q^{ml})、第四系海陆交互相(Q^{mc})，中部为第四系上更新统冲积、残积层(Q^{al+el})，底部基岩为白垩系下统(K)基岩类。上部 0.6 m 左右为人工填土层，属于可塑～软塑黏土层；0.6～8 m为淤泥层、淤泥质砂层，属于流塑、软塑、饱和、松散等稳定性极差地层；8～27 m 为黏土层、粉细砂层、黏土＋粉细砂互层、中粗砂层，属于软塑～可塑～稍密、饱和等稳定性较差地层；27 m 以下为微风化泥质粉砂岩，属于泥质胶结，砂状结构，轻微风化。

(2) 端头加固方式

洞口段隧道顶部覆土厚度约为 7.5 m，盾构下井组装采用两台 250 t 履带起重机抬吊方式。设计端头加固采用咬合三重管旋喷桩加固，加固范围为隧道顶、底部和左、右边线外各

3 m的范围,加固长度为13 m,此加固设计基本能满足盾构始发要求,但没有考虑盾构下井组装的地基承载和安全要求。因此,在此加固完成的基础上,又增加端头顶部未加固高度和盾构井两侧的地层加固,加固采用相切三重管旋喷桩加固,加固范围为整个盾构井外围8 m宽的范围,加固深度为10 m(穿过淤泥层、进入砂层2 m左右),在端头区只加固顶部原来未加固到的4.5 m深度范围。

由于本工程的端头加固是在盾构井基坑开挖前进行的,此时端头加固土体已经稳定,在基坑开挖和主体结构施工时,端头连续墙可能存在向基坑内位移现象,导致在端头加固体和连续墙之间形成一条渗水通道。为保证始发时不出现涌水情况,在盾构井主体结构完成后,在紧贴端头连续墙的外侧(距连续墙边20 cm)施工一排压密注浆孔,进行袖阀管压密注浆,进一步封堵地下水流通道。

(3) 洞门土体加固效果检查方案

土体加固后、在洞门凿除前,要对土体的加固效果进行检查,检查内容包括加固土体强度、洞门处渗透性以及土体的匀质性。各指标的检查方法和标准见表4-2。

表4-2 端头土体加固检查方法和标准

编号	检查项目	标 准	检查方法	备 注
1	加固土体强度	≥1 MPa	在每条隧道开挖线外侧2 m处,钻2孔取芯检查 (钻孔深度至开挖线底部)	取岩土芯进行抗压强度试验
2	加固体渗透性	≤1 m^3/d 不得漏泥砂	在洞门范围上下左右及中心各钻1个孔,检查其渗水量	钻孔要打穿地下连续墙
3	加固体匀质性	加固体均匀	利用钻孔岩土芯进行检查	现场判定

(4) 洞门土体加固效果不理想采取的补救措施

若加固土体达不到设计要求,采用压密注浆的方式进行补强加固,可以从地面垂直钻孔和洞门水平钻孔进行注浆加固。

4.3.3 盾构始发准备

(1) 盾构始发姿态设计

一般情况下,先根据管片拼装里程、盾构组装位置要求、始发竖井结构、反力架支撑长度和盾构隧道线路设计轴线定出盾构始发姿态空间位置,以确定洞门钢环的预埋中心位置,然后反推出始发台的空间位置,提前调整好盾构始发台的标高、坡度及结构等。由于始发台在盾构始发时要承受纵向、横向的推力以及抵抗盾构旋转的扭矩,所以在盾构始发之前,必须对始发台两侧进行必要的加固。另外,盾构在始发阶段(盾构主机离开始发基座前)不能够进行调向,如在曲线上始发应事先调整好始发平面轴线,而且,始发台的安装高程要根据端头地质情况和始发坡度进行适当抬高和坡度调整。

本工程始发段线路,平面处于半径为7 000 m的圆曲线和缓和曲线上,纵向处于坡度为20‰的下坡段。为了实现盾构整机始发,采用割线始发,即将洞门内12 m曲线的弦线向盾构井内延长,以此割线做为始发的平面中线,始发坡度调整为10‰,并将始发洞门(预埋钢环)抬高50 mm,即将盾构始发纵向轴线在10‰下坡的基础上整体抬高50 mm。

(2) 洞门钢环加工与安装

盾构隧道与工作井连接洞门处采用钢环相接，其中钢环外经为 ϕ11.82 m(内经为 ϕ11.50 m)，两道钢环面的间距为 0.5 m，环框面板宽 1.0 m，两钢环重约为 41 t。钢环中间采用型钢网格结构支撑及连接，以保证钢环安装与盾构井施工期间的精度。

1) 洞门钢环安装顺序

盾构钢环加工→加工厂预拼检测及出厂→工地现场拼接检查→分块侧墙施工预埋→侧墙完成后钢环整体安装检测→洞门密封装置安装(止水箱、帘布橡胶板、折页压板、垫圈螺母)→洞门凿除(围护结构)。

2) 洞门钢环安装

为了防止盾构刀盘进洞门后低头，在实际安装时均抬高 50 mm。根据盾构工作井洞门墙体支撑架设位置与侧墙施工时支撑换撑情况，ϕ11.82 m 洞门钢环须分六块(A、B、C、D、E、F)加工，同时在每层侧墙施工时分块安装，安装顺序为 A、B、C→D、E→F。分块钢环之间用型钢网格支架连接，以保证拼装后钢环整体精度、圆度。

工作井施工与钢环分块安装施工顺序为：底板施工(浇筑至 A 块钢环底部位置)→工作井第四道支撑拆除，钢环 A、B、C 块安装，墙体浇筑(底板与第四道支撑间墙体浇筑)→工作井第四道支撑与第三道支撑间墙体浇筑(浇筑至 B、C 块钢环顶部)→第三道支撑拆除换至第四道支撑位置，D、E 块钢环安装，二、三道支撑间墙体浇筑(浇筑到 D、E 块钢环顶部)→第二道支撑换到第三道支撑位置，F 块钢环安装，二、一道支撑间墙体浇筑。

为了防止洞门钢环安装后侧墙混凝土浇筑影响钢环安装质量，在钢环分块安装固定时，将钢环面板背侧长 700 mm 的 ϕ20 锚固筋、长 540 mm 的 ϕ12 锚固筋、长 420 mm 的 ϕ12 锚固筋与侧墙主筋及洞门环形钢筋焊接牢固、准确。

钢环各分块用型钢网格支架加强，型钢网格应能承受各个方向力与扭矩，确保各分块圆弧面板不变形，同时支撑整体钢环的稳定、不变形。

3) 洞门钢环安装技术要求

钢环设计与加工，要保证分块安装和外界施工(混凝土及围护结构的侧压力)因素对钢环的圆度、竖直度、侧移的影响在允许范围内；因此，对钢环加工与安装技术要求如下：

① 洞门钢环制作技术要求

a. 环板内径允许误差 $D_a=\pm10$ mm(任意点检测)。

b. 环板宽度允许误差 0～+3 mm。

c. 整个平面不平整度≤6 mm。

d. 焊缝必须均匀，饱满，焊缝高度>8 mm，不允许出现漏焊、假焊、虚焊、焊缝渗水等焊接质量问题。

e. 钻孔及螺栓孔要均匀布置，相邻孔间距误差≤2 mm。

f. 圆环板 1 和圆环板 2 均采用 A3 低碳钢制造；同时圆环板 1 和圆环板 2 的孔中心应一致。

g. 圆环板 1、2 的外露面均把铁锈除干净，再涂刷红丹漆二次。

② 洞门钢环安装技术要求

a. 竖直公差要求：V_a 不得超过±10 mm；水平公差 H_a 不得超过±10 mm。

b. 防止圆度变形：内径误差≤±10 mm(任意点检测)。

c. 圆板中心(圆心)偏差≤10 mm。

以上安装公差要求如图 4-12 所示。

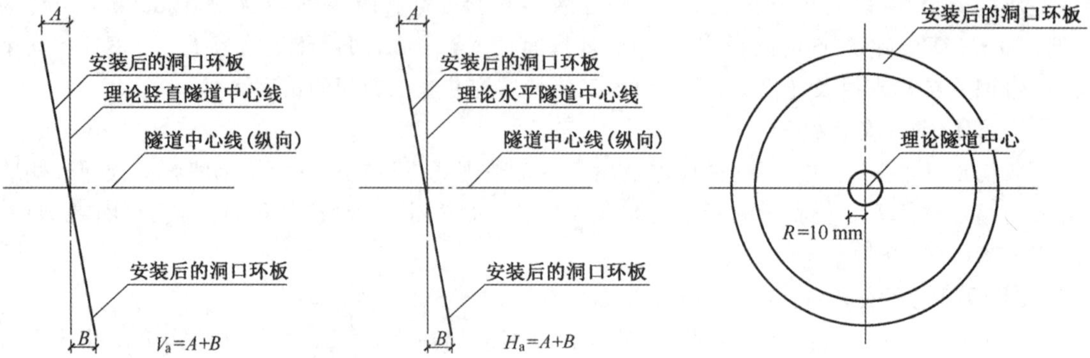

图 4-12　洞门钢环安装公差要求示意图

d. 预埋钢环板边缘孔在预埋前用橡胶塞住,防止侧墙浇筑时混凝土浆液进入。

e. 钢环上部注浆管应配备孔口管,以满足封堵要求。

f. 钢环帘布橡胶板安装后,盾构施工时可涂刷润滑油增加帘布橡胶板润滑性。

g. 洞门凿除产生的混凝土块必须清理干净,避免在盾构推进时损坏帘布橡胶板。

③ 安装安全要求

所有吊装装置必须有安全检验证书,并定期维修管理。同时吊装时要有吊装指挥和安全人员在场,确保作业安全。禁止在大风、大雾、大雪天气进行吊装作业。

(3) 盾构始发基座施工与安装

盾构始发台采用钢结构形式,主要承受盾构的重力和推进时的摩擦力,当盾构在组装时还需要对主机进行前后移动,结构设计还需考虑盾构前后移动施工的便捷和结构受力。由于盾构重达 900 多吨,所以始发台必须具有足够的刚度、强度和稳定性。始发台分为三节,第一节主要为调试盾构刀盘旋转而单独设置,由于盾构主机在组装过程中盾壳间还需要进行焊接作业,始发台在距反力架一定长度处断开 600 mm,分成第二节和第三节,为盾构前体、中体和盾尾焊接提供必要的焊接作业空间。

始发台坡度与盾构始发坡度一致且为 1%,左右线始发台支架下浇筑 C30 混凝土垫台,始发台混凝土垫台浇筑时在洞门处左右线各预留一个 2 000 mm×2 000 mm×500 mm 的集水坑,同时预留 0.5 m 宽的盾构外壳焊接槽及 1.5 m 宽的反力架安装槽。竖井结构底板施工时预埋 ϕ20 钢筋(长 1 000 mm),待底板浇筑后,再沿始发台支架标高,在预埋 ϕ20 钢筋头上焊接 20 mm 厚钢板方可浇筑始发台混凝土垫台,后续始发台支架安装时焊接固定在始发台混凝土垫台钢板上。

始发台要根据盾构设计姿态进行精确定位,在安装始发台前进行测量放样工作,准确定位后将始发台与底板预埋钢板焊接连接。始发台底部要垫平稳,避免扭曲。在始发台两侧每隔 1.5 m 利用 200H 型钢给始发台加横向的支撑,提高始发台的稳定性。在盾构主机组装时,在始发台的轨道上涂硬质润滑油以减小盾构在始发台上向前推进时的阻力。始发台结构安装如图 4-13 所示。

(4) 反力架及支撑系统加工与安装

反力架采用组合钢结构,便于组装和拆卸;同时要为盾构推进时提供所需的反力,因此反力架须具有足够的刚度和强度。反力架支撑系统将盾构推力作用到土建结构上,支撑提供的反力要满足设计要求,且支撑有足够的稳定性。本工程盾构始发时支撑需提供 3 330 t 的反

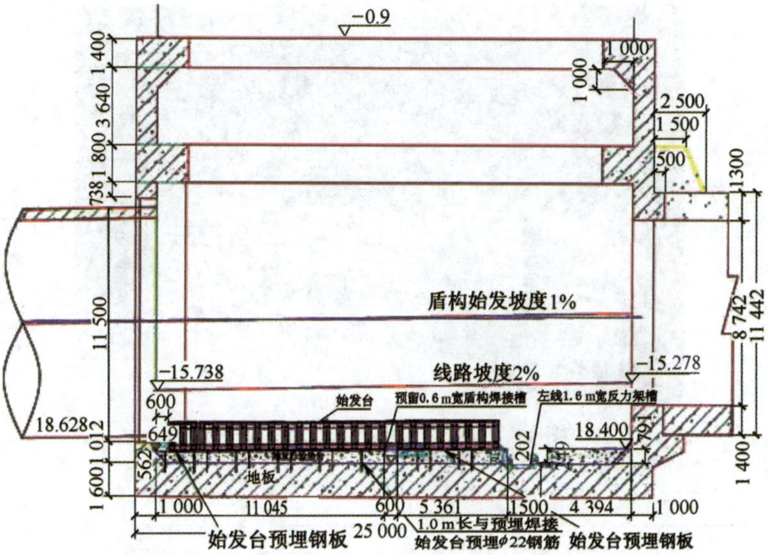

图 4-13 盾构始发台安装纵剖面图(单位:mm)

力。反力架支撑考虑底部、上部和两侧四周支撑方式。在盾构井底板及填充施工时提前预留反力架立柱定位槽,并在定位槽后方预埋钢板,在施工中隔墙,侧墙及顶板时,根据反力支撑位置,在墙体端面上预埋钢板,以便于反力架底部固定和支撑架设。

在盾构主机与后配套连接之前,开始进行反力架的安装。根据盾构主机长度、负环管片宽度以及洞门结构宽度等综合确定反力架位置。反力架端面应与盾构始发轴线垂直,以便盾构轴线与隧道设计轴线保持平行。反力架与盾构始发井连接部位的间隙要垫实,保证反力架脚板安全稳定。

盾构反力架靠盾尾的侧平面要基本与盾尾平面平行,即反力架形成的平面与盾构的推进轴线垂直。反力架的横向和竖向位置保证负环管片传递的盾构推力准确作用在反力架上。安装反力架时,首先用经纬仪测定水平偏角和位置,然后将反力架整体组装,并由组装起重机配合校正其水平偏角和倾角,在定位过程中利用倒链和型钢等工具配合。最后经测量无误后将其焊接固定。在安装反力架时,反力架左右偏差控制在±10 mm之内,高程偏差控制在±5 mm之内,纵向偏差控制在±10 mm之内。始发台水平轴线的垂直方向与反力架的夹角<±2‰,盾构姿态与设计轴线竖直趋势偏差<2‰(且盾尾只能向上偏),水平趋势偏差<±2‰。为了保证盾构推进时反力架横向稳定,用型钢对反力架进行横向的固定。

根据盾构工作井结构尺寸,反力架(背管片侧)采用6根ϕ609钢管(带方头支座端)直撑到结构墙上。反力架两侧也采用4根ϕ609钢管或H型钢支撑固定,直撑到侧墙上或柱子上。所有支撑在混凝土墙上的钢管端面均应焊有厚度在15 mm及以上的钢板。

在浇筑始发台混凝土垫层时要预留两个反力架槽(1 500 mm×500 mm),槽内垫加1 300 mm×300 mm钢板,再将反力架两根支柱置于槽内。并用锤球控制反力架的垂直度,反力架竖向与始发台混凝土垫台表面垂直(不与工作井底板垂直),在预留槽内,反力架前后应加设钢板进行垫实、加紧。

反力支撑要及时安装,利用预埋在中板上的吊钩或起重机将反力支撑起吊并与反力架和预埋钢板连接牢固。反力架支撑尺寸要提前设计加工好,以加快支撑安装速度。

反力架及支撑系统加工与安装实物图和纵断面如图4-14和图4-15所示。

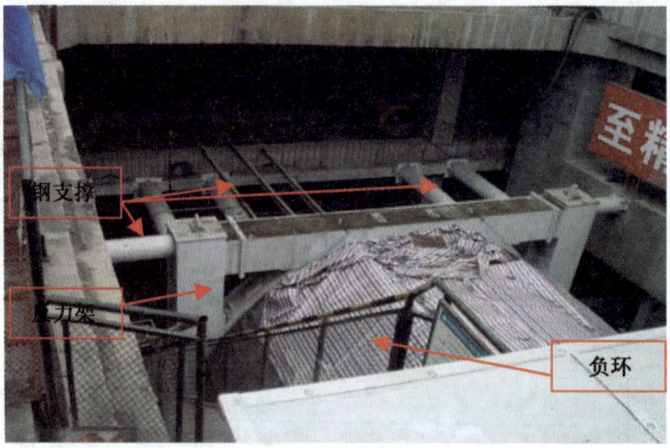

图 4-14　反力架及支撑钢管现场图片

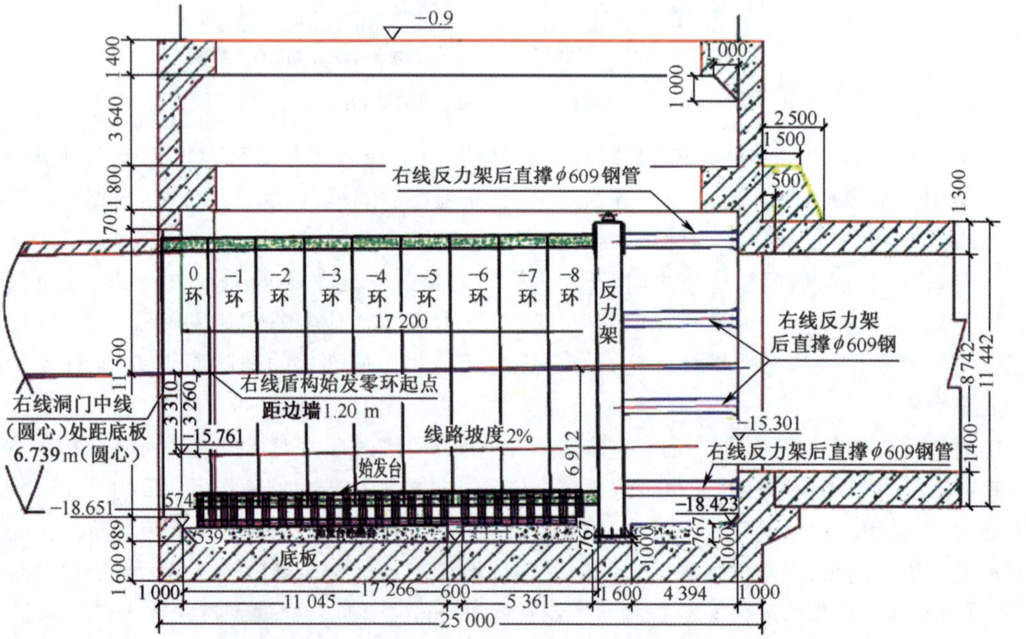

图 4-15　盾构始发反力架及负环安装纵剖面图(单位:mm)

(5) 洞门密封装置设计及安装

为了防止盾构始发掘进时泥土、地下水与循环泥浆从盾壳和洞门的间隙处流失,以及盾尾通过洞门后背衬注浆浆液的流失,在盾构始发时需安装洞门临时密封装置,洞口密封采用“折叶式密封压板”+“帘布橡胶板”,由两道相同的密封组成,两道密封间隔约 500 mm,其中每道密封由帘布橡胶板、折叶压板、垫片和螺栓等组成。其施工分两步进行,第一步在始发端墙施工工程中,做好始发洞门预埋件的埋设工作,预埋件必须与端墙结构钢筋连接在一起;第二步在盾构正式始发之前,清理完洞口的渣土,完成洞口密封压板以及橡胶帘布板的安装。洞门临时密封装置形式如图 4-16 所示。

盾构进入预留洞门前,在外围刀盘和帘布橡胶板外侧涂润滑脂,以免盾构刀盘挂破帘布橡胶板而影响密封效果。当盾构刀盘全部通过第二道密封后,开始向泥水仓内加压,压力仅满足泥浆充满泥水仓,然后在两道密封间利用预留注脂孔向内注油脂,使油脂充满两道帘布橡胶密

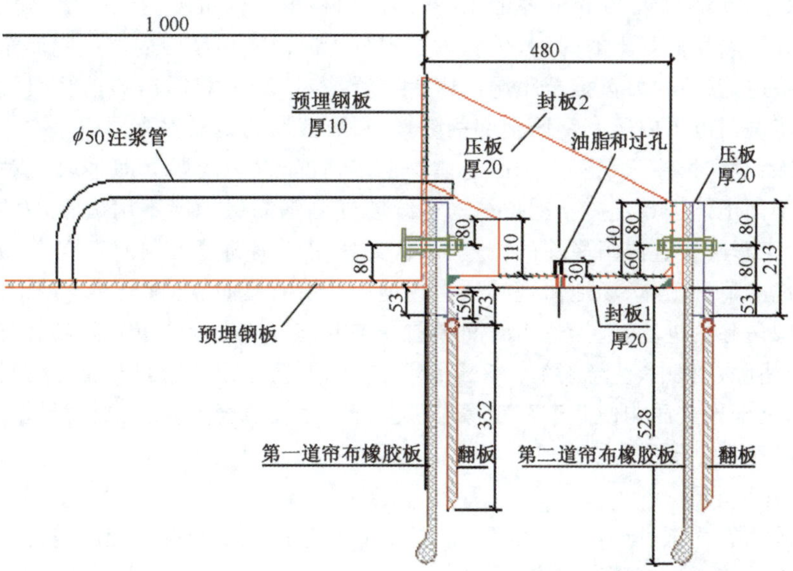

图 4-16 洞门密封装置结构图(单位:mm)

封间的空隙。当盾尾通过第一道密封且折叶板下翻后,要及时利用注脂孔向内继续注油脂,使油脂压力始终低于泥水压力 0.01 MPa 左右。当盾尾通过第二道密封且折叶板下翻后,进一步加注油脂,使洞门临时密封起到很好的防水效果,从而使盾构顺利始发并减少始发时的地层损失。洞门密封现场实物如图 4-17 所示。

图 4-17 洞门密封效果图

(6) 洞门凿除

盾构井围护结构采用的是 1 000 mm 厚的钢筋混凝土地下连续墙,由于盾构不能切断连续墙中的钢筋,因此,在盾构掘进前,要先凿除洞门圈范围内的围护结构钢筋混凝土地下连续墙,此项工作称为洞门凿除。其施工顺序为:打探测孔(周边 4 个,中间 1 个)→破除洞门连续墙外侧混凝土保护层→割除连续墙外层钢筋→破除连续墙外层 500 mm 左右厚墙身混凝土→破除连续墙内层 300 mm 左右厚墙身混凝土→割除连续墙内层钢筋→拆除脚手架及清理场地。其破除采用风镐分层分块逐步凿除。

用风镐将地下连续墙外侧的混凝土保护层破除,使连续墙外层的钢筋全部露出,将露出的钢筋用气焊割除,割除钢筋时注意将洞门范围内所有钢筋全部割除。为保证洞门凿除施工的安全，先破除连续墙外层 500 mm 厚的墙身混凝土，根据盾构组装调试进度，确定破除连续墙内层 300 mm 厚墙身混凝土的时间，破除内层混凝土时应使连续墙内层的钢筋全部露出，在盾构确定始发掘进前(盾构刀盘推至距洞门密封装置约 60 cm)，将露出的钢筋用气焊割除，割除钢筋时注意将洞门范围内所有钢筋全部割除，不得有残留的钢筋侵入洞门净空，影响盾构的始发掘进。割除钢筋时，注意观察掌子面土体的稳定情况，发现问题立即采取应对措施，及时用方木等对掌子面土体进行支撑。围护结构连续墙外侧钢筋保护层不用破除，内层钢筋割除完毕后，由质检工程师检查洞门凿除的质量，确认无残留的钢筋侵入洞门净空后，方可进行脚手架拆除和场地的清理工作，场地清理必须将场地内的所有废渣、废料全部清理干净。

根据洞门凿除的进度，选择适当时间提前安装好洞门的密封装置，焊接固定好钢环内的导轨等，在洞门凿除过程中，注意对洞门密封装置的保护，防止损坏密封装置的密封效果，在场地清理完毕后，立即推进盾构使两道帘布橡胶板全都作用在盾壳上，以起到密封作用。

(7) 负环管片安装及支撑

1) 负环管片生产

负环宜采用管片试生产环，负环管片应按照管片生产图纸和技术交底进行试制，还需要在管片相关块钢筋笼上焊接预埋三道 100 mm×400 mm，16 mm 厚间距为 500 mm 的钢板。以加强安装成型后的负环管片的整体性，确保负环不变形，受力均匀。同时，第－8 环管片侧面(顶在反力架的一侧)预埋一圈 $\delta=16$ mm 厚钢板，钢板环宽 300 mm。

2) 负环底管片拼装及固定

负环管片采用标准环，为防负环管片失圆，负环管片采取错缝拼装。

在拼装第－1 环管片前，在盾尾管片拼装区下部 180°范围内，在两个推进油缸之间均匀安设(局部焊接或点焊)11 根长 2 m、厚 40 mm 的槽钢(盾尾内侧与管片外弧面的间隙为 40 mm)，在盾构内拼装好整环后利用盾构推进千斤顶将管片缓慢推出，当管片推出1 500 mm 后开始拼装第 2 环管片，切不可将第 1 环管片全部推出槽钢段再拼装第 2 环，避免管片下沉。

前两环负环管片拼装时，由于反力架还不能提供反力，油缸和反力架不能夹紧管片，每块管片都处于活动状态，在拼装盾尾内上半圆管片、特别是两块邻接块时，要在盾尾盾壳上和反力架上焊接吊耳，并用倒链对管片进行固定，以支撑管片并保证施工的安全，待封顶块纵向推插到位后，拆去倒链，割除吊耳，紧固封顶块与邻接块的螺栓。负环管片安装方式如图 4-18 所示。

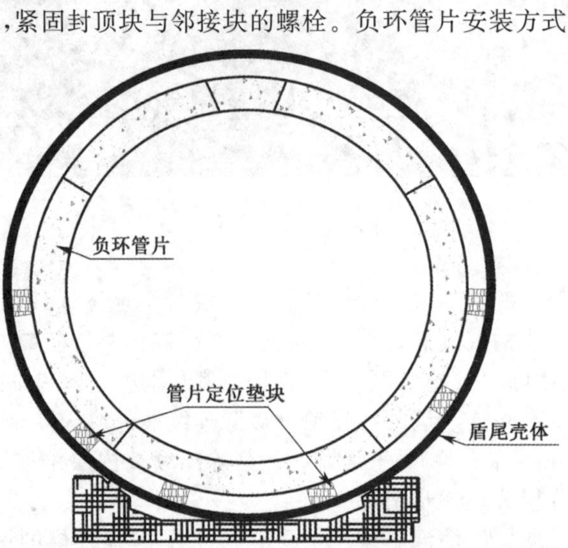

图 4-18　负环管片安装示意图

在第－1环拼完后，要在反力架和管片安装机之间，在管片上部的内弧面上焊接两根H型钢，在整环管片向后推出时，起到限制管片下坠的作用，装第－2环时采用同样的方法，直到第－1环管片与反力架紧贴并固定。当第－1环管片突出盾尾300 mm后，将负环管片与始发台导轨间的空隙用纵向型钢垫实，然后继续将管片推出，直至与反力架靠紧，然后用薄钢板将负环管片与反力架之间的缝隙填实并将垫块焊接牢固(第－1环管片在与反力架接触的端面上预埋有焊接钢板)。负环管片在脱出的过程中要及时将负环管片支撑，避免负环管片失圆过大引起管片拼装困难。

每一环负环底部块安装时要加入支撑垫块。支撑块尺寸为长2.6 m，高60 mm。支撑垫块加设在底部四组铰接油缸之间，支撑垫块可采用200 mm宽的槽钢，安装时需将近油缸端的30 cm点焊在盾壳上。

在每环管片推出盾尾后，在管片外的始发台支撑三角架纵向H型钢及始发台轨道上用钢板焊接成的钢楔子及时进行支垫，将管片压力均匀的传递给三角架和始发台。每环管片加设两个楔子，楔子点焊在H型钢和始发台上。具体形式如图4-19所示。

图4-19　负环管片楔块支垫图

随着负环管片的进一步拼装，盾构刀盘快速地通过洞门进行下一步施工。负环管片拼装要注意以下几点：由于管片环缝靠反力架环面为凹面，为了便于受力均匀，将第1环管片凹面处，手孔处全部用高强砂浆抹平；在负环管片与反力架贴紧后应将两者间的间隙填实，并确保填料不会脱落；在负环钢管片与反力架贴紧后管片拼装点位应以减小推进油缸行程差为主；负环管片环、纵缝要贴传力衬垫，从零环开始粘贴弹性密封垫，与洞门密封相对应的管片纵缝应采用自黏性橡胶将纵缝封堵，避免由纵缝漏浆。

3）负环管片防水

负环管片只是在盾构始发时起到传递推力作用，所以对负环管片做到不压坏即可。－9～－1环管片只粘贴丁腈软木橡胶板(纵缝)和软木衬垫(环缝)，不粘贴止水条和自黏性橡胶薄片，管片连接螺栓也不需加遇水膨胀橡胶圈，但0、＋1环必须按照设计图进行防水施工。

4.3.4　盾构试掘进

(1) 始发掘进技术要点

1）在盾尾壳体内安装管片支撑垫块，为管片在盾尾内的定位做好准备。

2）安装前，在盾尾内侧标出第1环管片的位置和封顶块的位置，然后从下至上安装第1

环管片，安装时要注意使管片的位置与标出位置相对应转动角度一定要符合设计，换算位置误差不能超过 10 mm。

3）安装拱部管片时，由于管片支撑不足，要及时加固，防止管片在后推过程中产生较大椭变。

4）前两环负环管片拼装完成后，用推进油缸把管片推出盾尾，并施加一定的推力把管片压紧在反力架上，即可开始下一环负环管片的正常安装。

5）管片在被推出盾尾时，要及时进行支撑加固，防止管片下沉或失圆。同时也要考虑到盾构推进时可能产生的偏心力，因此支撑应尽可能的稳固。

6）当刀盘抵拢掌子面时，推进油缸已经可以产生足够的推力稳定管片后，再把管片下部的定位槽钢取掉。

7）在始发阶段要注意掘进推力、扭矩的控制，同时也要注意各部位油脂的有效使用。掘进总推力应控制在反力架承受能力以下，同时确保在此推力下刀具切入地层所产生的扭矩小于始发台提供的反扭矩。

8）盾构推进前，要在盾壳外，始发台导轨两侧焊接 2～3 组盾构防扭块，在刀盘切削岩体旋转时，防止盾构整体侧转，但要在每组防扭块接近洞门密封装置之前进行割除。

9）为防止始发时盾构刀盘及前体悬空过长，在洞门钢环下部要安设一节导轨，导轨顶面要比始发台导轨趋势低 20 mm，导轨位置及长度要满足不损坏帘布橡胶板和不妨碍掘进刀盘旋转等方面的要求。

（2）盾构试掘进要达到的目的

1）熟悉盾构各项性能，完成盾构整机磨合负载运转；

2）熟练盾构和配套设备各项操作，掌握盾构施工操作流程和施工顺序；

3）检验后配套设备的匹配能力，如泥水处理系统、垂直运输系统和水平运输系统等；

4）安全地通过始发段，保证地面建筑物和地下管线的安全，为后面过建筑物积累经验；

5）收集数据，积累经验，为下一步正常快速的掘进施工提供参考依据和信息。

（3）盾构试掘进各项参数的确定

为了确保安全掘进，根据地层情况和地面建筑物的情况，确定始发试掘进的参数见表 4-3。

表 4-3　试掘进阶段盾构掘进参数和指标

掘进参数	设定值	备　注
泥水仓中心压力	1.2～1.5 bar	考虑地层土体侧压系数 0.4，地面荷载 20 kN/m^2，系数取 1.1～1.3
进浆密度	1.05 g/cm^3	始发段处于淤泥质砂层、黏土层、粉细砂层、黏土＋粉细砂互层等地层中
进浆黏度	20 s	
掘进速度	0～20 mm/min	最快掘进速度为 40 mm/min，避免泥饼产生
进排泥浆流量差	与掘进速度相匹配	避免大的超挖

（4）盾构始发试掘进注意事项

盾构始发试掘进是工程的一个重点，从盾构组装到试掘进的每一步都需要精心组织，在施工过程中要特别注意以下事项。

1）始发前检查地层加固质量，确保加固土体强度和渗透性符合要求。

2）始发基座导轨必须顺直，严格控制其标高与中心轴线。

3）由于刚开始盾构还在始发台上，反力架不能产生过大的推力，还要兼顾承载洞门密封的泥水压力，始发阶段宜采用“小推力、低速度、微调向、低压力”的掘进模式。并在试掘进过程中加强观测盾构的状态，如有异常应及时停机。

4）洞门密封的安装要保证质量，特别是第 2 道密封的焊接质量和安装精度一定要保证。各管道接口要安装闸阀，便于重复加脂使用。始发前在刀头和密封装置上涂抹油脂，避免刀盘上刀头损坏洞门密封装置。在盾壳、管片通过洞门密封的阶段要加强管理，确保其密封效果。

5）在拼装第－1 环管片时，由于上半部的管片没有约束，为防止两块邻接块失稳，应采取稳妥的支撑措施，管片脱出盾尾后要及时与反力架固定，避免大的变形。

6）负环钢管片与反力架间要保证受力均匀，反力支撑要牢固可靠。

7）洞门凿除要快速，杂物要清理干净，特别是钢筋、工器具等，避免掌子面长时间暴露。

8）盾构组装完毕之后，始发台的端部与洞口围岩还有一定的距离。为保证盾构在始发时不至于因刀盘悬空而造成盾构“磕头”，可在始发洞口内安设一段型钢作为始发导轨，同时应注意，在导轨末端与洞口围岩之间，应留出刀盘的位置，以保证始发时，刀盘可以旋转。在盾壳上焊接防扭装置，防止盾构旋转，并在进入洞门密封前将其割掉。同时应加强盾构姿态的测量，如发现盾构有较大转角，可以采用刀盘正反转的措施进行调整，同时推进速度要放慢。严格控制盾构操作，调节好盾构各推进油缸的压力差，防止盾构发生旋转、上飘或磕头。

9）始发阶段泥水循环宜采用泥水模式。泥水盾构的掘进机理决定了盾构刚开始掘进时就要建压，这样才能保证泥水循环及出渣。但由于洞门密封的封闭效果并不能保持较高的水压，否则会产生漏浆，故掘进速度慢，泥水循环的流量不必要过大。试掘进阶段亦不需要建立较高的泥水压力，只要满足泥水循环即可。如果漏浆过多，可加强洞门密封注脂量，并用绵纱等织物进行封堵，另外，停机亦可降低泥水仓压力及液位，但在刀盘出加固区后必须将泥水压力加至正常值，以确保地表不沉陷。掘进时切口泥水压力一般取 1.3 倍的水位压力，停机时切口泥水压力的设定要保证气垫仓液位不上升。在盾尾全部进入洞门密封后应及时进行同步注浆，并利用洞门钢环上预留的注浆孔压注快凝化学浆液，彻底阻止洞门密封漏浆问题，以便盾构正常掘进时能保持泥水压力。

10）始发试掘进过程中要加强监测，及时分析、反馈监测数据，动态的调整掘进参数，并为后续正常快速施工提供依据。

4.4 泥水盾构使用中适应性改造

狮子洋水下隧道出口段盾构穿越的地层开始为 600 m 左右的黏土地层，后为上软下硬的地层，最后绝大部分为微风化砂岩和泥岩，石英含量特别高。以上地层特点决定了盾构应具有较强的地层适应性。同时盾构为国内厂家生产，与国外成熟的盾构制造商相比，其经验不足。鉴于此，施工现场对使用中的盾构进行了一些适应性改造。

（1）盾构刀盘冲刷系统改造

1）改造原因

通过对狮子洋隧道矿物成分试验研究，狮子洋隧道工程地质黏土成分较多较易堵仓，盾构堵仓将会在一定程度上存在，因此可能造成刀具非正常损坏及二次磨损。

根据盾构前 100 m 的掘进情况分析，施工中在刀盘中心区域及边刀区域极易堆积渣土，造成盾构“堵仓”和掘进参数异常，需频繁带压进仓进行清仓，严重制约了工程进度。考虑后续里程段微风化地层大部分为泥岩，对盾构环流系统进行地质适应性改造，以解决盾构“堵仓”问题显得很有必要。

2）改造方案

针对狮子洋隧道局部地层裂隙发育、地层黏土含量较大的问题，若采用密度高及存在大量石头的环流泥浆再次增压冲刷，冲刷效果不好，因此宜采用从进浆管分流引入新鲜浆液，采用增压泵进行冲刷的方法。

从盾构 G1 拖车进浆管分出 DN200 管作为增压冲刷泵的进浆管，冲刷装置工作主管路采用 DN150（壁厚 $\delta=7.81$ mm）直缝焊接钢管，拖车间采用 16 bar 橡胶软管。对刀盘中心刀及三角面板区域、刀盘法兰区域、34＃刀具区域、刀盘面板等采用 DN70 喷嘴进行冲刷，冲刷流速要求保证 5 m/s 左右，单根管路冲刷流速保证在 20 m/s 左右，如图 4-20 和图 4-21 所示。

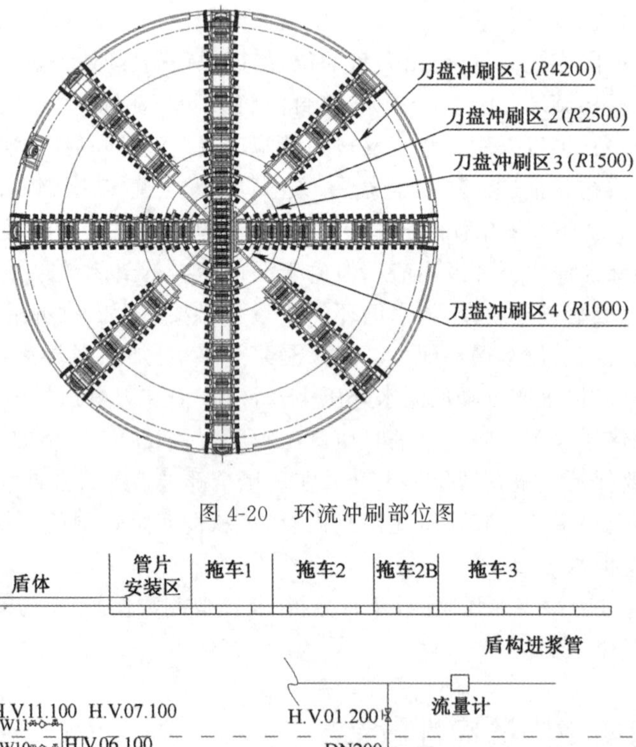

图 4-20　环流冲刷部位图

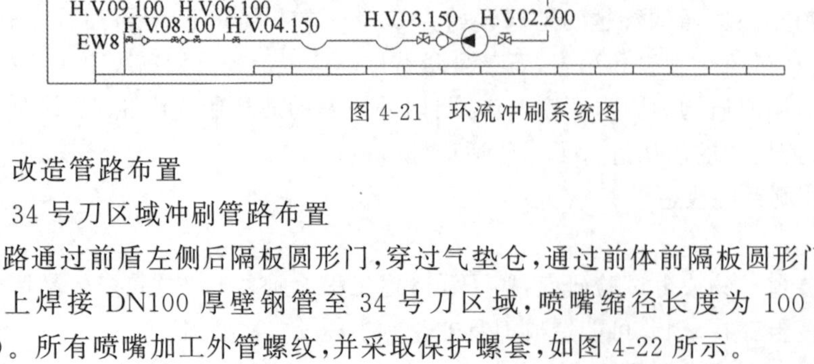

图 4-21　环流冲刷系统图

3）改造管路布置

① 34 号刀区域冲刷管路布置

管路通过前盾左侧后隔板圆形门，穿过气垫仓，通过前体前隔板圆形门，到达泥水仓，在泥水仓壁上焊接 DN100 厚壁钢管至 34 号刀区域，喷嘴缩径长度为 100 mm，直径 ϕ60 mm（EW8）。所有喷嘴加工外管螺纹，并采取保护螺套，如图 4-22 所示。

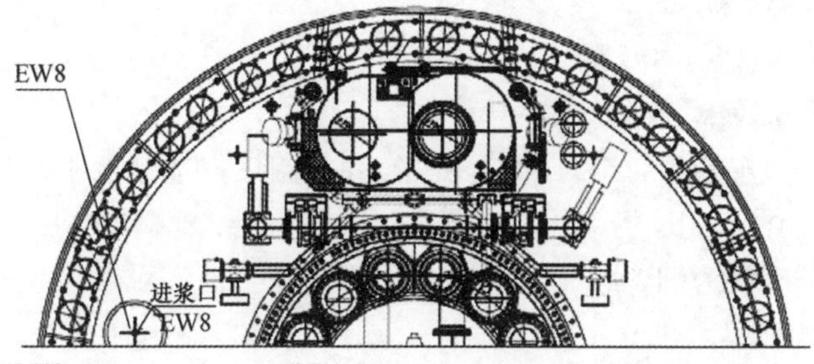

图 4-22 EW8 管路布置图

② 刀盘中心区域冲刷管路布置

管路通过主轴承中心隔板到达刀盘中心区域，前部设计 ϕ60 mm 喷嘴（EW9、EW10、EW11），冲刷刀盘两三角区域及法兰区域。其中在主轴承 R500 位置开 3 个直径 100 mm 的孔，呈 45°分布。EW10 位于顶部（定义为 0°），0°孔，冲刷刀盘内三角区域；EW9 位于－45°孔，冲刷刀盘外三角区域；EW11 位于＋45°孔，斜向冲刷刀盘外法兰区域。冲刷孔采用敷管方式并焊接 100 mm 长、ϕ60 喷嘴，所有喷嘴加工外管螺纹，并采取保护螺套，便于喷嘴的维护。管路布置如图 4-23 所示。

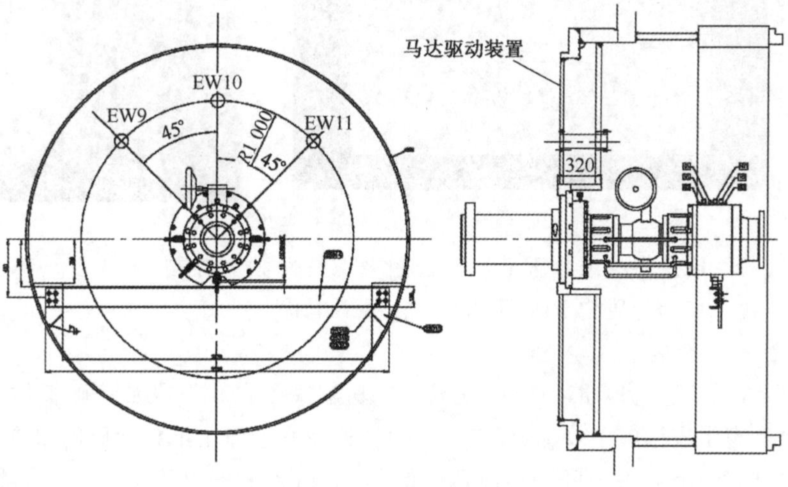

图 4-23 刀盘中心区域冲刷管路布置图

4）增压泵选型

要求流速 20 m/s，增压泵理论流速如下：

$$Q=vA=20\times\frac{3.14\times0.06^2}{4}=0.056\ 5\ \text{m}^3/\text{s}=203\ \text{m}^3/\text{h}$$

式中 Q ——增压泵流量；

v ——增压泵流速；

A ——管路直径。

增加泵功率计算如下：

$$P=\frac{P_1}{\eta_1\eta_2}=\frac{pQ}{\eta_1\eta_2}=\frac{4\times10^5}{0.68\times0.8}=46\ \text{kW}$$

式中 P——增压泵功率；

P_1——增压泵理论功率；

η_1——泵效率，取值 0.68；

η_2——机械传动效率，取值 0.8。

配置管路约 20 m，弯管约 8 个，经综合分析，并查阅厂家选型手册，拟选用 BZ100D-50 型渣浆泵，流量 $Q=240\ m^3/h$，扬程 $H=28$ m，效率 $\eta=68\%$，电机功率 $P=55$ kW，$n=980$ r/min，电机防护等级为 IP54 F 级，传动方式为直联传动。

5）冲刷控制设计

冲刷系统设计充分考虑泥浆冲刷不破坏泥膜的形成，采用变频控制，配置远程控制器，安装在盾构控制室内，便于集中控制与监控。

冲刷泵电源的接口从盾构电源柜母排引出，电源规格 380 V/50 Hz，安装 125 A 速熔保险及漏电保护器。控制电源使用 24 V 控制电源，采用继电器驱动气动阀，实现各管道独立控制及集中控制。改造后冲刷泵控制单元如图 4-24 所示。

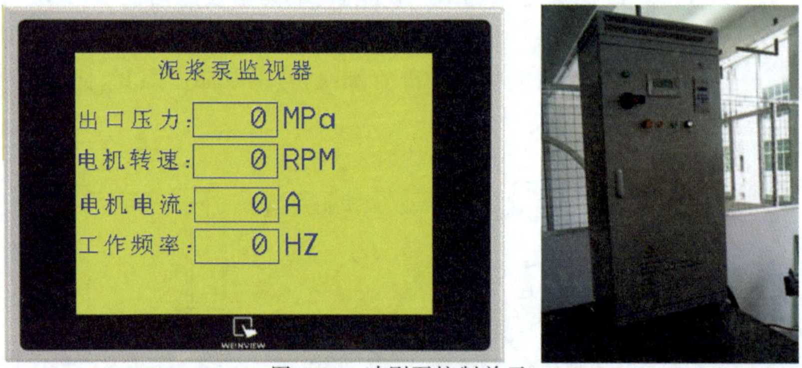

图 4-24　冲刷泵控制单元

刀盘两三角区域及刀盘法兰区域冲刷控制采取三路独立控制，采用气动球阀，电磁先导，主机室控制方式。控制与盾构 PLC 互相独立，互不干扰。

6）刀盘冲刷改造成果

对盾构环流系统进行地质适应性改造后，成功解决了在软土段及软硬不均地层段盾构堵仓问题，不仅提高了盾构施工效率，且减少了因盾构泥水仓渣土堆积造成的刀具二次磨损及刀具非正常损坏问题，开仓换刀间隔由改造前的每 50 m 左右提升到 70 m 左右，降低了刀具消耗，有效节约了工程成本。

经过软岩、软硬不均地层及硬岩三阶段的使用，效果良好。

(2) 刀具地层适应性改造

对于狮子洋隧道弱风化地层，盾构刀具正常磨损状况下，边刀一般只能掘进 25 环左右，高位正滚刀为 25～50 环，中位正滚刀为 50～90 环，低位正滚刀为 90～130 环，中心刀在 150 环左右。从掘进报告时间统计看，刀具更换时间占总时间比例为 28%～30%。

通过系统分析与总结，狮子洋隧道盾构掘进刀具损坏的主要原因与改过措施见表 4-4。

结合硬岩施工的特点本工程盾构施工所使用刀盘虽为面板式，但从掘进报告时间统计看，刀具更换时间占总时间比例为 28%～30%，严重影响施工效率。为了提高掘进效率，参照类似盾构刀盘特点，根据本工程绝大多数里程段处于微风化地层和刀盘现况，认为边刀部位存在以下三个设计缺陷。

表 4-4 滚刀具损坏主要原因与改进措施

序号	主要问题	原因分析	改进措施
1	滚刀偏磨	1. 所掘进段地质为典型上软下硬复杂地层，渣土细颗粒多，在和泥浆混合后，较黏； 2. 刀盘冲刷不及时，也是造成刀具偏磨的一个重要原因； 3. 边滚刀斜置，且刀孔较深，在排渣不畅的情况下也易堵塞刀孔； 4. 通过多次检查发现，刀盘及刀孔堵塞造成排渣不顺是滚刀具弦磨的主要原因，由于刀孔堵塞，造成刀具不能转动，从而使刀具弦磨； 5. 刀具本身设计存在缺陷：滚刀具没有设计防尘密封，只有迷宫密封。刀具在使用过程中，渣土极易进入到体内，使轴承损坏，从而导致刀具弦磨	1. 泥浆中加入泡沫剂、离散剂，来改善渣土； 2. 加强刀盘冲刷，防止刀盘结泥和刀孔堵塞； 3. 选择合适的掘进参数，避免盲目提高刀具贯入度，造成刀具异常损坏； 4. 刀具配置合理选型； 5. 规范刀具维修流程，根据地质情况调整刀具启动扭矩； 6. 加大刀具的检查频率，及时更换损坏刀具，避免“中心刀及边刀效应”的发生
2	刀体超量磨损	刀具更换不及时、不彻底	加强刀具检查力度，兼顾工程进度，合理及时更换
3	刀具轴承散架	1. 盾构过复杂地层时，换上新刀具，推力过大，刀具贯入度过大，造成个别刀具过载，导致轴承损坏； 2. 刀盘异物，刀具局部承受冲击	1. 刀具更换必须考虑一定范围的过渡刀，原则上相邻轨迹刀具，高差小于 8 mm； 2. 确认有异物必须开仓取出
4	刀圈断裂	1. 掘进地层为上软下硬地层，刀具承受的冲击载荷过大； 2. 刀盘异物，导致刀具局部过载，刀圈断裂； 3. 边滚刀圆弧区承受应力过于集中； 4. 刀圈在刀体间的过盈量大时，受刀面易断裂	1. 换刀应避免工具及刀具装配零部件遗落仓内。如有掉落，应从仓内取出。 2. 选择合适的掘进参数，刀盘转速不应太高
5	刀圈卷刃	1. 某些品牌标准刀圈材质存在缺陷。根据华南有色金属工业质量监督检验中心的检测结果来看，刀圈的硬度较低，S、P 含量较高。 2. 刀具承受异物，造成刀圈局部损坏，而卷刃	采用耐磨性较高、硬度较高、综合力学性能好的刀圈
6	边缘刮刀和切刀磨损严重	1. 仓内渣土流动性不好，刀盘易结泥饼，排渣不畅。 2. 边滚刀弦磨或超量磨损	1. 改善渣土的流动性； 2. 刮刀更换，必须同时更换边滚刀； 3. 刮刀更换必须一起更换，保证刮刀综合良好受力

第一，刀具轨迹圆弧过渡不圆滑，造成刀具刀刃侧向力受力不均匀，该问题难以解决；第二，边刀轨迹间距大，刀刃数量少(边滚刀仅 4 个轨迹，5 把刀具)造成边刀磨损快，仅 25 环则必须更换边滚刀；第三，边刀部位滚刀高出刮刀距离较小，安装新刀时，该间距仅为 19～22 mm，根据广深港工程地质情况，大多数地层岩体强度在 40～50 MPa，滚刀切岩较深，在滚刀磨损后，刮刀将参与破岩。

从实际施工中发现，原设计的刀盘周边滚刀极易磨损，且发生了大量的偏磨现象，首先试验将周边单刃滚刀更换为双刃滚刀，以加密滚刀轨迹降低每个刀具破岩量，减少换刀频率，且滚刀与刮刀的高差不能改变。

但是改造后现场使用发现双刃滚刀在掘进仅 10 环(20 m)后刀圈基本断裂，主要原因是当时所掘进地层岩体抗压强度应在 70 MPa 以上，双刃滚刀承受了较大的正面推力，且受力为偏心荷载，不利于双刃滚刀的破岩。

鉴于此，刀具的适应性改造主要包括以下三个方面：

其一，改变刀轴楔形安装尺寸，提高滚刀与刮刀的高度差，增加量为 10 mm，这样即使最外沿边滚刀理论磨损极限也可以达到 20 mm（以前 11 mm）左右。从而达到增加刮刀和切刀的使用周期，延长边刀使用寿命的目的。根据现场单刃滚刀使用情况，边滚刀换刀长度可以达到 45 环左右，达到掘进距离增长 1 倍以上，提高使用寿命达 180%。

其二，增加边滚刀的轨迹。通过合理布置刀具，使刀盘包络线为平滑曲线。对于现有刀盘，增加刀孔数量已经不太现实，只能考虑在单刃滚刀位置上安装双刃滚刀。

其三，根据几个刀具厂家应用比选，选择加有稀土元素的刀圈，一定意义上降低了刀具消耗，减少了刀具更换频率。

改造后边刀轨迹的变化如图 4-25 和图 4-26 所示。

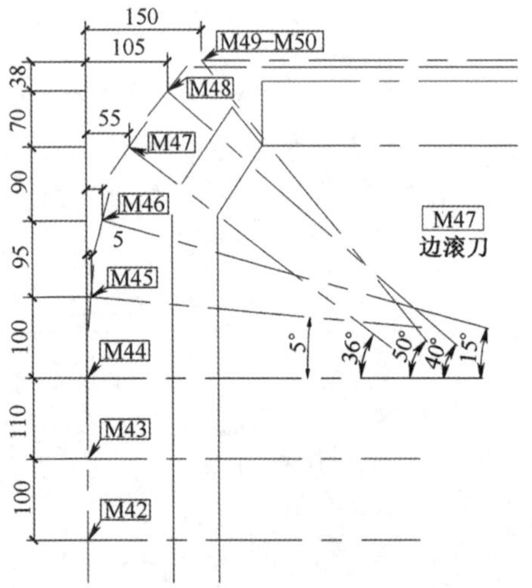

图 4-25　改造前边滚刀轨迹间距（单位：cm）

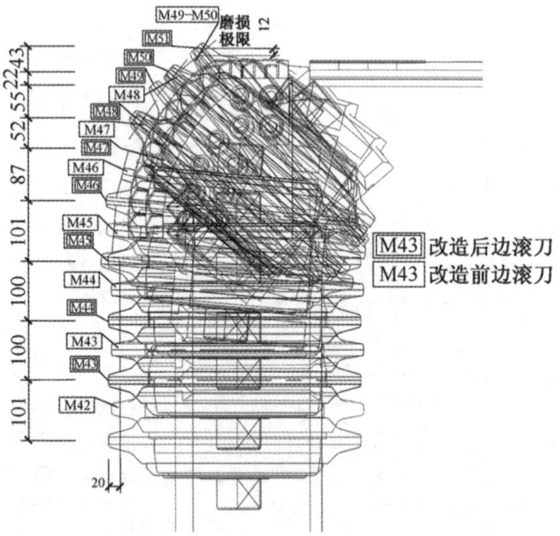

图 4-26　改造后边轨迹间距（单位：mm）

刀盘改造前后相应参数变化见表 4-5。

表 4-5　改造后刀盘相应参数的变化

项目	开挖直径	边刀轨迹数量	正滚刀轨迹数量	轨迹单刀刃数量	轨迹双刀刃数量	边滚刀与刮刀高差	边刀磨损极限	正滚刀磨损极限
改造前	11.182	4	45	45+3（边滚刀）	1（M49 滚刀）	19～22 mm	11 mm	15 mm
改造后	11.205	6	45	45+3（边滚刀）	3	30～33 mm	23 mm	20 mm

总之，对于软硬不均地层，由于滚刀偏磨是主要问题，可以适当调整滚刀自身启动力矩并采用球齿滚刀，可以进行良好掘进；对于砂岩、砂砾岩等抗压强度较高的纯硬岩掘进，应选择高硬度、综合力学性能较好的刀具，满足快速盾构掘进需要。

（3）冷却散热系统的改造

管片安装机在运行过程中液压系统发热量高。由于温度高，管片安装机经常停机，严重制约管片安装，影响盾构掘进。经系统热平衡计算，发现管片起重机设计冷却器冷却能力严重不足。为此，按照液压系统原理，施工现场在管片安装机上增加 100 L/min 回油冷却器一台，并与原有旁路冷却器共同冷却以解决该问题。

同时，在掘进过程中，水冷空压机等设备经常由于冷却问题引发故障。经与国内散热器厂家交流，在原有散热器处并联一台 BRH036-36 型板式散热器共同散热，实施后效果良好，空压机工作正常率明显提高。

盾构变频柜为风冷，其在运行过程中不能及时交换热量。施工现场采用 9 件德国百能堡 PF5000 电气柜排风扇进行强制制冷，效果良好。其他变频柜及电源柜亦进行了相应改造。

(4) 盾构通信设备改造

盾构原采用电缆通信，在盾构远程控制过程中，泥浆泵总是存在控制数据掉包的现象，造成停机。后全部更换为光纤以太网通信，改善效果明显。

(5) 刀盘外圈梁耐磨修复改造

由于盾构直径大，刀盘外圈扭矩大，对于泥水仓底部不可避免的积渣，将会引起刀盘外圈梁及切口环的急剧磨损(图 4-27)，鉴于此，刀盘外圈梁耐磨设计采用迷宫耐磨设计和镶嵌硬质合金(图 4-28)技术，以有效防护刀盘主要结构。

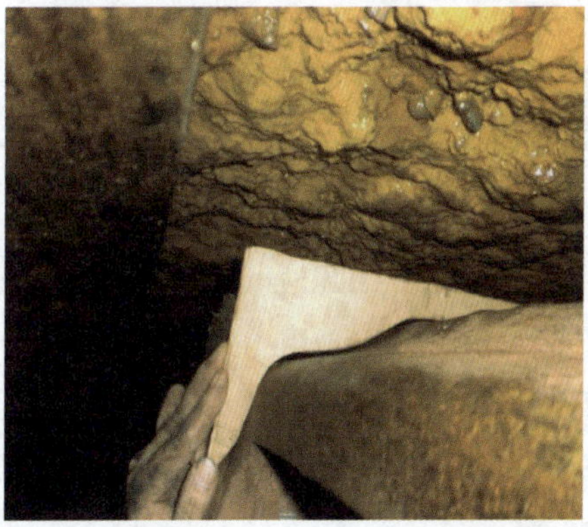

图 4-27 外圈梁及切口环剧烈磨损现场图片

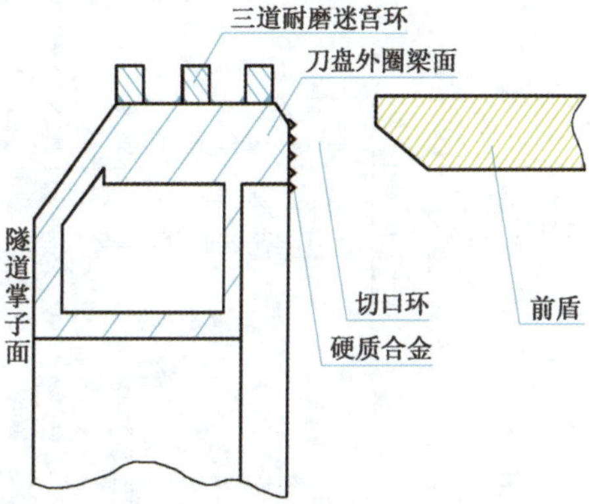

图 4-28 耐磨设计和镶嵌硬质合金示意图

根据实际，采用 HADOX400 钢板进行切口环修复，并增加外圈梁保护刀长度，保护刀盘外圈梁。

(6) 盾尾刷修复及改造

在盾构施工至左线 759 环、右线 609 环时，存在盾尾漏浆现象。为了保证盾构顺利掘进，防止突水突泥事故，并避免盾尾突水突泥污染隧道，在管片背后堵水密封后，进行了盾尾刷的紧急修复。检查发现紧急密封已经损坏，于是在紧急密封位置增加了一道尾刷(图 4-29)，改造后盾尾不再漏浆，效果明显。

(7) 环流管件耐磨改造

由于本工程地层岩体中石英含量高，泥水环流系统管道磨损严重。施工前对环流系统弯管均要求采取高铬合金铸造加工。取消拖车之间缓冲软管连接，均采用钢管连接。只是在 G1 拖车部集中采取 DN400 软管缓冲，以减少缓冲连接更换频率。对于泥浆弯头及喇叭管内侧均采用 8+6 双层板块状焊接，防止管路基材磨损，以延长使用寿命。

(8) 取消扩挖刀及检测刀

根据现场使用情况，扩挖刀及检测切刀几乎不能发挥作用，因此取消其在旋转接头中的通道，采用加厚直管连接，扩挖刀及检测刀油道采用液压堵头封堵，从而减少了旋转接头因磨损而漏浆现象，改造前后如图 4-30 所示。

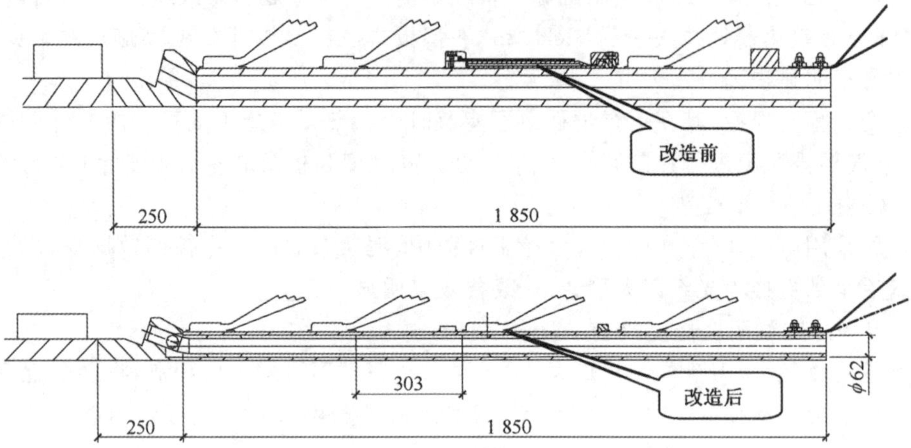

图 4-29 盾尾密封改造前后示意图(单位:mm)

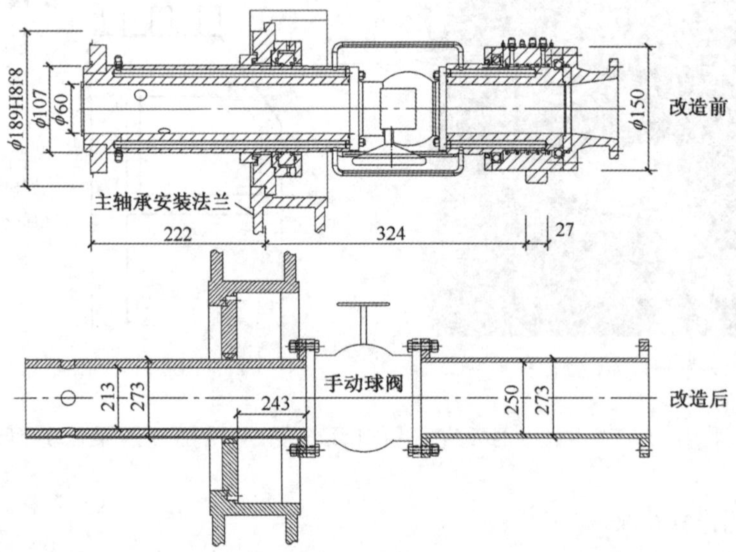

图 4-30 中心旋转接头改造前后示意图(单位:mm)

(9) 同步注浆管路改造

根据已有的使用经验,盾构上的单液注浆系统并不能保证在高水压情况注浆的密实性,可靠性等。为保证工程百年大计的质量要求,在盾构上重新布置一套双液注浆泵,进行双液浆同步注浆技术,以防止管片背部渗水的延续性,减少浆液流失,管片上浮、错台及漏水。

(10) 泥水设备改造

由于隧道大部分里程段为泥质粉砂岩,地层中黏粉粒含量高,而原有设备分离不出 45 μm 以下的颗粒,造成泥水密度上升很快,外排废浆量大,既增加了施工成本又制约工程进展。需要对原有漩流器进行技术改造。

二级漩流采用 3 支 DN250 漩流器处理,细微颗粒分离能力只能达到 45 μm 左右。改造后采用 10 支 DN100 漩流器进行处理,并调整筛板尺寸和振动电机激振力。更换后的漩流器,处理能力较理想。经过对二次漩流后的浆液做颗粒级配分析,20 μm 以下细微颗粒占 78%左右。根据密度测量,二级漩流器改造后处理的浆液比改造前密度下降 0.02 t/m^3,每环一机组多分离细微颗粒 7 m^3 左右,每环少弃浆液 200 m^3。

4.5 本章小结

本章重点介绍了泥水盾构的现场组装及调试工作,包括盾构各部件下井的次序、组装调试所需要的设备与组装调试方案、组装调试过程中的质量及安全控制等。还介绍了大直径泥水盾构的始发技术,包括始发流程、盾构始发的各种辅助设施设计加工与安装、盾构试掘进技术参数及要点。最后介绍的是盾构使用过程中的适应性改造。由于地质条件或现场情况的不可预测性,盾构在掘进过程中会遇到各种各样的问题,需要针对本工程水文地质特点,对盾构进行适应性技术改造。主要包括:刀盘刀具的改造,通信系统和泥水处理系统的改造等。本章的主要结论有:

(1) 盾构集机械、电气、液压系统于一体,是隧道施工设备工厂化式的集合,组装时除要求参加组装的所有人员对泥水盾构本身有充分的了解外,还需要注意防护,防止碰撞和污物进入机件内。

(2) 井上卸车和井下组装时,都要认真细致地遵照标识做好工作,按图按说明组装,为下一步的调试作好准备。

(3) 大件起吊作业时要防止与井壁碰撞,注意起重机的稳定与最大起吊重量。

(4) 盾构内部元件繁多,管线连接复杂,因此在盾构组装过程中应进一步了解盾构内部构造、元件的空间位置与管线连接等,以有利于以后的掘进、维修保养、处理突发故障等工作。

(5) 盾构的调试是为了保证组装的质量和准确度,可以为使用时对盾构进行有针对性的改造奠定良好的基础。

(6) 针对不同的工程,盾构的实用性改造是必不可少的。

5 水下盾构隧道结构力学特征分析

随着我国经济快速发展，土地资源日益紧缺，以及高速铁路线路标准的提高和高频发车的影响，跨江越海隧道建设将越来越多，如何建设好水下隧道，首先必须解决好隧道结构问题。

在国外采用盾构法修建隧道有近 190 年的历史，至今已修建了大量的盾构隧道。隧道直径有大有小，穿越各种地层，现在盾构法已成为修建隧道的一种主要施工方法，并在隧道建设中得到广泛应用。在国内自 20 世纪 50 年代开始采用盾构法修建小型隧道试验开始，几十年来修建了大量的盾构隧道，其直径 2.5～15 m 不等，涉及到交通、水利、市政、油气等多个行业，技术逐步完善，工法逐渐成熟。

作为盾构隧道衬砌(支护)的管片是隧道唯一的永久结构承载或主要承载结构，直接关系到结构的使用功能、安全性和耐久性，而且在整个工程造价中占有较大的比例(一般达到 35%左右)，与工程的经济性也有很大的关系，现阶段国内已经有了大量工程实践经验，在此基础上，有必要对其受力形态和相关的计算方法进行一个全面的评述和思考。

狮子洋水下隧道的设计、施工条件可谓前所未有，特别是工程处在伶仃洋环境下的珠江入海处，隧道位置又处在深度较大的水下，且地下水具有一定的海水性质，地质条件为非均质地层。根据上述设计条件，要求隧道的衬砌结构在满足强度要求外，还要确保管片衬砌能承受高水压的作用。即要使管片本体能经受高水压的抗渗、抗漏外，还要保证管片与管片之间、衬砌环与衬砌环之间的接头和接缝的密封性。

5.1 管片结构设计基本方法

目前国内外盾构管片结构计算常用两种模型：荷载—结构模型和地层—结构模型(图 5-1 和图 5-2)，荷载—结构模型在国内外是最常用的方法。

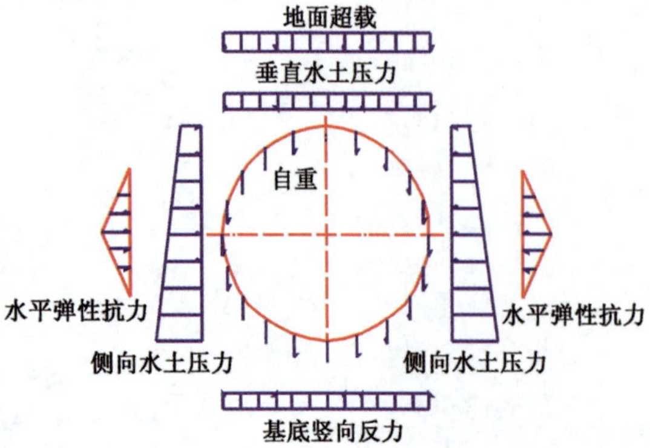

图 5-1 荷载—结构模型

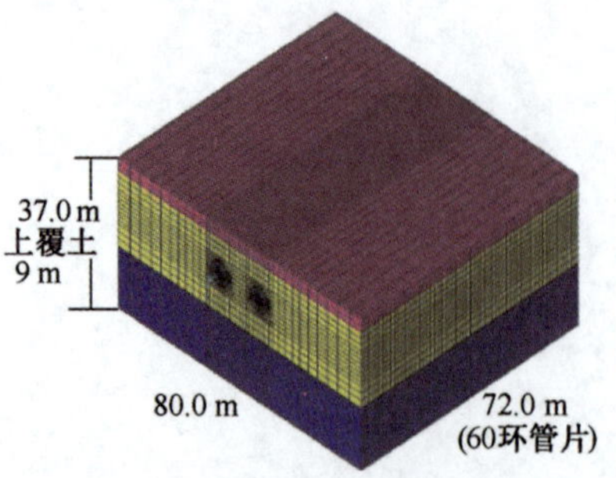

图 5-2 地层—结构模型

国内外由于对荷载和管片与地层相互作用的不同拟合方式和对管片接头采用不同的计算模型,形成了多种计算方法见表 5-1。

表 5-1 国内外盾构隧道管片设计方法简况

计算方法		地层拟合	管片拟合	接头的处理	计算手段
地层—结构模型	二维	将土层或注浆材料模拟为平面材料,离散为三角形或四边形单元,有时将浆材模拟为接触面单元	直梁单元或曲梁单元	接头可以不考虑或拟合为接头单元或拟合为接触面单元	通过程序进行有限元分析
	三维	将地层按三维实体单元模拟(可以考虑线性或非线性),管片按三维实体单元模拟或壳单元模拟,建立模拟盾构隧道衬砌施工全过程的有限元分析模型			
荷载—结构模型	修正惯用设计法	地层抗力按三角形荷载考虑	简化为匀质圆环	考虑接头存在对圆环进行刚度折减,或考虑拼装方式引入弯矩传递系数	解析法
	梁—弹簧模型法	地层抗力按全周弹簧或局部弹簧进行模拟	直梁单元或曲梁单元	拟合为能够承受轴力、剪力和弯矩的线弹性铰单元	通过程序进行平面有限元分析
	多铰环法	地层抗力按全周弹簧或局部弹簧进行模拟	直梁单元或曲梁单元	拟合为能够承受轴力、剪力的铰单元	
	梁—接头不连续模型	地层抗力按全周弹簧或局部弹簧进行模拟	直梁单元或曲梁单元	径向接头拟合为梁—接头不连续单元;环向接头拟合为传递剪力的接头单元	
	壳—弹簧模型	地层抗力按全周径向、切向弹簧或局部径向、切向弹簧进行模拟	矩形壳单元	径向接头拟合为梁—接头不连续单元;环向接头拟合为传递剪力的接头单元	通过程序进行三维有限元分析
	三维块体模型	地层抗力按全周径向、切向弹簧或局部径向、切向弹簧进行模拟	按三维实体单元模拟	接触面单元	

对于上述的多种计算方法,地层—结构模型因为地层参数取值困难且计算建模的工作量较大,实际应用远不如荷载—结构模型广泛,因此这里主要针对荷载—结构模型进行论述。

5.1.1 荷载—结构模型

在盾构隧道中管片作为一个多接头的预制拼装混凝土构件(极少数为钢构件或铸铁构件),如图 5-3 所示,这是其施工工艺和结构受力的一个最主要特征。其结构形式不同于常见的矿山法或明挖法施工的隧道,结构既不是均质体,也不是连续体,这就造成计算模型和方法的复杂化。具体说来,管片衬砌环的分块不同、接头构造的不同、环与环间接头分布的不同都对结构的受力和变形产生不同的影响,因此实际分析中对管片接头的不同拟合方式就形成多种不同的计算方

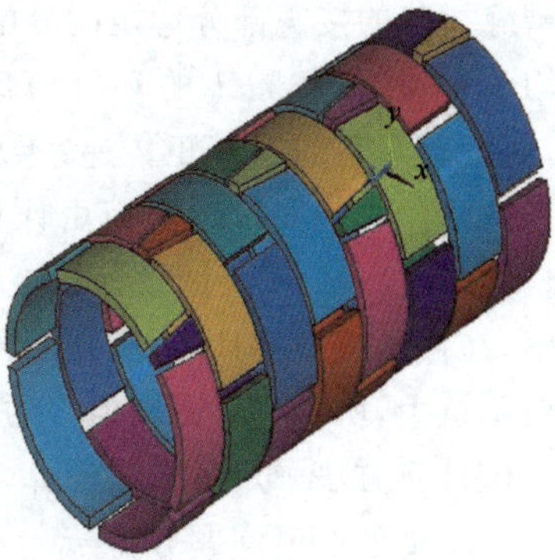

图 5-3 管片衬砌环

法，目前国外的使用情况见表 5-2。

表 5-2　荷载一结构法在国外的使用简况

国名	计算方法	地层与结构间相互作用
澳大利亚	弹性地基圆环法	按全周弹簧考虑
奥地利	弹性地基圆环法	按全周弹簧考虑
比利时	Schulze－Duddeck 法	按 Schulze－Duddeck 法考虑
德国	弹性地基圆环法（双环梁弹簧模型法）	地层与结构间相互作用考虑隧道埋深的影响： 覆土小于 2 倍隧道直径时：按部分弹簧考虑； 覆土大于 2 倍隧道直径时：按全周弹簧考虑；
法国	弹性地基圆环法	按全周弹簧考虑
英国	弹性地基圆环法	按 Moir Wood 法进行分析
美国	弹性地基圆环法	按全周弹簧考虑
日本	修正惯用设计法	按假定三角形假定抗力进行考虑

（1）修正惯用设计法

1）方法简介

这种方法由惯用设计法发展而来，惯用设计法于 1960 年在日本提出并得到了广泛的应用，其假设管片环是弯曲刚度均匀的环，不考虑管片接头部分的弯曲刚度下降，管片环和管片主截面刚度不变，且弯曲刚度均匀。其荷载如图 5-4 所示。

工程实践中为考虑管片接头存在造成的刚度下降和评价错缝拼装效应，通过对带有螺栓接头的管片环进行多次试验研究后，对惯用法进行修正，引入了刚度折减系数 η（$\eta \leqslant 1$）和弯矩传递系数 ζ 两个参数，因此称为修正惯用法，而惯用法就成为修正惯用法的一个特例（$\eta=1, \zeta=0$）。

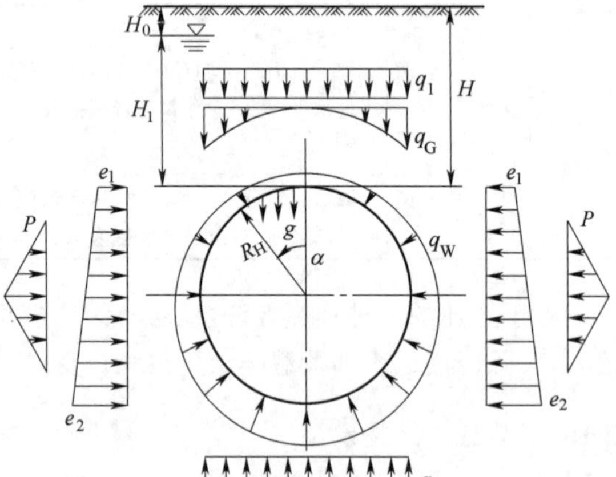

图 5-4　修正惯用法计算模型

修正惯用法是假设将接头部分弯曲刚度的下降评价为环整体弯曲刚度的下降，管片环弯曲刚度由 EI 调整为 ηEI。同时考虑到错缝拼装的接头部分弯矩的分配，在从具有均匀弯曲刚度 ηEI 的环计算截面内力中，对计算弯矩通过弯矩传递系数 ζ（$\zeta \leqslant 1$）进行调整。主截面设计弯矩由计算弯矩 M 调整为 $(1+\zeta)M$，接头的设计弯矩调整为 $(1-\zeta)M$。围岩条件不好时，即便改变弯曲刚度的有效率，在截面内力的计算上，差异并不大。而围岩条件较好时，由于会产生伴随环变形而产生的地层抗力，所以 η 对截面内力的影响较大。计算模型如图 5-5 所示。

该计算方法采用解析法计算，具体见表 5-3。

2）η、ζ 的取值问题分析

修正惯用设计法因为概念比较简单清晰，计算方式简单，计算结果常偏于保守，因此国内

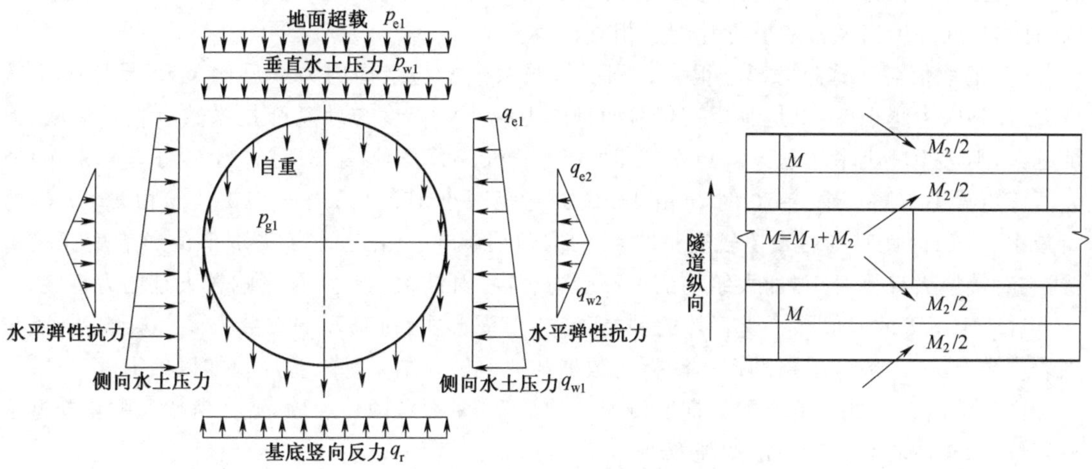

图 5-5　日本修正惯用设计法计算模型

表 5-3　修正惯用设计法解析计算方法汇总表

荷载	弯　度	轴　力	剪　力
垂直荷载 $(p_{e1}+p_{w1})$	$m=\frac{1}{4}(1-2\sin^2\theta)(p_{e1}+p_{w1})R_c^2$	$n=(p_{e1}+p_{w1})R_c\cdot\sin^2\theta$	$Q=-(p_{e1}+p_{w1})R_c\cdot\sin\theta\cdot\cos\theta$
水平荷载 $q_{e1}+q_{w1}$	$m=\frac{1}{4}(1-2\cos^2\theta)(q_{e1}+q_{w1})R_c^2$	$N=(q_{e1}+q_{w1})R_c\cdot\cos^2\theta$	$Q=-(q_{el}+q_{w1})Rc\cdot\sin\theta\cdot\cos\theta$
水平三角形荷载 $(q_{e2}+q_{w2}-q_{e1}-q_{w1})$	$M=\frac{1}{48}(6-3\cos\theta-12\cos^2\theta+4\cos^3\theta)(q_{e2}+q_{w2}-q_{e1}-q_{w1})R_c^2$	$N=\frac{1}{16}(\cos\theta+8\cos^2\theta)(q_{e2}+q_{w2}-q_{e1}-q_{w1})R_c$	$Q=\frac{1}{16}(\sin\theta+8\sin\theta-4\sin\theta\cdot\cos^2\theta)(q_{e2}+_{w2}-q_{w2})R_c$
地基抗力 $(q_r=k\cdot\delta)$	当 $0\leqslant\theta<\frac{\pi}{4}$时， $M=(0.234\ 6-0.353\ 6\cos\theta)R_{\frac{2}{c}}$； 当$\frac{\pi}{4}\leqslant\theta\leqslant\frac{\pi}{2}$时， $M=(-0.348\ 7+0.5\sin^2\theta+0.235\ 7\cos^3\theta k\cdot\delta\cdot R_{\frac{2}{c}}$	$0\leqslant 0<\frac{\pi}{4}$时， $N=(-0.707\ 1\cos\theta)+\cos^2\theta+0.707\ 1\sin^2\theta\cdot\cos\theta)k\cdot\delta\cdot R_c$	当 $0\leqslant 0<\frac{\pi}{4}$时， $Q=0.353\ 6\sin\theta\cdot k\cdot\delta\cdot R_c$； 当$\frac{\pi}{4}\leqslant\theta<\frac{\pi}{2}$时， $Q=(\sin\theta\cdot\cos\theta-0.707\ 1\cos^2\theta)k\cdot\delta\cdot R_c$
自重 $P_{g1}=\pi\cdot g1$	当 $0\leqslant\theta\leqslant\frac{\pi}{2}$时， $M=\left(\frac{3}{8}\pi-\theta\cdot\sin\theta-\frac{5}{6}\cos\theta\right)g\cdot R_c^2$； 当$\frac{\pi}{2}\leqslant\theta\leqslant\pi$时， $M=\left[-\frac{1}{8}\pi+(\pi-\theta)\sin\theta-\frac{5}{6}\cos\theta-\frac{1}{2}\pi\cdot\sin^2\theta\right]g\cdot R_c^2$	当 $0\leqslant\theta<\frac{\pi}{2}$时， $N=\left(\theta\cdot\sin\theta-\frac{1}{6}\cos\theta\right)g\cdot R_c^2$； 当$\frac{\pi}{2}\leqslant\theta\leqslant\pi$时， $N=\left(-\pi\cdot\sin\theta+\theta\cdot\sin\theta+\pi\cdot\sin^2\theta-\frac{1}{6}\cos\theta\right)g\cdot R$	当 $0\leqslant\theta\leqslant\frac{\pi}{2}$时， $Q=\left(\theta\cdot\sin\theta+\frac{1}{6}\sin\theta\right)g\cdot R_c$； 当$\frac{\pi}{2}\leqslant\theta<\pi$时， $Q=\left[(\pi-\theta)\cos\theta-\pi\cdot\sin\theta\cdot\cos\theta-\frac{1}{6}\sin\theta\right]g\cdot R_c$
管片环的水平直径点的水平方向变位(δ)	不考虑衬砌自重引起的地基抗力：$\delta=\frac{[2(p_{e1}+p_{w1})-(q_{e1}+q_{w1})-(q_{e1}+q_{w2})]R_c^4}{24(\eta\cdot EI+0.045\ 4k\cdot R_c^4)}$； 考虑了衬砌自重引起的地基抗力：$\delta=\frac{[2(p_{e1}+p_{w1})-(q_{e1}+q_{w1})-(q_{e2}+q_{w2})\pi g]R_c^4}{24(\eta\cdot EI+0.045\ 4k\cdot R_c^4)}$ (EI 为单位宽度的弯曲刚度)		

盾构隧道经常采用此方法进行计算或按此方法对计算进行复核，但是由于涉及到几个参数的取值问题，处理不当经常造成管片配筋相对较大。

η、ζ的取值对计算内力影响很大。刚度折减系数η与结构内力成反比关系，即刚度折减越大，计算内力越小(主要是弯矩变化)，而且内力减小的幅度与地基弹抗系数有直接关联，弹抗越大，则弯矩减小率就越大。当$k=5$时，η由$1\to0.6$，弯矩减小6.5%；当$k=10$时，η由$1\to0.6$，弯矩减小11%；当$k=20$时，η由$1\to0.6$，弯矩减小15.6%；当$k=50$时，η由$1\to0.6$，弯矩减小20%；因此对围岩岩体较完整时，η的取值要慎重。相对而言，ζ取值的影响就比较直接，它直接增大计算弯矩，加大结构的偏心受力程度，对结构钢筋用量影响较大且更为直接。

客观上η、ζ的取值除了受管片的种类、管片接头形式、衬砌环的拼装方式等影响外，还与围岩参数有关，一般应根据勘探中测得的数据和地面试验结果等结合经验加以确定。

由于国内相关试验资料和长期监测资料的缺乏，多参考国外经验，或参考梁－弹簧模型法进行修正，总体看来具有一定的随意性。

根据日本相关试验研究，刚度折减系数η和弯矩传递系数ζ两个参数是互相关联的。据推算η接近1时，则ζ就为0；η变为零时，则ζ就接近1。即接头的弯曲刚度和主截面的一样时，就没有弯矩传递给邻近的管片，两者近似具有一种模糊的概念关系：$\eta+\zeta\approx1$。根据地面上错缝拼装的管片荷载试验的结果大体是$\eta=0.8\sim0.6$，$\zeta=0.3\sim0.5$。但对于隧道中的管片环，一般结构轴力大于地面上加载试验时的轴力，所以一般有η比试验值偏大、ζ比试验值偏小的趋势。加之荷载的设定上也遗留一些不确定的因素，设$\eta=1$、$\zeta=0$进行设计计算的实际事例较多。日本《盾构工程用标准管片》(1990年版)规定，平板形管片一般取$\eta=1$、$\zeta=0$进行计算，作为参考举出了$\eta=0.8$，$\zeta=0.3$的处理方法。

在国内工程实践中，对于通缝拼装的管片，一般采用$\eta=1$、$\zeta=0$进行计算(相当于上海的自由变形圆环法)；对于错缝拼装的管片(基本全部是平板型管片)，很少按日本《盾构工程用标准管片》(1990年版)规定取$\eta=1$、$\zeta=0$进行计算，多考虑刚度折减和弯矩传递，多采用$\eta=0.8\sim07$，$\zeta=0.2\sim0.3$进行结构计算分析。

对比国内外管片的钢筋用量，一般相似条件下国内的钢筋用量相对国外高出20%～35%，除了国内钢筋等级较低外，与η、ζ的取值也不无关系。

3) 地基弹抗系数和侧压力系数的取值问题分析

地基抗力系数和侧压力系数越大，计算内力越小，在工程实践中必须充分考虑地基条件和隧道的用途之后，慎重地进行确定，避免出现配筋不足、结构不安全的情况发生，但也应当从经济与环保上考虑，不能过于保守。

国内工程设计一般采用工程勘察报告侧向土压力系数来进行结构分析，但实践中不同地区、不同勘察单位对地层的地基弹性抗力系数和侧压力系数很不一致，而两者的计算取值对内力计算结果具有极大影响。因此在数据采用中应结合区域经验进行的判定。一般来说，土的标贯击数能够直接的反映土的工程特征，而且数据误差和人的主观误差相对较少，可作为判据。日本盾构隧道设计施工规程中也提出一个经验表，具体见表5-4。

4) 管片接头计算结果偏大问题分析

按照修正惯用法进行结构计算，管片接头虽然考虑一定的弯矩折减[按$(1-\zeta)M$]，但其计算弯矩远远大于梁－弹簧模型法或梁－接头不连续模型法计算的弯矩，如果螺栓按计算受力配置，常要求螺栓级别很高。但按照其他方法计算，螺栓配置一般不会受计算内力控制。根据实际的螺栓应力测试结果，螺栓的实际受力和加载拼装时加载与二次复紧所加应力关系较

表 5-4 日本盾构设计规程中侧压力系数取值经验表

水土压力计算	土的种类	λ	$k(kN/m^3)$	N 值大致范围
水土分算	密实砂性土	0.35～0.45	30～50	30<N
	中密砂性土	0.45～0.55	10～30	15<N≤30
	松散、稍密砂性土	0.50～0.60	0～10	N≤15
	固结黏性土	0.35～0.45	30～50	25≤N
	坚硬、硬塑黏性土	0.45～0.55	10～30	8≤N<25
	可塑黏性土	0.50～0.65	0～10	4≤N<8
水土合算	可塑黏性土	0.55～0.65	5～10	4≤N<8
	软塑黏性土	0.65～0.75	0～5	2≤N<4
	流塑黏性土	0.70～0.85	0	N<2

注：λ 为侧向土压力系数；k 为地基抗力系数；N 为标贯击数。

大，因此建议螺栓按接头防水、防注浆压力下管片内凸等要求，结合梁—弹簧模型法或梁一接头不连续模型法计算结果来进行配置。

(2) 梁—弹簧模型法

1) 方法简介

将管片简化为曲梁(圆弧梁)或直梁，管片间的纵向接头按能够承受弯矩并传递剪力和轴力的旋转弹簧模拟，旋转刚度 K_θ 宜根据试验确定，并考虑偏心率的影响。管片环间接头考虑错缝拼装的影响，按剪切弹簧模拟，其剪切刚度 K_s 考虑接头构造、缓冲垫的参数等宜根据试验确定。

地层抗力考虑隧道围岩情况、隧道直径、埋深、荷载计算方法等因素采用局部弹簧模型或全周弹簧模型来拟合，拟合中一般径向按弹簧模拟，不考虑切向弹簧的影响。实际计算可取两环或多环管片利用电算程序进行分析。其计算简图如图 5-6 所示。

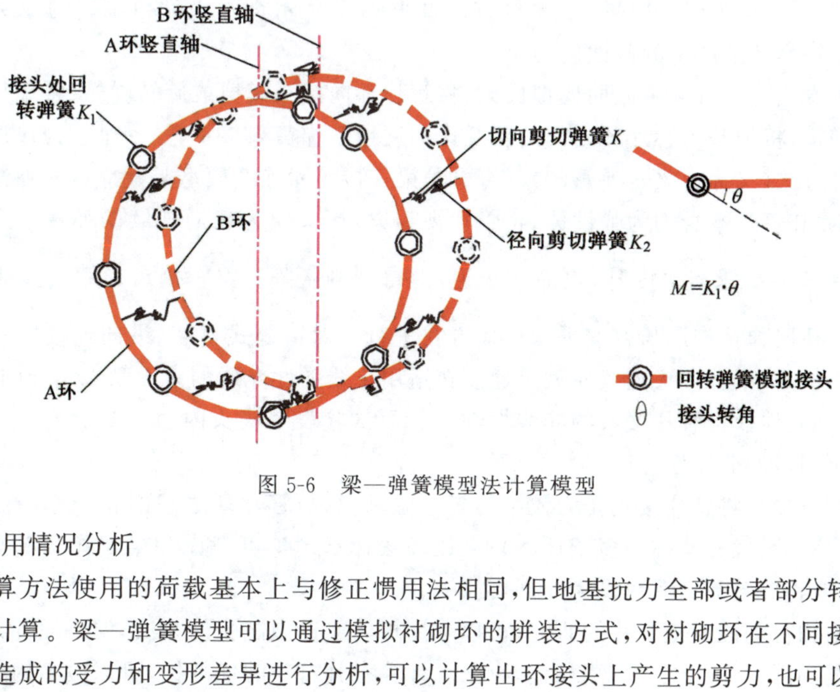

图 5-6 梁—弹簧模型法计算模型

2) 应用情况分析

该计算方法使用的荷载基本上与修正惯用法相同，但地基抗力全部或者部分转换成地基弹簧进行计算。梁—弹簧模型可以通过模拟衬砌环的拼装方式，对衬砌环在不同接头的位置进行拼装造成的受力和变形差异进行分析，可以计算出环接头上产生的剪力，也可以分析不同衬砌环间的变形差异。与修正惯用法相比，更符合管片的实际受力情况，地基弹性抗力的拟合也取消了三角形荷载假定，以计算实际变形来分析计算。

但由于涉及到多种参数，该计算方法在实际应用中也遇到很多问题。如对块间旋转刚度 K_θ 和环间剪切刚度 K_s 的取值问题。

管片块与块之间接头的拟合假定为一个弹性铰(接头变形连续的弹簧)，它能够传递轴力、剪力和弯矩，以轴向刚度、剪切刚度和旋转刚度来表达它的接头特征，其中轴向刚度、剪切刚度对计算结果影响不大，而旋转刚度对计算结果有很大的直接影响。

旋转刚度一般根据地面模型试验得出，有时通过整环受力试验进行分析，有时通过接头试验进行分析，试验结果的离散性很大。

由于管片安装的要求，连接螺栓一般设置在管片截面的靠内侧，防水弹性密封垫常设置在管片截面的靠外侧，造成接头构造的非对称性，这样管片接头在内外侧受弯时其弯曲刚度具有较大的差异。

如果对剪切弹簧常数取偏小值，则主截面的计算弯矩也会偏小，为了安全起见，也常采用将其设定为无穷大的方法。该计算方法在欧洲较常用，日本常用于大断面隧道设计或条件较为复杂的中小直径隧道，最近国内也常采用。

目前国内外常用的管片隧道设计计算方法是荷载—结构模型法，主要有三种方法。

第一种方法是修正惯用法。惯用法是将管片环作为刚度均匀的环来考虑的设计计算法，此方法不考虑管片接头部分的弯曲刚度下降，管片环和管片主截面具有同样刚度，并且弯曲刚度均匀的方法。管片间接头的存在使得整体刚度降低的折减系数为 η，则其等效刚度为 ηEI，即 $EI^*=\eta EI(0<\eta\leqslant 1)$。将管片环考虑为弯曲刚度均匀的环，但考虑了管片接头部分的弯曲刚度下降和环向螺栓处的弯矩上升(又称为修正惯用法)，水平向两侧与水平线成 45°角范围内地层反力呈等三角形分布。对于错缝式拼装，为考虑相邻管片环的弯矩传递作用，引入弯矩增加系数 ζ，$M=(1+\zeta)M^*$，其中 M^* 是由等效刚度 ηEI 计算得到弯矩。对于接头部分的弯矩，在设计时可考虑为 $(1-\zeta)M^*$。这种方法过小的评价 η(即过大评价围岩的地层抗力)，其结果会导致估算环上产生的截面内力小。

第二种方法是将管片主截面模拟成梁、将管片环向接头模拟成旋转弹簧、将环径向接头模拟成剪切弹簧，将地基与管片环之间的相互作用用地基弹簧来表示，是一个较为接近实际情况的设计计算方法(又称为梁—弹簧法)。直(曲)梁—接头元连续模型是建立在线弹性理论基础上，即接头元和管片本身均为弹性体，将管片视为梁，接头视为变形连续的弹簧。采用卡氏第二定理($\delta=\dfrac{\partial F}{\partial U}$)，先求得柔度阵，再对之求逆，即得到刚度阵。梁—接头连续模型法为日本现行设计法。地层弹簧作用与否按平衡迭代方式进行。对错缝式拼装，纵向连接螺栓作用模拟成接头元。但是，梁—接头连续模型是建立在适用于线弹性介质的卡氏第二定理的基础上，它不能全面、准确地模拟管片接头的非线性性状。而试验表明接头内力—变形关系在整个加载过程表现出明显的非线性特征。

第三种方法是将管片接头作为铰结构来考虑，地基与管片环之间的相互作用用地基弹簧来表示的设计计算法(又称为多铰环法)；多铰环法计算理论可考虑和梁—弹簧模型法计算理论相同，只要将旋转弹簧系数设为 0 即可。

对于盾构衬砌混凝土管片的研究，可以采用现场或模型试验的方法，但是耗资大、周期长，且有一定的局限性。与试验方法相比，有限元计算有其自身的优越性，可以对结构的破坏机理进行较全面的分析,所得的结论一般具有较好的通用性。

5.1.2 管片接头的力学模型

(1) 管片接头力学特征

盾构隧道在横断面上是由多个管片块拼装成环,在纵断面上又是不同环连接而成,管片环间与块间都是靠螺栓接头连接起来。以下研究均按梁—弹簧法进行,而在梁—弹簧法中的关键是如何处理接头单元。

对于梁单元,尽管管片呈曲线状,但在计算分析过程中,如果单元长度取得足够小,用直梁单元代替曲梁单元,两者计算结果非常相近,所以将管片离散成若干直梁单元是可行的。

根据一般梁理论可知 ,$\boldsymbol{F}^e=\boldsymbol{K}^e\boldsymbol{d}^e$,$\boldsymbol{F}^e$代表单元 e 的梁端力向量,$\boldsymbol{d}^e$代表单元 e 的梁端位移向量,$\boldsymbol{K}^e$ 代表单元 e 对应于局部坐标$\overline{xoy}$的单元刚度矩阵。分别可按以下公式表示:

$$\boldsymbol{F}^e=[\boldsymbol{N}_i^e \quad \boldsymbol{Q}_i^e \quad \boldsymbol{M}_i^e \quad \boldsymbol{N}_j^e \quad \boldsymbol{Q}_j^e \quad \boldsymbol{M}_j^e] \tag{5-1}$$

$$\boldsymbol{d}^e=[\boldsymbol{u}_i^e \quad \boldsymbol{v}_i^e \quad \boldsymbol{\varphi}_i^e \quad \boldsymbol{u}_j^e \quad \boldsymbol{v}_j^e \quad \boldsymbol{\varphi}_j^e] \tag{5-2}$$

$$\boldsymbol{K}^e=\begin{bmatrix} \frac{EA}{l} & 0 & 0 & -\frac{EA}{l} & 0 & 0 \\ 0 & \frac{12EI}{l^3} & \frac{6EI}{l^2} & 0 & -\frac{12EI}{l^3} & \frac{6EI}{l^2} \\ 0 & \frac{6EI}{l^2} & \frac{4EI}{l} & 0 & -\frac{6EI}{l^2} & \frac{2EI}{l} \\ -\frac{EA}{l} & 0 & 0 & \frac{EA}{l} & 0 & 0 \\ 0 & -\frac{12EI}{l^3} & -\frac{6EI}{l^2} & 0 & \frac{12EI}{l^3} & -\frac{6EI}{l^2} \\ 0 & \frac{6EI}{l^2} & \frac{2EI}{l} & 0 & -\frac{6EI}{l^2} & \frac{4EI}{l} \end{bmatrix} \tag{5-3}$$

上述为局部坐标下的表达方式,要统一到整体坐标下,则需要进行转换:

$$\boldsymbol{F}^e=\boldsymbol{T}\boldsymbol{F}^e \qquad \boldsymbol{d}^e=\boldsymbol{T}\boldsymbol{d}^e \tag{5-4}$$

T 称为坐标转换矩阵,且为正交矩阵。

$$\boldsymbol{T}=\begin{bmatrix} \cos\alpha & \sin\alpha & 0 & 0 & 0 & 0 \\ -\sin\alpha & \cos\alpha & 0 & 0 & 0 & 0 \\ 0 & 0 & 1 & 0 & 0 & 0 \\ 0 & 0 & 0 & \cos\alpha & \sin\alpha & 0 \\ 0 & 0 & 0 & -\sin\alpha & \cos\alpha & 0 \\ 0 & 0 & 0 & 0 & 0 & 1 \end{bmatrix} \tag{5-5}$$

式中 α——x 轴与 $\overline{x}$ 轴的夹角,并规定从 x 轴与 $\overline{x}$ 轴以逆时针方向为正。

将式(5-1)、式(5-2)和式(5-3)代入式$\boldsymbol{F}^e=\boldsymbol{K}^e\boldsymbol{d}^e$可得如下关系:

$$\boldsymbol{F}^e=\boldsymbol{T}^T\boldsymbol{K}^e\boldsymbol{T}\boldsymbol{d}^e \qquad \boldsymbol{K}^e=\boldsymbol{T}^T\boldsymbol{K}^e\boldsymbol{T}$$

对于管片间接头可采用三个虚拟的非线性弹簧来分别模拟接头的转动、剪切、轴向压受力性态,这些弹簧有两个节点,分别与接头两侧的梁单元相连。弹簧不具有长度,它的两个节点可以重合。接头单元的示意图如图 5-7 所示,图中为了清楚表示,单元的两个节点没有重合。

1）旋转弹簧

旋转弹簧的受力和位移关系得出：

$$\begin{cases}M_i=k_\theta(\theta_i-\theta_j)\\M_j=k_\theta(\theta_j-\theta_i)\end{cases}\tag{5-6}$$

上式可写成矩阵形式：

$$\begin{Bmatrix}M_i\\M_j\end{Bmatrix}=\begin{bmatrix}K_\theta & -K_\theta\\-K_\theta & K_\theta\end{bmatrix}\begin{Bmatrix}\theta_i\\\theta_j\end{Bmatrix}\tag{5-7}$$

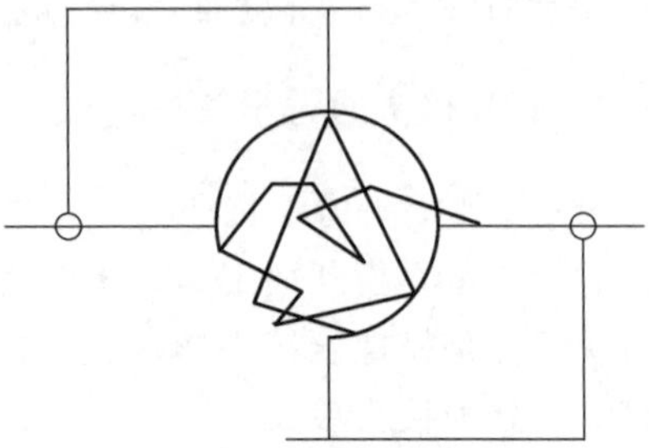

图 5-7　接头模型示意图

其中，令$[\boldsymbol{K}]_\theta=\begin{bmatrix}K_\theta & -K_\theta\\-K_\theta & K_\theta\end{bmatrix}$，此即为旋转弹簧在单元坐标系下的单元刚度矩阵。$K_\theta$ 为接头 $M-\theta$ 曲线的切向刚度。

大量试验分析和工程实践表明，管片接头的转动是呈非线性变形的，因此计算中的接头刚度 K，不会是一个恒定值，而是随着管片的轴力和弯矩而变化的。可以通过在同一个计算模型中改变不同的 K_θ 值，来讨论 K_θ 对管片结构受力的影响。

2）轴压弹簧及剪切弹簧

类似旋转弹簧，可以得出轴压弹簧和剪切弹簧受力和位移关系的矩阵形式如下所示：

$$\begin{Bmatrix}N_i\\N_j\end{Bmatrix}=\begin{bmatrix}K_n & -K_n\\-K_n & K_n\end{bmatrix}\begin{Bmatrix}u_i\\u_j\end{Bmatrix}\tag{5-8}$$

$$\begin{Bmatrix}Q_i\\Q_j\end{Bmatrix}=\begin{bmatrix}K_s & -K_s\\-K_s & K_s\end{bmatrix}\begin{Bmatrix}v_i\\v_j\end{Bmatrix}\tag{5-9}$$

其中，令$[\boldsymbol{K}]_n=\begin{bmatrix}K_n & -K_n\\-K_n & K_n\end{bmatrix}$；$[\boldsymbol{K}]_s=\begin{bmatrix}K_s & -K_s\\-K_s & K_s\end{bmatrix}$分别为压轴弹簧和剪切弹簧的单元刚度矩阵。$K_n$，$K_s$ 分别为接头的轴压刚度以及剪切刚度。这两个值对于接头的受力特征来说并非是关键参数，目前对于它们的研究比较少，实际上计算中往往不考虑这两个刚度的影响，而把它们的值取为一很大的值。对于每个与接头相邻的梁单元，必须将其在梁单元局部坐标系下的位移转换到接头单元的局部坐标系下。此时的坐标之间的夹角变为 $90°-\varphi$ 和 $-(90°-\varphi)$，所以转换矩阵变为：

$$\boldsymbol{T}'=\begin{bmatrix}\sin\alpha & \cos\alpha & 0 & 0 & 0 & 0\\-\cos\alpha & \sin\alpha & 0 & 0 & 0 & 0\\0 & 0 & 1 & 0 & 0 & 0\\0 & 0 & 0 & -\sin\alpha & -\cos\alpha & 0\\0 & 0 & 0 & \cos\alpha & -\sin\alpha & 0\\0 & 0 & 0 & 0 & 0 & 1\end{bmatrix}\tag{5-10}$$

于是，接头单元 j 在局部坐标系下的刚度为：

$$[\boldsymbol{K}_j]=[\boldsymbol{T}']^{\mathrm{T}}[\boldsymbol{K}][\boldsymbol{T}']\tag{5-11}$$

在整体坐标系下的接头单元刚度矩阵为：

$$[\boldsymbol{K}_g]=[\boldsymbol{T}]^{\mathrm{T}}[\boldsymbol{K}][\boldsymbol{T}]\tag{5-12}$$

此时的夹角为 $90°+\gamma$。

3）管片间接头单元

在设计过程中，对于管片采用错缝拼装形式的可采用剪切模型来模拟，剪切模型包括沿管片体的径向剪切和环向剪切，剪切力和剪切位移的关系表示如下：

$$\begin{Bmatrix} f_{nq} \\ f_{sq} \end{Bmatrix} = \begin{bmatrix} k_{nq} & 0 \\ 0 & k_{sq} \end{bmatrix} \begin{Bmatrix} \Delta u' \\ \Delta v' \end{Bmatrix} \tag{5-13}$$

式中 f_{nq}, f_{sq}——环向和径向剪切力；

$\Delta u', \Delta v'$——与 f_{nq}, f_{sq} 相应的管片环间接头的相对变形；

k_{nq}, k_{sq}——相应的剪切刚度系数。

同理可得：

$$[\boldsymbol{K}_q] = [\boldsymbol{E}_q]\mathrm{diag}[\boldsymbol{K}_{nq} \quad \boldsymbol{K}_{sq}][\boldsymbol{E}_q]^{\mathrm{T}} \tag{5-14}$$

式中 $[\boldsymbol{K}_q] = [T_q \quad -T_q^{\mathrm{T}}]$。

其中：$[\boldsymbol{T}_q] = \begin{bmatrix} \sin\varphi & \cos\varphi \\ -\cos\varphi & \sin\varphi \end{bmatrix}$，$\varphi$ 为相邻梁单元两切线间等分角。

（2）管片计算模型

盾构隧道管片接头力学行为十分复杂，具有典型的非线性特征。管片间的接头部分，包括接头的形式、螺栓和防水填充材料，可见管片之间接头处的变形不连续是客观存在的。从结构的非线性出发，采用梁—接头不连续模型进行分析，引进非线性介质力学数值分析的古德曼单元思想，并认为接头单元具有抗拉伸作用。梁—接头不连续模型，在接头材料参数为线弹性范围内，管片内力计算结果与梁—接头连续模型相同。但对于接头部分，接头螺栓内力和管片间张开量（不连续角位移△θ 与管片厚 h 的乘积）容易得到。具体方法如下：

1）接头模型

对局部坐标系，将两根梁之间夹角的平分线方向定义为 s 方向，并以指向洞内为正；垂直于 s 的方向为 n 方向，并以逆时针方向为正，如图 5-8 所示。相应地，Δu 为接头 n 方向的相对轴向位移，$\Delta u = u'_1 - u'_2$，$\Delta v = v'_1 - v'_2$，$\Delta\theta = \theta'_1 - \theta'_2$，$\Delta v$ 为延 s 方向的相对切向位移，$\Delta\theta$ 为相对转角；u'_i、v'_i、$\theta'_i(i=1,2)$为局部坐标系 s 中结点 i 的位移分量。与平面情况下考虑转动效应的线与线接触或三维情况下面与面接触的 Goodman 节理元类似，外力作用下接头元的力与变形关系为：

$$\{\boldsymbol{F}\} = [\boldsymbol{K}]\{\Delta \boldsymbol{d}\} \tag{5-15}$$

式中 $\{\boldsymbol{F}\} = \{N \quad Q \quad M\}^T$，$N$、$Q$、$M$ 为接头元在 n，s 方向上的力和弯矩；

$\{\Delta\boldsymbol{d}\} = \{\Delta u \quad \Delta v \quad \Delta\theta\}^{\mathrm{T}}$；

$[\boldsymbol{K}] = \mathrm{diag}[K_n \quad K_s \quad K_0]$。

将 u'_i, v'_i, θ'_i 转换成相关梁局部坐标系中的位移分量$\{\boldsymbol{\delta}\} = [u_1 \quad v_1 \quad \theta_1 \quad u_2 \quad v_2 \quad \theta_2]^{\mathrm{T}}$，则对$\{\Delta\boldsymbol{d}\}$有：$\{\Delta\boldsymbol{d}\} = [\boldsymbol{A}]\{\boldsymbol{\delta}\}$，$[\boldsymbol{A}]$为转换矩阵。

由此可得：

$$[\boldsymbol{K}_j] = [\boldsymbol{A}]^{\mathrm{T}}[\boldsymbol{K}][\boldsymbol{A}] \tag{5-16}$$

式中 $[\boldsymbol{K}_j]$——接头元在局部坐标系下的刚度矩阵。

类似地，接头元在总体坐标系下的刚度矩阵为$[\boldsymbol{K}_G] = [\boldsymbol{T}][\boldsymbol{K}_j][\boldsymbol{T}]^{\mathrm{T}}$，$[\boldsymbol{T}]$为转换矩阵。

$$[\boldsymbol{K}_G]=\begin{bmatrix} A_1 & A_3 & 0 & -A_1 & -A_3 & 0 \\ & A_2 & 0 & -A_3 & -A_2 & 0 \\ & & K_0 & 0 & 0 & -K_0 \\ & & & A_1 & A_3 & 0 \\ & & & & A_2 & 0 \\ & & & & & K_0 \end{bmatrix}$$

式中　$A_1=K_n\sin^2\gamma+K_s\cos^2\gamma$；

$A_2=K_n\cos^2\gamma+K_s\sin^2\gamma$；

$A_3=(K_s-K_n)\sin\gamma\cos\gamma$。

其中　$\gamma=\alpha_1-\varphi$，φ 为相邻单元夹角的 1/2；

K_n, K_s, K_θ——接头的轴向，切向和转动刚度；

α_1——梁单元 1 起点切线的方向角(逆时针转动)。

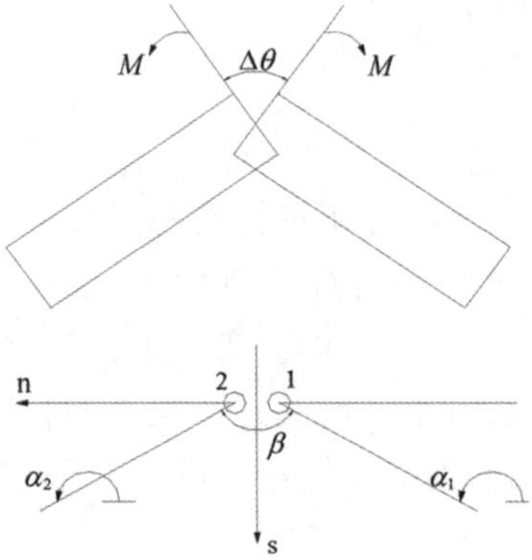

图 5-8　接头单元模型

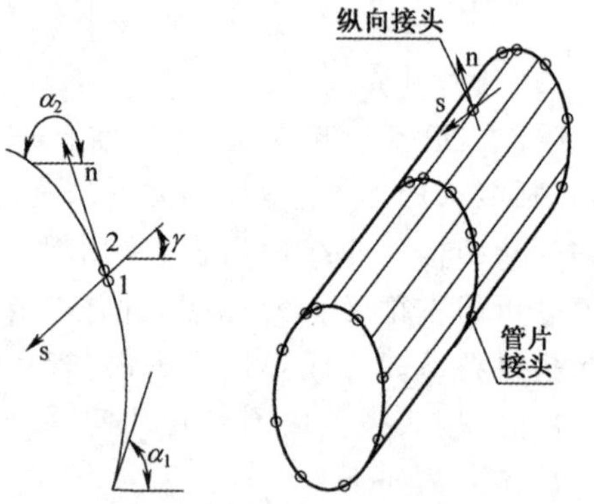

图 5-9　纵向螺栓剪切模型

2）纵向剪切模型

对于管片错缝拼装下环间接头的纵向加强作用可采用剪切模型来模拟，剪切模型包括沿管片体径向和环向剪切，如图 5-9 所示。

$$\begin{Bmatrix}\tau_{nq}\\ \tau_{sq}\end{Bmatrix}=\begin{bmatrix}K_{nq} & 0\\ 0 & \tau_{nq}\end{bmatrix}\begin{Bmatrix}\Delta u'\\ \Delta v'\end{Bmatrix} \tag{5-17}$$

式中　τ_{nq},τ_{sq}——环向和径向剪力；

$\Delta u'$、$\Delta v'$——两管片之间与 τ_{nq},τ_{sq} 相对应的相对形；

k_{nq},k_{sq}——相应的剪切刚度系数。

$$\{\Delta \boldsymbol{d}_q\}=[\boldsymbol{B}]\cdot\{\boldsymbol{\delta}_q\} \tag{5-18}$$

式中　$\{\Delta \boldsymbol{d}_q\}=\{\Delta u' \quad \Delta v'\}$；

$\{\Delta \boldsymbol{\delta}_q\}=\{u_1 \quad v_1 \quad u_2 \quad v_2\}$；

$[\boldsymbol{B}]=[A_q \quad -A_q^T]$。

其中　$[\boldsymbol{A}_q]=\begin{Bmatrix}\sin\gamma & \cos\gamma\\ -\cos\gamma & \sin\gamma\end{Bmatrix}$，$\gamma=(\alpha_2-\alpha_1)/2$。

3）螺栓模拟

将螺栓离散成若干杆单元，可知 $\boldsymbol{F}^e=\boldsymbol{K}^e\boldsymbol{d}^e$。$\boldsymbol{F}^e$ 代表单元 e 的杆端力列向量，$\boldsymbol{d}^e$ 代表单元 e 的杆端位移列向量，$\boldsymbol{K}^e$ 代表单元 e 对应于单元局部坐标系 $\overline{xoy}$ 中的单元刚度矩阵。

$$\boldsymbol{K}^{\mathrm{e}}=\begin{bmatrix} \frac{EA}{l} & 0 & 0 & -\frac{EA}{l} & 0 & 0 \\ 0 & 0 & 0 & 0 & 0 & 0 \\ 0 & 0 & 0 & 0 & 0 & 0 \\ -\frac{EA}{l} & 0 & 0 & \frac{EA}{l} & 0 & 0 \\ 0 & 0 & 0 & 0 & 0 & 0 \\ 0 & 0 & 0 & 0 & 0 & 0 \end{bmatrix} \tag{5-19}$$

$$\boldsymbol{F}^{\mathrm{e}}=[\boldsymbol{N}_i^{\mathrm{e}} \quad \boldsymbol{Q}_i^{\mathrm{e}} \quad \boldsymbol{M}_i^{\mathrm{e}} \quad \boldsymbol{N}_j^{\mathrm{e}} \quad \boldsymbol{Q}_j^{\mathrm{e}} \quad \boldsymbol{M}_j^{\mathrm{e}}] \tag{5-20}$$

$$\boldsymbol{d}^{\mathrm{e}}=[\boldsymbol{u}_i^{\mathrm{e}} \quad \boldsymbol{v}_i^{\mathrm{e}} \quad \boldsymbol{\varphi}_i^{\mathrm{e}} \quad \boldsymbol{u}_j^{\mathrm{e}} \quad \boldsymbol{v}_j^{\mathrm{e}} \quad \boldsymbol{\varphi}_j^{\mathrm{e}}] \tag{5-21}$$

得到上述局部坐标下的刚度矩阵。

$$\boldsymbol{F}^{\mathrm{e}}=\boldsymbol{T}\boldsymbol{F}^{\mathrm{e}} \qquad \boldsymbol{d}^{\mathrm{e}}=\boldsymbol{T}\boldsymbol{d}^{\mathrm{e}}$$

$\boldsymbol{T}$ 称为坐标转换矩阵，且为正交矩阵。

$$\boldsymbol{T}=\begin{bmatrix} \cos\alpha & \sin\alpha & 0 & 0 & 0 & 0 \\ -\sin\alpha & \cos\alpha & 0 & 0 & 0 & 0 \\ 0 & 0 & 1 & 0 & 0 & 0 \\ 0 & 0 & 0 & \cos\alpha & \sin\alpha & 0 \\ 0 & 0 & 0 & -\sin\alpha & \cos\alpha & 0 \\ 0 & 0 & 0 & 0 & 0 & 1 \end{bmatrix} \tag{5-22}$$

式中　α——x 轴与 $\bar{x}$ 轴的夹角，并规定从 x 轴与 $\bar{x}$ 轴以逆时针方向为正。

将式(5-22)、式(5-2)和式(5-3)代入式 $\boldsymbol{F}^{\mathrm{e}}=\boldsymbol{K}^{\mathrm{e}}\boldsymbol{d}^{\mathrm{e}}$ 可知如下关系：

$$\boldsymbol{F}^{\mathrm{e}}=\boldsymbol{T}^{\mathrm{T}}\boldsymbol{K}^{\mathrm{e}}\boldsymbol{T}\boldsymbol{d}^{\mathrm{e}} \qquad \boldsymbol{K}^{\mathrm{e}}=\boldsymbol{T}^{\mathrm{T}}\boldsymbol{K}^{\mathrm{e}}\boldsymbol{T} \tag{5-23}$$

根据理论分析、数值计算、现场试验相结合的方法。通过对管片块间接触面受力、管片环纵向接触面受力、连接螺栓的受力压力测试，把管片接头和螺栓作为研究的重点，通过布置光纤光栅传感器等设备在管片的构造面和螺栓上，在施工过程中及时进行数据分析，及时反馈施工与设计。在施工过程中进行监测数据的实时分析和阶段分析。根据试验测得的结果，可以从模拟构造面的接触面上进一步的改进模型，从测出的螺栓的数据得到新的应力—应变关系，进一步优化设计。

5.2　管片结构力学特征分析

盾构隧道管片结构的力学行为分为三个阶段。第一阶段为施工阶段，此阶段的受力比较复杂，一方面管片结构要承受因盾构掘进引起土体损失，隧道周边介质发生位移和应力重分布，相对管片结构来讲要承受其相应的水土压力；另一方面还要承受因施工因素施加的荷载，如掘进推力、壁后注浆压力等。第二阶段为随着盾构施工的向前推进，远离盾构的管片结构受施工荷载的影响逐步消失，隧道周边介质也相对稳定，主要承受管片结构外周的地层水土压力。第三阶段为除了承受第二阶段的外力外，还要承受相应的隧道运营的外荷载，如列车、汽车的自重与振动荷载等。

盾构隧道的管片结构设计主要考虑的是第二阶段的受力情况，但实际上最不利的荷载工况是在第一阶段，因此这里主要结合第一、第二阶段进行整体叙述，以期摸清管片结构的主要力学行为。

5.2.1　管片结构荷载

(1) 管片结构荷载实测结果

为了分析不同地层状况下管片结构的荷载特征，分别在软弱地层左右线各布置了两个原位管片外周荷载测试断面，在上软下硬地层左右线各布置了一个原位管片外周荷载测试断面，在岩石地层中布置了三个原位测试断面，其中一个断面专门为连续监测设置。具体分布见表 5-5，测试结果如图 5-10 所示。

从监测结果可以看出：隧道左右两侧所受围岩压力基本对称，隧道底部所受围岩压力最大。随着隧道埋深的增大，围岩压力也逐渐增大，测得围岩压应力最大值是 0.57 MPa。设计荷载通常根据隧道覆土厚度、地质条件等，采用全覆土重理论、普氏土压力理论、太沙基公式等进行计算。但作用于衬砌上土压力非常复杂，对其进行准确的计算比较困难，因此施工过程中量测作用于隧道管片衬砌结构实际水土体压力，据此检验和修正采用的设计计算荷载取值。表 5-6 中列出了相应断面的土压力理论计算值与实测土压力的比较，总体上理论值和实测值有较大的差距。

表 5-5　管片外围压力监测断面布置情况

序号	断面里程	环号	覆土厚(m)	地 质 情 况
1	DK42+850	75	11.5	主要有为人工填土层、海陆交互相淤泥、淤泥质土层、冲积粉质黏土层和砂层，基坑底板之下大部分地段为冲积砂层，局部为冲积粉质黏土层
2	DK42+660	170	15.2	
3	DK42+382	309	20.8	隧道顶线大部分地段通过第四系冲积砂层，隧底线部分地段通过岩石弱风化带和岩石强风化带
4	DK41+978	510	28.5	隧道进入全硬岩，围岩为白垩系泥质粉砂岩、砂岩互层。围岩富水程度为弱富水区
5	DK41+635	683	36	
6	DK39+415	1 761	26.6	隧道进入全硬岩，处于狮子洋主航道段，围岩为白垩系泥质粉砂岩、砂岩互层。水深为 26.6 m，隧道上覆岩土体厚度为 26 m

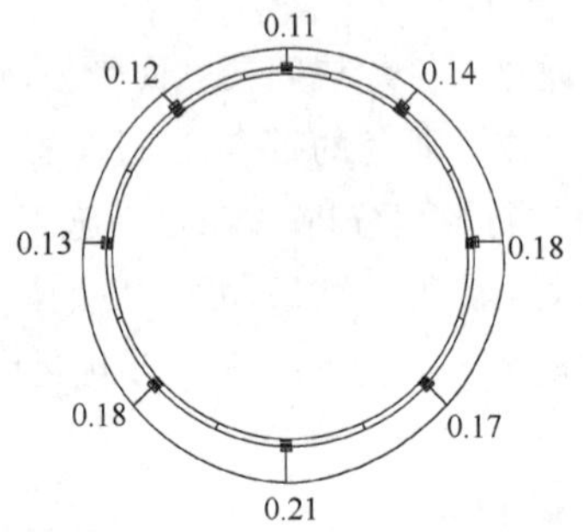

DK42+850　75环围岩压应力图(单位:MPa)

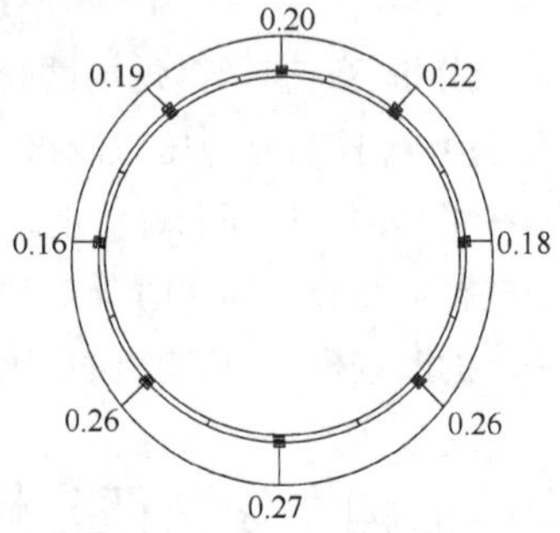

DK42+660　170环围岩压应力图(单位:MPa)

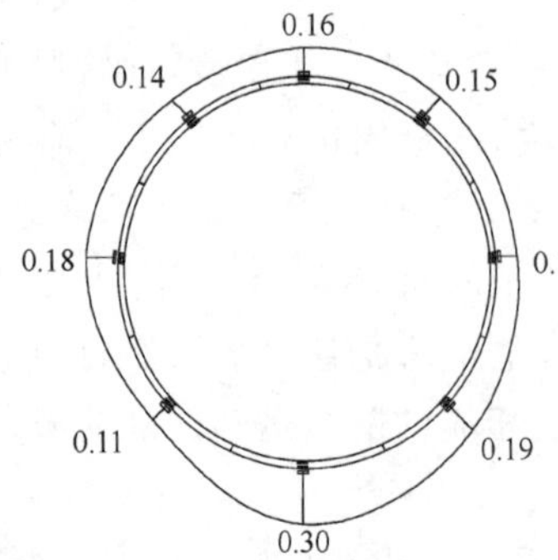

DK42+382　309环围岩压应力图(单位:MPa)

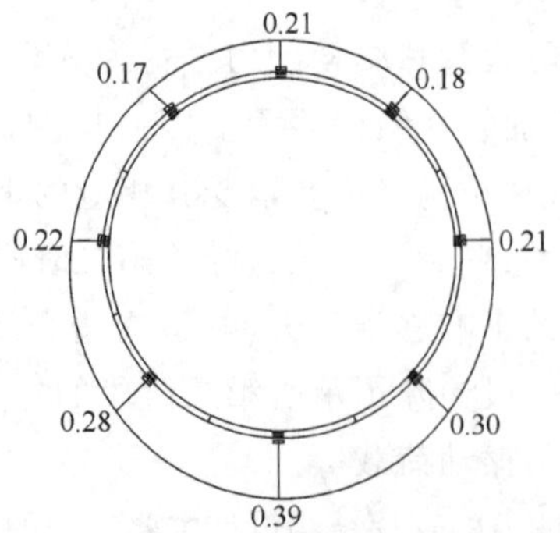

DK41+978　510环围岩压应力图(单位:MPa)

图　5-10

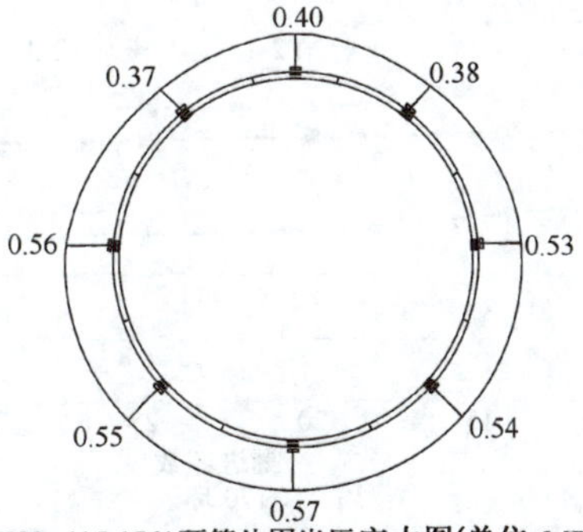

DK39+415 1761环管片围岩压应力图(单位:MPa)

图 5-10　各环实测围岩压应力分布

表 5-6　实测值与理论值比较

断面编号	测点编号	覆土深度(m)	静止土压力(MPa)	松弛土压力(MPa)	实测土压力(MPa)
1(75 环)	0	11.5	0.21	0.16	0.11
	2	16.9	0.202	0.138	0.18
	4	21.3	0.283	0.233	0.21
	6	16.9	0.202	0.138	0.13
2(170 环)	0	15.2	0.299	0.229	0.20
	2	20.6	0.276	0.159	0.18
	4	26.0	0.382	0.302	0.27
	6	20.6	0.276	0.159	0.16
3(309 环)	0	20.8	0.415	0.299	0.16
	2	26.4	0.332	0.206	0.11
	4	31.6	0.405	0.372	0.30
	6	26.4	0.332	0.206	0.18
4(510 环)	0	28.9	0.432	0.358	0.21
	2	34.5	0.446	0.312	0.21
	4	39.7	0.513	0.397	0.39
	6	34.5	0.446	0.312	0.22

注:断面上测点编号 0 号测点位置对应时钟面盘上 12:00 方向。1 号测点对应 1:30 方向,并依顺时针方向间隔一个半小时类推编号,其对应 8 个测点号。下列各图中测点编号意义相同。

在盾构掘进过程中,管片结构的外周荷载在临近盾构主机附近受施工荷载影响较大,主要是盾尾密封油脂的压力与注浆压力对管片和围岩之间的接触压力的影响较大,从图 5-11 可以看出,在注浆过程中测得的围岩压力值明显增大,随着盾构继续掘进测得的围岩压力值逐渐减小并渐趋稳定。但在 1761 环的测试结果中,可以明显地发现开仓后,由于水压力基本消失,围岩压力显著下降。

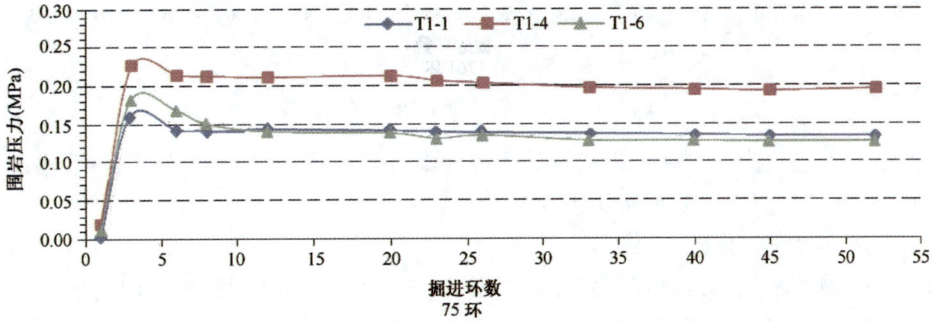

图　5-11

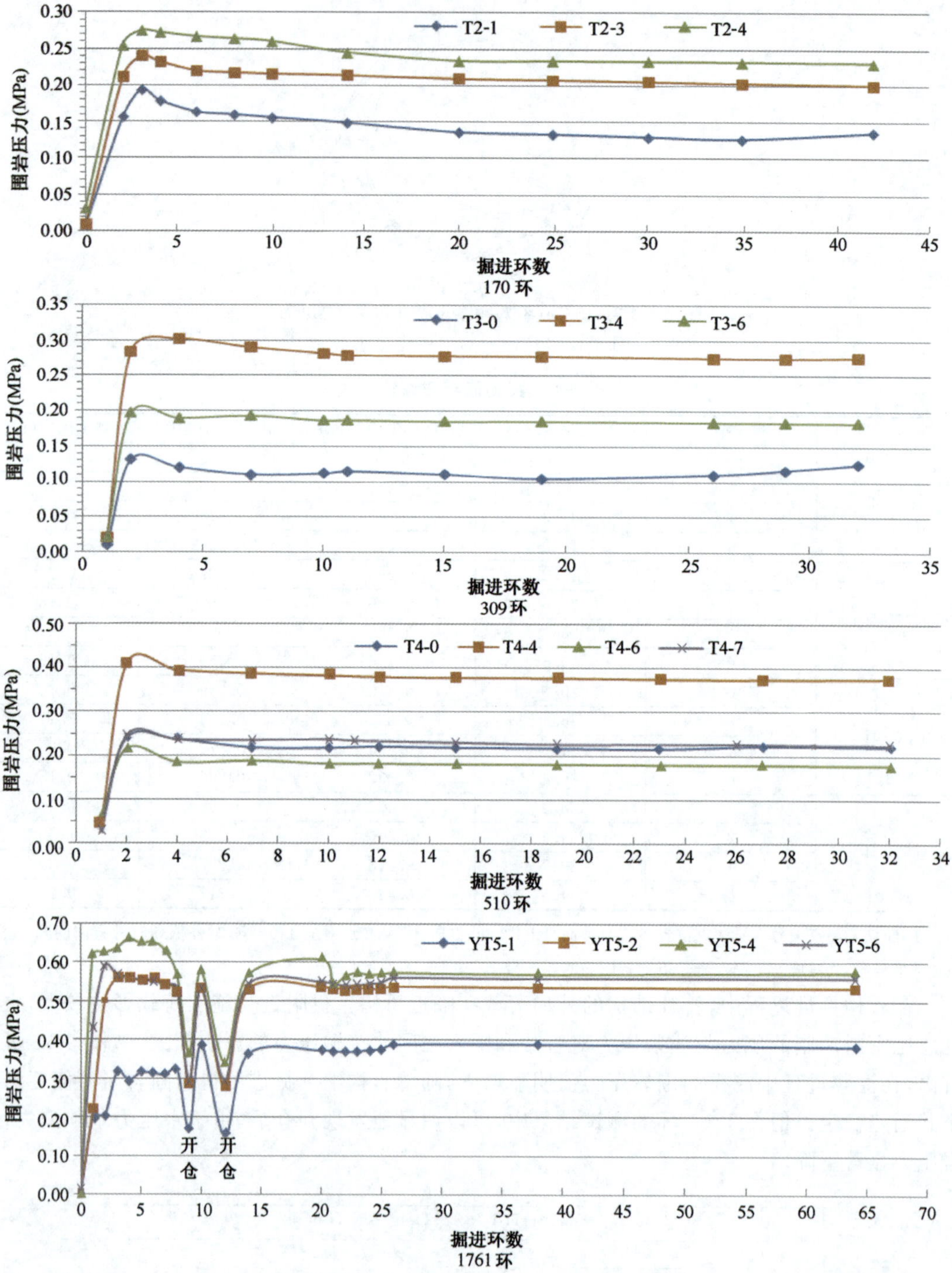

图 5-11　各环管片围岩压力变化曲线

各图中的曲线均为埋设在结构或围岩上的元器件的时程曲线，如“T1-1”表示埋设于编号为“1”的断面上 1 号测点位置的土压力计测点。

(2) 实测荷载回归分析

由于 9 个测试断面的监测点分别在软岩层、上软下硬、硬岩层段，而不同岩层的容重不相同，在这里按地质特征将 75 环、170 环分为一组，309 环分为一组，510 环、683 环、1 761 环分为一组进行分析比较。

松弛土压力计算公式：太沙基最早是针对埋设管道建立了松弛土压力理论，后来推广到隧道土压力的计算。太沙基首先假定隧道两侧土体发生主动破坏，斜向上发展到拱顶高度，并垂直发展到地面。从假定中可知，拱顶滑动土体的宽度一般大于隧道外经。太沙基在推导松弛土压力时考虑了滑动土柱体的两侧抗剪强度。太沙基在以上假定的基础上，推导了松弛土压力计算公式。

测试断面所位于的软岩层、上软下硬、硬岩层段地质参数见表 5-7。

表 5-7 各层的地质参数

参数	静止侧压力系数 k_0	变形模量 B(MPa)	黏聚力 c(kPa)	内摩擦角 ϕ(°)	天然容重 γ(kN/m³)
软弱层	0.55	4.0	17	11.5	18.3
上软下硬	0.40	20	20	30.0	19.5
硬岩层	0.40	20	21	35.0	18.2

1）软弱层

软弱地层 75 环、170 环处的荷载实测值及理论计算值的比较结果见表 5-8 和表 5-9；关系曲线如图 5-12 和图 5-13 所示。

表 5-8 75 环数值比较

深度值(m)	11.5	13.08	16.9	20.72	22.3	20.72	16.0	13.08
实测值(MPa)	0.11	0.14	0.18	0.17	0.21	0.18	0.13	0.12
理论值(MPa)	0.16	—	0.138	—	0.233	—	0.138	—

表 5-9 170 环数值比较

深度值(m)	15.2	16.78	20.6	20.72	26	24.42	20.6	16.78
实测值(MPa)	0.2	0.22	0.18	0.26	0.27	0.26	0.16	0.19
理论值(MPa)	0.229	—	0.159	—	0.302	—	0.159	—

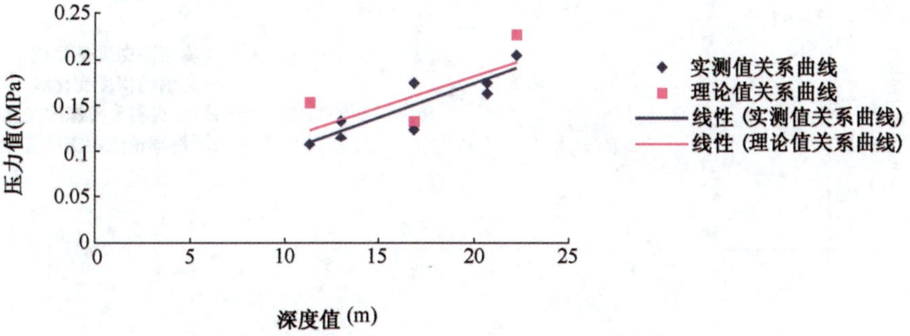

图 5-12 75 环理论值和实测值之间的关系曲线

对于 75 环由以上数据得出：实测值公式 $y=0.0076x+0.027$

理论值公式 $y=0.0068x+0.053$

对于 170 环由以上数据得出：实测值公式：$y=0.0068x+0.0766$

理论值公式：$y=0.0068x+0.073$

从图 5-12 和图 5-13 可看出软弱地层管片荷载的理论值和实测值近似，一般可取：实测值

＝0.9×理论值。

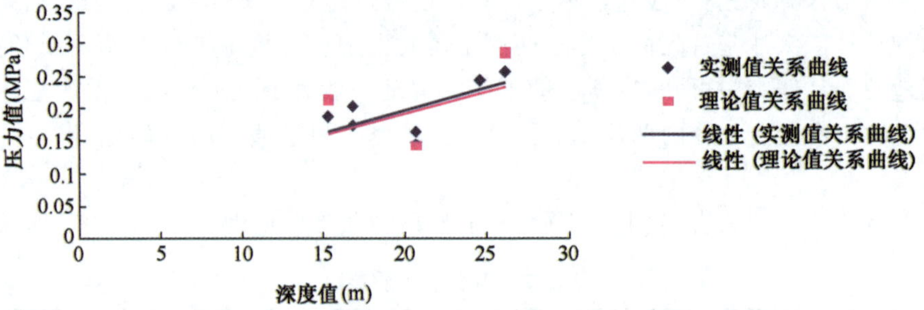

图 5-13　170 环理论值和实测值之间的关系曲线

2）上软下硬和硬岩地层

通过对比分析可得在上软下硬地层和硬岩地层，管片荷载的实测值与理论值相差较大。分析理论值和实测值与深度的关系，不考虑岩层本身，只考虑实测点的深度，其对比关系见表 5-10 和表 5-11，关系曲线如图 5-14 和图 5-15 所示。

表 5-10　理论值和实测值与深度的关系

深度值(m)	11.5	15.2	16.9	20.6	20.8	21.3	26	26.4	28.9	31.6	34.5
实测值(MPa)	0.11	0.2	0.18	0.18	0.16	0.21	0.3	0.11	0.36	0.3	0.21
理论值(MPa)	0.16	0.22	0.14	0.16	0.3	0.23	0.2	0.20	0.21	0.37	0.31

表 5-11　深度和实测值的关系

深度值(m)	20.8	26	28.9	31.6	34.5	39.7
实测值(MPa)	0.16	0.302	0.358	0.372	0.312	0.397

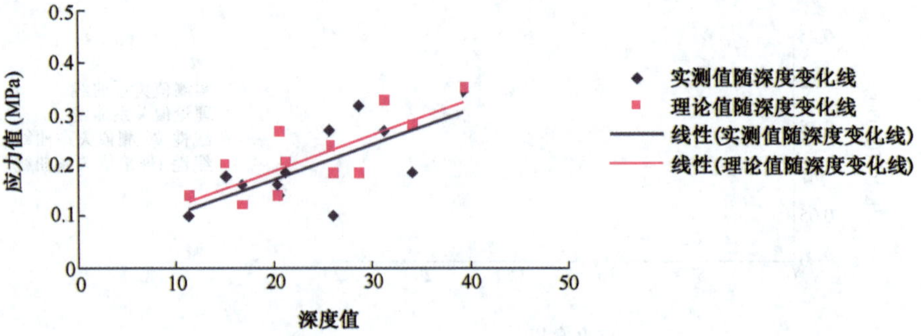

图 5-14　理论值和实测值与深度之间的关系曲线

从图 5-14 和图 5-15 可以看出理论值和实测值随深度变化规律明显，都随着深度的增加而增加，并且增加幅度相差不大，所以排除由于深度原因使理论值和实测值产生误差。下面分析岩层本身的原因并找出经验公式。

回归曲线：围岩压力 $P=0.3232\ln(h)-0.7784$（其中，h 为埋深）。

通过分析得出：在软弱地层按太沙基土压力公式计算得到的管片荷载是合适的，实测值与

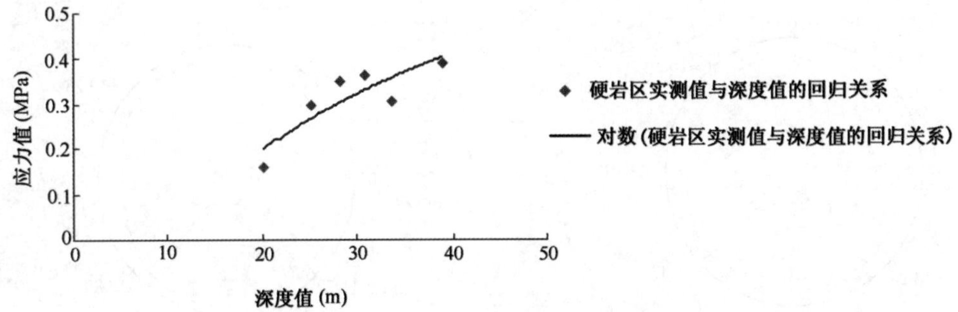

图 5-15　深度和实测值之间的关系曲线

理论值基本一致。但是在硬岩区,太沙基公式计算得到的荷载偏差太多,需要修正,其主要原因是岩石地层自身属于承载结构,能承受部分荷载,因此实测围岩压力小于理论计算值。

5.2.2　管片结构内力特征分析

(1) 管片内力实测结果分析

实际测量的钢筋管片钢筋内力如图 5-16 所示(外侧为靠近围岩侧,内侧为隧道净空侧,其中正值表示钢筋受拉,负值表示钢筋受压)。

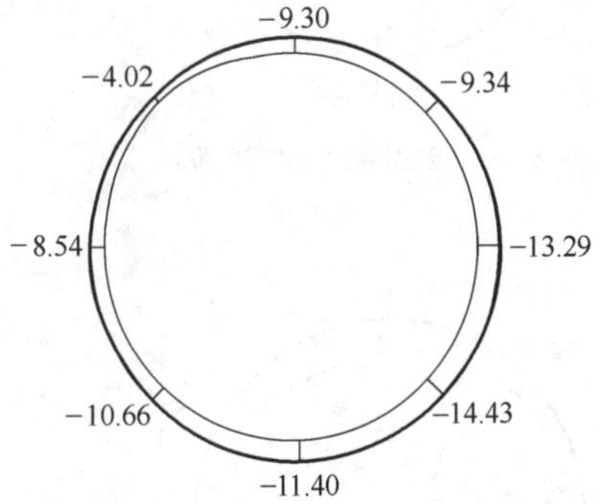

DK42+850 75 环外侧钢筋内力图 (单位:kN)

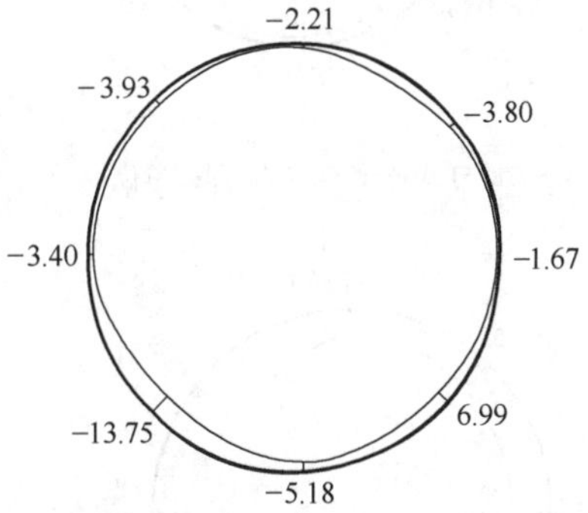

DK42+850 75 环外侧钢筋内力图 (单位:kN)

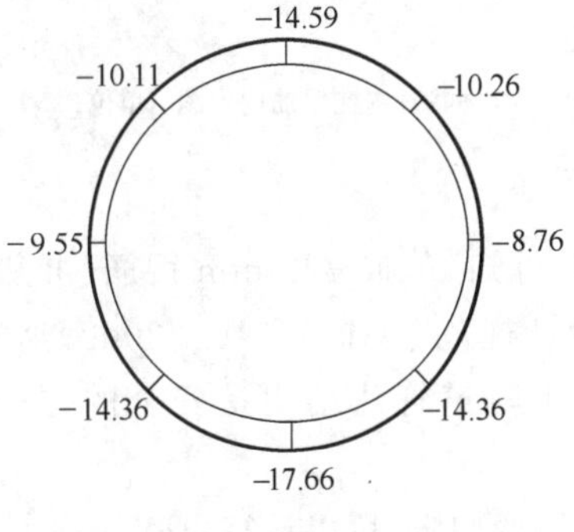

DK42+660 170环外侧钢筋内力图 (单位:kN)

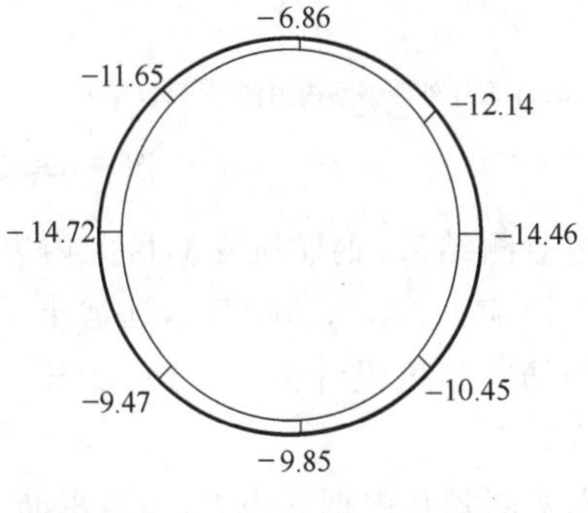

DK42+660 170环内侧钢筋内力图 (单位:kN)

图　5-16

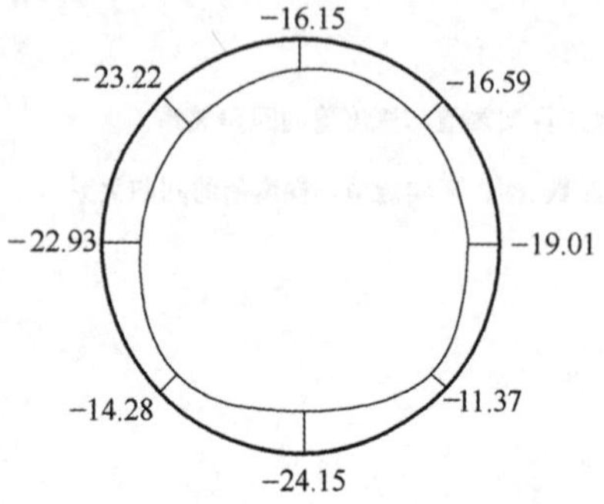

DK42+382 309环外侧钢筋内力图（单位：kN）

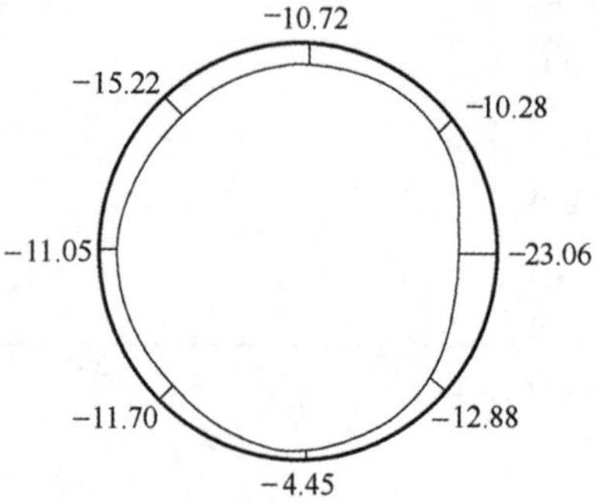

DK42+382 309环内侧钢筋内力图（单位：kN）

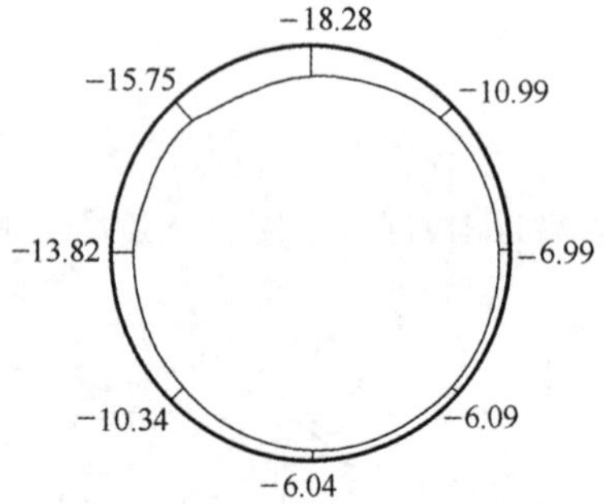

DK41+978 510环外侧钢筋内力图（单位：kN）

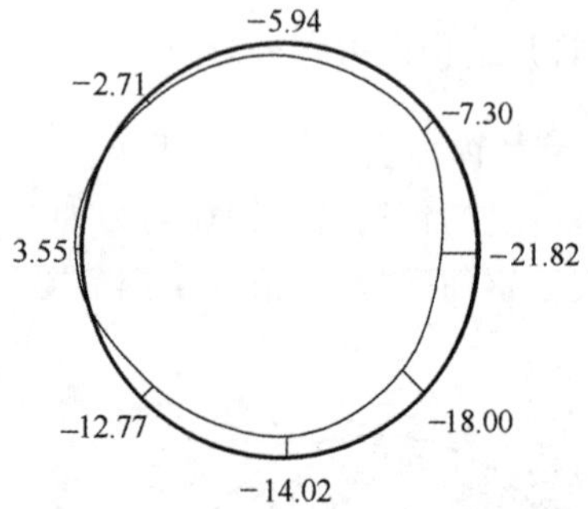

DK41+978 510环内侧钢筋内力图（单位：kN）

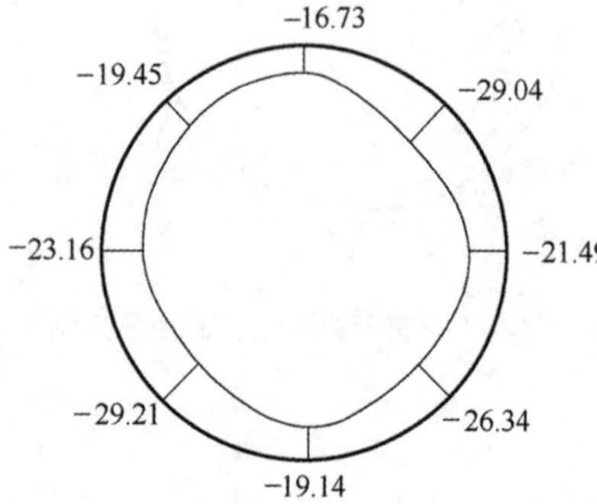

DK39+480 1761环管片外侧钢筋内力图（单位：kN）

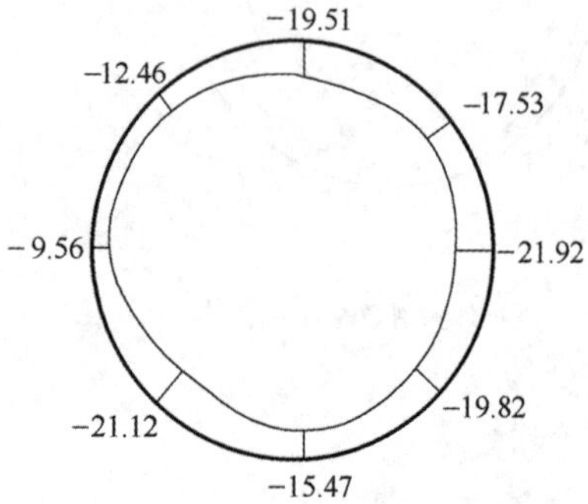

DK39+480 1761环管片内侧钢筋内力图（单位：kN）

图 5-16 各环管片钢筋应力分布

根据监测结果，钢筋所受的最大内力 29.21 kN，计算可知，单根 ϕ22 mm 钢筋（Ⅱ级）所受的最大压应力为 76.80 MPa，远远小于《混凝土结构设计规范》(GB 50010—2002)所规定的Ⅱ级钢筋的强度设计值 $f=300$ MPa，因此，狮子洋水下隧道管片结构是安全的，且安全系数较大。

根据实测管片内钢筋内力，通过钢筋与混凝土的变形协调假定，可以计算出管片轴力和弯矩大小，软岩段(75 环、170 环)、上软下硬段(309 环)、硬岩段(510 环、1 761 环)监测断面的管片轴力与弯矩计算结果如图 5-17 所示。

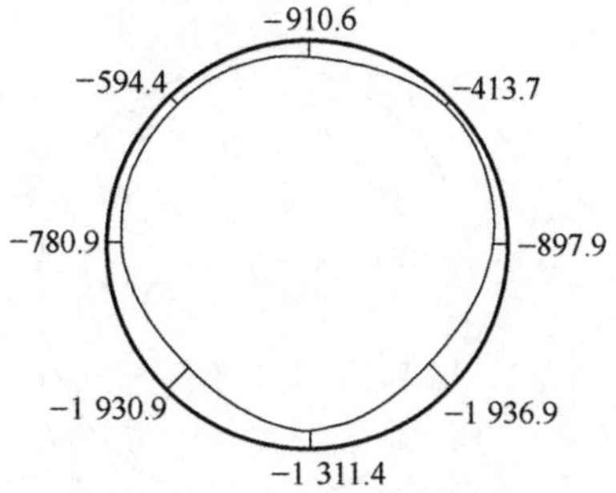

DK42+850 75环管片轴力图(单位：kN)

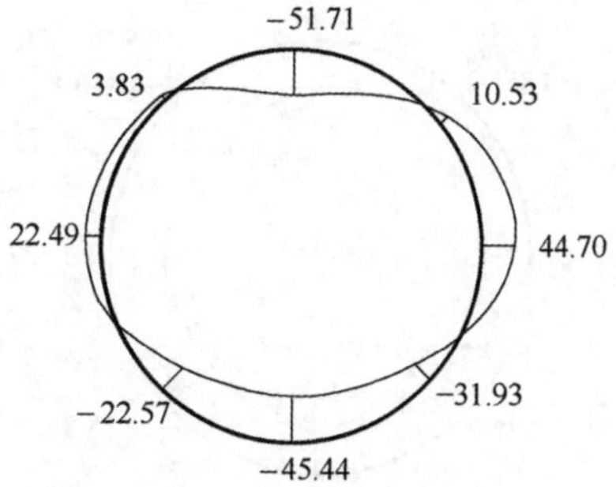

DK42+850 75环管片弯矩图(单位：kN·m)

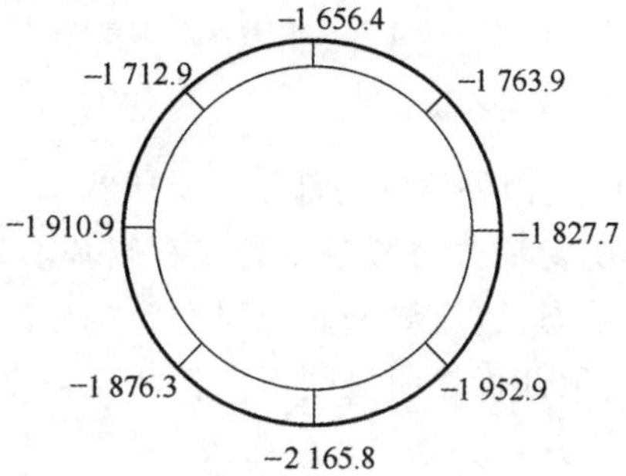

DK42+660 170环管片轴力图(单位：kN)

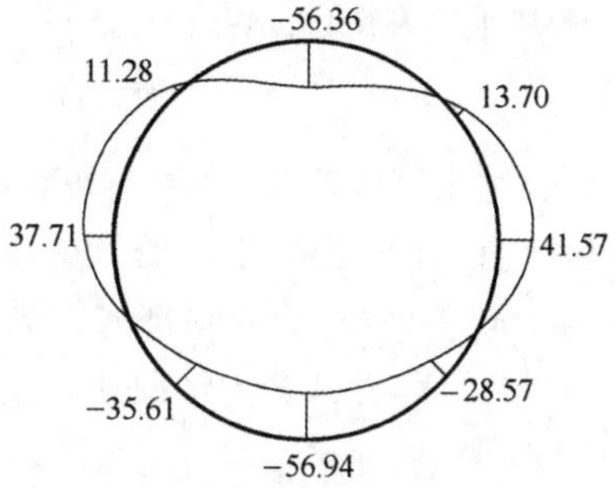

DK42+660 170环管片弯矩图(单位：kN·m)

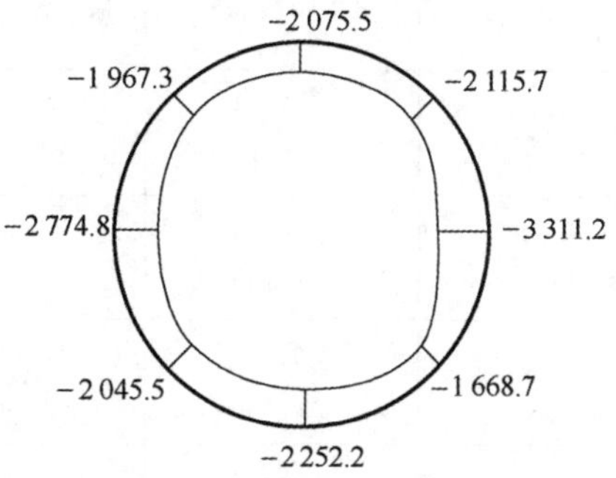

DK42+382 309环管片轴力图(单位：kN)

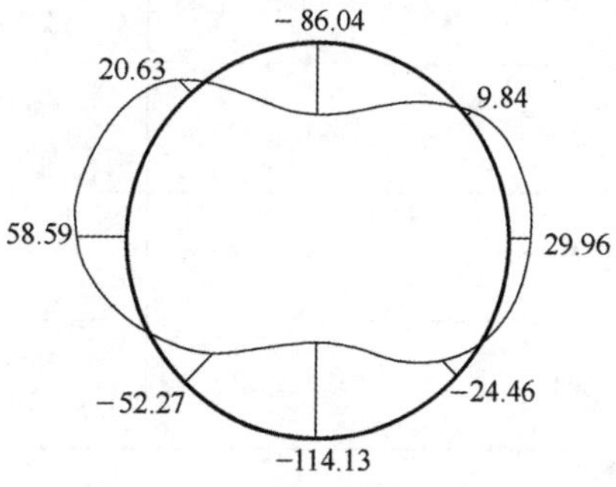

DK42+382 309 环管片弯矩图(单位：kN·m)

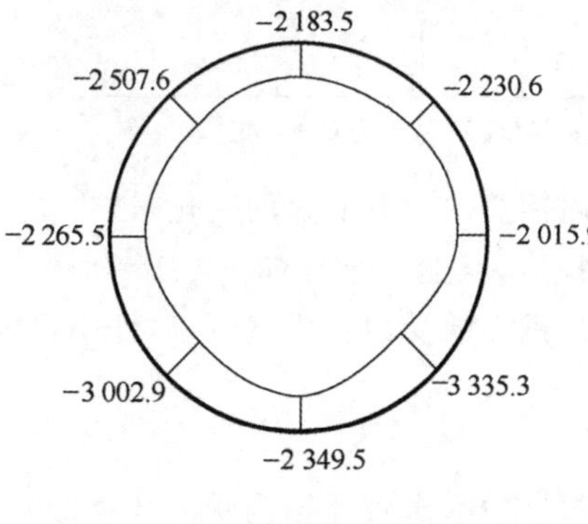

DK41+978 510环管片轴力图(单位：kN)

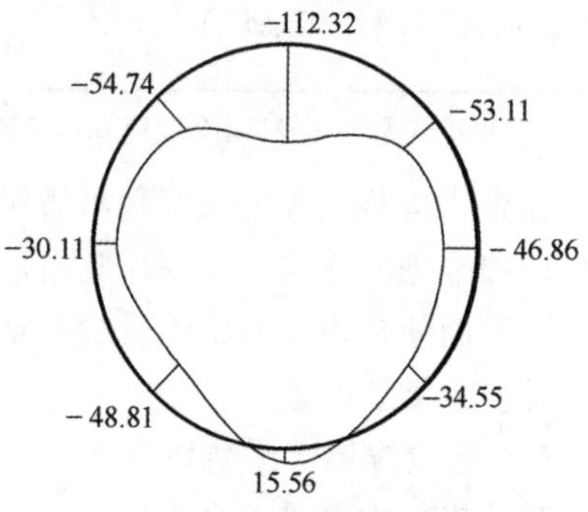

DK41+978 510 环管片弯矩图(单位：kN·m)

图 5-17

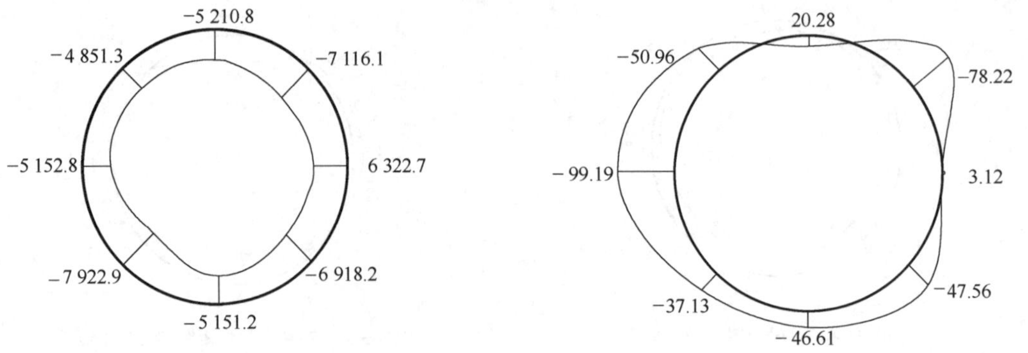

DK39+480 1 761环管片轴力图(单位：kN)　　DK39+480 1 761环管片弯矩图(单位：kN·m)

图 5-17　各环管片轴力与弯矩分布图

从计算结果可以看到，管片全断面均处于受压状态，内外侧钢筋都处于受压状态。隧道顶部弯矩为负值，且弯矩值较大，管片受压明显。管片所受轴力与弯矩左侧和右侧基本对称，在软岩段与上软下硬段，管片顶部底部处于外侧受压状态，隧道侧壁向围岩方向挤压。在硬岩段，由于地层原因，管片受力情况比较复杂，但是隧道顶部仍然明显受压。各断面轴力和弯矩见表 5-12。

表 5-12　管片轴力和弯矩表

编号	里程	最大正弯矩(kN·m)	最大负弯矩(kN·m)	最大轴力(kN)	最小轴力(kN)
75 环	DK42＋850	44.7 (897.9)	51.7 (910.6)	1 936.3 (31.9)	413.7 (10.5)
170 环	DK42＋660	41.57 (1 827.7)	56.94 (2 165.8)	2 165.8 (56.94)	1 656.4 (56.36)
309 环	DK42＋382	58.6 (2 774.8)	114.1 (2 252.2)	3 311.2 (29.96)	1 668.7 (24.46)
510 环	DK42＋978	15.56 (2 349.5)	112.32 (2 183.5)	3 335.3 (34.55)	2 015.9 (46.86)
1 761 环	DK39＋480	20.28 (5 210.2)	99.19 (5 215.8)	7 922.9 (37.13)	4 851.3 (50.96)

注：弯矩列数据中，括号里面的数值为对应轴力；而轴力列数据中，括号里面的数值为对应弯矩。

在管片拼装完成之后至脱出盾尾的过程中，管片内钢筋内力有明显的变化，这主要受到注浆与盾构推进的影响。在管片脱出盾尾后，受力渐渐稳定，其变化过程如图 5-18 和图 5-19 所示。同时即使是短暂的施工荷载和地层复合作用，管片钢筋的受力也仍然较小，证明目前的管片设计参数需要改进。

(2) 连接螺栓实测结果分析

管片连接螺栓受力直接反映管片隧道结构的整体稳定性，对管片结构受力计算影响较大，涉及到管片结构的经济性和合理性。对比国内外管片结构方面，我国的管片结构普遍厚度偏大、配筋率偏高。依照我国的盾构隧道工程项目，在同样的工程条件下，管片结构的经济性方面普遍高出 20%～35%。换算到整个工程，与国外管片造价相比，国内管片纯造价增加 10%

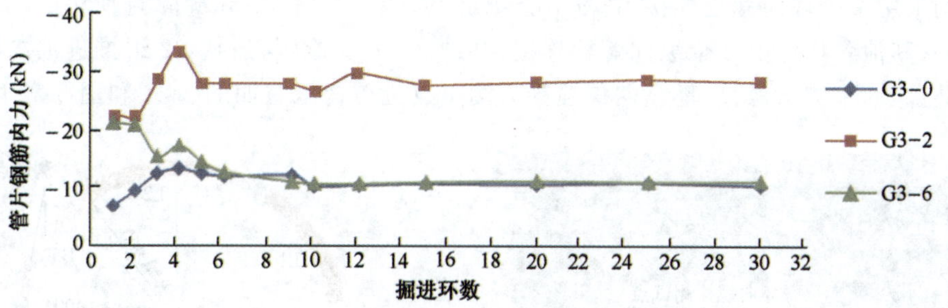

图 5-18 309 环管片内侧钢筋受力变化图

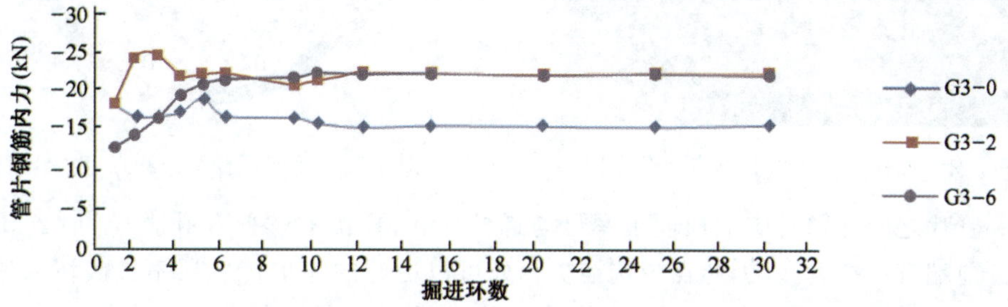

图 5-19 309 环管片外侧钢筋受力变化图

以上。

为了研究管片的整体受力状态，需要进行管片连接螺栓与管片接触面的原位受力测试，以期获得相关数据建立管片结构分析的设计理论。

1)螺栓内力测试方案

由于管片结构在安装完成后的前期，其受力变化较大，而且环境干扰也较大，用此需要采用灵敏度较高、抗干扰能力强的测试元件与方法，而且需要做到能够进行现场连续测试。光栅光纤应变传感器具有抗电磁干扰、耐久性好、准分布式传感、尺寸小、灵敏度高、精度高、频带宽、信噪比高等优点，是结构局部健康监测最理想的智能传感元件之一。光纤光栅应变测试系统主要由以下部分组成：光纤光栅传感网络分析仪、监控计算机、传感器、光纤。光纤光栅应变测试系统结构如图 5-20 所示。

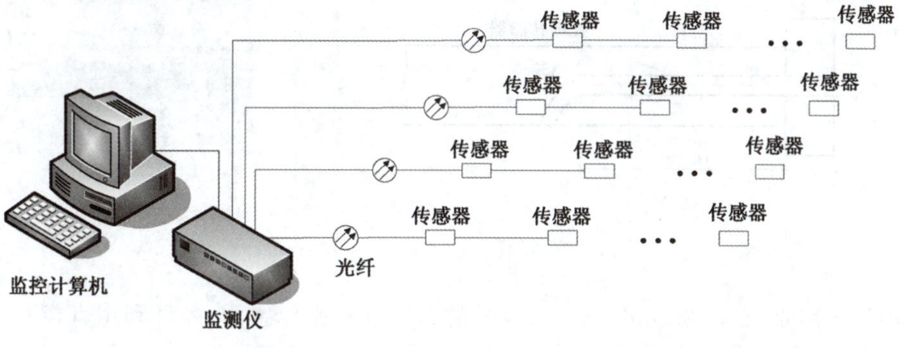

图 5-20 光纤光栅应变测试系统结构图

狮子洋水下隧道的管片环纵向均采用 M36 直螺栓斜向连接，螺栓机械强度等级采用 6.8～8.8 级，其抗拉强度分别为 600 MPa、800 MPa；屈服强度分别为 480 MPa、640 MPa。管片纵缝均采用 3 个环向螺栓连接，每环 8 条纵缝共计 24 个螺栓；环缝除封顶块由一个纵向螺栓连接外，其他各块均由 3 个纵向螺栓连接，共计 22 个螺栓（与盾构 22 组推进油缸相对应）。环纵缝共计 46 个测试螺栓，环纵向螺栓受力测点点位布置示意如图 5-21 和图 5-22 所示。

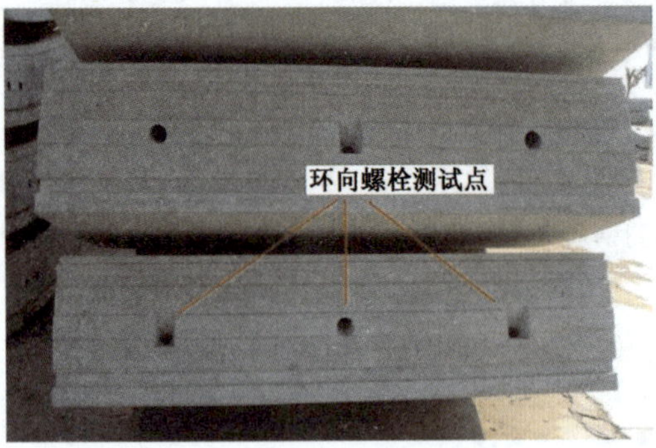

图 5-21　纵向螺栓受力测点点位分布图

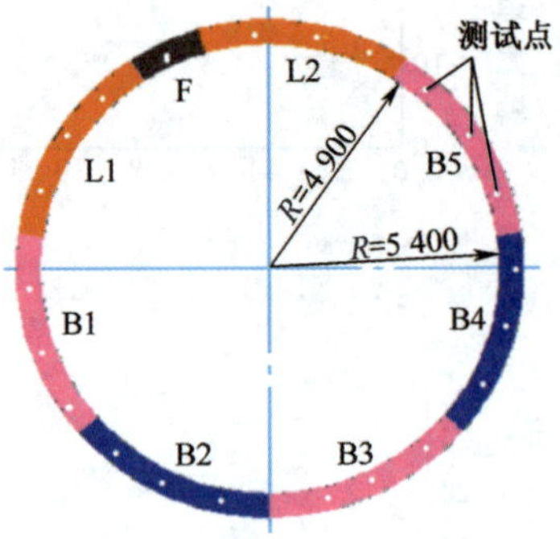

图 5-22　环向螺栓受力测点点位分布图

相邻管片之间分别对应地预埋了螺母与螺栓穿孔，预留的螺栓穿孔直径为 42 mm，而预埋螺母的前端有一扩大孔，因此点位选在扩孔处可以更好的保护传感器不被破坏。考虑到测试剪力，应选在接缝处设置点位，并布置斜向测点，点位定在距螺栓头 41 cm 处。

由于螺栓直径只有 36 mm，横截面比较小，且受施工条件限制，测线保护比较困难，需在螺栓表面凿槽保护引线，但凿槽不宜太大，所以利用尺寸比较小的光纤光栅传感器测试比较合适。

凿槽及布置光纤光栅传感器具体做法如下：从螺栓头部钻直径为 2 mm 的斜孔穿出螺栓头，再沿螺杆表面向下部钻刻出 2 mm×2 mm 的直线细槽，并与距螺杆头 41 cm 处钻刻的斜 45°的细槽相连。在直槽和斜槽里各布设一个光栅传感器，然后用黏结剂固定黏牢。测试管片上每个纵向和环向螺栓都按此法钻孔，刻槽并布置光栅传感器，螺栓开槽如图 5-23 所示。

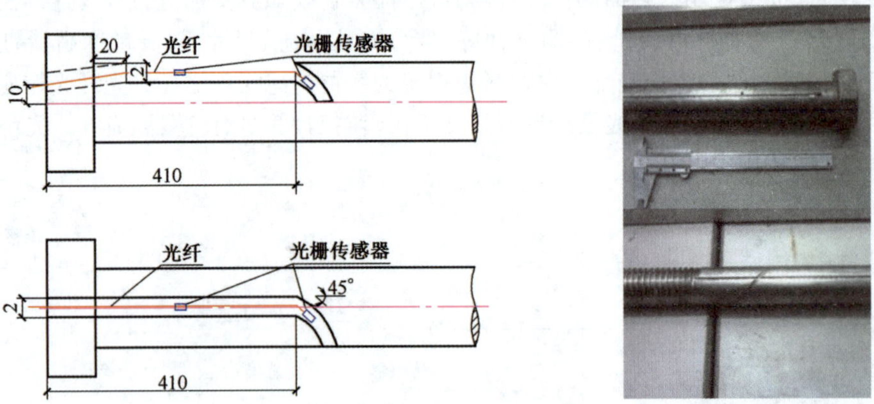

图 5-23　螺栓开槽示意图(单位：mm)

本项目选用直径 0.125 mm 、长 20 mm 的布拉格光栅传感器，光纤利用直径 0.9 mm 的包线封装。选用直径 3 mm 的跳纤连接传感器和测试端。

为了保护引线不被施工时破坏，在螺栓头上焊接一个直径 10 mm 的光纤保护帽，将引线绕成环，套在螺帽上再用胶带黏牢。以便安装管片时螺栓风动扳手不会挤压到引线。螺栓头部引线处理如图 5-24 所示。

图 5-24 螺栓头部引线处理示意图

将数据采集程序安装在笔记本电脑中,设置好各传感器参数,再携带光纤光栅传感网络分析仪和一些排除故障的物品进入隧道采集数据。通过光纤光栅网络分析仪读取传感器返回的波长值,并实时完成数据采集、直观图形显示、本机硬盘存储。

利用所采集到的数据,根据光纤波长与应力、应变的关系数学模型,进行数值转换可得到相应测点的不同时间点的应力、应变。

2) 测试数据

本次测试采集到了试验断面 62 环管片内的数据。将采集到的数据绘制成应力—掘进环数曲线图,测试结果见表 5-13 和表 5-14,曲线关系如图 5-25～图 5-31 以及图 5-33～图 5-45 所示。

① 环缝螺栓

表 5-13 633 环螺栓应力应变表

编号	45°方向			轴 向		
	波长 (nm)	应变 (με)	应力 (MPa)	波长 (nm)	应变 (με)	应力 (MPa)
FL1	1 552.107 2	61.1	12.2	1 547.402 4	104.1	20.8
L1L1	1 546.831 2	57.9	11.6	1 542.233 6	105.5	21.1
L1L2	1 546.700 9	57.9	11.6	1 545.483 7	105.4	21.1
L1L3	1 555.102 5	66.2	13.2	1 550.474 5	109.0	21.8
B1L1	1 546.634 7	65.8	13.2	1 545.243 8	113.3	22.7
B1L3	1 548.580 2	65.3	13.1	1 543.416 2	117.7	23.5
B2L1	1 549.633 2	66.8	13.4	1 545.258 5	127.1	25.4
B2L2	1 549.053 5	90.8	18.2	1 543.678 4	161.5	32.3
B2L3	1 554.660 5	59.8	12.0	1 549.949 5	135.5	27.1
B3L1	1 546.598 7	59.3	11.9	1 541.941 2	128.9	25.8
B3L2	1 549.240 3	58.9	11.8	1 544.997 1	122.2	24.4
B3L3	1 547.445 5	58.0	11.6	1 542.140 5	108.9	21.8
B4L1	1 549.012 0	70.3	14.1	1 549.089 3	161.9	32.4
B4L2	1 550.770 0	67.8	13.6	1 546.971 6	139.8	28.0
B4L3	1 550.730 4	65.3	13.1	1 546.856 6	117.7	23.5

续上表

编号	45°方向			轴　向		
	波长 (nm)	应变 (με)	应力 (MPa)	波长 (nm)	应变 (με)	应力 (MPa)
B5L1	1 546.532 5	63.9	12.8	1 542.149 5	108.3	21.7
B5L2	1 554.770 6	65.3	13.1	1 550.207 0	117.7	23.5
B5L3	1 555.034 7	68.8	13.8	1 550.175 2	105.1	21.0
L2L1	1 546.701 1	73.8	14.8	1 545.445 0	101.9	20.4
L2L2	1 548.352 0	54.0	10.8	1 543.278 8	90.7	18.1
L2L3	1 552.107 2	61.1	12.2	1 547.402 4	104.1	20.8

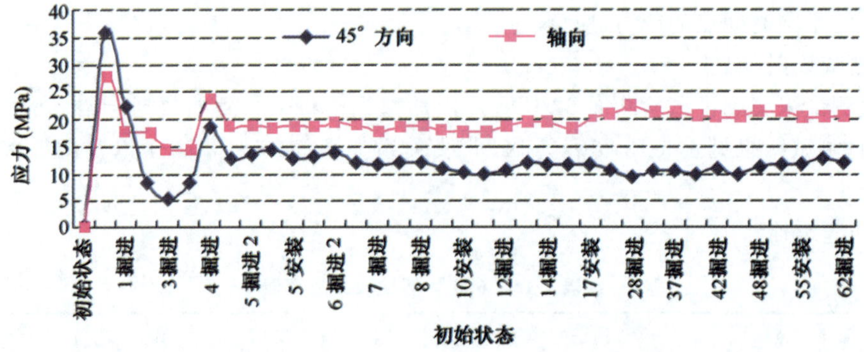

图 5-25　环缝螺栓 FL1(管片 F 环缝位置 1 螺栓)应力与掘进环数关系图

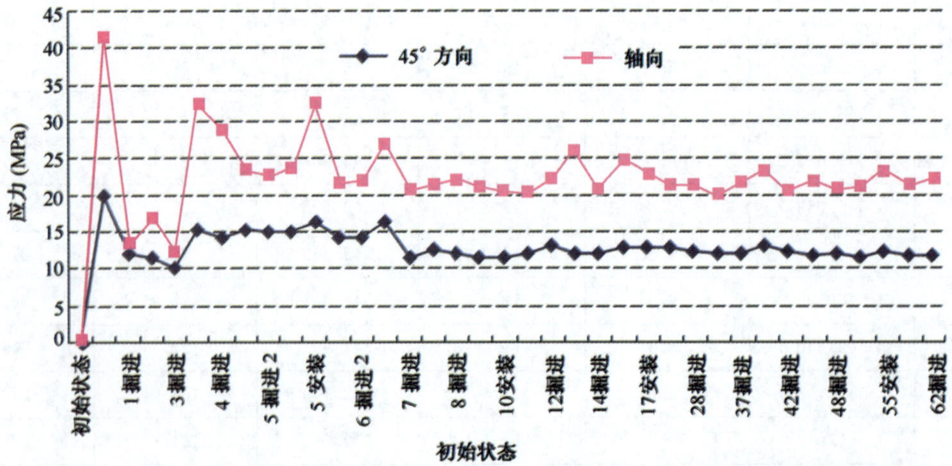

图 5-26　环缝螺栓 L1L2(管片 L1 环缝位置 2 螺栓)应力与掘进环数关系图

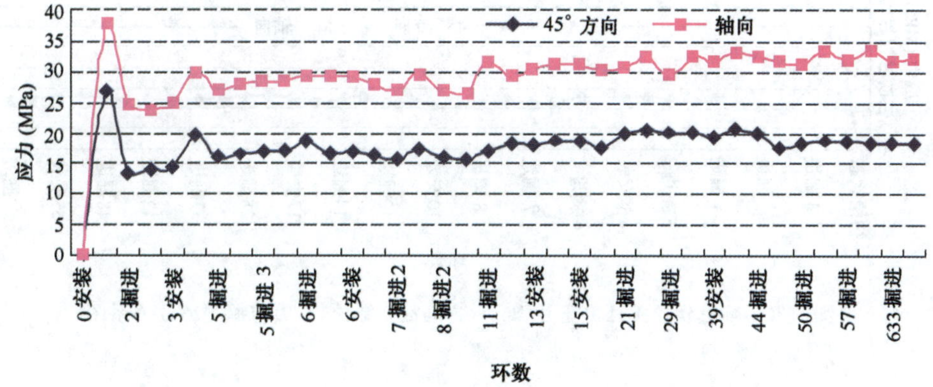

图 5-27 环缝螺栓 B2L2(管片 B2 环缝位置 2 螺栓)应力与掘进环数关系图

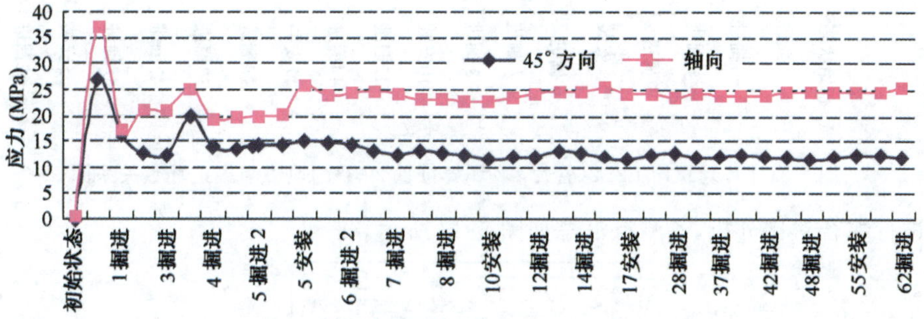

图 5-28 环缝螺栓 B3L2(管片 B3 环缝位置 2 螺栓)应力与掘进环数关系图

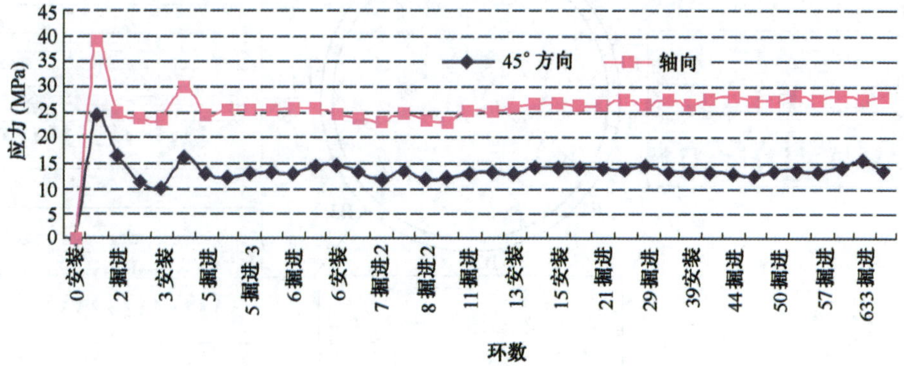

图 5-29 环缝螺栓 B4L2(管片 B4 环缝位置 2 螺栓)应力与掘进环数关系图

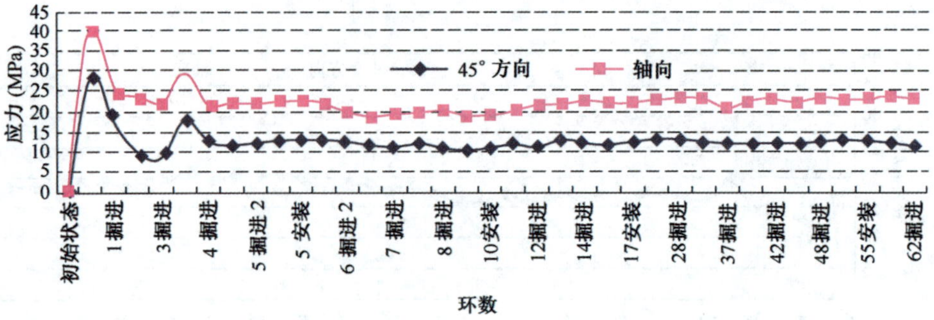

图 5-30　环缝螺栓 B5L2(管片 B5 环缝位置 2 螺栓)应力与掘进环数关系图

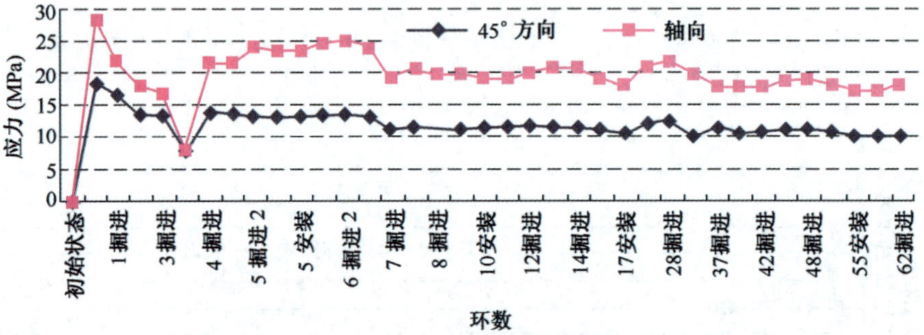

图 5-31　环缝螺栓 L2L2(管片 L2 环缝位置 2 螺栓)应力与掘进环数关系图

为进行综合对比分析,各测点汇总如图 5-32 所示。

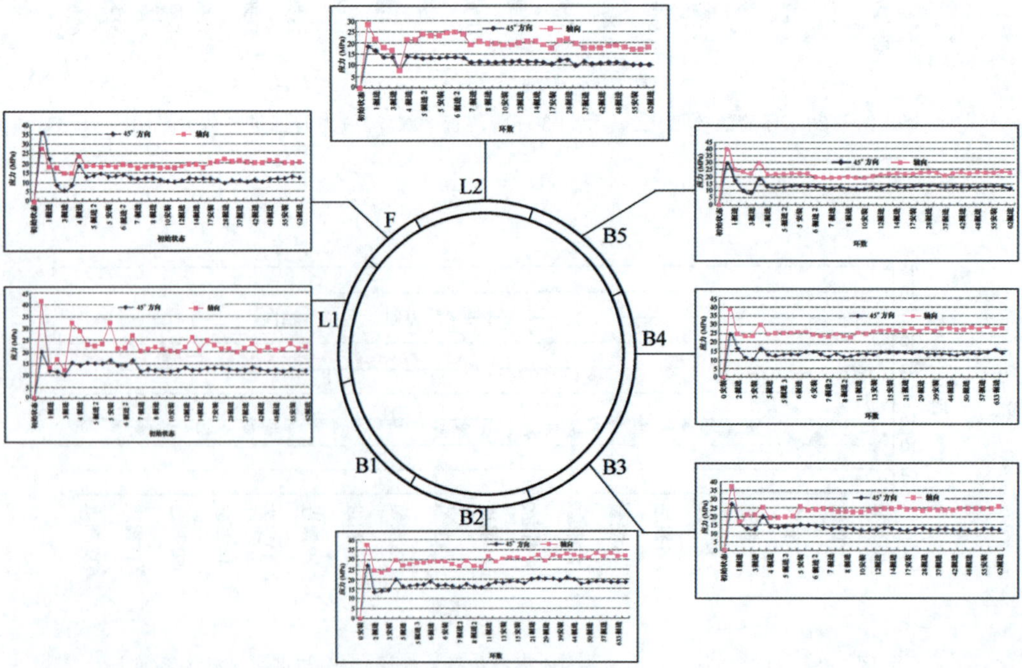

图 5-32　环缝螺栓应力数据汇总图

② 纵缝螺栓

表 5-14 测试数据

编号	45°方向			轴向		
	波长（nm）	应变（$\mu\varepsilon$）	应力（MPa）	波长（nm）	应变（$\mu\varepsilon$）	应力（MPa）
ZL13	1 542.354 9	105.5	21.1	1 546.909 6	101.5	20.8
ZL12	1 550.344 7	68.5	13.7	1 555.324 7	106.9	21.1
ZL11	1 551.072 9	110.5	22.1	1 553.717 5	80.9	20.3
ZL23	1 542.099 9	35.5	7.1	1 546.998 5	57.9	21.4
ZL22	1 541.866 8	105.5	21.1	1 546.799 0	101.5	16.2
ZL21	1 543.384 7	124.0	24.8	1 548.748 3	98.9	11.6
ZL33	1 546.387 1	82.5	16.5	1 541.904 1	105.6	20.3
ZL31	1 554.844 2	89.8	18.0	1 550.237 7	128.5	19.8
ZL43	1 548.499 7	87.5	17.5	1 543.130 8	118.0	21.1
ZL42	1 548.964 8	83.8	16.8	1 543.767 2	97.2	25.7
ZL41	1 549.145 8	55.7	11.1	1 545.048 9	133.1	23.6
ZL53	1 548.881 2	98.4	19.7	1 551.521 5	82.4	19.4
ZL52	1 548.608 6	55.7	11.1	1 543.368 6	133.1	26.6
ZL51	1 546.413 5	78.3	15.7	1 546.953 0	115.7	16.5
ZL63	1 550.812 7	77.1	15.4	1 543.371 8	138.9	26.6
ZL62	1 546.506 8	67.5	13.5	1 543.214 9	137.1	23.1
ZL61	1 554.812 7	57.9	11.6	1 543.371 8	135.3	27.8
ZL73	1 555.748 3	98.9	19.8	1 543.384 7	124.0	27.4
ZL72	1 546.708 4	60.3	12.1	1 547.199 0	109.8	27.1
ZL71	1 546.708 4	96.5	19.3	1 547.199 0	121.0	24.2
ZL81	1 545.192 5	91.6	18.3	1 546.625 0	65.8	13.2

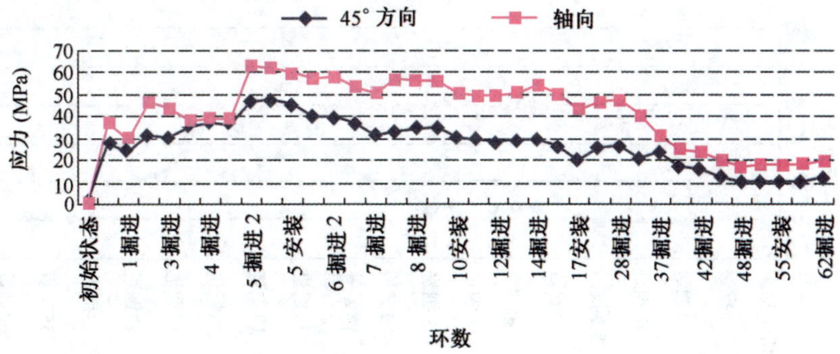

图 5-33 纵缝螺栓 ZL12(纵缝 1 缝位置 2 螺栓)应力与掘进环数关系图

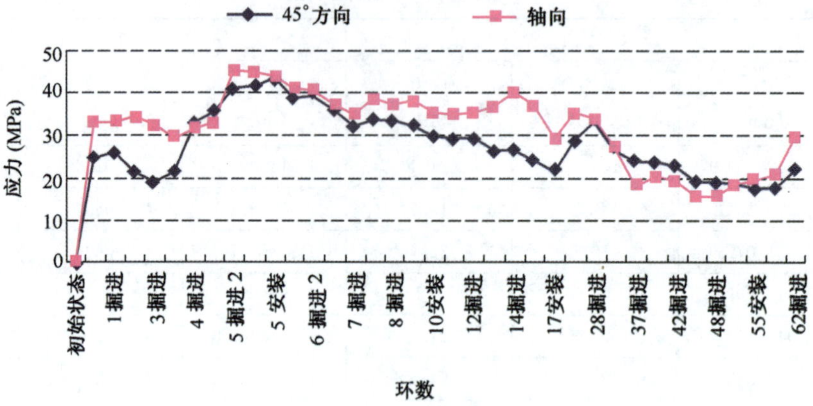

图 5-34　纵缝螺栓 ZL22(纵缝 2 缝位置 2 螺栓)应力与掘进环数关系图

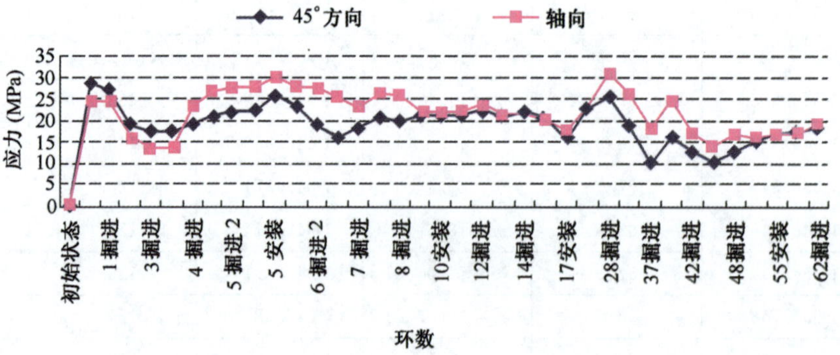

图 5-35　纵缝螺栓 ZL33(纵缝 3 缝位置 3 螺栓)应力与掘进环数关系图

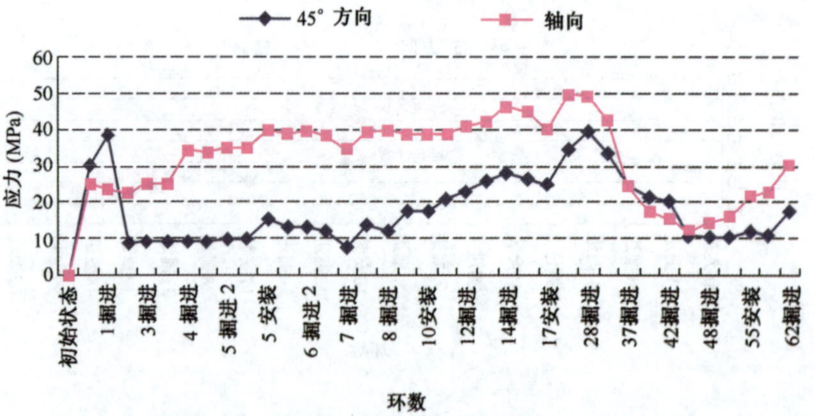

图 5-36　纵缝螺栓 ZL42(纵缝 4 缝位置 2 螺栓)应力与掘进环数关系图

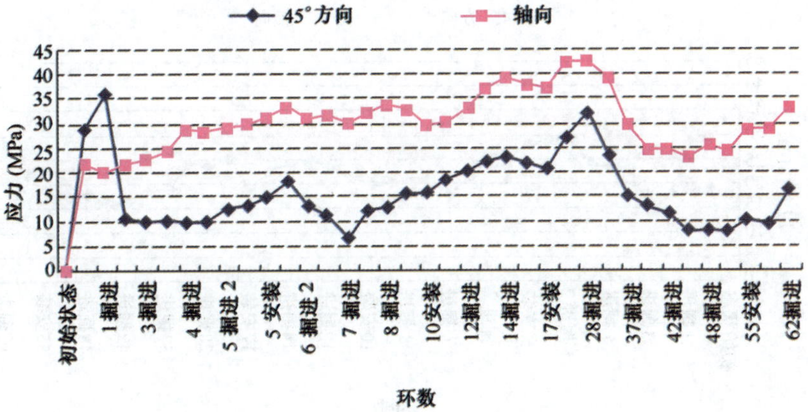

图 5-37 纵缝螺栓 ZL51(纵缝 5 缝位置 2 螺栓)应力与掘进环数关系图

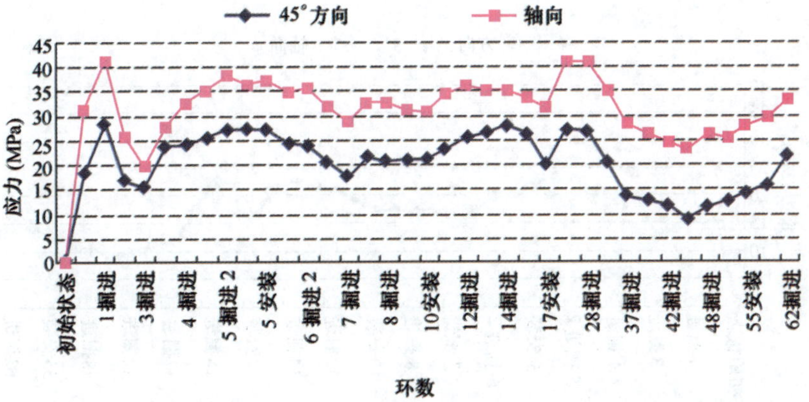

图 5-38 纵缝螺栓 ZL62(纵缝 6 缝位置 2 螺栓)应力与掘进环数关系图

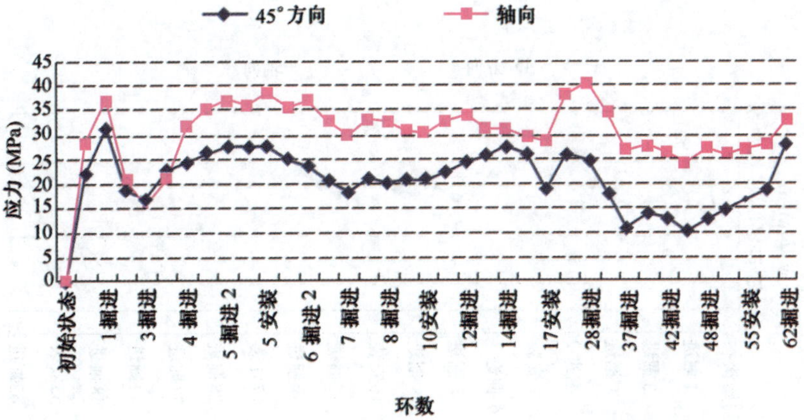

图 5-39 纵缝螺栓 ZL63(纵缝 6 缝位置 3 螺栓)应力与掘进环数关系图

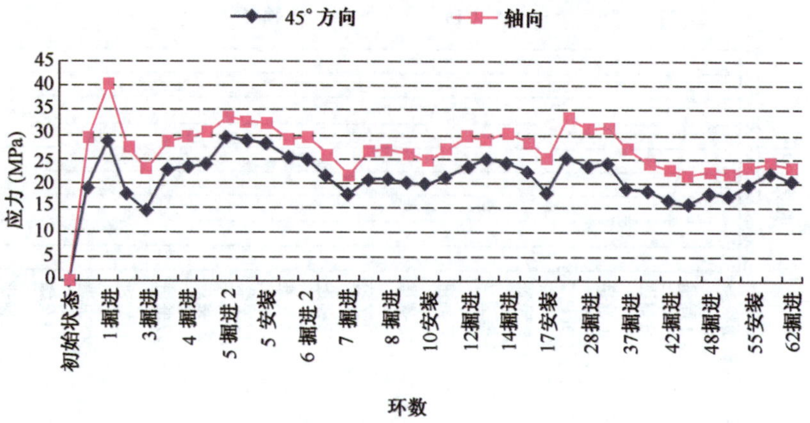

图 5-40　纵缝螺栓 ZL71(纵缝 7 缝位置 1 螺栓)应力与掘进环数关系图

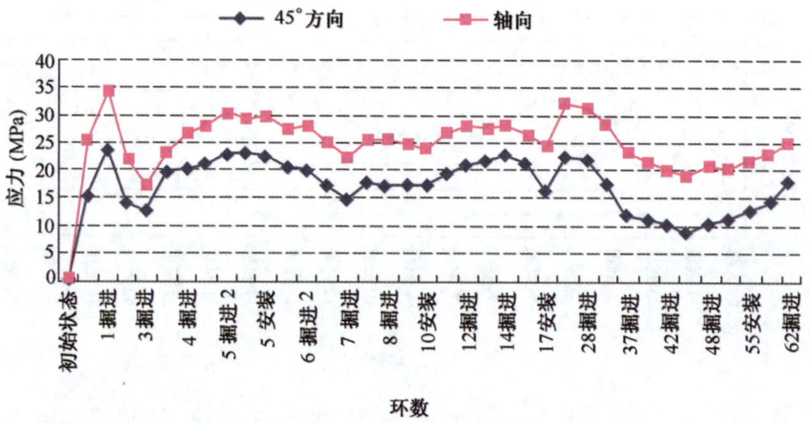

图 5-41　纵缝螺栓 ZL72(纵缝 7 缝位置 2 螺栓)应力与掘进环数关系图

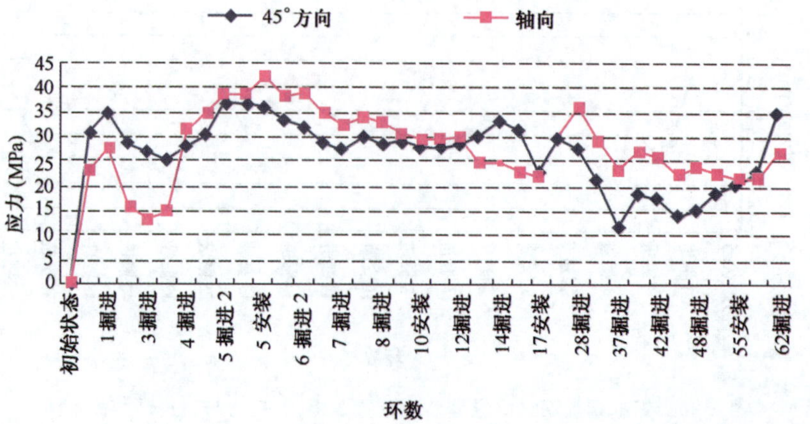

图 5-42　纵缝螺栓 ZL73(纵缝 7 缝位置 3 螺栓)应力与掘进环数关系图

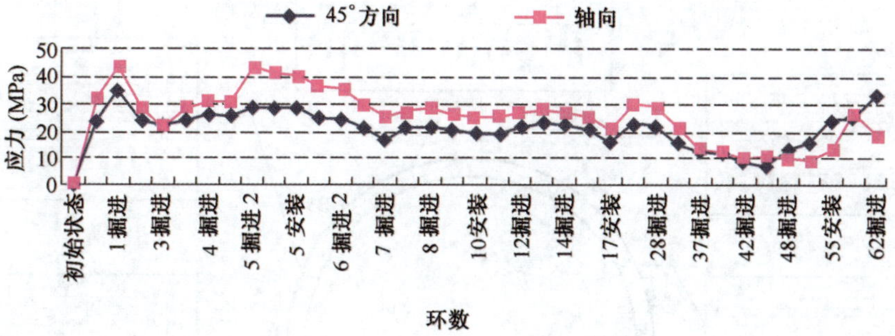

图 5-43 纵缝螺栓 ZL81(纵缝 8 缝位置 1 螺栓)应力与掘进环数关系图

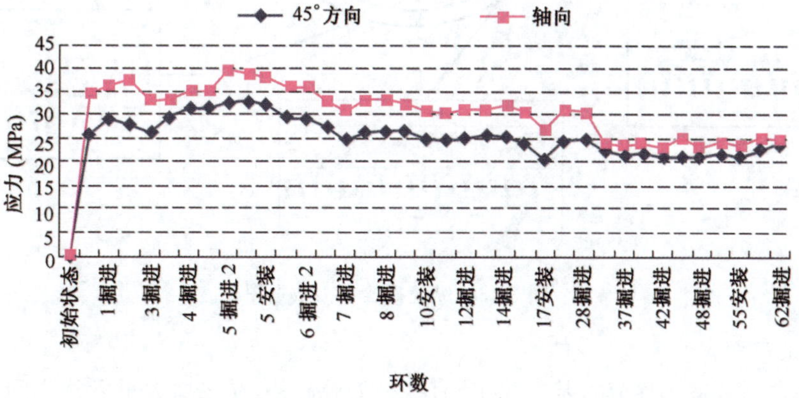

图 5-44 纵缝螺栓 ZL82(纵缝 8 缝位置 2 螺栓)应力与掘进环数关系图

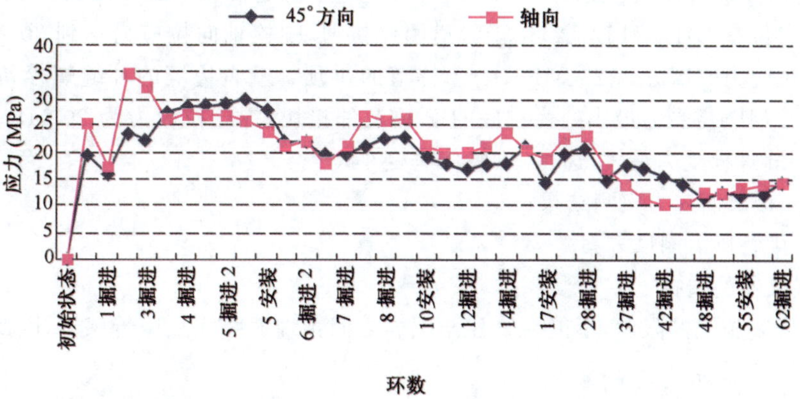

图 5-45 纵缝螺栓 ZL83(纵缝 8 缝位置 3 螺栓)应力与掘进环数关系图

为进行综合对比分析,各测点汇总如图 5-46:

3) 测试结果分析

① 前三环的受力变化比较明显,有先增大后减小的规律,在安装完三环管片时达到最大,

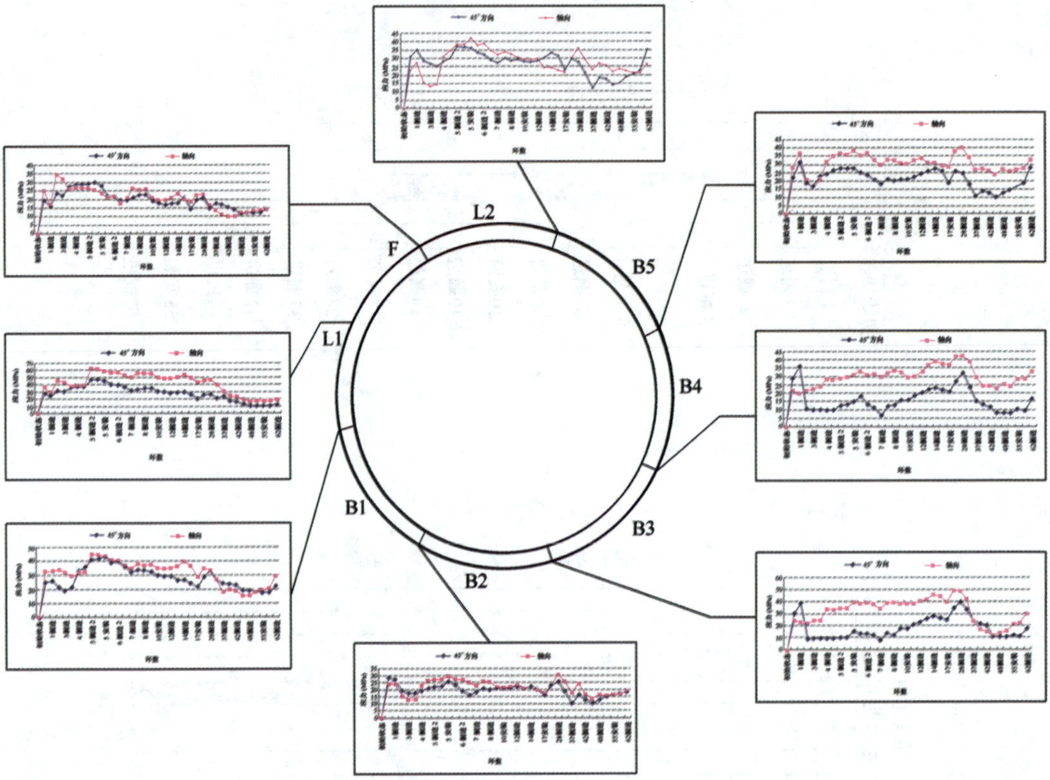

图 5-46　纵缝螺栓应力数据图

之后呈减小的趋势。

② 三环之后环缝螺栓应力基本稳定，有些呈松弛趋势，注浆增大了管片之间的接触压力，从而使螺栓出现松弛；纵缝螺栓应力波动较大，先下降，在第 7～8 环时达到最小值，之后有上升趋势，可能是盾尾脱出后水位回升的影响，在第 29 环时最大，之后下降，稳定在 25 MPa 左右。

③ 环缝螺栓最大拉应力为 30～40 MPa，后期基本稳定在 20～25 MPa 之间。其中稳定后最大拉应力点位是 B4L1 和 B2L2，位于隧道两侧拱肩，螺栓轴向拉应力达到 30 MPa。B2，B3 上环缝螺栓拉应力大部分为 25 MPa，处于隧道的拱顶。左右边墙的环缝螺栓拉应力稍小一些，为 20～25 MPa。受力最小处为拱底的 F 块及邻接块，螺栓拉应力为 20 MPa 左右。分析得出：拱顶环缝螺栓受力最大，边墙，拱底依次变小。

(3) 管片接触面应力实测结果

1) 管片接触压力测试方案

① 测试仪器的选择

受管片拼装施工的限制，不能在管片与围岩之间预埋振弦式土压传感器，因此考虑利用外置式光纤光栅传感器。

② 测试点个数与位置的确定

管片纵缝设置凸凹榫槽，环缝设 ϕ50 mm 定位销或定位杆。管片在靠推进油缸侧端面并与油缸撑靴相对应位置设置高 3 mm 凸台(共 22 个)，设计在凸台上粘贴 2 mm 丁晴软木橡胶垫，作为管片在隧道纵向上的传力垫。管片接缝采用双道密封垫防水，外侧采用三元乙丙橡胶止水条，内侧为遇水膨胀橡胶止水条。每条纵缝布设一个测试组，纵缝共计 8 个测组；每个管片的环缝，除封顶块环缝布设一个测组，其他各块各设两个测组，环缝共计 15 个测组，对各测点逐一进行编号。环纵缝共计 23 个测组，每个测试组布置 3 个测点。环纵缝接触压力测试管片点位如图 5-47 所示，全环纵缝接触压力测试点位布设如图 5-48 所示。

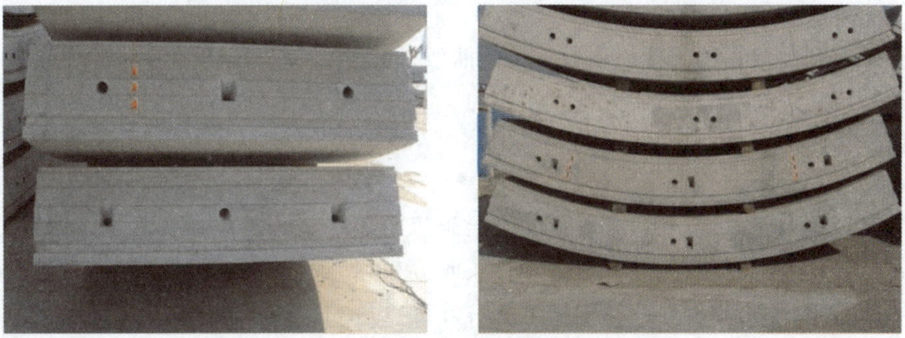

图 5-47 环纵缝接触压力测试管片点位图片

③ 传感器参数的确定

经过计算，环面压强约为 7.8 MPa。由规范查得，管片的弹性模量为 35.5 GPa，推算出该管片会产生大约 200 $\mu\varepsilon$ 的应变，故选用直径 0.125 mm、长 20 mm 的布拉格光栅传感器，光纤利用直径 0.9 mm 的包线封装，选用直径 3 mm 的跳纤。

④ 布设测试元件

管片粘贴止水条之前，如图 5-49 所示凿槽。把传感器置于测点处，用防水胶将传感器固定在接触面上；引线所经之处也做相应引线槽，用防水胶黏牢。接线头用盒子保护起来，防止受损。

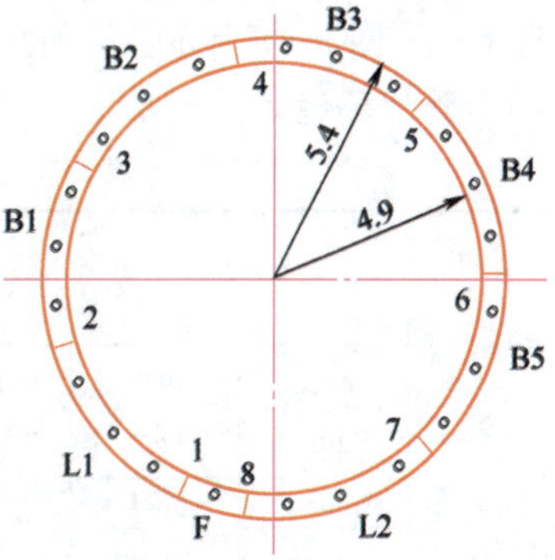

图 5-48 全环纵缝接触压力测试点位布设图(单位：m)

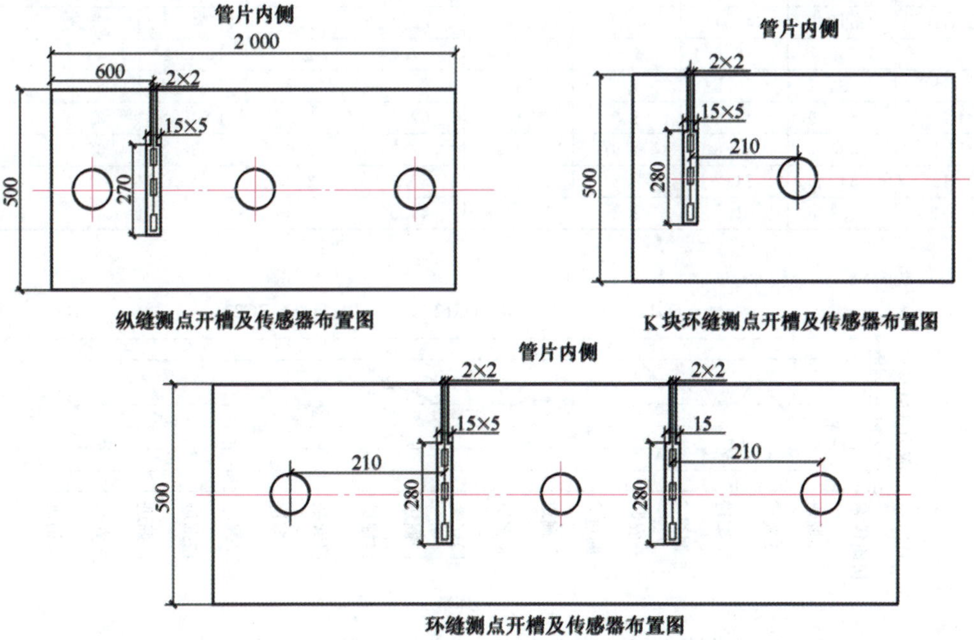

图 5-49 环纵缝接触压力测点开槽示意图(单位：mm)

⑤ 数据的采集

将数据采集程序安装在笔记本电脑中，设置好各传感器参数，再携带光纤光栅传感网络分析仪和一些排除故障的物品进入隧道测试断面进行数据采集。

⑥ 数据的处理

根据采集到的数据绘制接触压力—时间曲线散点图。分析压力随时间的变化情况，并根据施工记录，与实际情况做对比分析。当压力—时间曲线趋于平缓时，可选取合适的函数形式进行回归分析。

⑦ 信息反馈

在施工过程中及时进行数据分析，反馈给施工与设计。分析包括实时与阶段性分析。实时分析：每天根据监测数据与施工参数进行实时分析，发现安全隐患，及时反馈；阶段分析：经过一段时间后，根据大量的监测数据进行综合分析，指导下一阶段施工。

2）数据测试

根据采集到的数据见表 5-15 和表 5-16，绘制接触压力—时间曲线图如图 5-50～图 5-57 和图 5-59～图 5-61 所示。分析压力随时间的变化情况，并与实际情况进行对比。

① 管片环缝

表 5-15　右线 168 环稳定后环缝接触压力与应变

编号	测点								
	1			2			3		
	波长(nm)	应变(με)	压力(MPa)	波长(nm)	应变(με)	压力(MPa)	波长(nm)	应变(με)	压力(MPa)
FG1	1 553.5	58.6	2.1	1 555.3	80.1	2.8	1 556.7	113.4	4.0
L1G1	1 541.1	55.5	1.9	1 542.4	63.0	2.2	1 545.6	72.7	2.5
L1G2	1 547.5	61.6	2.2	1 549.2	63.7	2.2	1 550.7	62.4	2.2
B2G1	1 540.6	39.9	1.4	1 541.9	27.7	1.0	1 545.5	38.2	1.3
B2G2	1 547.3	46.8	1.6	1 549.2	37.6	1.3	1 550.7	56.8	2.0
B3G1	1 545.5	47.1	1.6	1 547.3	52.1	1.8	1 549.1	28.0	1.0
B3G2	1 550.7	42.6	1.5	1 555.4	57.2	2.0	1 556.9	44.1	1.5
B4G1	1 534.7	50.5	1.8	1 536.0	66.0	2.3	1 538.4	57.6	2.0
B4G2	1 540.9	45.6	1.6	1 542.5	67.1	2.3	1 545.6	39.6	1.4
B5G1	1 534.7	54.6	1.9	1 536.0	73.3	2.6	1 538.4	62.0	2.2
B5G2	1 540.9	71.2	2.5	1 542.4	57.7	2.0	1 545.5	51.4	1.8
L2G1	1 534.6	61.8	2.2	1 536.0	49.5	1.7	1 538.4	47.5	1.7

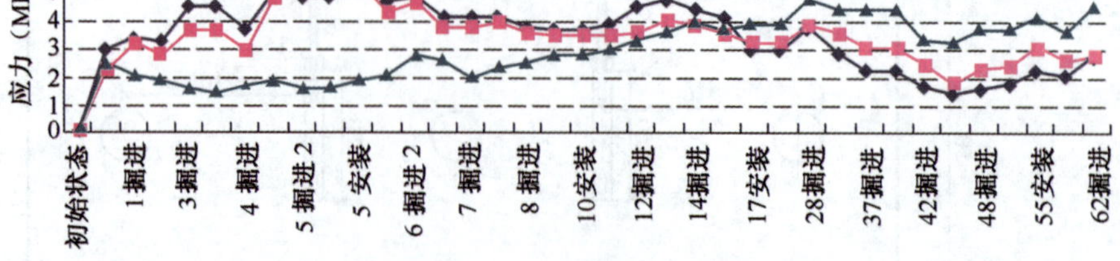

图 5-50　环缝管片 FG1(管片 F 环缝位置 1)接触压力与掘进环数关系图

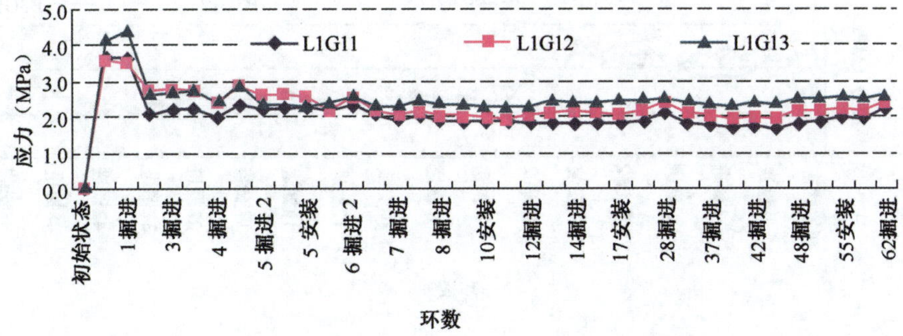

图 5-51　环缝管片 L1G1(管片 L1 环缝位置 1)接触压力与掘进环数关系图

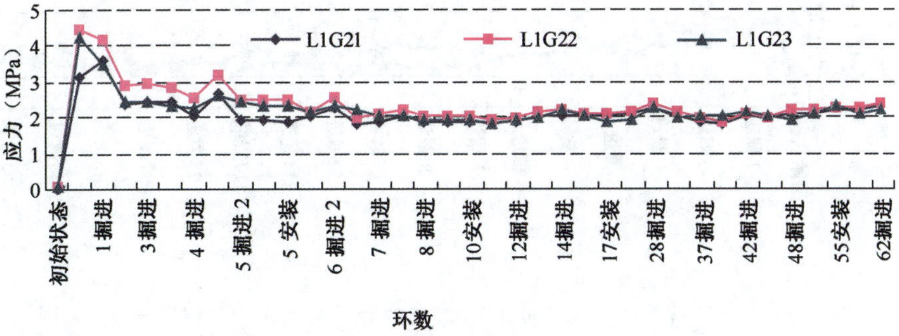

图 5-52　环缝管片 L1G2(管片 L1 环缝位置 2)接触压力与掘进环数关系图

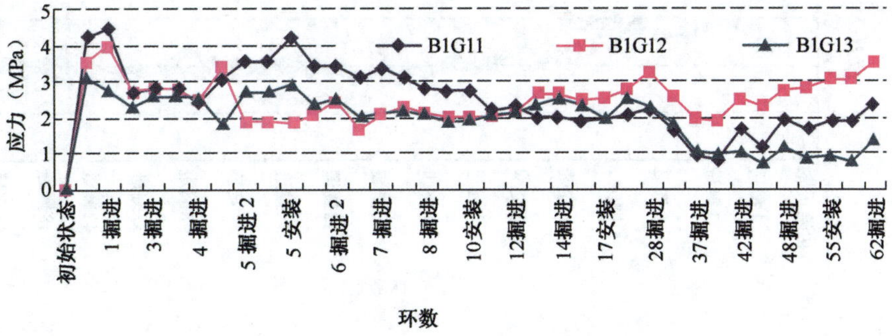

图 5-53　环缝管片 B1G1(管片 B1 环缝位置 1)接触压力与掘进环数关系图

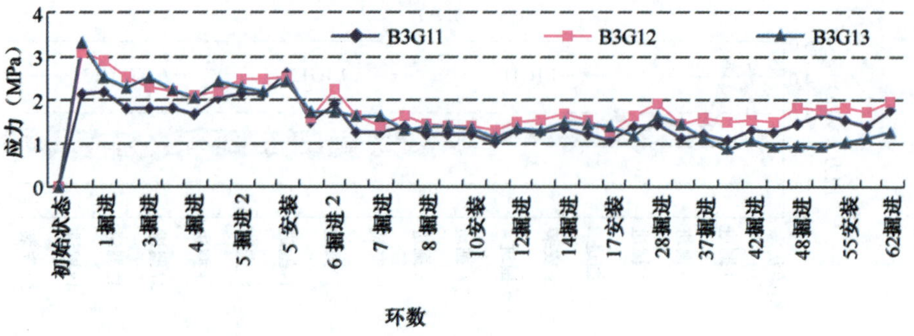

图 5-54　环缝管片 B3G1(管片 B3 环缝位置 1)接触压力与掘进环数关系图

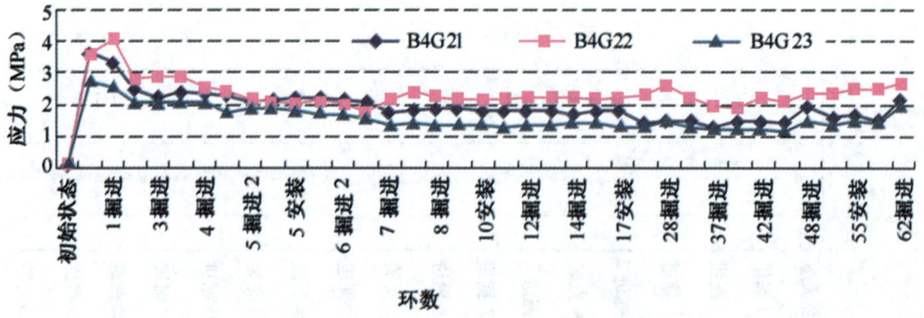

图 5-55　环缝管片 B4G2(管片 B4 环缝位置 2)接触压力与掘进环数关系图

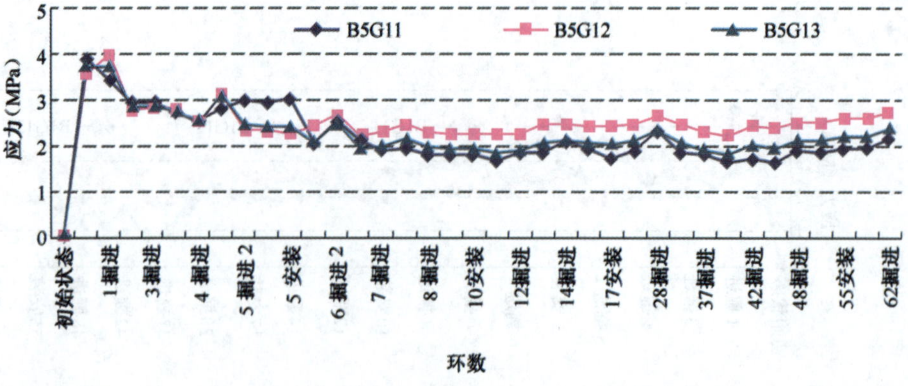

图 5-56　环缝管片 B5G1(管片 B5 环缝位置 1)接触压力与掘进环数关系图

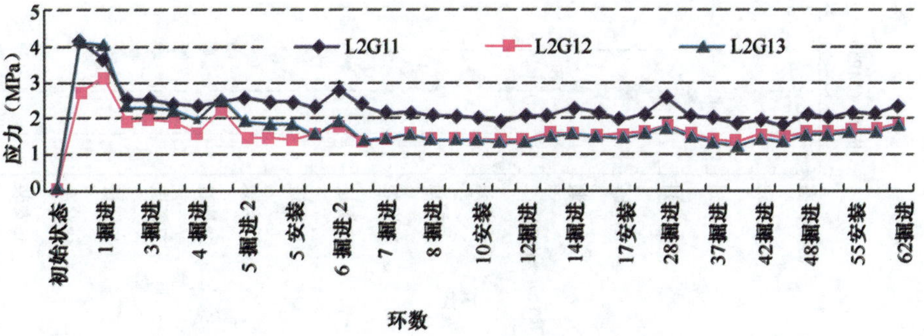

图 5-57 环缝管片 L2G1(管片 L2 环缝位置接触压力与掘进环数关系图

为进行综合对比分析，各测点汇总如图 5-58 所示。

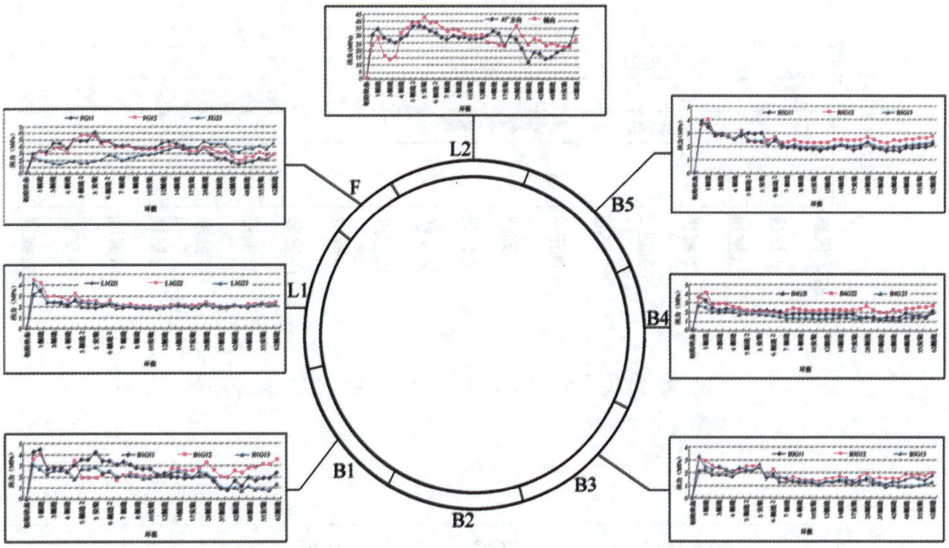

图 5-58 管片环缝接触应力数据汇总图

② 管片纵缝

表 5-16 纵缝接触应力与应变

编号	ZG11			ZG12			ZG13		
	波长（nm）	应变（$\mu\varepsilon$）	压力（MPa）	波长（nm）	应变（$\mu\varepsilon$）	压力（MPa）	波长（nm）	应变（$\mu\varepsilon$）	压力（MPa）
1	1 534.765 0	84.3	2.9	1 536.029 0	78.3	2.7	1 538.387 1	84.0	2.9
2	1 554.008 3	95.8	3.4	1 555.672 6	94.9	3.3	1 556.928 6	85.3	3.0
3	1 546.793 6	116.2	4.1	1 549.025 1	99.3	3.5	1 550.618 7	121.6	4.3
4	1 547.409 5	78.6	2.8	1 549.198 0	72.9	2.6	1 550.822 0	83.8	2.9
5	1 547.448 3	88.1	3.1	1 549.266 6	90.5	3.2	1 550.772 6	90.8	3.2
6	1 547.508 3	102.4	3.6	1 549.272 6	103.4	3.6	1 550.788 6	89.6	3.1

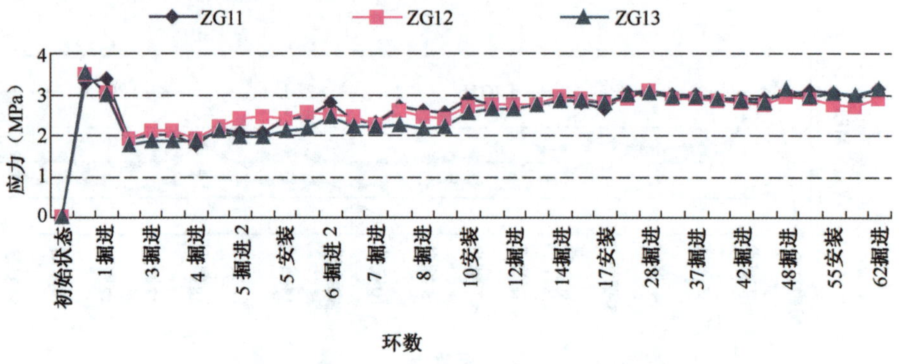

图 5-59　纵缝管片 ZG1(管片 F 与 L1 缝)接触应力与掘进环数关系图

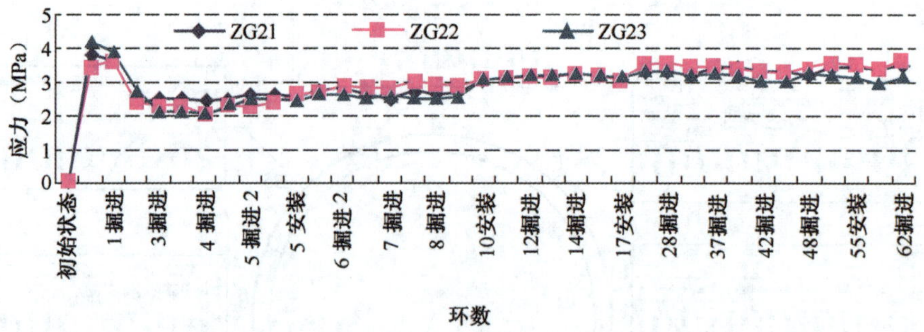

图 5-60　纵缝管片 ZG2(管片 L2 与 B1 缝)接触应力与掘进环数关系图

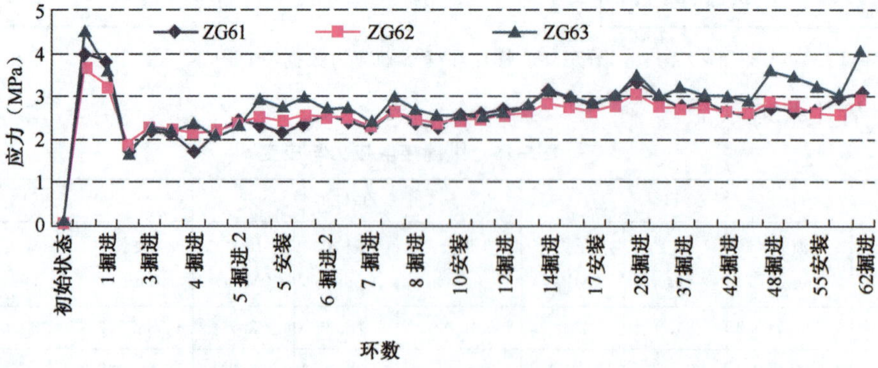

图 5-61　纵缝管片 ZG6(管片 B4 与 B5 缝)接触应力与掘进环数关系图

为进行综合对比分析，各测点汇总如图 5-62 所示：

③ 掘进参数与相对掘进环的关系

试验过程相关掘进参数变化曲线图如图 5-63 和图 5-64。

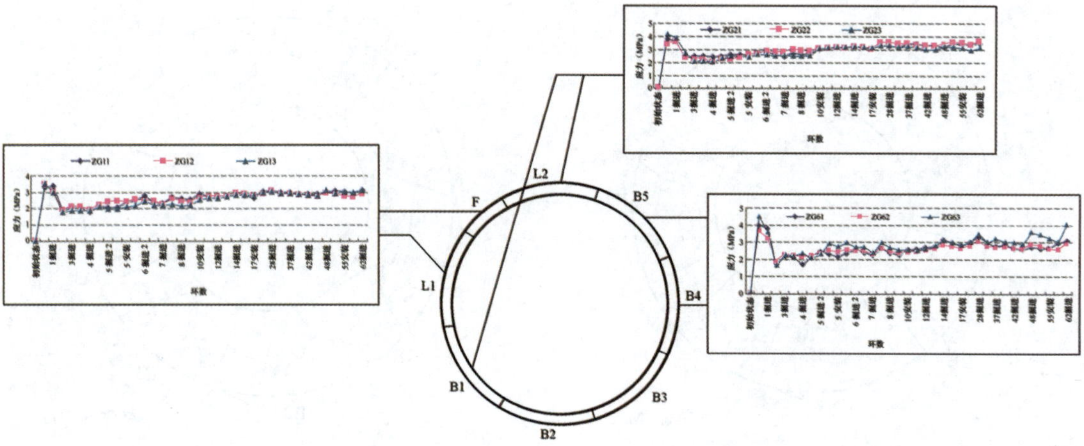

图 5-62 管片纵缝接触应力数据汇总图

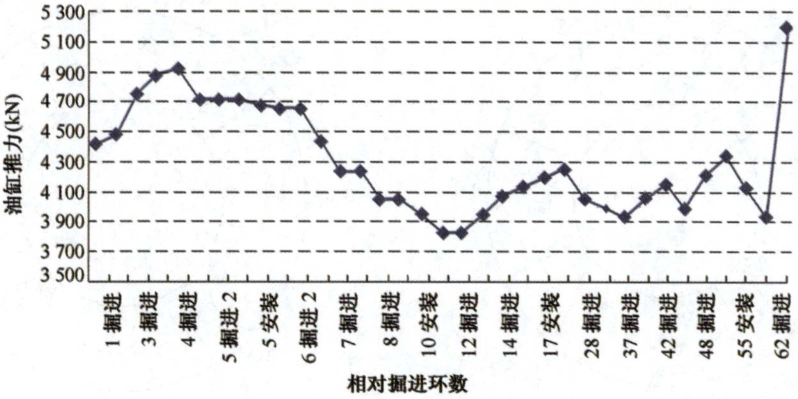

图 5-63 掘进时油缸推力曲线图

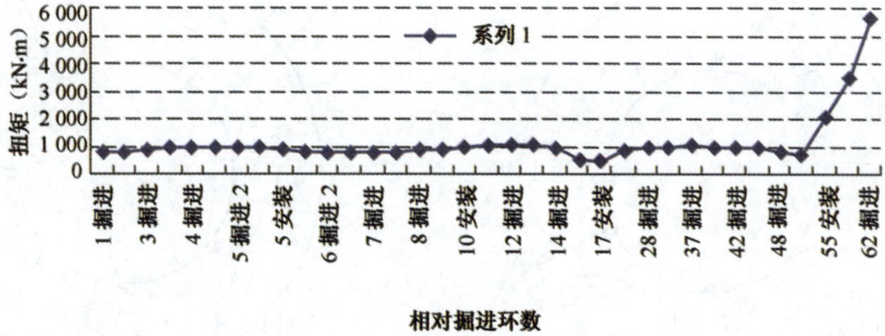

图 5-64 掘进时扭矩曲线图

不同围岩条件下的管片接缝(纵、环缝)沿管片厚度方向的应力分布如图 5-65～图 5-70 所示,显然其内外接触压力差值很小,表明管片所承受的弯矩较小,有利于发挥混凝土抗压强度高、抗拉强度低的特性。从而进一步验证了,目前我国管片设计计算荷载不合理、计算模式与实际状况差距大,再加上采用极限应力状态法进行钢筋混凝土的配筋方法是不合理的,需要进行改进。

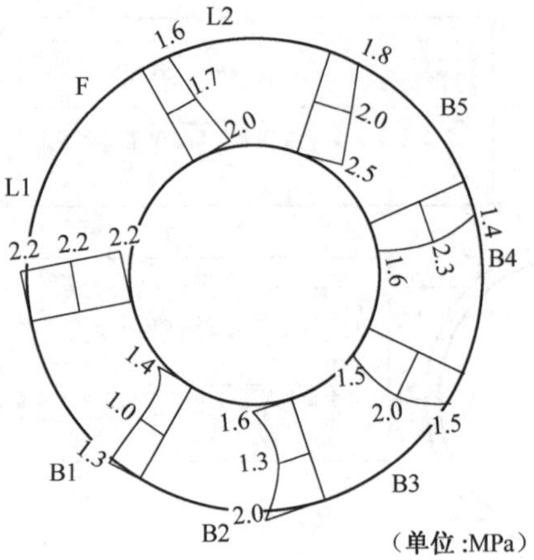

图 5-65　右线 168 环环缝接触面应力图

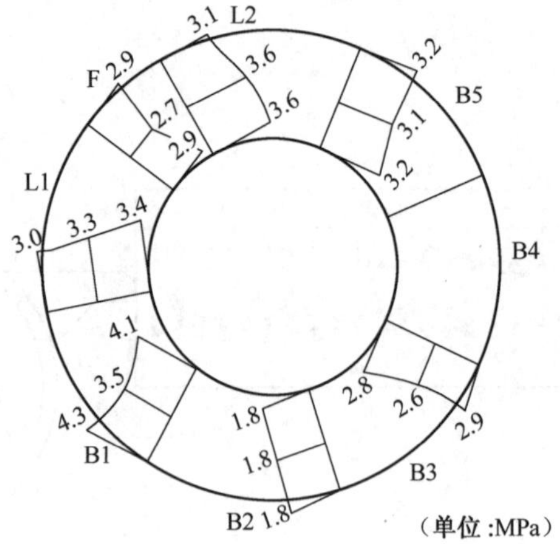

图 5-66　右线 168 环纵缝接触面应力图

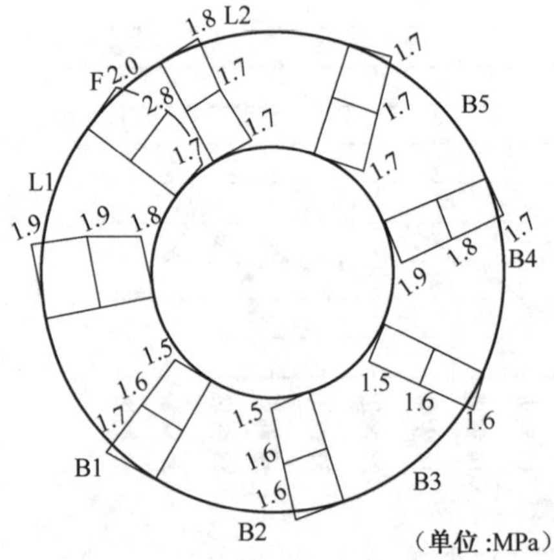

图 5-67　右线 308 环环缝接触面应力图

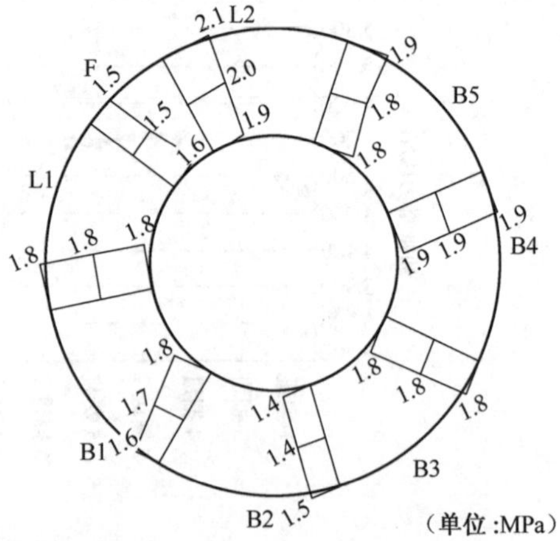

图 5-68　右线 308 环纵缝接触面应力图

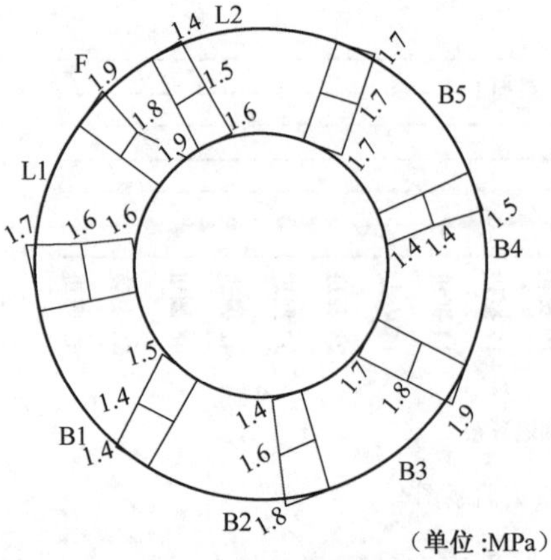

图 5-69　左线 542 环环缝接触面应力图

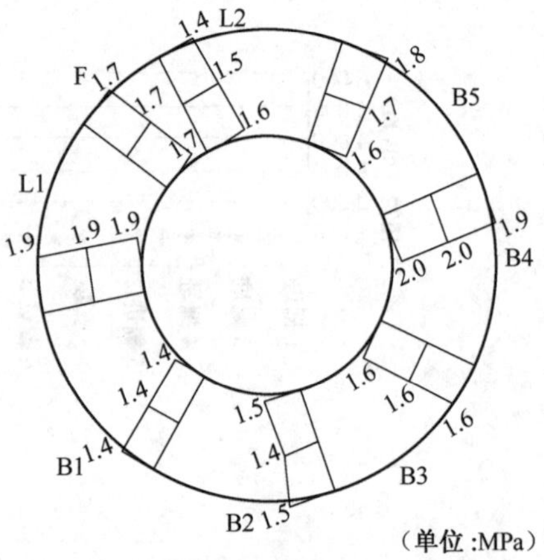

图 5-70　左线 542 环纵缝接触面应力图

3）试验结果分析

① 管片接触面应力在前 3 环表现为先增大后减小的趋势。在第 2 环掘进时达到最大值，之后有下降的趋势，且变化比较明显。

② 到7～8环时，环缝应力基本稳定，大部分应力值为2 MPa左右，拱底F块处压力最大，3～4 MPa。11环之后稍有上升趋势，比较平缓。施工日志对比发现该段的掘进推力平均为4 100 t，较前段3 900 t大一些。可能是由于掘进推力的增大而使该段接触压力变大，且变化呈上下波动状。

③ 纵缝接触应力从第3环开始持续上升，到达第10环时基本稳定，大都稳定在3 MPa左右。其中纵缝3(管片B1和B2的纵缝)，即左拱肩处应力最大，约为4 MPa；其次纵缝8(管片F和L2见纵缝)，即拱底处应力也比较大，为3～4 MPa。纵缝的这种变化趋势与注浆和水位回升密切相关，受油缸的推力影响不大。

④ 每组纵缝接触压力测点的测试值比较均匀，说明管片间接触良好。每组环缝接触压力测点的测试值差别稍大，管片F、B1和B4环缝的组内接触压力相差1～2 MPa，F块外侧受力最大，说明与上一环管片接触不是太均匀，且下部挤压比较大。管片B1和B4则是中间受力较大，说明接触还是比较均匀的。

⑤ 从一组对比试验测点上看，到第9环时管片环内部应变基本稳定。

(4) 管片结构内力数值模拟分析

考虑便于数值模拟分析的实现，建立有限元模型之前，先做如下假设简化：

a. 将隧道的坡度简化为平坡；

b. 把接头面看作是一个纯平面，管片环向接头对管片受力不影响，管片与管片之间受力连续；

c. 不考虑螺栓孔对实际接触面积减小的影响。

计算分别取不同围岩段具有代表性的断面进行建模。所有分析采用修正后梁—接头不连续模型，考虑千斤顶推力和千斤顶偏角，螺栓的预紧力，以及半径等因素下盾构管片的受力情况，采用ANSYS有限元分析软件计算。

1) 软岩段计算结果

计算取断面里程为DK42+660，管片环号170，覆土厚度15.2 m，地质情况：主要有人工填土层、海陆交互相淤泥、淤泥质土层、冲积粉质黏土层和砂层，隧底以下大部分地段为冲积砂层，局部为冲积粉质黏土层。砂层中地下水丰富，侧壁及地基土层软弱。地下水为第四系上更新统河流冲积相粉细砂、中粗砂承压水含水层。工况计算选取：千斤顶偏角2°；螺栓半径0.02 m；预紧力初始应变2.27×10^{-3}；错缝偏角8*Q*；千斤顶推力5 000 t。计算结果如图5-71所示。

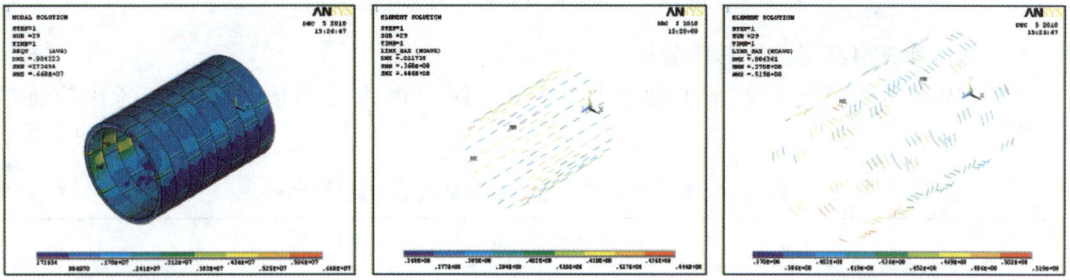

管片应力=6.68 MPa　　**环间螺栓应力=44.4 MPa**　　**块间螺栓应力=51.9 MPa**

图5-71　软岩段管片结构最大应力情况

2) 上软下硬段计算结果

计算取断面里程为DK 42+382，管片环号309，覆土厚度20.8 m，地质情况：隧顶大部分地段通过第四系冲积砂层，隧底部分地段通过岩石弱风化带和岩石强风化带，部分地段通过第四系砂层。地下水为第四系上更新统河流冲积相粉细砂、中粗砂承压水含水层。工况计算选取：千斤顶偏角 2°；螺栓半径 0.02 m；预紧力初始应变 2.27×10^{-3}；错缝偏角 $8Q$；千斤顶推力 5 000 t。计算结果如图 5-72 所示。

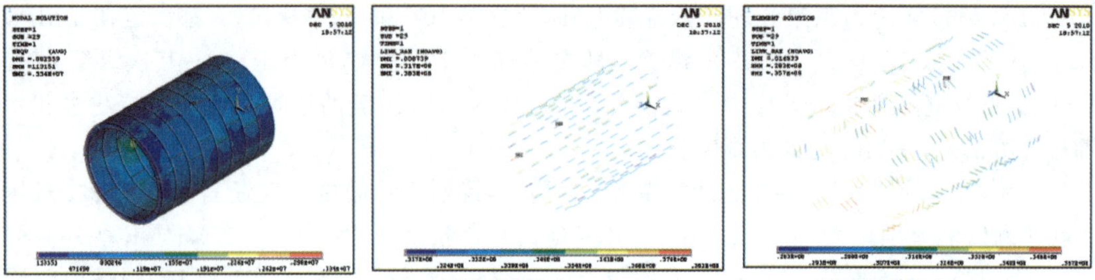

管片应力=3.34 MPa　　环间螺栓应力=38.3 MPa　　块间螺栓应力=35.7 MPa

图 5-72　上软下硬段管片最大应力情况

3）硬岩段计算结果

计算取断面里程为 DK41＋635，管片环号 683，覆土厚度 36 m，地质情况：围岩为白垩系泥质粉砂岩、砂岩互层。泥质粉砂岩节理较发育～节理发育，砂岩渗透系接近于中等透水。围岩富水程度为弱富水区；承压水位标高 0.35～－4.80 m。工况计算选取：千斤顶偏角 2°；螺栓半径 0.02 m；预紧力初始应变 2.27×10^{-3}；错缝偏角 $8Q$；千斤顶推力 5 000 t。计算结果如图 5-73 所示。

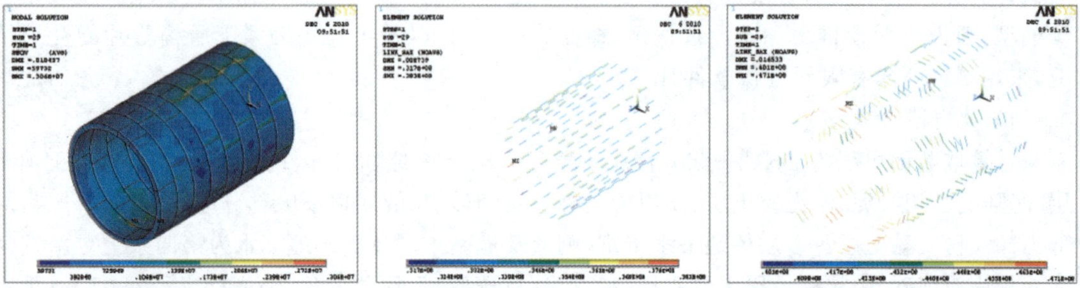

管片应力=3.06 MPa　　环间螺栓应力=38.3 MPa　　块间螺栓应力=47.1 MPa

图 5-73　硬岩段管片最大应力情况

4）数值计算值与实测值对比分析

管片内力实测值与计算值的比较见表 5-17，螺栓内力实测值与计算值的比较见表 5-18。

表 5-17　管片计算最大值与试验最大值对比统计表

对应地层情况	最大应力值		差　值
	实测(MPa)	计算(MPa)	
软岩	4.3	6.68	55.35%
上软下硬	2.1	3.34	59.05%
硬岩	2.0	3.06	53%

表 5-18 模拟螺栓内力计算最大值与试验最大值对比统计表

对应地层情况		最大应力值		差值
		实测(MPa)	计算(MPa)	
软岩	环向螺栓	32.3	51.9	55.35%
	纵向螺栓	27.8	44.4	59.71%
上软下硬	环向螺栓	22.1	35.7	61.54%
	纵向螺栓	23.9	38.3	60.25%
硬岩	环向螺栓	26.6	47.1	77.07%
	纵向螺栓	23.1	38.3	65.81%

5.3 水下盾构隧道二次衬砌必要性分析

5.3.1 盾构隧道工程事故的教训与启示

2003 年 7 月 1 日，某市轨道交通 4 号线盾构区间(图 5-74)，在施工联络通道过程中发生透水涌砂事故，隧道内大量漏水涌砂，导致地层发生较大位移，造成已建成的近 300 m 的盾构隧道严重破坏。此次事故突显了拼装式管片隧道抵御隧道周边环境条件变化的能力极其脆弱。

同样在某市地铁隧道施工中，某工地因盾构到达时端头加固效果不好，贯通面发生涌水涌砂，造成已建成的约 200 m 盾构隧道严重破坏，地表发生大面积的坍塌与下沉，同时整个盾构设备被砂土掩埋，又一次证明管片隧道在受力条件发生变化时，其结构的稳定性堪忧。

究其原因，主要是因为拼装式管片隧道结构设计是在周边岩土和水压力建立平衡稳定性的前提下进行计算的，一旦其周边荷载发生变化，特别是荷载极不均匀时，或者隧道周边介质发生变化，局部周边失去弹性抗力的情况下，极易产生失稳性破坏。

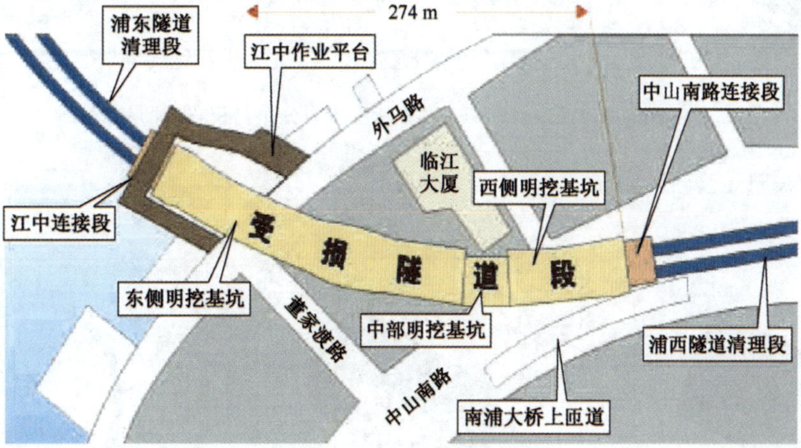

图 5-74 某市轨道交通四号线董家渡修复工程示意图

5.3.2 隧道周边弹性抗力的影响

地层弹性抗力不是地层主动发出的，而是衬砌变形挤压地层后产生的，即弹性抗力是由于衬砌结构与地层的相互作用产生的，所以弹性抗力大小和分布规律对结构的内力有着重要影响。

计算分析不同弹性抗力地层中管片应力分布与位移变化规律。其中弹性抗力值一般取现场试验值。

为得出管片应力分布及位移变化规律，按照围岩级别选取不同岩石弹性模量 E_s。弹性模量分别为 33 GPa、27 GPa 、16 GPa、11 GPa、4 GPa、2 GPa、1.5 GPa、0.5 GPa。数值模拟得到管片应力与水平位移结果如图 5-75～图 5-82 所示。

1）弹性模量 $E_s=33$ GPa

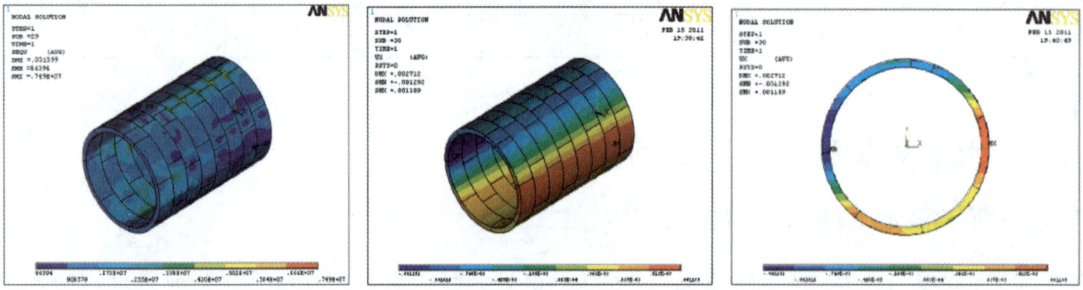

图 5-75　$E_s=33$ GPa 时管片主应力分布与位移云图

2）弹性模量 $E_s=27$ GPa

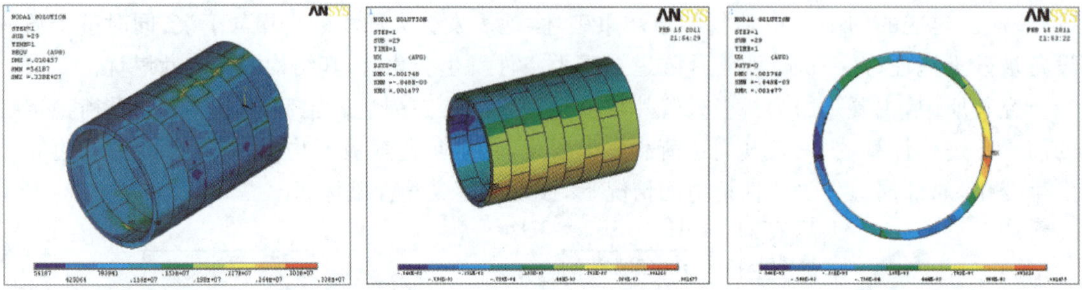

图 5-76　$E_s=27$ GPa 时管片主应力分布与位移云图

3）弹性模量 $E_s=16$ GPa

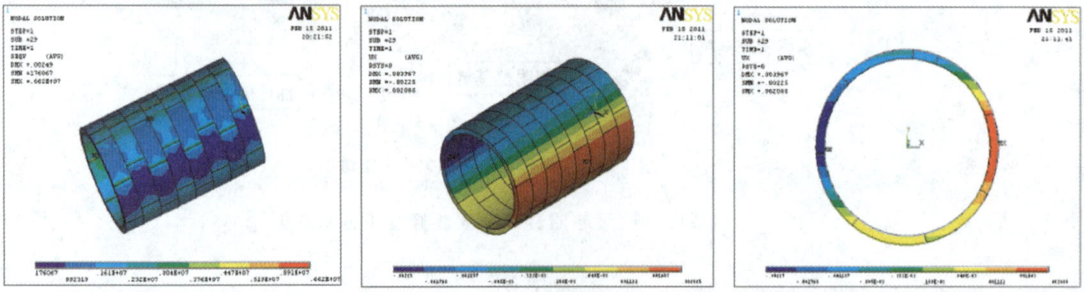

图 5-77　$E_s=16$ GPa 时管片主应力分布与位移云图

4）弹性模量 $E_s=11$ GPa

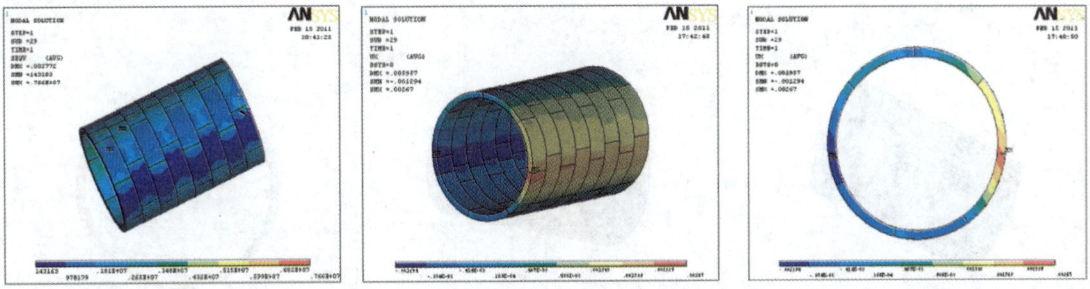

图 5-78 E_s＝11 GPa 时管片主应力分布与位移云图

5）弹性模量 E_s＝6 GPa

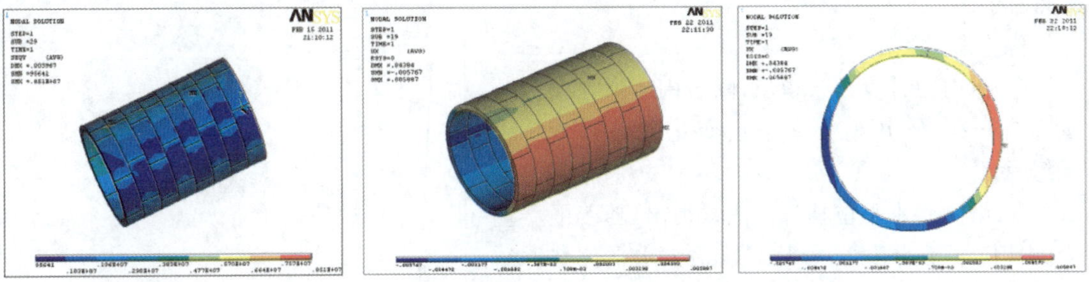

图 5-79 E_s＝6 GPa 时管片主应力分布与位移云图

6）弹性模量 E_s＝2 GPa

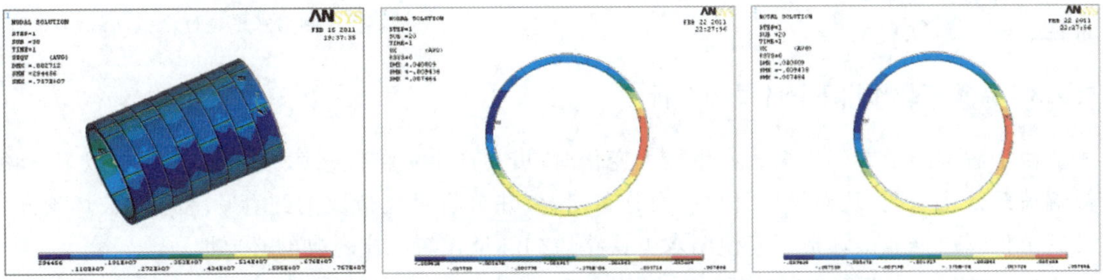

图 5-80 E_s＝2 GPa 时管片主应力分布与位移云图

7）弹性模量 E_s＝1.5 GPa

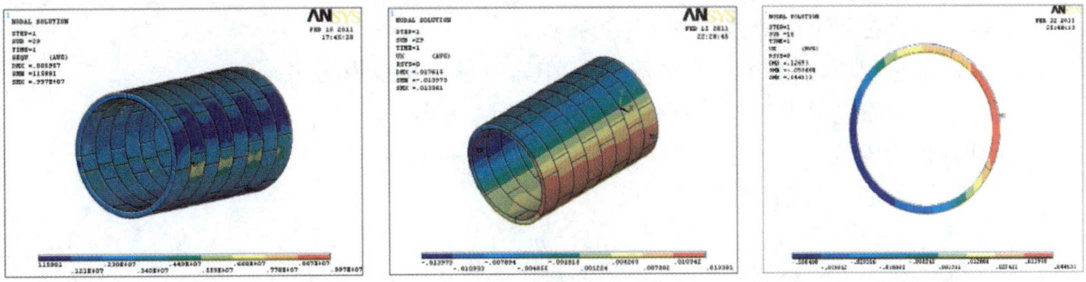

图 5-81 E_s＝1.5 GPa 时管片主应力分布与位移云图

8）弹性模量 E_s＝0.5 GPa

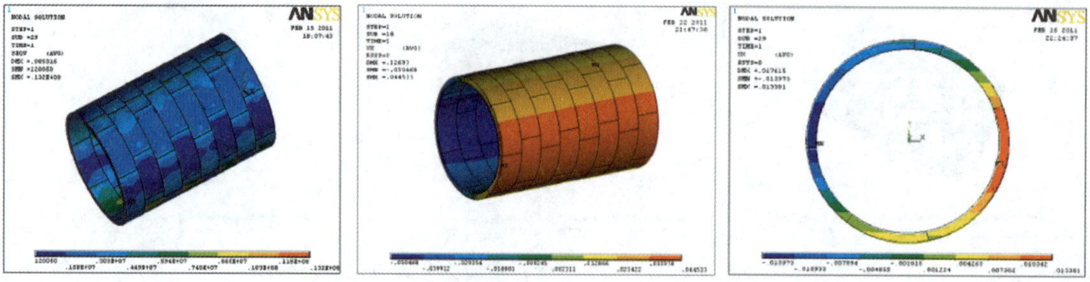

图 5-82　E_s＝0.5 GPa 时管片主应力分布与位移云图

通过以上数值计算结果，将弹性模量和管片侧墙水平位移最大值位移绘制成曲线如图5-83所示。

综上所述：

① 由内力计算结果得出，随着围岩弹性模量逐渐升高，管片内力变小且变化趋势较为平缓。

② 由侧墙水平位移峰值曲线得出，随着围岩弹性模量逐渐升高，管片侧墙最大水平位移逐渐变小。水平位移峰值在围岩弹性模量2～33 GPa 范围内变化趋势平缓，但当围岩弹性模量 E_s＝0.5 GPa 时，位移增大至50.4 mm，此时位移较大，超过限值（5%洞径），应予以重视。

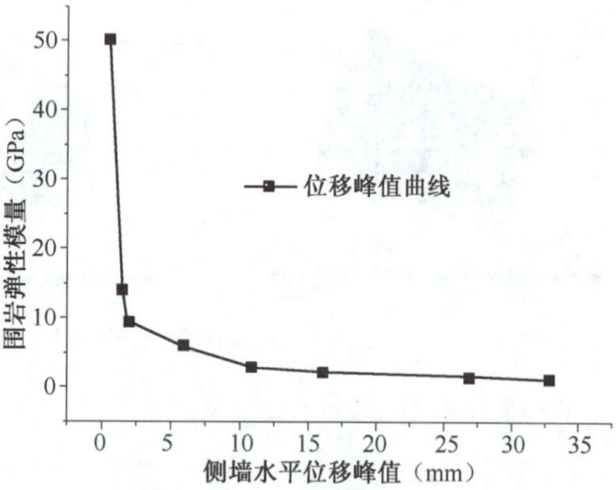

图 5-83　管片侧墙水平位移峰值曲线

5.3.3　特殊荷载作用下管片受力分析

由于盾构隧道在外周荷载发生较大变化时，极易产生失稳性破坏，这里主要分析以下三种极端荷载变化情况，从而得出管片应力分布情况，并分析可能造成的纯管片隧道的破坏形式，最后由计算数据及破坏形式来说明水下铁路盾构隧道设置二次衬砌的必要性。

（1）列车撞击荷载影响分析

1）冲击力计算分析

① 基本假定

在分析列车—盾构管片撞击系统时，采用以下假定：

a. 盾构管片在整个冲撞过程中保持为弹性；

b. 在冲撞过程中，列车会产生局部变形，但车身整体仍视为刚体；

c. 列车在冲撞过程中的运动为平面运动，且动力为零。

② 计算模型参数

列车撞击力按照公式计算：

$$F = mv/t \tag{5-24}$$

假设列车质量为 2.5×10^6 kg，冲击力荷载从零到达峰值时间为 2.5 s，分别对不同的列车速度进行模拟，得出不同大小的集中力，并将集中力加载在节点 7 830（管片中间环中部）上。

列车对管片的冲击力形式如图 5-84 所示，集中力加载位置如图 5-85 所示。

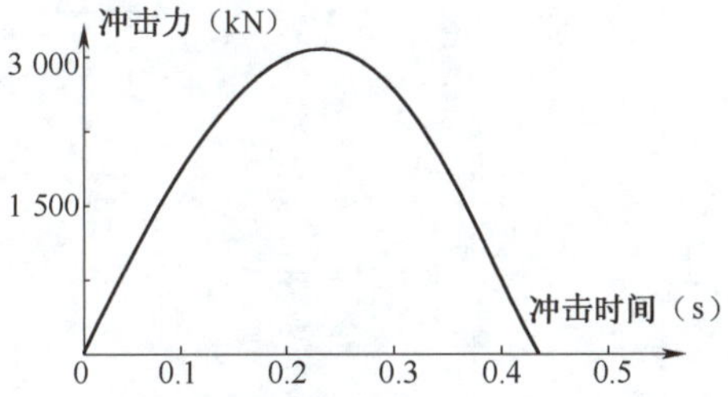

图 5-84　列车对管片的冲击力形式

图 5-85　集中力加载位置

2）列车—管片撞击系统计算模型结果分析

为找出管片屈服点，按照时程曲线加载集中力 F，产生位移值大于 10 mm 以上的部分计算结果表述如图 5-86～图 5-89 所示。

① 集中力 F=2 000 kN 时，加载点（节点 7 830）位移 S=10.254 6 mm。

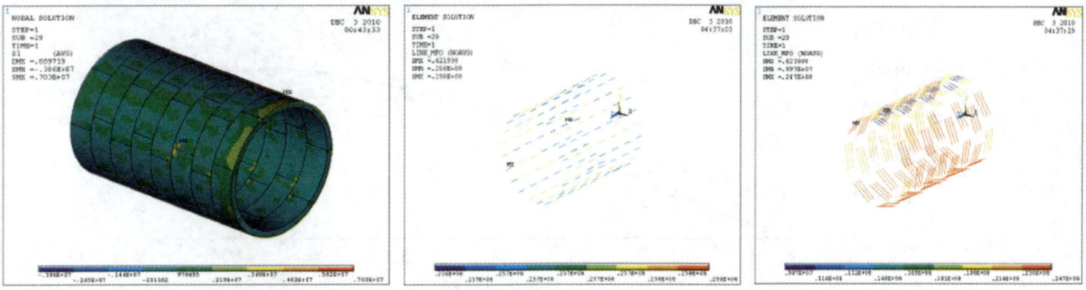

图 5-86　集中力 F=2 000 kN 应力情况

② 集中力 F=10 000 kN 时，加载点（节点 7 830）位移 S=19.768 5 mm。

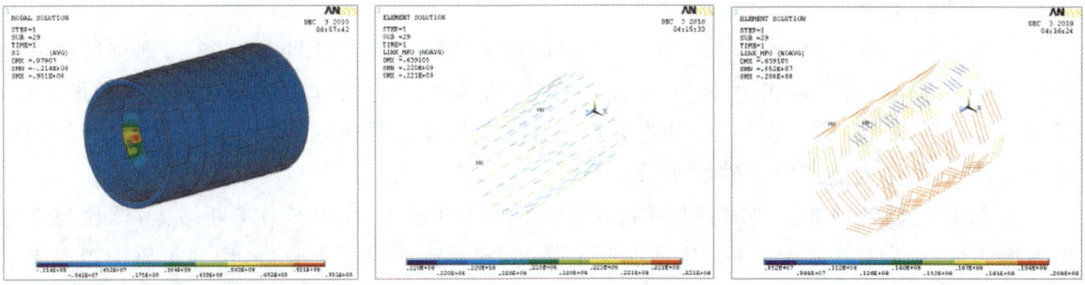

图 5-87　集中力 F=10 000 kN 应力情况

③ 集中力 F=20 000 kN 时，加载点（节点 7 830）位移 S=38.976 mm。

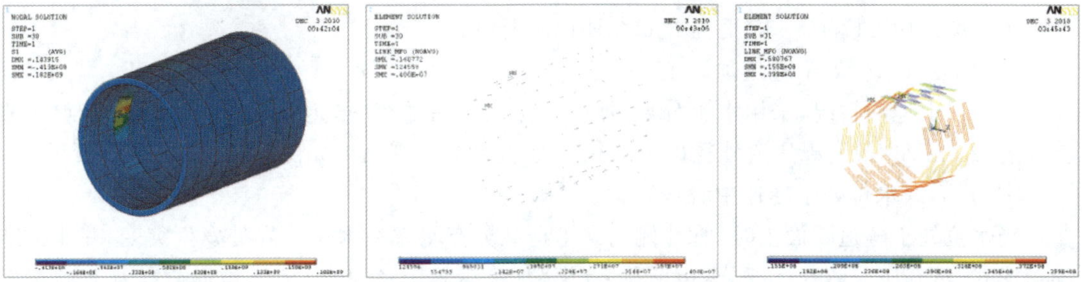

图 5-88　集中力 F=20 000 kN 应力情况

④ 集中力 $F=1\times10^5$ kN

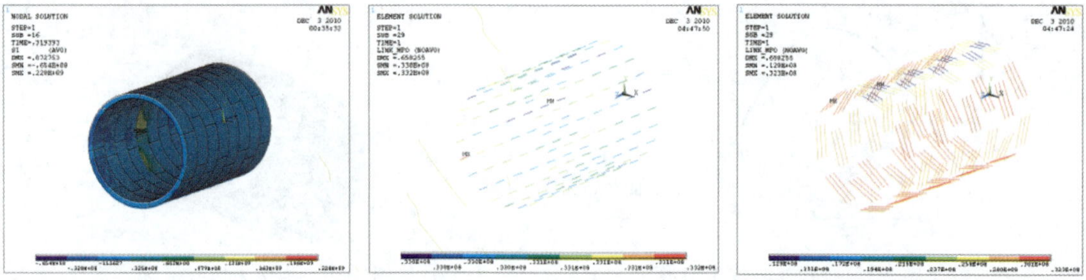

图 5-89 集中力 $F=1\times10^5$ kN 应力情况

通过数值模拟，将集中力荷载和加载点位移绘制成荷载位移曲线，从而判断结构失效破坏情况。荷载位移曲线如图 5-90 所示。从图中可以大致得到屈服区间，从而将破坏力限定在 35 000～40 000 kN 之内。

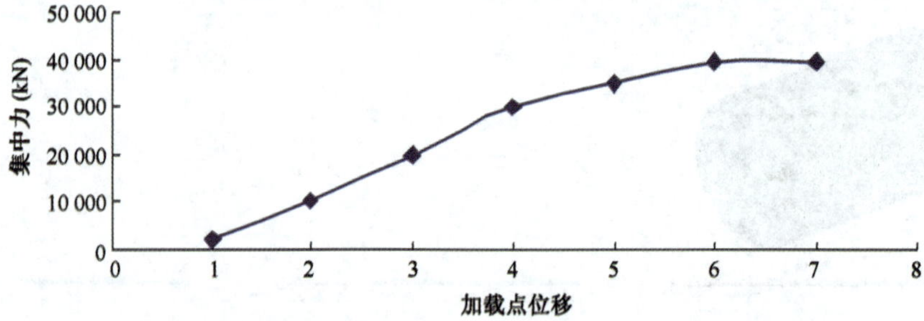

图 5-90 位移变化曲线

3）计算结果分析

① 假设列车质量为 2.5×10^6 kg，冲击力荷载从零到达峰值时间为 0.25 s，列车行驶速度为 350 km/h，则估算出冲击力 F 为 1.3×10^6 kN，估算的冲击力远远大于数值计算的最大值，因此列车一旦碰撞在盾构管片上，冲击力对管片造成的损害是比较大的，很容易造成管片间张角过大，继而发生向隧道内涌砂涌水等工程灾害。

② 通过比较各种冲击力的管片主应力图、螺栓应力图，随着冲击力不断增大，螺栓与管片相连接部位，应力集中明显，部分超过混凝土强度，容易造成混凝土破裂，增加了盾构隧道渗水的可能性，继而可能造成隧道失稳。

（2）地下水位变化影响分析

1）上软下硬地层盾构管片受力分析

本工况采用 DK41＋635 里程处 683 环地质资料。

① 工况 1(水位处于隧道顶以上)

根据以上地质情况，采用水土分算，地下水位以下用浮容重，地下水位以上用湿容重。覆土高度(25 m 左右)大于隧道外径(10.8 m)。数值模拟计算结果如图 5-91 和图 5-92 所示。

② 工况 2(水位处于隧道中心线)

当水位处于隧道断面内时，管片侧向水平荷载分布斜率在水位分界处发生突变，并非标准梯形形式，对其应分解为 3 部分：矩形荷载、满跨(跨高等于隧道直径)三角形荷载及非满跨三角形荷载。内力计算结果如图 5-93 和图 5-94 所示。

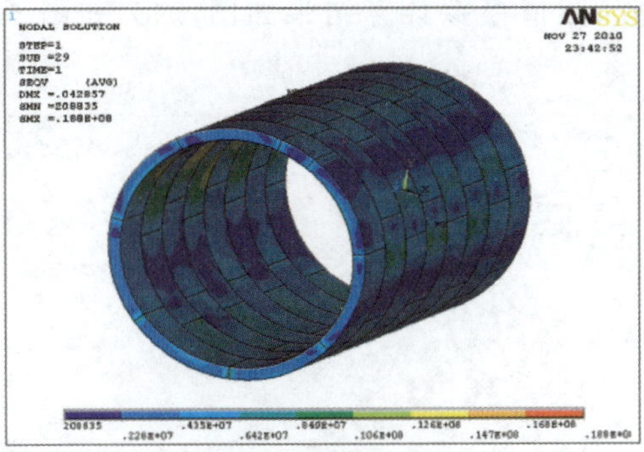

图 5-91 管片主应力分布图

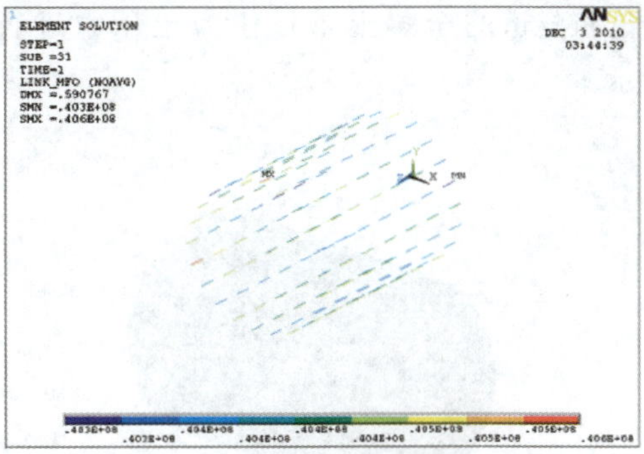

图 5-92 螺栓主应力分布图

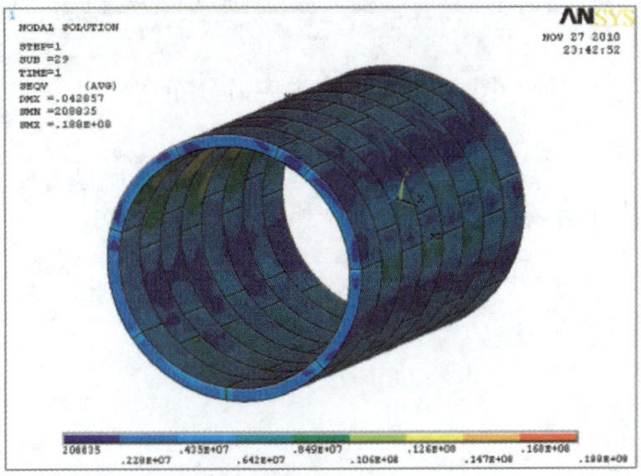

图 5-93 管片主应力分布图

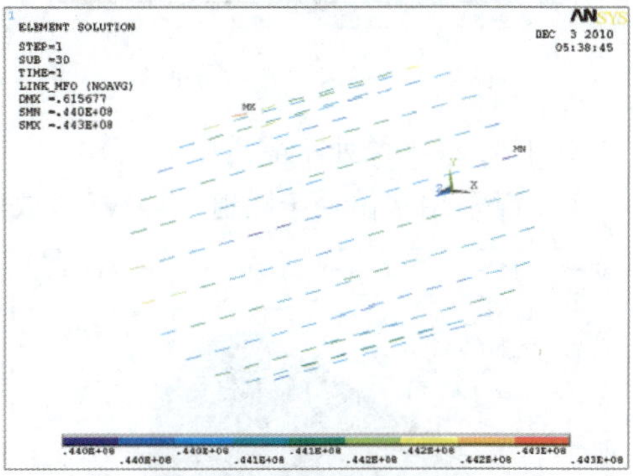

图 5-94 螺栓主应力分布图

③ 工况 3(水位处于隧道底部)

本工况采用水位处于隧道中心线处,数值模拟计算结果如图 5-95 和图 5-96 所示。

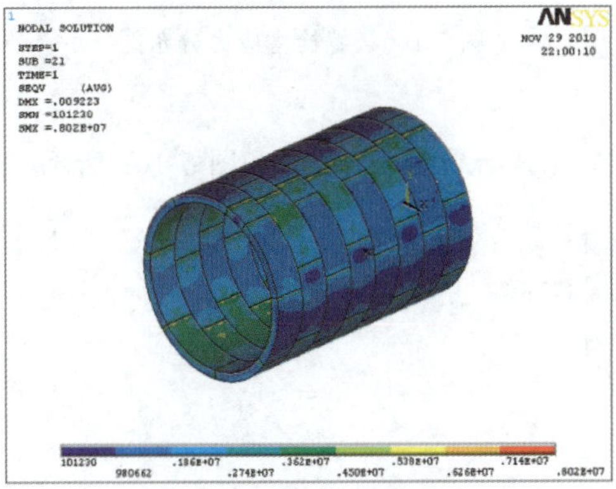

图 5-95 管片主应力分布图

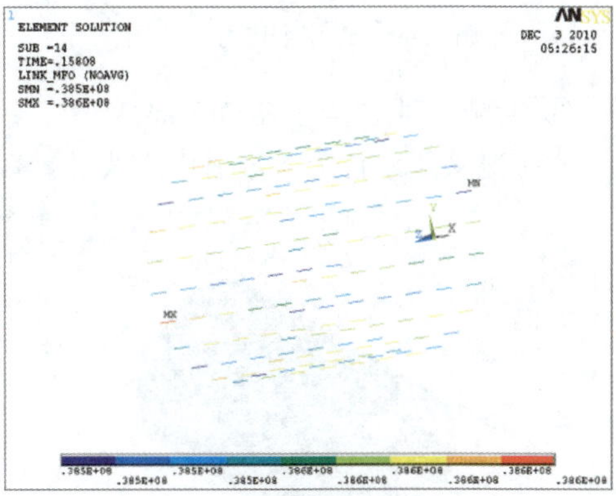

图 5-96 螺栓主应力分布图

综合上述计算结果,得出以下结论:地下水位与管片轴心平齐时,管片内力出现峰值,此时水位为最不利水位。

2) 富水软土地层中盾构管片受力分析

本工况采用 DK42+850 里程处 75 环地质资料。

① 工况 1(水位处于隧道顶以上)

荷载计算:根据以上地质情况,采用水土分算,地下水位以下用浮容重,地下水以上用湿容重。将隧道的全覆土重量作为土压力进行计算。数值模拟计算结果如图 5-97 和图 5-98 所示。

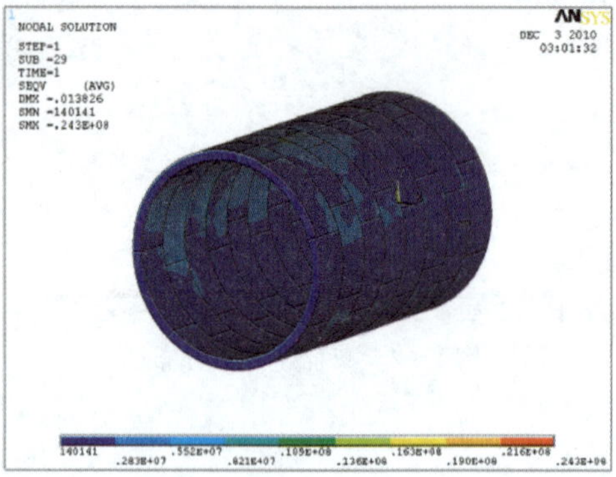

图 5-97　管片主应力分布图

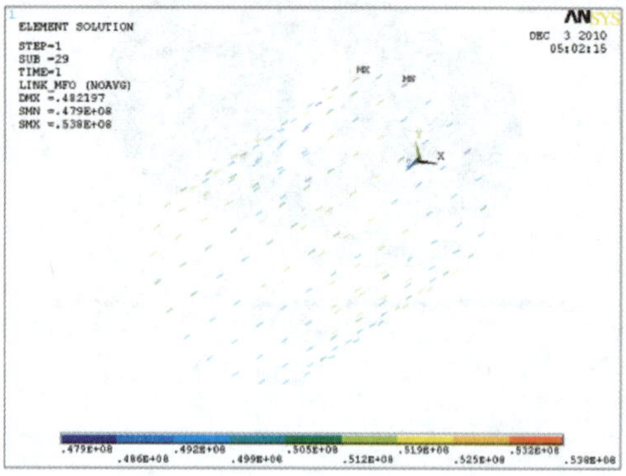

图 5-98　螺栓主应力分布图

② 工况 2(水位处于隧道中心线)

本工况采用水位处于隧道中心线处,数值模拟计算结果如图 5-99 和图 5-100 所示。

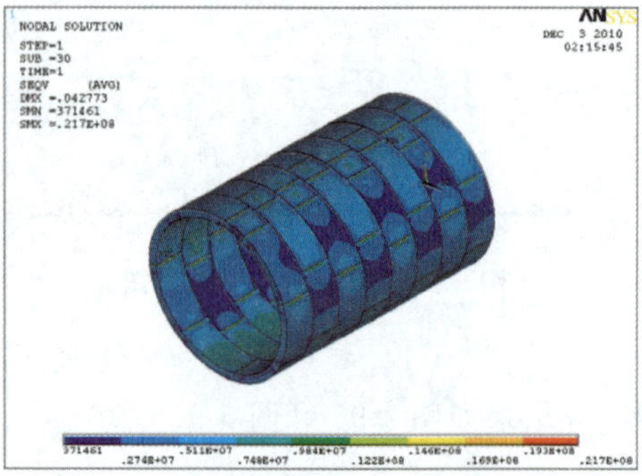

图 5-99　管片主应力分布图

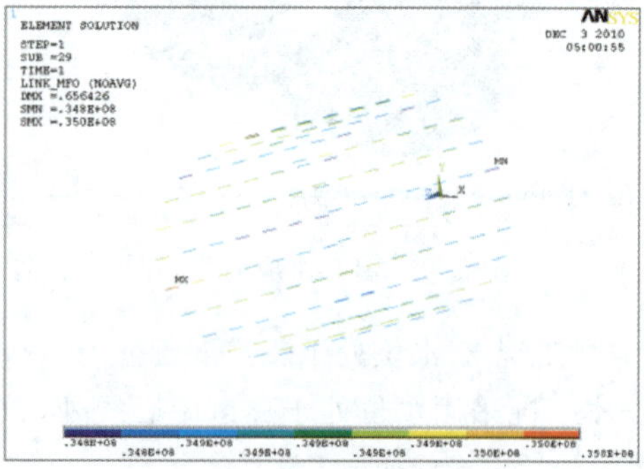

图 5-100　螺栓主应力分布图

③ 工况 3(水位处于隧道底部)

本工况采用水位处于隧道中心线处。数值模拟计算结果如图 5-101 和图 5-102 所示。

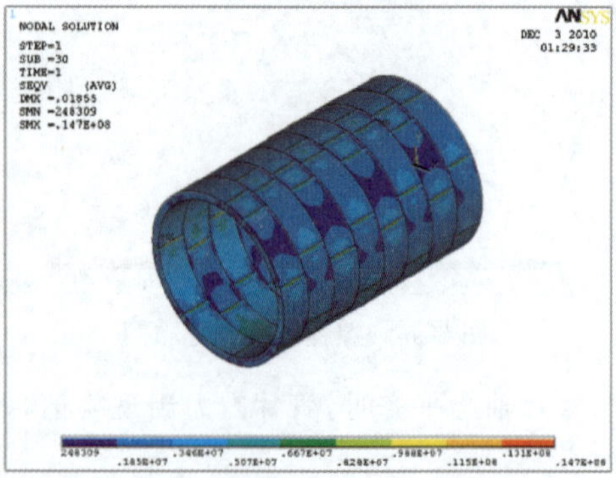

图 5-101　管片主应力分布图

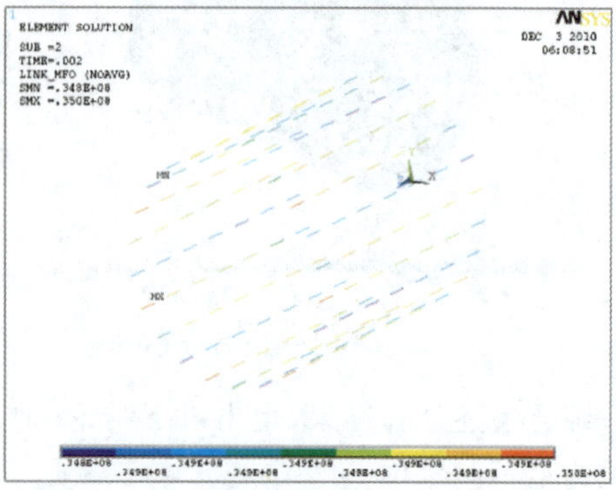

图 5-102　螺栓主应力分布图

综合上述计算结果,得出以下结论:在富水软土地层中,管片内力随水位升高均保持增大趋势,水位平地表时管片内力达到峰值,不同于上软下硬地层中管片内力变化规律。但总体而言,内力变化较平缓。

(3) 偏压作用影响分析

地形偏压、地质偏压和施工偏压是造成隧道偏压的三种主要原因。考虑施工偏压情况，例如在盾构隧道周边开挖深基坑，用管片一侧水平向压力衰减来模拟偏压情况，计算结果见表5-19。

表 5-19 偏压作用下管片结构内力变化

偏压作用下管片结构内力变化		
时间步 T(s)	时间步 T=0.535	时间步 T=0.775
内力变化情况	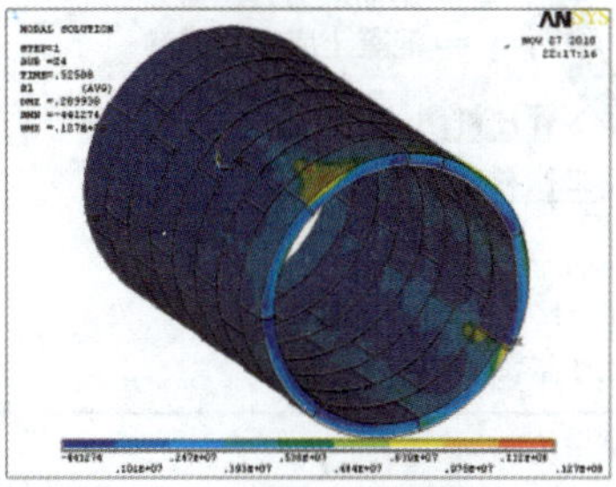	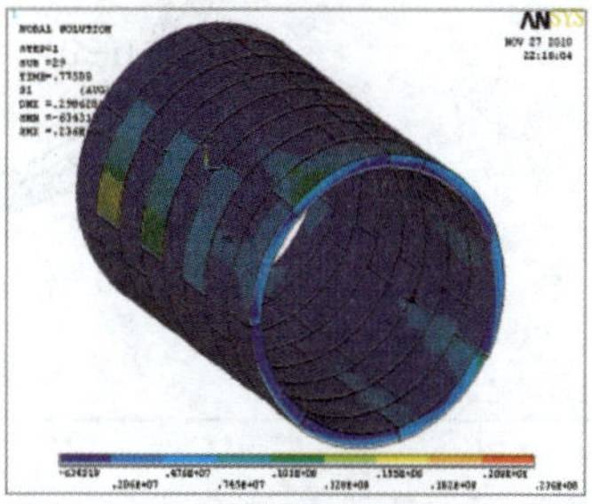
时间步 T(s)	时间步 T=0.535	时间步 T=0.775
内力变化情况	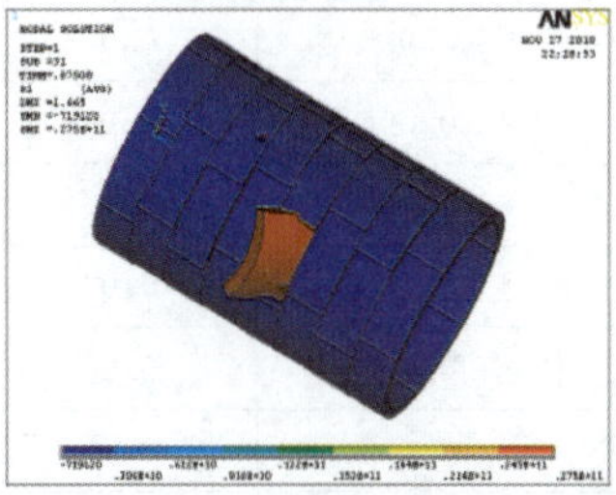	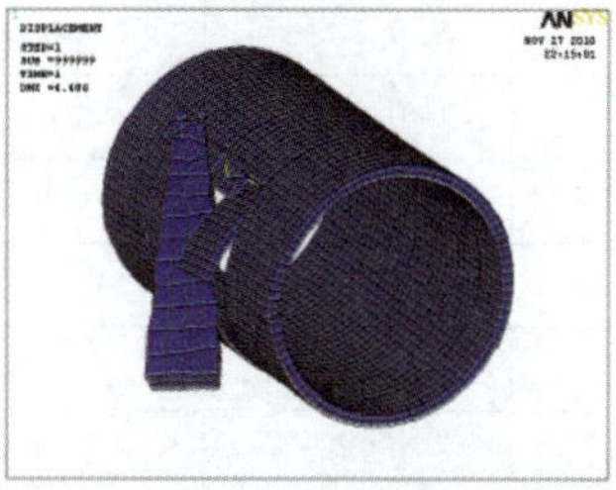

从管片混凝土应变、纵向和环向螺栓应力、结构外周土压力和结构内部收敛位移可以得出以下结论：

① 在偏压情况下，盾构隧道管片衬砌结构变形破坏模式以剪切变形为主，局部具有扭转和弯曲变形。

② 在偏压情况下，管片衬砌结构变形破坏不对称，从管片环来看，处于偏压状态。

③ 最终的结构破坏主要发生第 3 环管片。由于管片左侧的土压力完全卸载，使得第 3 环管片外侧受到很大的拉力，并且环向螺栓发生严重的扭转和剪切变形，以致于管片最终破坏。

综合考虑以上因素，在此地质条件下，为管片隧道设置二次衬砌是必要的。特别是对于隧道周边介质可能会发生较大变化或者流塑性地层中易受冲击性荷载作用的隧道，宜增设二次衬砌。狮子洋隧道在处于富水砂层和流塑性淤泥地层。采用了增设钢筋混凝土二次衬砌的方法，以确保在特殊情况下的隧道结构稳定。

5.3.4 狮子洋隧道二次衬砌实测受力分析

在狮子洋水下隧道二次衬砌试验段进行衬砌内力的测试。

(1) 二次衬砌与管片间接触压力测试

二次衬砌与管片间接触压力测试所用监测元件为振弦式土压力计。在一个监测断面共布设 9 个土压力计。测点布设如图 5-103 所示，监测结果见表 5-20。

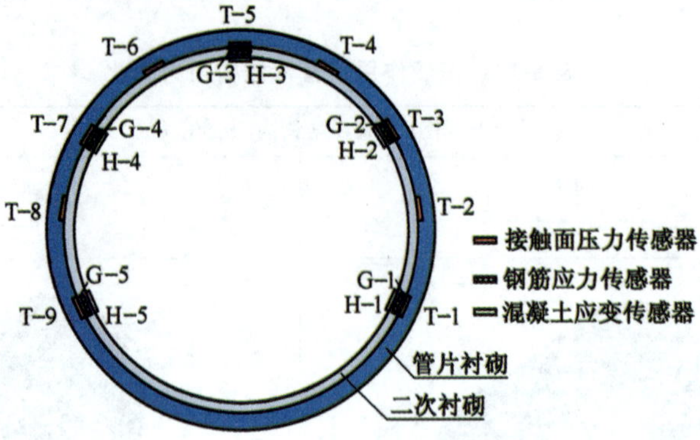

图 5-103　二次衬砌监测点布设图

表 5-20　接触压力监测结果

测点编号	接触压力值(MPa)					
	2010-01-27	2010-01-28	2010-01-30	2010-02-02	2010-02-05	2010-02-15
T-1	0.007	0.008	0.005	0.006	0.006	0.006
T-2	0.026	0.024	0.024	0.023	0.023	0.022
T-3	0.003	0.003	0.003	0.003	0.003	0.003
T-4	0.004	0.004	0.004	0.004	0.004	0.004
T-5	0.003	0.001	0.004	0.004	0.004	0.004
T-6	0.005	0.006	0.007	0.007	0.007	0.007
T-7	0.002	0.001	0.01	0.001	0.001	0.001
T-8	0.005	0.005	0.006	0.006	0.006	0.006
T-9	0.001	0.001	0.007	0.007	0.010	0.011

(2) 二次衬砌钢筋内力测试

二次衬砌钢筋应力测试所用监测元件为振弦式钢筋应力计。测点布设如图 5-103 所示。在一个监测断面共布设 5 个钢筋应力计。监测结果见表 5-21。

表 5-21　钢筋内力监测结果

测点编号	钢筋内力值(kN)					
	2010-01-27	2010-01-28	2010-01-30	2010-02-02	2010-02-05	2010-02-15
G-1	8.65	8.84	8.10	7.81	7.65	7.57
G-2	11.61	11.80	11.59	11.42	11.33	11.26
G-3	11.78	12.04	12.89	12.04	12.48	12.32
G-4	14.75	14.75	14.45	14.25	14.16	14.14
G-5	7.93	7.88	7.71	7.51	7.46	7.42

(3) 二次衬砌混凝土应力测试

二次衬砌混凝土应力测试所用监测元件为振弦式混凝土应变计。在一个监测断面共布设

5个混凝土应变计。根据混凝土应变值和弹性体应力应变关系求出混凝土应力值。监测结果见表5-22。

表5-22 混凝土应力监测结果

测点编号	混凝土应力值(MPa)					
	2010-01-27	2010-01-28	2010-01-30	2010-02-02	2010-02-05	2010-02-15
H-1	−0.80	−0.61	−0.56	−0.56	−0.55	−0.55
H-2	1.93	2.00	2.04	2.06	2.06	2.07
H-3	−2.70	−2.52	−2.45	−2.41	−2.40	−2.39
H-4	−0.76	−0.56	−0.49	−0.45	−0.43	−0.43
H-5	1.29	1.52	1.59	1.63	1.65	1.65

监测结果分析，在正常状况下：

① 二次衬砌与管片衬砌之间的接触压力很小，最大值为0.026 MPa，位于拱脚位置。总体来看接触压力在拱顶位置较小，在靠近拱脚位置较大。

② 二次衬砌钢筋受力很小，钢筋受力主要为拉力，内力最大值为14.75 kN。

③ 二次衬砌混凝土应力值很小，最大为2.07 MPa，位于拱脚位置。

综上分析，正常状况下管片衬砌与围岩间应力应变处于平衡状态，二次衬砌受力很小，管片衬砌在测试期内未发生向二次衬砌的位移。

5.4 本章小结

本章对管片结构设计方法进行了较充分的研究。首先总结了传统管片设计结构模型对各项设计参数的取值，分析其不足之处；之后，确定采用修正后的梁—接头模型作为管片结构设计方法，最后以修正梁—接头模型为基础进行水下盾构隧道二次衬砌受力特征研究，论证水下盾构隧道二次衬砌必要性。本章的主要结论有：

(1) 管片结构设计方法对盾构隧道的施工安全性及经济性等方面有着重要的意义，提出应对荷载结构模型进行专项研究。介绍管片结构设计的传统方法，在评述了传统方法的不足之后，提出修正梁—接头模型设计方法，简单介绍该模型的原理。

(2) 通过分析管片实测内力结果，发现与国家现行规范设计的管片内力差值较大，减少钢筋的配筋率很有必要。与国外同等条件下配筋率比较，我国隧道管片结构的设计过于保守，这样造成结构上很不经济，在现行的设计配筋率基础上降低20%～25%是有可能的。管片混凝土强度高，水泥用量大，钢筋用量亦大，与低碳、环保的经济发展模式不协调。

(3) 对实测荷载结果进行回归分析，得出围岩压力的经验公式。且采用数值方法进行结构计算的应力值明显偏大，需要进一步改进设计模型。

(4) 通过模拟盾构管片在不同荷载作用下、周边介质力学特性发生变化下的受力状况，分析拼装式管片衬砌的破坏特征。结果表明，管片拼装式隧道抵御隧道周边环境条件变化的能力极其脆弱，说明在特殊环境下盾构隧道增设二次衬砌是必要的。

6 大直径泥水盾构施工期管片上浮及控制

盾构隧道管片位移控制是确保隧道线形符合设计要求，满足隧道建筑限界的关键。施工期间，对于刚脱离盾尾的管片，经常会出现局部或整体上浮，表现为管片错台、裂缝、破损，乃至轴线偏位等现象。尤其是大直径泥水盾构在穿越海河底浅覆土时，该问题尤为突出，已经引起一定的关注。事实上，盾构隧道的纵向上浮已经被众多的工程实际所证实。

管片上浮原因，通常的看法是注浆浆液或泥浆、水等液体包裹住了刚脱离盾尾的管片从而产生向上的浮力，在具有一定向上空间时，当该浮力克服管片及上覆土重力时，就有可能产生上浮现象。对于围岩能够自稳的隧道，管片环脱出盾尾后不受地层压力作用，如果没有水或未凝浆液的作用，一般不会发生上浮，如若有水，其亦会上浮，但上浮现象会很快停止，持续时间较短。对于软弱且处于富水地层，采用惰性浆液同步注浆时，管片的上浮将会同拱顶上覆土压力共同作用，达到新平衡时，管片上浮现象停止，持续时间较长。

另外，在进行同步注浆时，若注浆效果不好或压力较大，隧道管片位移往往表现为上浮，会引起管片局部开裂、漏水，过大的上浮还可造成轴线的偏位。

总之，管片上浮主要是受到工程地质、水文地质、注浆浆液类型与质量、盾构姿态控制等因素的影响，其中盾尾注浆的质量对管片抗浮起着关键性作用。

6.1 狮子洋水下隧道管片设计和生产情况

6.2.1 管片设计

狮子洋水下隧道采用钢筋混凝土衬砌管片结构。衬砌管片外径 10 800 mm，内径 9 800 mm，厚度 500 mm，衬砌环宽 2 000 mm。衬砌环楔形量为 24 mm，采用双面楔形。衬砌环分块采用“7＋1”模式，即分块形式为 5A(49.09°)＋2B(49.09°)＋K(16.37°)，一环内纵向采用 22 个等圆心角布置。除联络横通道外，一般采用错缝拼装。封顶块采用“搭接 1.4m，径向推入后再纵向插入”的方式拼装。

管片环纵向均采用 M36 直螺栓斜向连接，螺栓机械强度等级采用 6.8～8.8 级。环内相邻管片之间均采用 3 只螺栓连接，每环 8 条纵缝共计 24 只螺栓；隧道环缝除封顶块由一只螺栓连接外，其他各块均由 3 只螺栓连接，共计 22 只螺栓(与盾构 22 组推进油缸相对应)。纵缝设置凸凹榫槽，环缝设 ϕ50 mm 定位销或定位杆。管片在靠盾构推进油缸一侧端面并与油缸撑靴相对应位置设置 3 mm 凸台(共 22 个)，设计在凸台上粘贴 2 mm 丁晴软木橡胶垫，作为管片在隧道纵向上的传力垫。各部分具体形式如图 6-1 所示。

管片为钢筋混凝土，采用模具施工而成。

管片混凝土采用 C50 高性能耐腐蚀混凝土，抗渗等级为 S12 级。盾构隧道结构防水等级为Ⅰ级，管片接缝采用双道密封垫防水，外侧采用三元乙丙橡胶止水条，内侧为遇水膨胀橡胶止水条。管片外侧开挖空间采用同步注浆充填，砂浆采用高密度水泥砂浆。

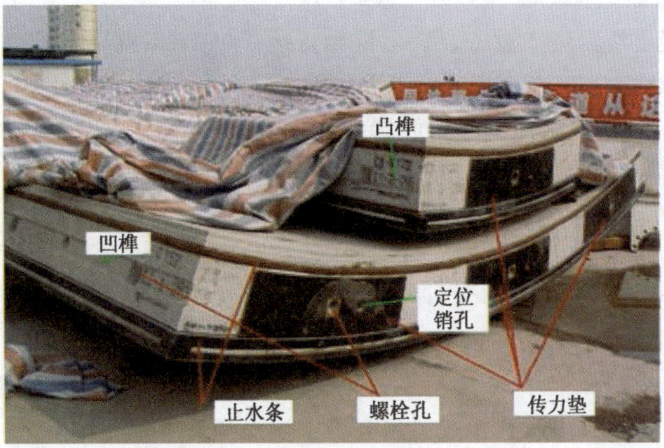

图 6-1 管片连接部件图

管片成品尺寸与拼装允许误差见表 6-1。

表 6-1 管片成品尺寸与拼装允许误差表

检验数量	检验内容	允许误差(mm)	备注
单块成品检验	管片宽度	±1	量测三个点
	管片弧、弦长	±1	量测三个点
	管片厚度	+3、-1	量测三个点
整环拼装检验	成环内径	±2	测四条
	成环外径	+6、-2	测四条
	环缝间隙	≤2	量测六个点
	纵缝间隙	≤2	量测三个点

管片成品检漏要求:管片单片抗渗检漏在 1.2 MPa,恒压 2 h 后,管片渗水厚度不大于管片厚度的 20%,即单片单点渗水厚度≤100 mm。

6.2.2 管片生产

(1) 管片生产计划、生产设备与施工组织

1) 管片生产计划

根据盾构掘进工期、管片养护时间和等强时间、设备检修及一些不可预见因素,管片生产计划投入 6 套模具,夏季(4 月至 11 月)每天每套模具 1.5 个生产循环,每月平均 260 环,冬季(12 月至次年 3 月)每天每套模具 1.2 个生产循环,每月平均 220 环,根据盾构掘进进度的要求,单台掘进最高按 6 环/d 计算,由于管片试生产阶段效率较低,且管片必须经过 14 d 养护、达到设计强度要求才可使用,因此,计划管片生产较盾构掘进提前 4 个月进行,可满足工程需要。管片生产总时间为 20 个月。

管片模具的取材、定位、宽度、厚度、弧长、螺栓孔、密封情况等制作技术能否达到设计要求,直接影响到单片管片和拼装后整环精度,因此高精度的管模是决定管片质量的重要因素之一。

2）管片生产设备、机具

制作管片混凝土所需生产设备、机具：混凝土搅拌机 1 台；混凝土配料机 1 台；混凝土养生的蒸汽锅炉 1 台；28 m×20 m×1.5 m 水养护池 1 座；振动器（棒）5 支；筋笼加工台 2 台；轮式切割机 1 台；350 mm 工作盘直径的钢筋弯曲机 1 台；混凝土管片钢模 6 套；弧形（主筋）弯曲机 1 台；双工作位箍筋机 1 台；1.5 t 的卷扬机 1 台；电焊机 4 台。翻斗车 1 辆；5 t 叉车 1 台；液压翻转重量为 3.5 t 的翻转架 1 台；5 t 的门型吊车 1 辆。

3）施工组织

管片的高精度、高质量制作要求，使得各关键工序施作须有丰富经验的班长和技术工人。技术工人数量：钢筋弯曲工 8 人、钢筋笼焊接工 6 人、混凝土拌和司机 2 人、混凝土捣固工 4 人、清模涂油工 2 人、蒸养工 2 人、起吊工 2 人、修补工 1 人。上述人员在生产前须要进行有针对性的、时间较长的专门培训，技术过关后方可上岗操作。

生产中实行技术和管理人员现场值班制度，发现问题，及时解决。

（2）管片制作

1）管片生产工艺

管片是盾构隧道的基础。精度不够或破损的管片将直接危及隧道安全，故管片生产管理是盾构隧道工程管理的重要内容。

管片生产工艺流程可分三部分：钢筋笼制作、钢筋混凝土管片制作和管片养护与检验。

管片生产工艺流程如图 6-2 所示。

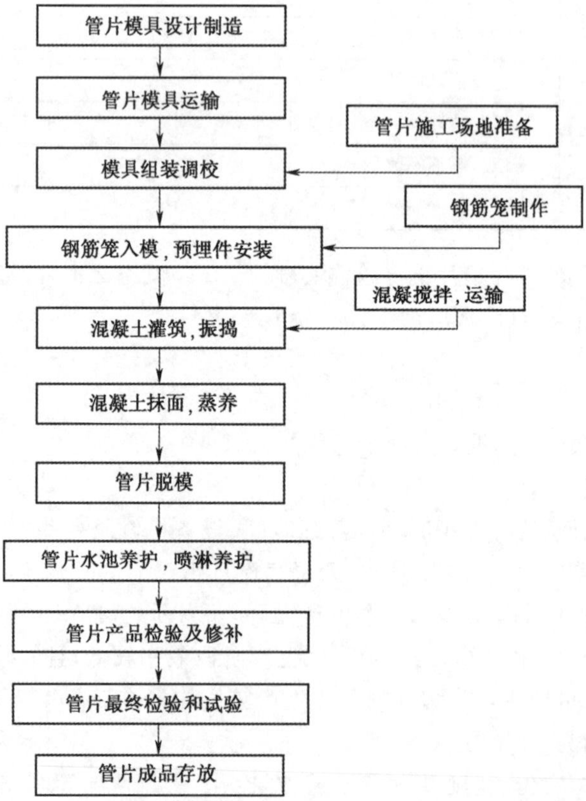

图 6-2 管片生产制作工艺流程图

2）管片模具的安装调试

① 模具调试

组装好模具后，由专职模具检测人员对其宽度、弧长、手孔位进行测量，不合格者及时进行调校，必须达到模具限定公差范围，以保证成品精度。

a. 检测方法：采用全站仪三维测量系统检测管模精度并进行调校。然后用 0～2 300 mm 量程的内径千分尺复核检测钢模的宽度，误差为±0.3 mm，利用 0～5 m 量程的钢卷尺复核检测钢模底板的弧长，误差为±1 mm。

b. 调校注意事项：检测宽度时，内径千分尺的测头必须在指定检测点进行量测。检测弧长时，钢卷尺必须紧密贴附在钢模底板上，且对准钢模的边线。在模具投入生产后，每天必须对产品进行宽度、对角线的测量。如发现尺寸有超差，马上对钢模进行检测。

钢模橡胶防水密封条属易损件，应每天检查并有足够的备用件。检查方法是每个工作日由组模人员目视检查是否有发生破损现象，如有立即调换新的防水密封条，避免因防水密封条破损而引起漏浆现象发生。

② 模具组装

严格按照先内后外、先中间后四周的顺序，用干净的抹布彻底清理模具内表面附着杂物。关键部位吊装孔座、手孔座必须采用专用工具清除孔内积垢。最后利用压缩空气吹净模具内外表面的附着物。

由专人负责涂抹脱模剂，涂抹前先检查模具内表面是否清理干净，不合格者立即返工清理。

涂抹时使用干净抹布均匀涂抹，不得出现流淌现象。如出现，则采用棉纱清理干净。

将端模板向内轻轻推进就位，用手旋紧定位螺栓，使用端模的推上螺栓将端模推至吻合标志，把端模板与侧模板连结螺栓装上，用手初步拧紧后用专用工具均衡用力拧至牢固，特别注意使吻合标志完全对正位，并拧紧螺栓，不得用力过猛。

把侧模板与底模板的固定螺栓装上，用手拧紧后再用专用工具从中间位置向两端顺序拧紧，严禁反顺序操作，以免导致模具变形。

3）钢筋笼的制作、运输

① 钢筋笼制作工艺流程：钢筋原材料检验→调直、断料→弯弧、弯曲→部件检查→部件焊接→钢筋骨架成型焊接→钢筋笼检验。

② 钢筋笼制作工艺要点：钢筋的调直、下料、弯弧、弯曲，均采用人工配合钢筋加工机械完成，然后进行部件检查。钢筋先在小模型架上焊接成片，然后将成片的部件放在钢筋笼加工模型上用 CO_2 保护焊机焊接成型。成型后由检验员进行检查，针对管片的块号检查钢筋直径、数量、间距、焊接牢固情况、焊接烧伤情况。焊接成型时，焊接前焊接处不应有水锈、油渍等。焊后焊接处不应有缺口、裂纹及较大的金属焊瘤，焊缝不得出现咬肉、气孔、夹渣现象，焊缝长度、厚度必须符合设计要求，焊接后氧化皮及焊渣必须清除干净。检查后进行标识，不合格的钢筋笼报废不用于管片生产中。钢筋笼检验合格后，用门式起重机（门吊）将钢筋笼放置在存放区，使用时用桥吊将钢筋笼装入车间内的轨行平板运输车，运到混凝土车间使用。钢筋笼存放时注意采取防锈防蚀措施。

4）钢筋笼入模与预埋件安装

由专人按模具的型号规格将钢筋笼、预埋件、螺旋构造钢筋、弯曲螺栓分别摆放在模具附近指定位置。环、纵向螺栓孔预埋件、中心吊装孔预埋件和模具接触面应密封良好。

检查钢筋骨架保护层垫块是否安放正确，保证主筋保护层为＋50 mm。钢筋骨架制作现场实物如图 6-3 所示。

图 6-3　管片钢筋笼制作现场实物图

5）混凝土搅拌、运输

混凝土采用混凝土搅拌站现场拌和生产。为保证混凝土性能稳定，采用自动计量系统并定期检验混凝土上料系统和电子称量系统，保证机器运行精度。混凝土拌制后由试验工程师负责检查混凝土的搅拌质量。

搅拌时先加砂、碎石，后加入水、水泥、外加剂搅拌，且保证搅拌时间不少于 2 min，混凝土拌制后及时运入混凝土车间灌注混凝土。混凝土应随拌随用。

混凝土拌制好后，放入料斗，用平板车运到混凝土车间使用。

6）混凝土灌注、振捣、抹面

混凝土灌注前需严格检查预埋件。预埋件需于钢筋笼之前预先放置固定于钢模上，依浇筑前自检表检查，预埋件与固定座须完全紧密锁紧，合格后可灌注混凝土。

振捣时间 3～5 min，振捣过程中须观察模具各紧固螺栓、螺杆以及其他预埋件的情况，发生变形或移位，立即停止浇筑、振捣，尽快在已浇筑混凝土凝结前修整好。

混凝土浇捣后 30～50 min 拆除压板，作管片外弧面的收水工序。先进行粗抹面，使用铝合金压尺，刮平去掉多余混凝土(或填补凹陷处)，使混凝土表面平顺。然后进行中抹面，待混凝土表面收水后使用灰匙进行光面，使管片表面平整光滑；再进行精抹面，以手指轻按混凝土有微平凹痕时，用长匙精工抹平，力求使表面光亮无灰匙印。

打开顶部压板的时间一般在混凝土浇筑后 45 min 左右，具体时间随气温及混凝土凝结情况而定。打开顶板时注意插牢顶板插销，以防顶板落下伤人。

在混凝土浇筑完 1 h 左右拔出螺杆并及时清洗干净，涂抹黄油后放在模具的指定位置备下一循环使用。

7）蒸汽养护

采用蒸汽养护达到提高混凝早期强度、缩短养护时间，为加快模具周转创造条件。养护分两班进行，每班 12 h，设专人负责。

混凝土初凝后合上顶板(不用拧紧螺栓)，在模具外围罩上一个紧密不透气的养护罩，进行蒸汽养护。

顶板作为支架支承帆布套，顶板不能与混凝土表面接触，并有 10～15 cm 的距离，让蒸汽在此空间流动，帆布套脚应紧贴地面，压上重物，不让蒸汽跑出。

混凝土浇筑完成后静置约 2 h，加盖养护罩，引入饱和蒸气进行养护。升温时间控制在 2～3 h，为防止温度升高过快造成混凝土膨胀损害内部结构，每小时升温 10 ℃～15 ℃。恒温阶段一般在 1.5 h 左右。蒸养温度为 50 ℃～60 ℃，最高不超过 60 ℃。降温时间必须控制在 1.5 h 以上，到达规定的蒸养时间后关上供汽阀，部分掀开帆布套，让模具和混凝土自然冷却 1 h 后再全部揭走帆布套，半小时后开始脱模。管片出模后要加强水养护，以提高混凝土后期强度。

8）脱模

混凝土降温后将同条件混凝土试块送试验室进行试压。强度达到 20 MPa 以上时，接实验室通知后开始脱模，保证管片表面及棱角不受损伤。

脱模必须使用专用吊具，地面操作四人配合进行，将吊具与管片的起吊预埋件相连，由专人向门吊司机发出起吊信号，一人稍微开启中间振动阀，使管片与模具脱离。

将管片吊至翻片机上进行 90°翻转，再换专用吊具将侧立的管片吊至平板车上。脱模过程中严禁锤打、敲击等野蛮操作。

9）管片水池养护和喷淋养护

将放置管片的轨行平板车牵引到养护池边，用 10 t 走行式门吊起吊管片，将管片放置于水池中进行养护。管片在水池中养护时，应经常检查水温，防止水温过高和过低影响管片的强度增长。在水池中养护 7 d 后，用门吊起吊管片，放置在翻转架翻转后用吊车转运到临时堆放厂的喷淋养护区。

管片转运过程应轻吊轻放，防止损坏管片边角，喷淋养护时应设专人经常喷淋养护，避免管片表面出现干燥无水。冬季时应采取保温措施，防止养护池和管片表面结冰，对混凝土产生不良影响。

10）管片标识与运输

① 管片标识

管片标记主要反映管片标准块、邻接块、封顶块、管片端面纵缝对接标志、螺栓孔标志、以及管片流水号码、生产日期等。

a. 管片永久标号

按照管片图纸的要求，将标记刻在模具内弧面上，管片浇筑成型后，在管片的内弧上形成永久标记。

b. 管片拼装永久记号

按照管片构造图中的要求刻在模具相应位置上。管片浇筑成型后，在管片的内弧上形成永久性的标记。

c. 管片标识

管片标识由人工盖在管片指定的位置。

标识内容：管片型号标号和配筋类号；模具编号、管片生产流水号、生产班组号；管片生产日期；管片自检质量标识（合格、不合格）等，每一片管片必须独立编号。

② 管片运输

管片内弧面向上呈元宝形平稳地放于装有专用支架的运输车辆的车斗内。在同一车装运两块以上管片时，管片之间附有柔性材料的垫料，堆放高度以两块为限。配备能满足盾构施工需要的管片运输车辆，确保盾构推进连续性的需要。

11）成品检验及修补

① 成品尺寸检验

用0～2 300 mm和0～500 mm量程的游标卡尺分别测量管片的宽度和厚度，用5m规格的钢卷尺测量管片弧长，用直径为ϕ1 mm，长度为7 m的尼龙线对扭曲变形情况进行检验。每块管片都进行外观质量检验，不宜有一般缺陷。混凝土管片外观质量不应有严重缺陷，有严重缺陷的管片不得用于工程中。

混凝土管片外观质量缺陷等级见表6-2。

表6-2　混凝土管片外观质量缺陷等级

名称	现　　象	缺陷等级
露筋	管片内钢筋未被混凝土包裹而外露	严重缺陷
蜂窝	混凝土表面缺少水泥砂浆而形成石子外露	严重缺陷
孔洞	混凝土内孔穴深度和长度均超过保护层厚度	严重缺陷
夹渣	混凝土内夹有杂物且深度超过保护层厚度	严重缺陷
疏松	混凝土中局部不密实	严重缺陷
裂缝	①可见的贯穿裂缝	严重缺陷
	②长度超过密封槽且宽度＞0.1 mm的裂缝	严重缺陷
	③非贯穿性干缩裂缝	一般缺陷
外形缺陷	棱角磕碰、飞边等	一般缺陷
外表缺陷	①密封槽部位在长度500 mm的范围内存在直径5 mm以上的气泡15个以上	严重缺陷
	②管片表面麻面、掉皮、起砂、存在少量气泡等	一般缺陷

② 产品修补

密封垫沟槽两侧及平面转角处不得有剥落，较大缺角处修补填平，密封垫沟槽两侧、底面的大麻点用107胶加水泥腻子填平，检查合格后方可使用。

深度大于2 mm，直径大于3 mm的气泡、水泡孔和宽度不大于0.2 mm的表面干缩裂缝用胶黏液与水按1∶1～1∶4的比例稀释，再掺进适量的水泥和细砂填补，研磨表面，达到光洁平整。破损深度不大于20 mm，宽度不大于10 mm，用环氧树脂砂浆修补，再用强力胶水泥砂浆表面填补研磨处理。

③ 产品最终检验由安全质检组派出的质量监督员负责，不合格的产品及时标识和隔离，合格产品储存、出厂。

6.2　管片上浮机理分析与上浮量计算

就盾构施工而言，管片具备以下三个条件才会上浮。

(1)周围要有产生浮力的液体或流塑体；

(2)外界产生的浮力要大于管片的自重；

(3)管片上部要有浮动的空间或可压缩空间。

上浮的程度将由地层条件、盾构超挖控制、施工参数控制、注浆材料等多种因素决定，较好的超挖量控制、合理的施工参数设置、瞬凝的同步注浆材料有助于减小管片上浮量。

6.2.1 上浮空间

盾构在下穿狮子洋隧道出口段的掘进中处于下坡状态，而盾构的下坡掘进过程，实际上是不停地调整盾构姿态的过程，造成盾构的超挖量较平直掘进时要大，所以盾构与隧道有更大的上浮空间。通过对前期掘进段100多环的监测资料分析，该线路大部分处于下坡位置，可以发现盾尾以及管片基本处于上浮状态，且当盾构所处坡度较大时上浮量较大。盾构姿态参数具有较大的波动性，可以认为是在施工过程中不断进行姿态调整的结果。

另外，水下隧道开挖断面较大，直径达到了11 182 mm，管片外径10 800 mm，使得盾尾脱出管片后，将在围岩与管片环之间不可避免的形成一物理间隙。由于管片的自重，在离开盾尾后，管片下部外弧与围岩间隙要较上部小，则上部间隙将会超过200 mm。在软岩地层中，当管片脱出盾尾后，如果不及时进行同步注浆填充该环形物理间隙，拱顶围岩便有可能产生变形引起地表过量沉降，但这种变形消除了隧道管片与围岩间的建筑空间，有利于即时约束管片上浮的趋势。但在硬岩地层中，当管片脱出盾尾后，由于其岩层的稳定性，环形建筑空间在相对长的时间内是稳定的，如不及时充填此空间，或注浆浆液的凝固性较差而呈注塑状态，脱出盾尾的管片便处于无约束的状态，给管片的上浮则提供了可能条件。

在均质连续的地层中掘进，刀盘所承受前方开挖面的掘进阻力是均匀的，这时盾构的掘进是连续均衡的，掘进参数也保持相对不变，盾构姿态沿轴线的控制也较容易。但是狮子洋水下隧道岩性变化大，软岩过后将会遇到上软下硬地层。实际上，在隧道内就形成了上下左右岩性不一、软硬不均的一个开挖面，这将造成盾构在掘进过程中过量的蛇形运动，扩大管片与围岩间的建筑空间。同时，下部地层硬，刀盘下部受到的阻力大于上部，刀盘转动切削土体过程中，极易造成上部相对软弱的土层过量切削甚至坍方，也会扩大管片与围岩间的建筑空间。这些过量蛇形和过量超挖形成的空间为管片位移提供又一可能的条件。

总之，盾构施工过程中各种不可避免的因素，将给管片的上浮创造空间。

6.2.2 管片受力

(1) 假设条件

① 由于上浮仅限于整环管片竖向位移，不考虑水平方向位移；

② 不考虑块体间相互作用，将一环管片作为一个整体刚体考虑；

③ 管片上浮必须考虑纵向约束力的影响；

④ 由于管片上浮速率很小，近似将管片所受力系作为平衡力系考虑；

⑤ 因为管片失去抗浮能力将产生上浮，所以忽略管片下部地基反力作用。

(2) 衬砌成环时受力状态

当衬砌管片刚拼装成环后，衬砌环处于盾尾保护之内，仅受自重作用，其整体运动受盾构支配。一般由于盾构重量小于开挖土体的重量，故地层应力会进行重分布，使盾构在地层作用下略有上浮。这种上浮是一种平均效果，由于盾构重量沿纵向分布不均匀，所以在软土地层中较重的前体部分一般会下沉，而盾尾部分则表现为上扬，即出现“磕头”现象。

(3) 衬砌环脱出盾尾时受力状态

1) 富水软弱土层中的隧道

管片衬砌环刚脱出盾尾时，衬砌环管片在同步注浆材料的包裹下置于地层中，不计土拱效应，拱顶压力 $P_1=\gamma\times h$(γ 为土的重度；h 为覆土厚度)，隧底压力 $P_2=(h+2R)\times\gamma$(R 为隧道半径)。假定地层土压力沿深度方向均匀分布,此时结构受力模式如图 6-4 所示。

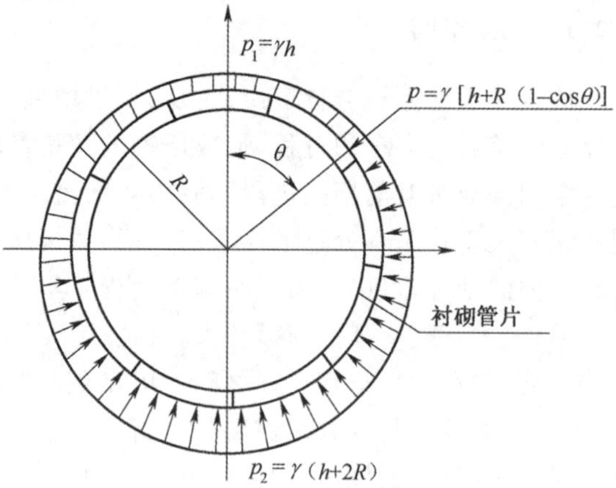

图 6-4 管片衬砌环受力模型

根据图 6-4 的受力模式,通过计算可知,衬砌结构受到的竖直方向土压力的合力 F_E 为:

$$F_E=\pi R^2\gamma \tag{6-1}$$

一般而言,衬砌管片厚度 t 与隧道半径 R 的比值近似为一常数。本工程为 0.102,假定取值为 0.1,则管片的重量为:

$$G\approx\gamma_h 2\pi Rt=\pi R^2\gamma_h/5 \tag{6-2}$$

式中 t ——管片厚度;

γ_h ——混凝土的重度,取 25 kN/m³;

γ ——土的重度,取 18 kN/m³。

将混凝土和土的重度代入式(6-1)和式(6-2),则可得:

$$\frac{F_E}{G}=\frac{5\pi R^2\times18}{\pi R^2\times25}=3.6 \tag{6-3}$$

即在一般情况下(t 与 R 的比值为定值),衬砌管片环刚刚脱出盾尾时,受到的地层向上作用的合力大于衬砌环自重,且二者的比值与隧道直径无关。

2) 岩层中的隧道

当盾构隧道处于地层自稳能力很强的地层(如岩层)中时,管片脱出盾尾后开挖轮廓自身稳定,故衬砌环不受围岩压力作用,在地下水丰富时仅受水的压力作用,根据式(6-3)可知,处于水中的衬砌环受到的浮力 F_W 与自重 G 的比值为:

$$\frac{F_W}{G}=\frac{6\pi R^2\times10}{\pi R^2\times25}=2.4 \tag{6-4}$$

同步注浆未凝固时,由于浆液的重度一般大于水的重度,故浆液产生的浮力与自重的比值肯定大于 2.4。通过上述计算可知,无论水或注浆浆液所产生的浮力均大于衬砌环自重。

狮子洋水下隧道出口所用盾构主机长度为 12.5 m,直径 11.182 m,自重大约 1 300 t,盾尾长度大 4.675 m(重量约 200 t),在松软的地层中,盾构实际上就相当于一个头重尾轻的“葫芦”悬浮在水中。每环管片在水中的浮力是 183 t,管片自重约为 80 t,与浮力相差约 100 t,实际上管片外围的泥浆、砂浆和淤泥质地层的密度都大于 1.0 g/cm³,这样每环管片在现实情况下产生的浮力差都大于 100 t。

6.2.3 管片上浮量计算

只计算管片上部的静止土压力,地层的平均容重为 1.6。在 8 m 覆土深度(狮子洋水下隧道最小埋深)的情况下,减去水的浮力,每环管片上部土体的抗浮力为 119 t。这样在静止状态下,隧道的抗浮是满足要求的。亦就是说,管片产生的浮力不会使上覆土层产生位移。管片的上浮量只会控制在隧道上部管片外径与围岩之间(也许被浆液或地下水充满)约 200 mm 的空间内。

(1) 确定一环管片的重力

$$G=\pi(r_1^2-r_2^2)b\rho g=3.14\times(5.4^2-4.9^2)\times2\times2.5\times9.8=792\text{ kN} \tag{6-5}$$

式中 r_1,r_2——管片的外、内半径,分别为 5.4 m,4.9 m;

b——管片宽度，2.0 m；

ρ——管片密度，2.5 t/m³。

(2) 管片所受的浆液浮力计算

$$F_f = \pi r_1^2 b \rho_0 g = 1\ 975\ \text{kN} \tag{6-6}$$

式中　ρ_0——浆液密度近似为地下水的密度，1.5～1.75 t/m³。

(3) 管片上浮量的计算

若不涉及土体的流变性质，仅考虑不同流变特性引起的不同土压力增大，从而得出不同的上浮量。根据管片上浮监测结果可知，管片上浮历时约为 30 h，以此为限计算管片的上浮量。

计算得出管片上方土体完全塌落作用在管片上的土压力。

$$F_t = \sum(\gamma_i z_i) \cdot 2r_1 b + 2\int_0^{\frac{\pi}{2}} \gamma r_1^2 \cos\theta(1-\cos\theta) b \mathrm{d}\theta = 3\ 700\ \text{kN} \tag{6-7}$$

假设管片上方土体作用在管片上的土压力随时间呈线性增大，得到待定土压力增大系数最大值为：

$$k_{\max} = 3\ 700 \div (3\ 600 \times 30) = 34.3\ \text{kN/s}$$

根据现场实际情况，可以确定该土压力增大系数的范围为[0 34.3]kN/s。针对在此范围内的 4 个不同 k_t 值(即 1，6，10，16)和其他参数，依据式(6-7)便可计算管片在该种工况下的上浮。图 6-5 显示了当 K_t 取不同的 4 个值时，管片的上浮量的变化情况。

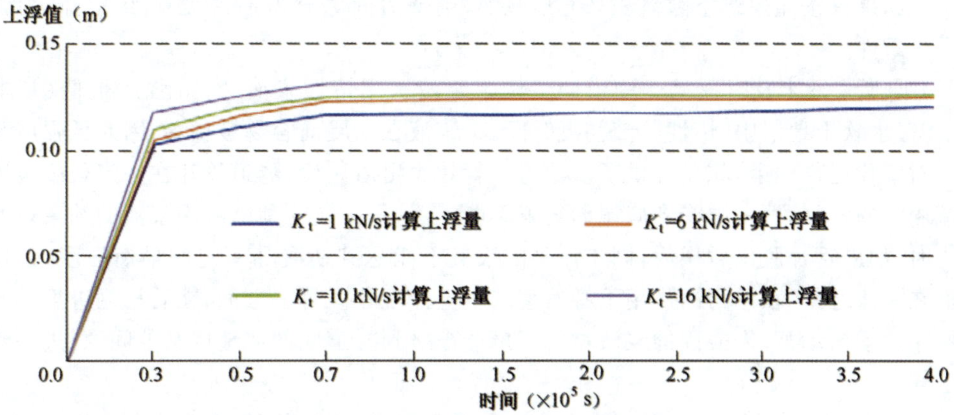

图 6-5　管片上浮随时间变化情况对比

从图 6-5 中可以看出，每条上浮曲线呈上升趋势，即上浮量逐渐增大，这与现场监测的结果一致。与第 60 环的实测上浮值比较可以清楚的看出，理论计算结果比实测结果偏大，理论计算的最终上浮量集中在 116～125 mm 之间，而现场监测的上浮量约为 100 mm 左右，并且理论计算的上浮曲线在前期增大迅速，并很快达到极值。这主要是由于理论分析中忽略了管片之间的相互作用以及千斤顶对管片的约束所造成的。但是实际工程中，一环管片的上浮都会受到它相邻管片的约束作用，这样就造成了理论计算得到的结果相对于现场监测的结果稍微偏大一些。而且管片缺乏约束使得初期的上浮加速度偏大，并出现图 6-5 中显示的理论上浮在前期增大迅速的现象。但是理论分析和现场监测得到的上浮规律是基本一致的。

总之，根据以上分析可知，衬砌管片环脱出盾尾时处于不平衡状态，衬砌环有发生上浮的趋势，并具有一定的规律性。

(1) 位于软弱地层中的隧道，衬砌环脱出盾尾时受到围岩作用力，当围岩向上作用力与衬砌自重的差值大于地层对衬砌环的摩擦力时，衬砌管片环将发生上浮。衬砌环上浮的结果引起地层应力的重分布，表现为隧底地层因应力释放而产生向上的位移，同时隧道顶部地层应力增加，上方覆土也随之隆起。随着地层应力的调整，衬砌环受到的竖向合力，逐渐减小，最终衬砌结构和地层达到了新的平衡而停止运动。可见软弱地层中管片上浮的发生是施工过程中地层应力重分布的结果。由于在土质地层中，地层应力释放、调整的过程较为缓慢，所以盾构管片的上浮从脱出盾尾开始，持续较长一段时间才会结束。

(2) 对于围岩能够自稳的隧道，衬砌环脱出盾尾后不受地层压力作用，如果没有水或未凝浆液的作用，一般不会发生上浮。当处于富水地层或采用惰性浆液同步注浆时，衬砌环将会产生较大的上浮，且持续时间较短。

6.2.4 管片上浮其他因素

盾构隧道是空心的筒体，在混凝土自重作用下有下沉的趋势，但在全断面地下水或浆液的浮力作用下，管片所受浮力大于管片自重，若不及时填充此环状空间，脱出盾尾的管片周围处于地下水或未凝固浆液包围的无约束状态，防水性能优良的衬砌隧道则有上浮的趋势。除此以外，管片上浮的其他原因还存在以下几个方面。

(1) 注浆量不足。理论上讲，浆液需 100%充填建筑总空隙。由于通常的浆液失水固结，盾构推进时使开挖断面大于盾构外径，部分浆液劈裂到周围地层，导致实际注浆量要超过理论注浆量。如果只按照建筑空隙体积来充填浆液，则壁后间隙充填不密实，产生空隙，为管片上浮提供了条件。

(2) 同步浆液未及时凝固。隧道同步注浆浆液采用惰性浆液，24 h 强度很低(基本无强度)。在富水软土地层中，惰性浆液初凝时间长，浆液在初凝前容易被稀释，因此低强度浆液不仅无法对管片提供约束，相反提供了上浮力。管片脱出盾尾后，隧道管片在一定长度范围内就像两端固定的弹簧梁，一端受到盾尾的约束不能上浮，另一端受到已凝固浆液的约束也不能上浮。这时，如果管片脱出盾尾后，同步注浆的浆液不能达到初凝和一定的早期强度，管片可视为浸泡在液体之中，在浮力的作用下必然会产生上浮现象。另一方面，在盾构掘进振动和隧道内电瓶车运动振动下，未凝固的浆液材料很可能被挤到隧道底部或地层其他间隙，进一步加剧隧道上浮。

(3) 管片受到地基回弹作用。盾构的重量主要集中在前盾(切口环和支承环)，由盾尾至后配套台车间一段衬砌(约 9～10 环管片)基本无压载。管片脱出盾构后失去了约束，同时还受到周围土层的作用。土层可能对管片产生压力，也可能由于盾构出土造成地基卸载，地基回弹导致土层对管片产生浮力。

(4) 推进油缸纵向偏心荷载作用。由于盾构"磕头"掘进，推进反力对后部管片会产生一个向上的垂直分力，并且在松软的地层中，上部土体又有一定的可被压缩性，从理论上分析，管片在受到这些综合受力因素的情况下，会产生一定的上浮趋势。

超挖、推力不均衡、纠偏、注浆压力不均衡等因素对管片位移可能有影响，但其引起管片位移的方向(可能向下)有偶然性，因此不可能是管片发生规律性上浮的本质原因。

6.3 施工过程模拟计算

为了得出软弱地层中盾构管片的位移规律，下面通过有限元法对施工过程进行模拟计算。

6.3.1 计算模型建立

为了尽量真实模拟现场情况，计算采用的计算模型如图 6-6 所示。

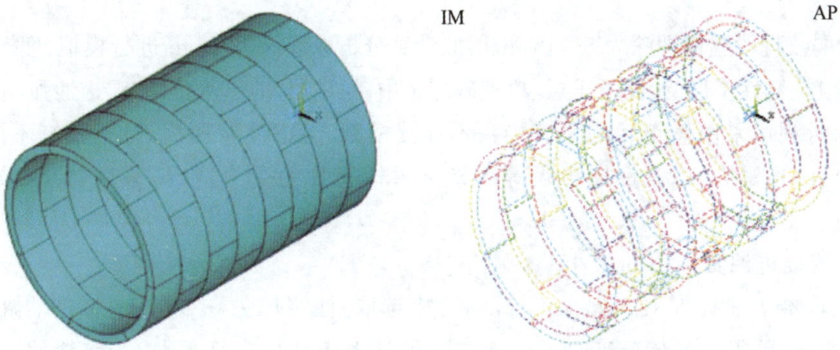

图 6-6　管片有限元模型示意图

(1) 模型管片外径为 10.8 m，内径为 9.8 m，管片宽 2 m，共 8 环。沿 Z 轴的正向，每环有 8 块，错缝拼装，错缝角度 32°。预制管片衬砌环参数见表 6-3。

表 6-3　预制管片衬砌环参数表

项　目	参　数
分块形式	7+1 分块
外径	ϕ10 800 mm
内径	ϕ9 800 mm
厚度	500 mm
宽度	2 000 mm

(2) 模型管片之间设螺栓连接，螺栓与管片进行节点自由度耦合，使管片和螺栓变形协调(图 6-7)。

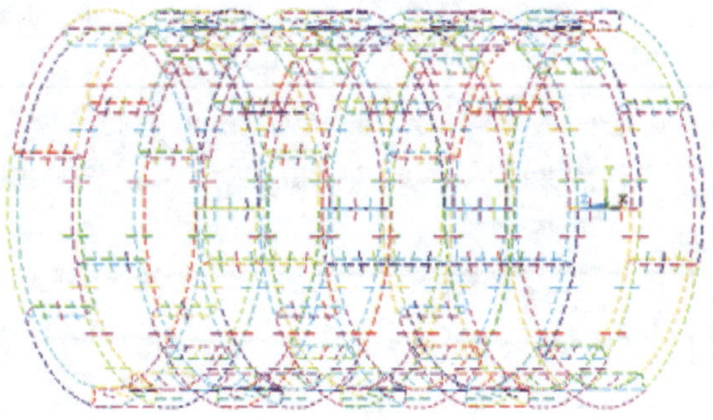

图 6-7　螺栓示意图

(3) 管片选用 solid65 混凝土单元进行模拟，材料采用 Drucker-Prager 模型。螺栓选用 link10 单元，并以初始应变形式施加预紧力。管片之间的构造面作用选择 targe1 和 conta173 接触单元来实现，接触类型为面—面接触。

在分析计算结果时，如果局部出现了超过材料强度的拉应力或者承受能力的弯矩，即可认为管片发生了破坏。因为连接同一环的管片之间或者环与环之间的连接螺栓与管片连接较紧，如果出现了较大的拉应力或者较大的弯矩，连接螺栓会被破坏，钢筋连接处的管片混凝土就可能被挤碎，从而产生施工中出现的连接螺栓外露或管片破碎的现象。

6.3.2 模拟计算分析

由于软弱浅埋段隧道埋深为8～16 m，因此计算分析取埋深为14 m进行模拟；埋深14 m处上覆地层：淤泥层、黏性土层、淤泥质土层、粉细砂层及中、粗砂层，地下水位高、渗透性强，上有池塘等。

以下分析利用采用修正后的梁—接头不连续模型，考虑注浆压力，推进油缸不同推力和不同偏角，螺栓的预紧力，以及螺栓半径等因素下盾构管片的受力情况，采用ANSYS有限元分析软件分析。

(1) 比较推进油缸推力的大小

为了比较推进油缸推力的大小，工况组合中选取：注浆压力0.2 MPa；推进油缸偏角2°；螺栓半径0.02 m；预紧力初始应变2.27×10^{-3}(预紧力用初始应变施加)；错缝偏角8Q。计算结果汇总见表6-4，管片和螺栓应力随推进油缸推力的变化如图6-8所示。

表6-4 不同千斤顶推力的工况及计算结果

千斤顶推力(t)	工况：注浆压力0.2 MPa；千斤顶偏角2°；螺栓半径0.02 m；预紧力初始应变2.27×10^{-3}；错缝偏角8Q					
	管片等效应力(Pa)	环间螺栓应力(Pa)	块间螺栓应力(Pa)	错台(mm)	最大错台点位	管片应变
12 086	2.31×10^{7}	4.34×10^{8}	3.28×10^{8}	3.6	5:00	6.540×10^{-4}
12 386	2.30×10^{7}	4.33×10^{8}	3.13×10^{8}	3.6	5:00	6.510×10^{-4}
12 586	2.34×10^{7}	4.33×10^{8}	3.12×10^{8}	3.6	5:00	6.610×10^{-4}
12 786	2.39×10^{7}	4.32×10^{8}	3.13×10^{8}	3.5	5:00	6.760×10^{-4}
12 986	2.40×10^{7}	4.32×10^{8}	3.13×10^{8}	3.6	5:00	6.790×10^{-4}
13 186	2.42×10^{7}	4.31×10^{8}	3.13×10^{8}	3.6	5:00	6.840×10^{-4}
14 186	2.53×10^{7}	4.28×10^{8}	3.19×10^{8}	3.5	5:00	7.170×10^{-4}
15 186	2.59×10^{7}	4.25×10^{8}	3.15×10^{8}	3.5	5:00	7.320×10^{-4}
16 186	2.65×10^{7}	4.22×10^{8}	3.28×10^{8}	3.5	5:00	7.510×10^{-4}
17 186	2.75×10^{7}	4.19×10^{8}	3.29×10^{8}	3.4	5:00	7.990×10^{-4}

注：坐标原点在盾尾圆环圆心处，$Q=4.090909°$，预紧力用初始应变施加，下同。

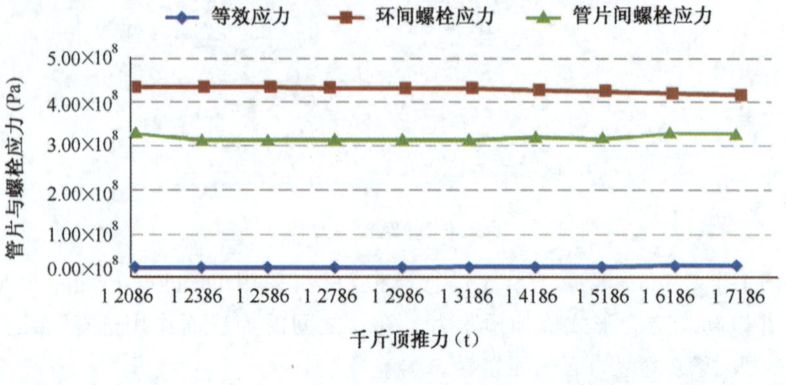

图6-8 管片和螺栓应力随千斤顶推力的变化曲线

当推进油缸推力为 14 186 t 时，计算结果如图 6-9 所示。

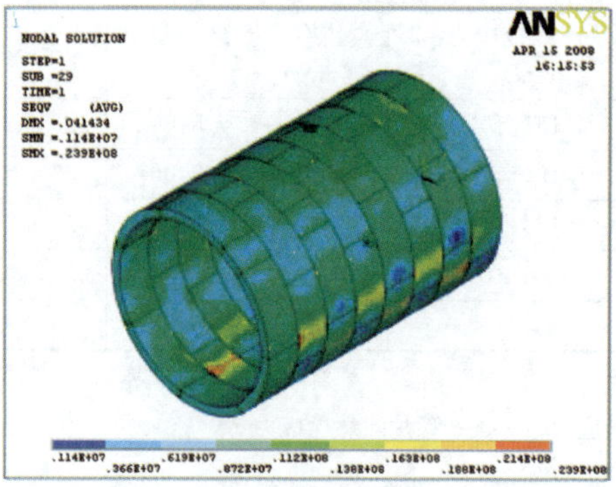

(a) 管片等效应力图

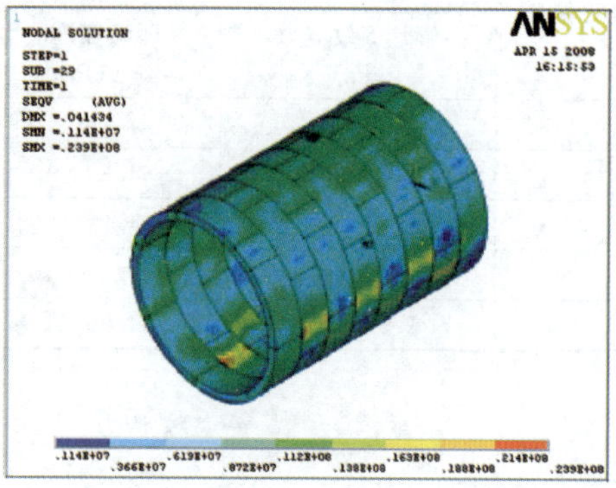

(b) 管片的应变图

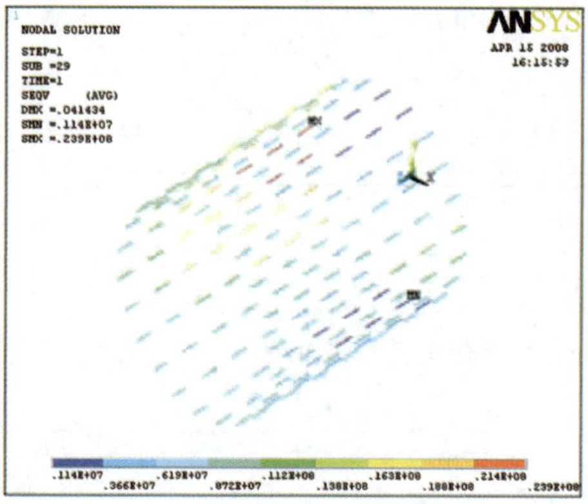

(c) 环间螺栓应力图

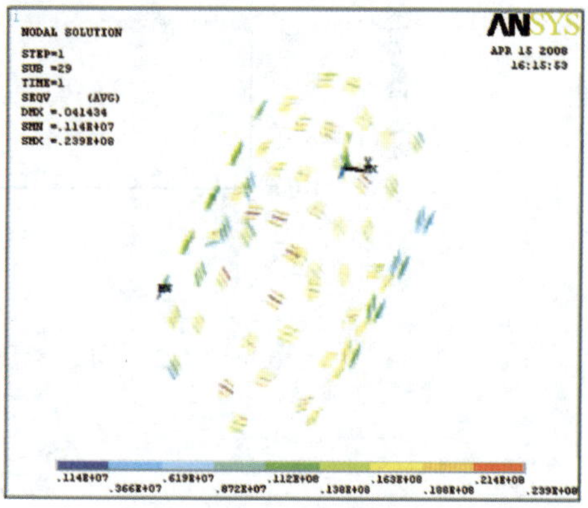

(d) 块间螺栓应力图

图 6-9 管片计算结果图

由表 6-4 和图 6-9 可知，随着推进油缸推力的增大，盾构管片的等效拉应力是呈逐渐增长趋势，应变也是增大的，最大的应力出现在第 4 环与第 5 环的环缝内表面，这里应力最大，极有可能造成管片的破损。环间螺栓应力随着推进油缸推力的增大而减小，并且都出现在管片的上部第 4 环至第 6 环的螺栓上；块间螺栓应力随着推进油缸推力的增大在一定的推力范围内没有太大变化，错台都在 3.5 mm 左右，点位都在 5:00 方向。

(2) 比较推进油缸推力的角度

为了比较推进油缸推力的角度，工况组合中选取：注浆压力 0.2 MPa；推进油缸推力 12 786 t；螺栓半径 0.02 m；预紧力初始应变 2.27×10^{-3}；错缝偏角 8Q。计算结果汇总见表 6-5，管片和螺栓应力随推进油缸推力偏角的变化如图 6-10 所示，当推进油缸推力偏角为 3° 时，计算结果如图 6-11 所示。

由表 6-5 和图 6-10 与图 6-11 可知，随着推进油缸推力偏角的增大，盾构管片的等效拉应力是逐渐呈增长趋势，应变也是增大的，最大的应力出现在第 4 环与第 5 环的环缝内表面的环缝附近。环间螺栓应力随其增大而增大，并且都出现在管片的上部第 4 环至第 6 环的螺栓上，块间螺栓应力随着推力偏角的增大而增大，错台都在 3.5mm 左右，点位都在 5:00 方向。

表 6-5 不同千斤顶推力角度的工况及计算结果

千斤顶推力偏角(°)	工况：注浆压力 0.2 MPa；千斤顶推力 12 786 t；螺栓半径 0.02 m；预紧力初始应变 2.27×10^{-3}；错缝偏角 8Q					
	管片等效应力(Pa)	环间螺栓应力(Pa)	块间螺栓应力(Pa)	错台(mm)	最大错台点位	管片应变
0	2.34×10^{7}	4.26×10^{8}	3.13×10^{8}	3.4	5:00	6.630×10^{-4}
1	2.37×10^{7}	4.29×10^{8}	3.12×10^{8}	3.5	5:00	6.700×10^{-4}
2	2.39×10^{7}	4.32×10^{8}	3.13×10^{8}	3.5	5:00	6.760×10^{-4}
3	2.45×10^{7}	4.36×10^{8}	3.20×10^{8}	3.6	5:00	6.940×10^{-4}
4	2.52×10^{7}	4.39×10^{8}	3.36×10^{8}	3.7	5:00	7.150×10^{-4}

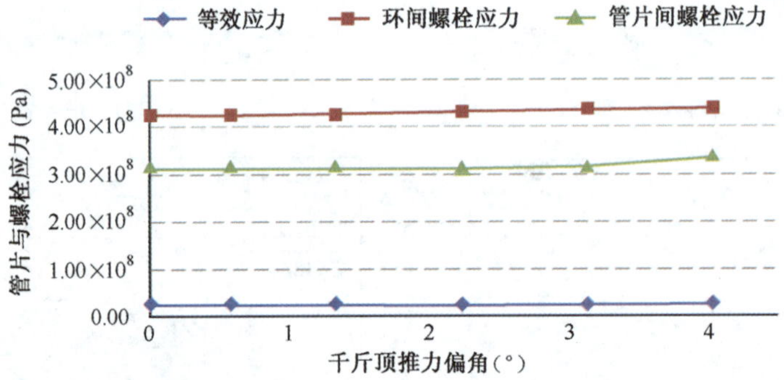

图 6-10 管片和螺栓应力随千斤顶推力偏角的变化曲线

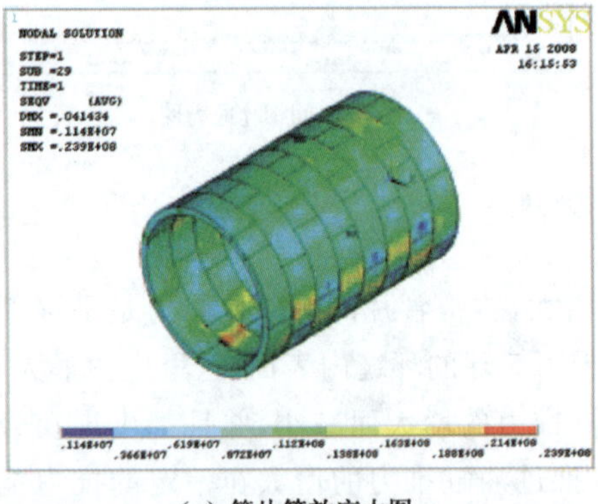

(a) 管片等效应力图

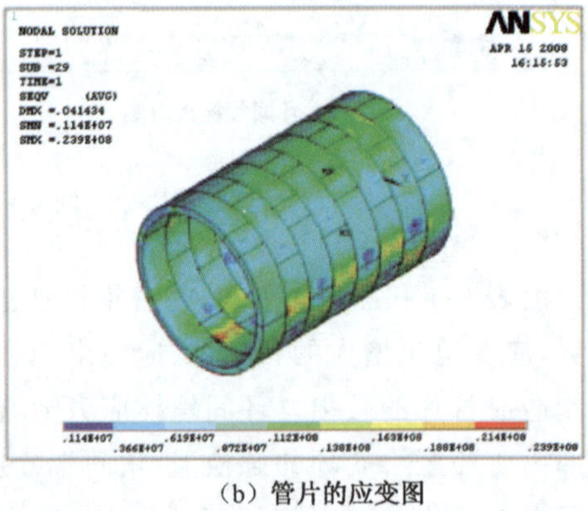

(b) 管片的应变图

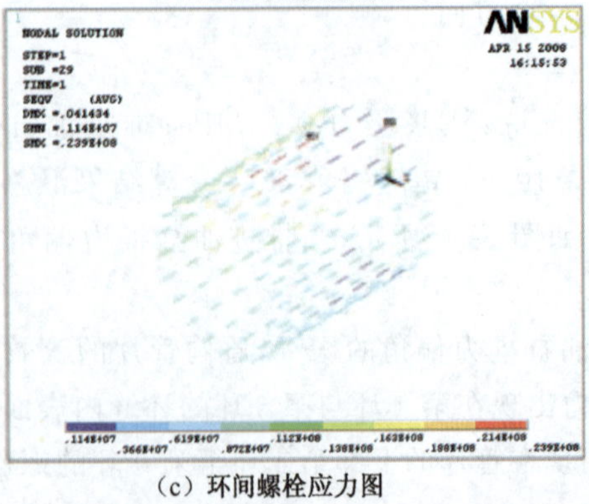

(c) 环间螺栓应力图

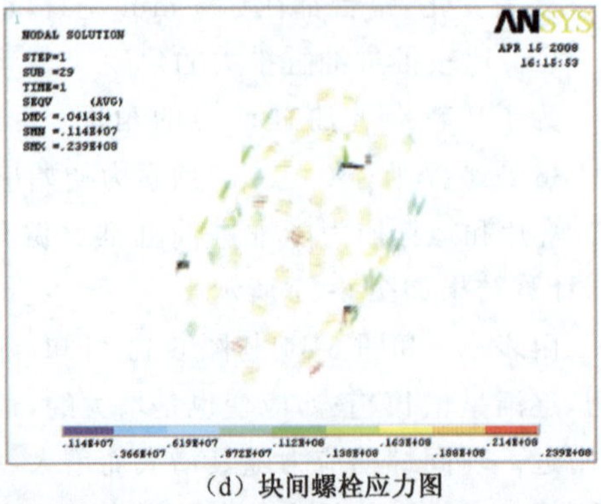

(d) 块间螺栓应力图

图 6-11 管片计算结果图

(3) 比较注浆压力的大小

为了比较注浆压力的大小，工况组合中选取：千斤顶推力 12 786 t；推进油缸偏角 2°；螺栓半径 0.02 m；预紧力初始应变 2.27×10^{-3}；错缝偏角 8*Q*。计算结果汇总见表 6-6，管片和螺栓应力随注浆压力的变化如图 6-12 所示。

表 6-6 不同注浆压力的工况及计算结果

注浆压力(Pa)	工况：千斤顶推力 12 786 t；千斤顶偏角 2°；螺栓半径 0.02 m；预紧力初始应变 2.27×10^{-3}；错缝偏角 8*Q*					
	管片等效应力(Pa)	环间螺栓应力(Pa)	块间螺栓应力(Pa)	错台(mm)	最大错台点位	管片应变
1.20×10^5	2.37×10^7	4.32×10^8	3.21×10^8	3.5	4:30	6.710×10^{-4}
1.73×10^5	2.39×10^7	4.32×10^8	3.13×10^8	3.5	5:00	6.760×10^{-4}
2.23×10^5	2.37×10^7	4.32×10^8	3.07×10^8	3.6	4:30	6.650×10^{-4}
2.73×10^5	2.36×10^7	4.32×10^8	3.07×10^8	3.5	5:00	6.760×10^{-4}
3.37×10^5	2.46×10^7	4.32×10^8	3.07×10^8	3.6	5:00	6.980×10^{-4}
3.73×10^5	2.40×10^7	4.32×10^8	3.08×10^8	3.6	5:00	6.810×10^{-4}

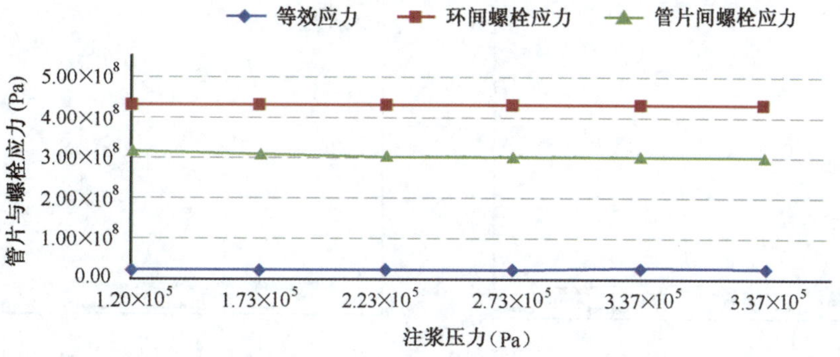

图 6-12 管片和螺栓应力随注浆压力的变化曲线

当注浆压力为 1.73×10^5 Pa 时，计算结果如图 6-13 所示。

由表 6-6 和图 6-12 可知，随着注浆压力的增大，盾构管片的等效拉应力基本不变，应变也是缓慢增大的，最大的应力出现在第 4 环与第 5 环内表面的环缝附近。环间螺栓应力随着其增大基本没有改变，这是由于浆液的作用方向是垂直于管片的外部，块间螺栓应力随其增大而减小，错台都在 3.5 mm 左右，点位都在 4:30～5:00 方向。

(4) 比较螺栓半径的大小

为了比较螺栓半径的大小，工况组合中选取：推进油缸推力 12 786 t；推进油缸偏角 2°；注浆压力 0.2 MPa；预紧力初始应变 2.27×10^{-3}；错缝偏角 8*Q*。计算结果汇总见表 6-7，管片和螺栓应力随螺栓半径的变化如图 6 - 14 所示。当螺栓半径为 0.025 m 时，计算结果如图 6-15 所示。

由表 6-7 和图 6-14 与图 6-15 可知，随着螺栓半径的增大，盾构管片的等效应力是增长的，应变也是增大的，最大的应力出现在第 4 环与第 5 环的环缝附近。环间螺栓应力随其增大而减小，块间螺栓应力随其增大而减小，错台都在 3.5 mm 左右，点位都在 5:00 方向。

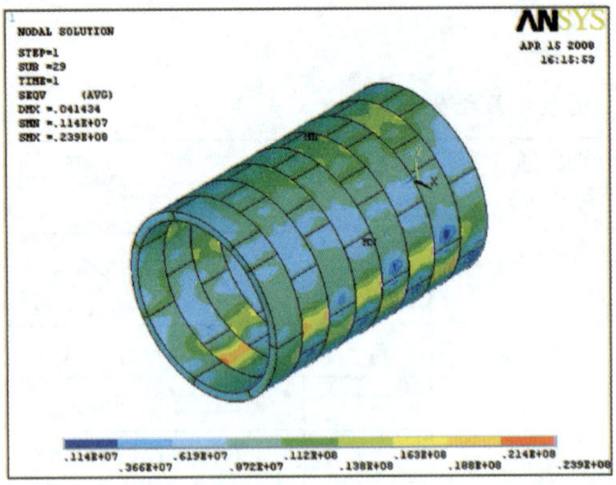

（a）管片等效应力图

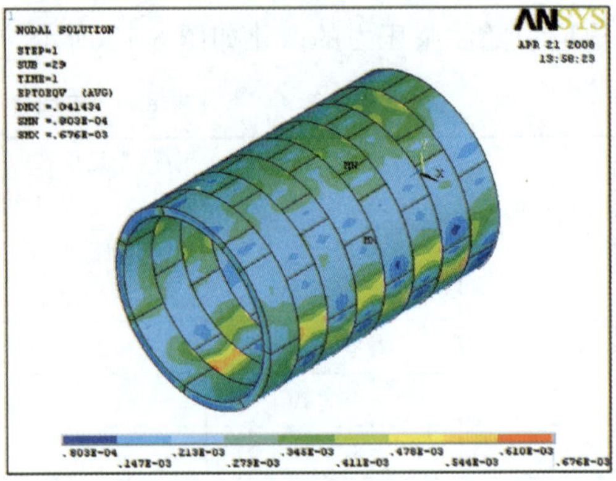

（b）管片的应变图

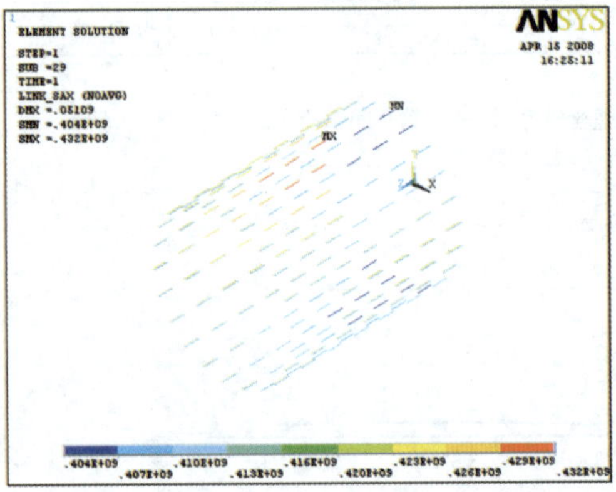

（c）环间螺栓应力图

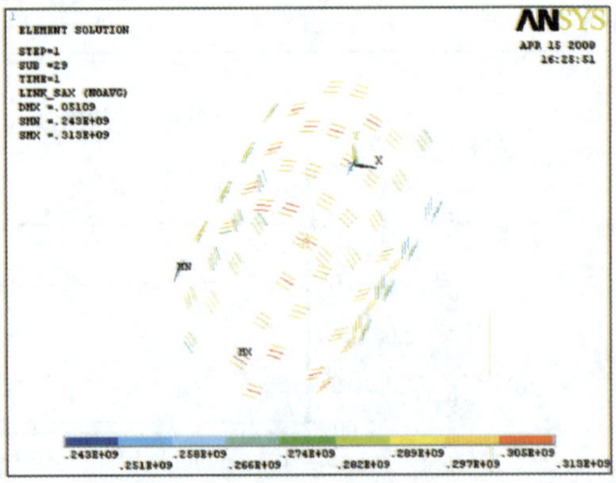

（d）块间螺栓应力图

图 6-13　管片计算结果图

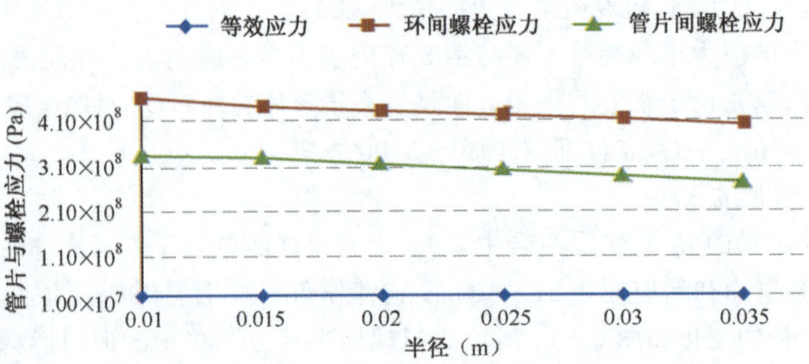

图 6-14　管片和螺栓应力随螺栓半径的变化曲线

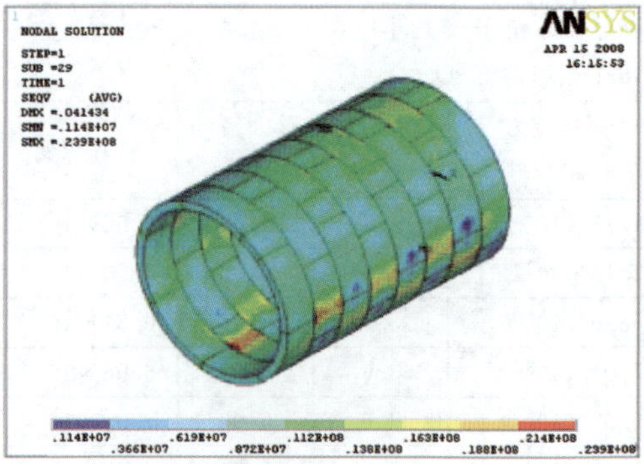

(a) 管片等效应力图

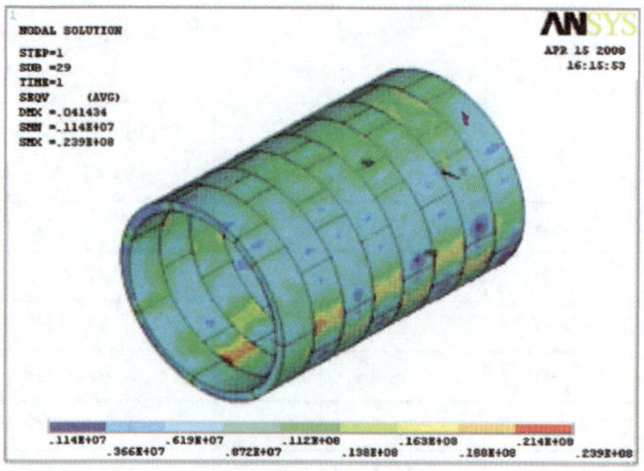

(b) 管片的应变图

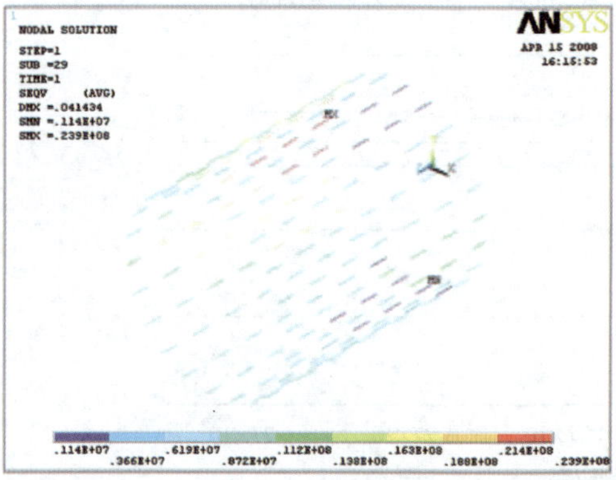

(c) 环间螺栓应力图

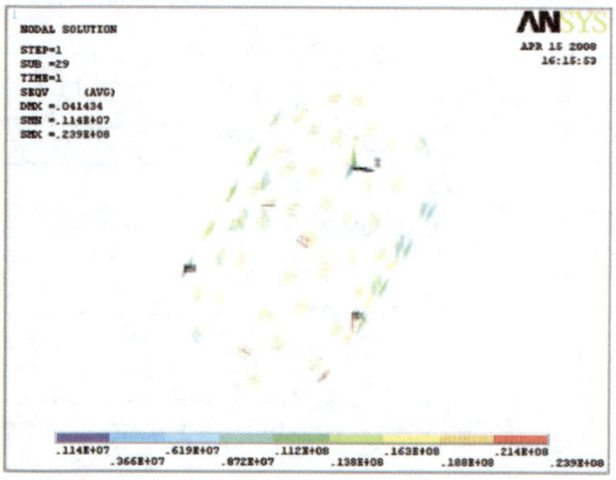

(d) 块间螺栓应力图

图 6-15　管片计算结果图

表 6-7　不同螺栓半径的工况及计算结果

螺栓半径(m)	工况：推进油缸推力 12 786 t；推进油缸偏角 2°；注浆压力 0.2MPa；预紧力初始应变 2.27×10⁻³；错缝偏角 8Q					
	管片等效应力(Pa)	环间螺栓应力(Pa)	块间螺栓应力(Pa)	错台(mm)	最大错台点位	管片应变
0.01	2.38×10^{7}	4.60×10^{8}	3.31×10^{8}	3.6	5:00	6.740×10^{-4}
0.015	2.38×10^{7}	4.40×10^{8}	3.26×10^{8}	3.6	5:00	6.720×10^{-4}
0.02	2.39×10^{7}	4.32×10^{8}	3.13×10^{8}	3.6	5:00	6.760×10^{-4}
0.025	2.37×10^{7}	4.23×10^{8}	3.00×10^{8}	3.5	5:00	6.720×10^{-4}
0.03	2.42×10^{7}	4.13×10^{8}	2.87×10^{8}	3.5	5:00	6.870×10^{-4}
0.035	2.53×10^{7}	4.01×10^{8}	2.73×10^{8}	3.5	5:00	7.180×10^{-4}

(5) 比较螺栓预紧力的大小

为了比较螺栓预紧力的大小，工况组合中选取：推进油缸推力 12 786 t；推进油缸偏角 2°；螺栓半径 0.02 m；注浆压力 0.2 MPa；错缝偏角 8Q。计算结果汇总见表 6-8，管片与螺栓应力随螺栓预紧力的变化如图 6-15 所示。

表 6-8　不同螺栓预紧力的工况及计算结果

螺栓预紧力初始应变	工况：推进油缸推力 12 786 t；推进油缸偏角 2°；螺栓半径 0.02 m；注浆压力 0.2 MPa；错缝偏角 8Q					
	管片等效应力（Pa）	环间螺栓应力（Pa）	块间螺栓应力（Pa）	错台（mm）	最大错台点位	管片应变
1.27×10^{-3}	2.35×10^{7}	2.30×10^{8}	1.18×10^{8}	3.7	5:00	6.65×10^{-4}
2.27×10^{-3}	2.39×10^{7}	4.32×10^{8}	3.13×10^{8}	3.5	5:00	6.76×10^{-4}
3.27×10^{-3}	2.40×10^{7}	6.34×10^{8}	5.16×10^{8}	3.5	5:00	6.81×10^{-4}
4.27×10^{-3}	2.46×10^{7}	8.36×10^{8}	7.01×10^{8}	3.6	5:00	6.98×10^{-4}
5.27×10^{-3}	2.50×10^{7}	1.04×10^{9}	9.03×10^{8}	3.6	5:00	7.09×10^{-4}
6.27×10^{-3}	2.53×10^{7}	1.24×10^{9}	1.09×10^{9}	3.5	5:00	7.32×10^{-4}

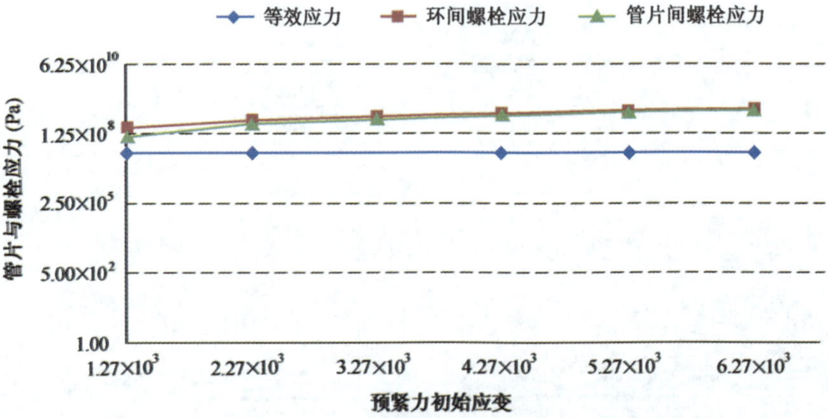

图 6-16　管片和螺栓应力随螺栓预紧力初始应变的变化曲线

由表 6-8 和图 6-16 可知，随着螺栓的预紧力初始应变的增大，盾构管片的等效应力是增大的，应变也是增大的，最大的应力出现在第 4 环与第 5 环内表面的环缝附近。环间螺栓应力随其增大而明显增大，块间螺栓应力随其增大而明显增大，可见螺栓的预紧力对螺栓影响较大，错台都在 3.5 mm 左右，点位都在 5:00 方向。

当螺栓预紧力为 3.27×10^{-3} Pa 时，计算结果如图 6-17 所示。

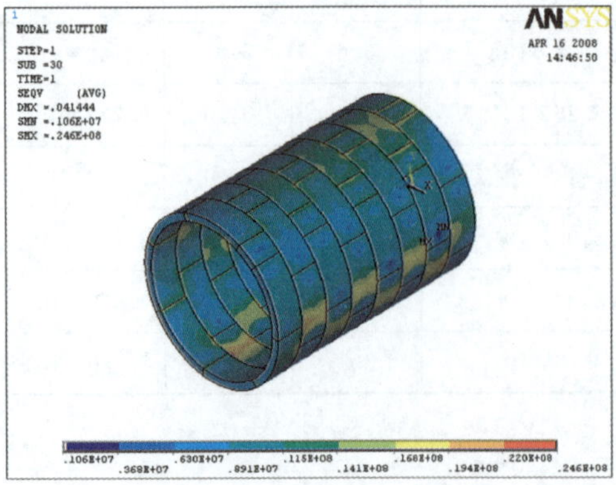

(a) 管片等效应力图

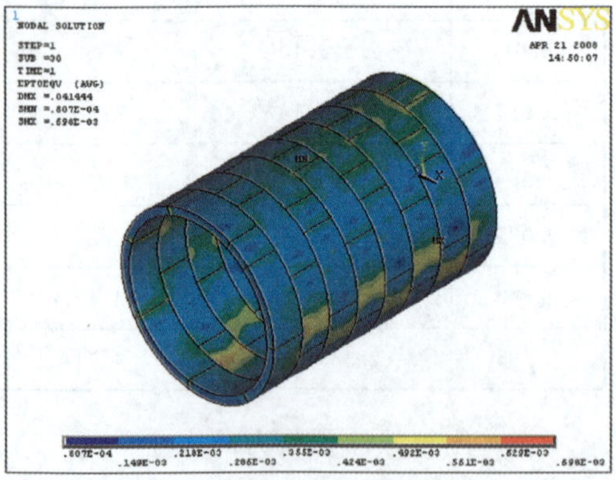

(b) 管片的应变图

图　6-17

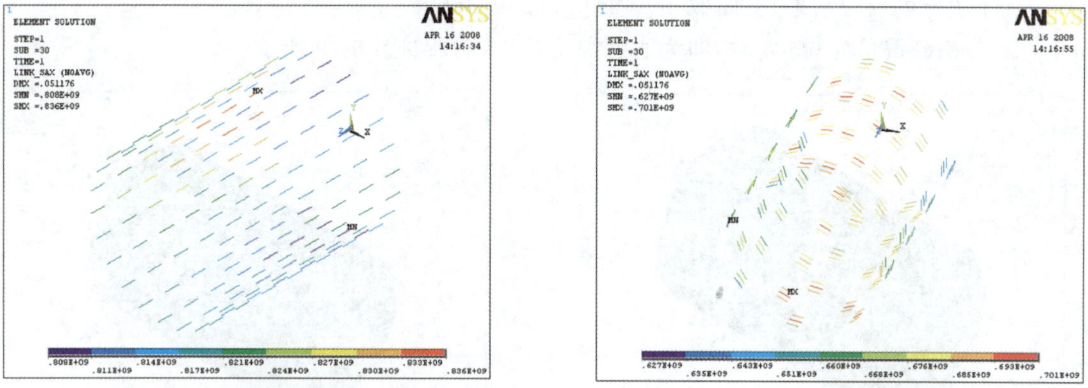

(c) 环间螺栓应力图　　(d) 块间螺栓应力图

图 6-17　管片计算结果图

(6) 比较错缝偏角的大小

为了比较不同拼装方式，工况组合中选取：推进油缸推力 12 786 t；推进油缸偏角 2°；螺栓半径 0.02 m；预紧力初始应变 2.27×10^{-3}；注浆压力 0.2 MPa。计算结果汇总见表 6-9，管片和螺栓应力随拼装角度的变化如图 6-18 所示。

表 6-9　不同错缝偏角的工况及计算结果

错缝偏角 (°)	工况：注浆压力 0.2 MPa；推进油缸偏角 2°；螺栓半径 0.02 m；推进油缸推力 12 786 t；预紧力初始应变 2.27×10^{-3}					
	管片等效应力 (Pa)	环间螺栓应力 (Pa)	块间螺栓应力 (Pa)	错台 (mm)	最大错台点位	管片应变
0Q	1.59×10^{7}	4.23×10^{8}	4.19×10^{8}	16.3	7:00	5.040×10^{-4}
1Q	2.43×10^{7}	4.28×10^{8}	3.51×10^{8}	5.6	7:00	6.850×10^{-4}
2Q	2.33×10^{7}	4.32×10^{8}	3.24×10^{8}	5.0	5:30	6.660×10^{-4}
3Q	2.51×10^{7}	4.33×10^{8}	3.29×10^{8}	5.1	5:30	7.140×10^{-4}
4Q	2.50×10^{7}	4.32×10^{8}	3.36×10^{8}	4.3	6:00	7.070×10^{-4}
5Q	2.46×10^{7}	4.32×10^{8}	3.28×10^{8}	5.1	6:00	6.960×10^{-4}
6Q	2.45×10^{7}	4.32×10^{8}	3.16×10^{8}	4.8	6:00	6.940×10^{-4}
7Q	2.45×10^{7}	4.32×10^{8}	3.35×10^{8}	3.8	5:00	6.970×10^{-4}
8Q	2.39×10^{7}	4.32×10^{8}	3.13×10^{8}	3.6	5:00	6.760×10^{-4}

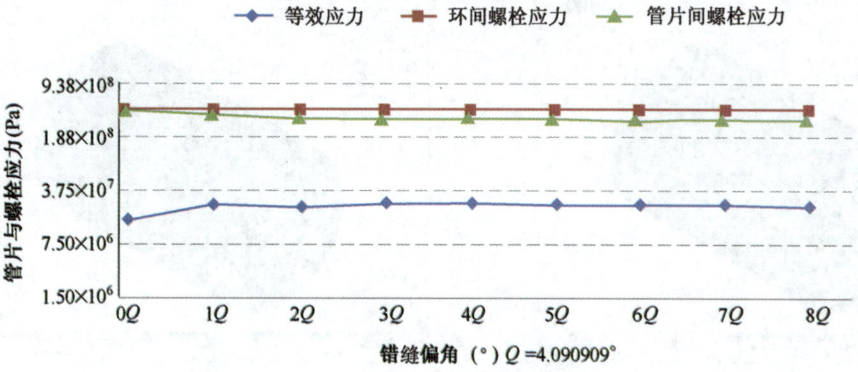

图 6-18　管片和螺栓应力随拼装错缝角度的变化曲线

为了更好的反映结果，下面取 0Q(通缝)，3Q 和 4Q。

1）当错缝偏角为 0Q 度时，即为通缝拼装，计算结果如图 6-19 所示。

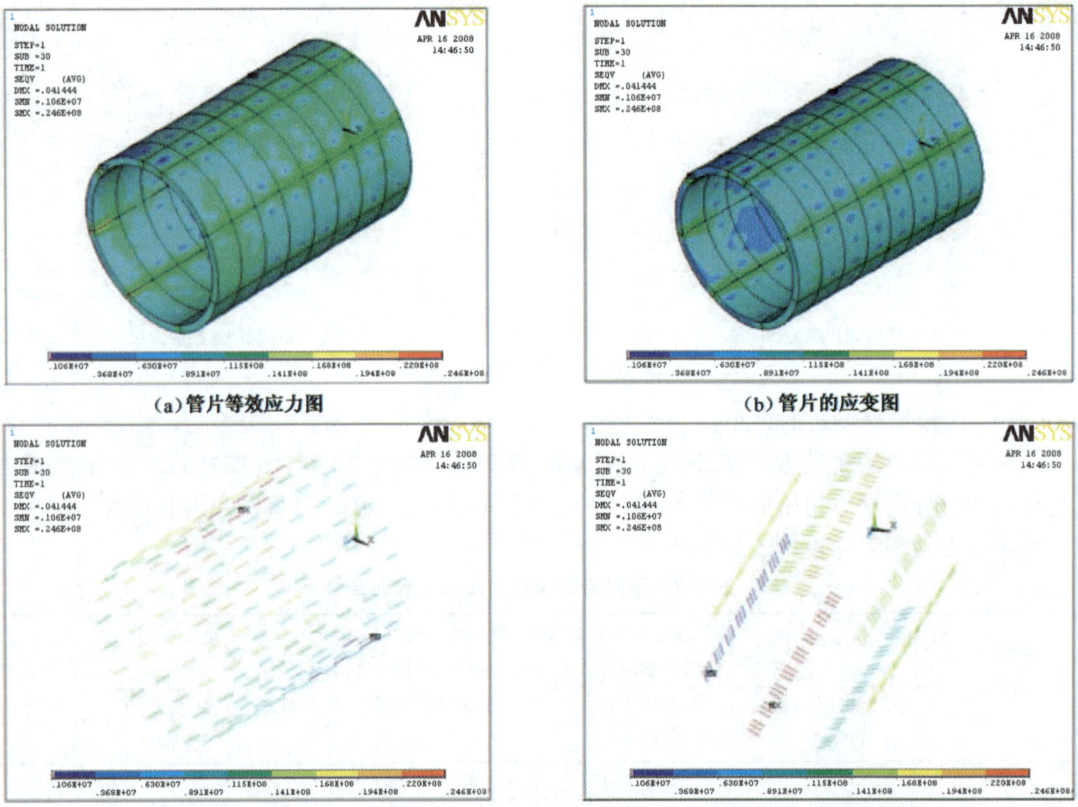

(a)管片等效应力图　**(b)管片的应变图**

(c)环间螺栓应力图　**(d)块间螺栓应力图**

图 6-19　管片计算结果图

由图 6-19 可知，其中在偏角为 0Q 时，其错台较为严重，达到 16.3mm，且错台点位在7:00方向，此时块间螺栓应力也是最大的。通缝和错缝之间的区别从本质上讲是一个管片环整体刚度上的差异。错缝的存在，使得管片环之间的螺栓可以发挥纵向加强作用，使得管片间接头处的薄弱部位得到加强，从而增加了管片环整体的刚度。

2）当错缝偏角为 3Q 度时，计算结果如图 6-20 所示。

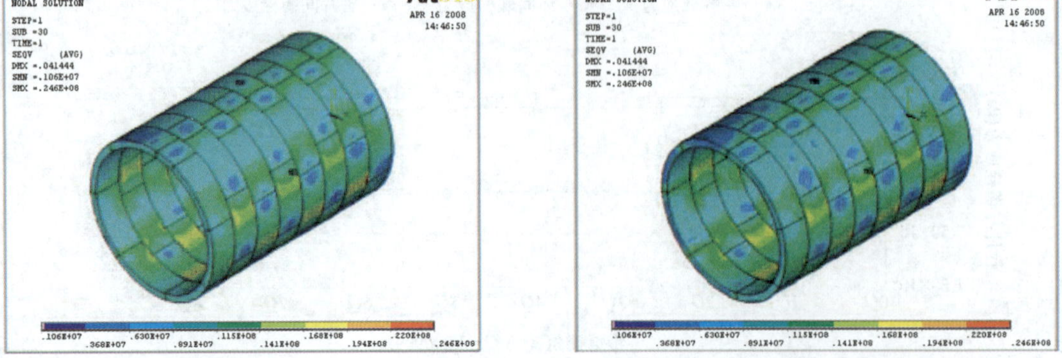

(a)管片等效应力图　**(b)管片的应变图**

图　6-20

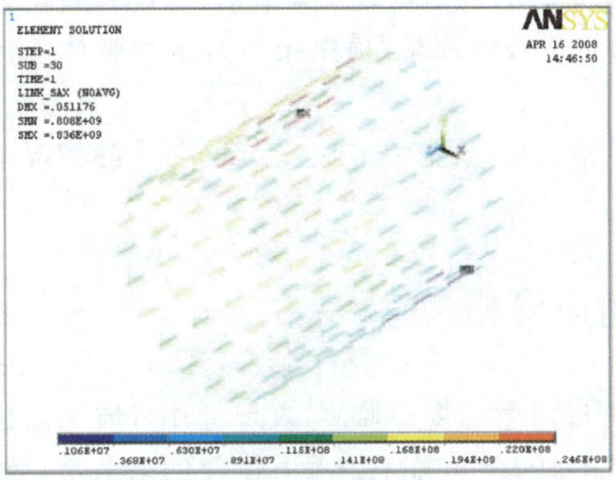

(c) 环间螺栓应力图

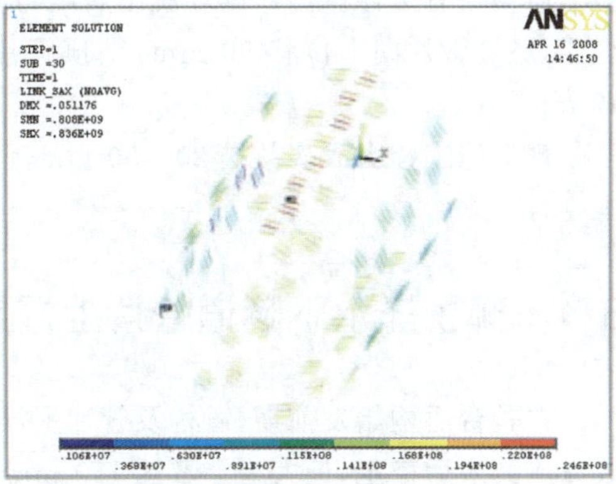

(d) 块间螺栓应力图

图 6-20 管片计算结果图

3）当错缝偏角为 4Q 度时，计算结果如图 6-21 所示。

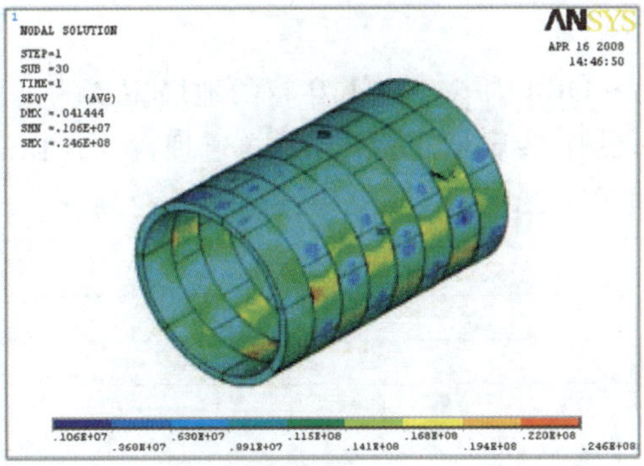

(a) 管片等效应力图

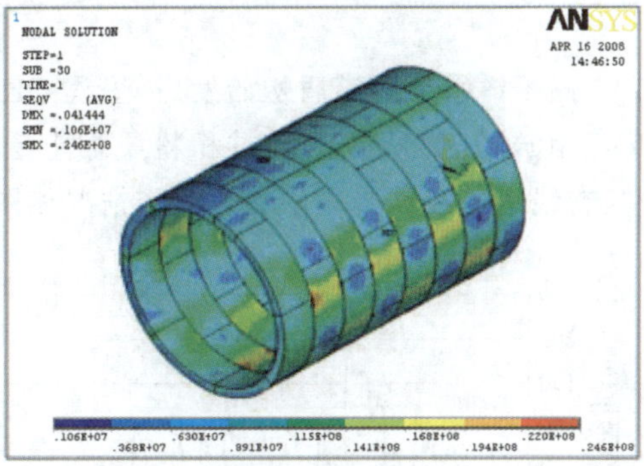

(b) 管片的应变图

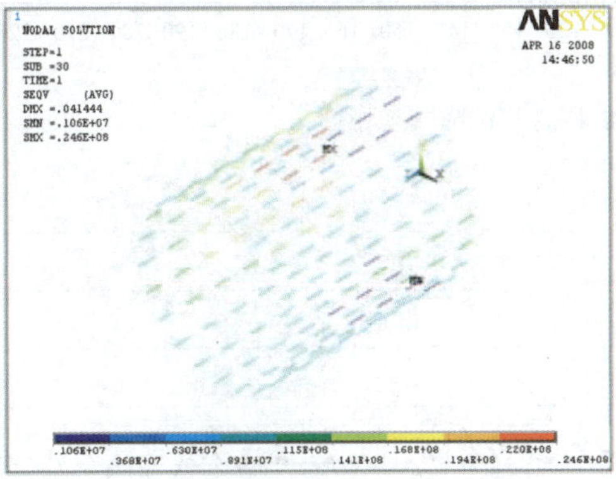

(c) 环间螺栓应力图

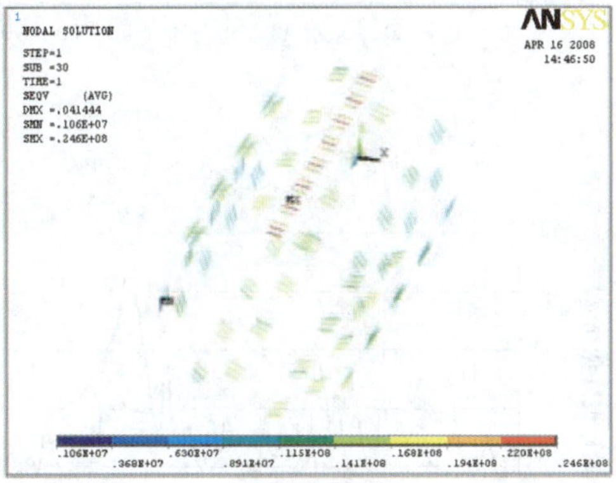

(d) 块间螺栓应力

图 6-21 管片计算结果图

6.3.3 模拟计算结果

根据上述分析可看出：盾构掘进过程中，由于施工对地层的扰动引起部分荷载释放，造成周边地层应力释放，土体向隧道内位移。当盾构自重荷载作用于地层上后，在地层应力差的作用下盾构略有上浮。当衬砌环脱出盾尾与同步注浆材料共同承受地层荷载后,衬砌环将产生上浮,隧底管片向上位移 59 mm,拱顶管片上移 35 mm,管片呈"横鸭蛋"形,平均整体上浮 47 mm。

现场施工错台大多数是 20～50 mm,计算模拟错台的结果为 30～40 mm,与实际情况基本吻合。

6.4　狮子洋水下隧道管片上浮量监测与分析

在首台盾构始发前期,盾构及管片上浮严重,通过对管片姿态监测,发现管片自盾尾内拼装完成到最后稳定,最大上浮量达 150 mm,一般都在 100 mm 左右。管片上浮的结果是导致管片环与环之间产生规律性的错台,严重影响了盾构隧道的外观质量,而且对隧道的防水也有一定的影响。

6.4.1　软弱围岩段管片沉降及分析

(1) 总体沉降

狮子洋水下隧道盾构始发后,里程 DK43＋000～DK42＋550 隧道穿越的地层主要为海陆交互相淤泥、淤泥质土层、冲积粉质黏土层和砂层,其中砂层地下水丰富,隧道埋深 7～18m。左、右线隧道在软岩段中管片沉降情况如图 6-22 和图 6-23 所示。

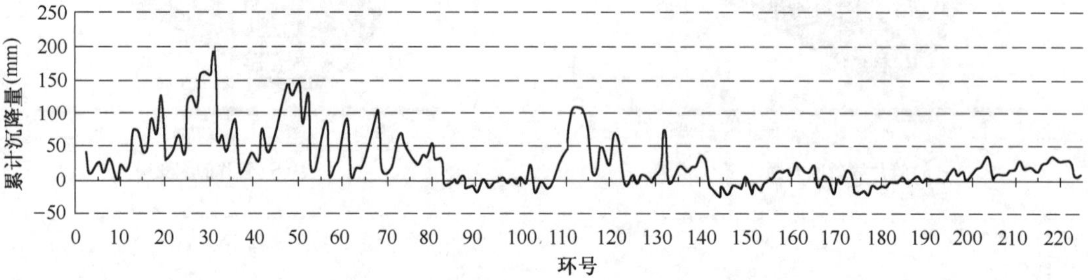

图 6-22　左线隧道软岩段管片沉降

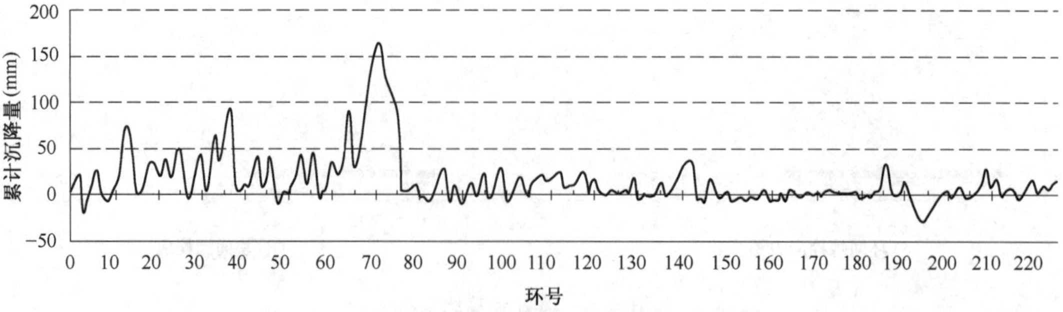

图 6-23　右线隧道软岩段管片沉降

在这种软弱地层中施工时,左、右线隧道都遇到了管片上浮量过大的问题。左线隧道在 25(DK42＋950)～75 环(DK42＋850)施工过程中,管片平均隆起值超过 50 mm,最大达到 198 mm。右线隧道在该段施工时,管片平均隆起值达 44 mm,最大隆起值达到

162 mm。

由图 6-22 和图 6-23 可发现：同样处于软弱地层中，左、右线均是在前 90 环中管片上浮量较大，后 90～225 环的上浮量则相对较少。对比施工过程可知，在前 90 环，盾构始发时的控上浮措施(同步注浆的材料及压力、注浆量)处于探索阶段。经过 90 环的施工后，左、右线均已具有一定的经验，管片上浮量管控得较好。

(2) 沉降量与施工过程对应分析

在软弱围岩段，施工过程中左、右线管片上浮量与注浆压力和注浆量的关系如图 6-24 和图 6-25 所示。

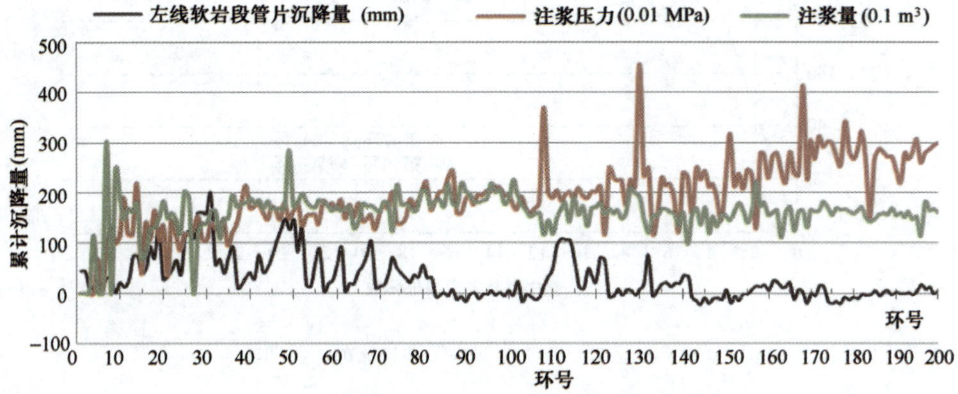

图 6-24　左线隧道管片沉降值与施工参数关系图

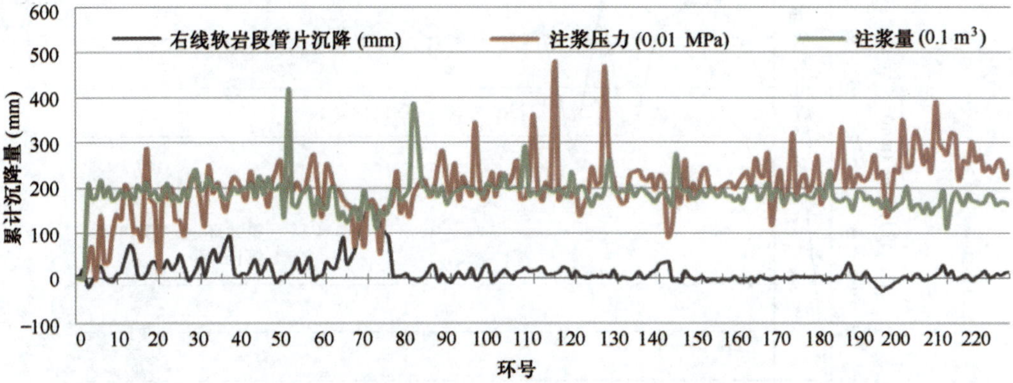

图 6-25　右线隧道管片沉降值与施工参数关系图

由图 6-24 和图 6-25 分析可知：管片的沉降与注浆压力有一定的关系，但对应关系不明显。如左线 90 环后，注浆压力较大的峰值地段，其沉降量亦出现峰值，但随着注浆压力的相对提高(如 150～225 环)，管片的上浮量并没有提高，此现象在右线 90 环后表现得较为明显。即注浆压力并不是管片上浮量的决定因素，或说对应关系不明显。但注浆压力的波动还是会引起管片上浮量一定的波动。

在 90 环后，注浆量基本上维持在 15～20 m^3 之间，其量值大小与管片的上浮量大小对应得较好。左线平均注浆量要少于右线，左线引起的上浮量要大于右线。90 环前，此现象表现得较为明显，即在软弱围岩段，较小的注浆量引起的上浮量要大一些。

(3) 沉降过程分析

现以 90 环分组，分析左、右线典型的管片环沉降历时过程。

对于左线而言，90 环前的管片隆沉历时曲线如图 6-26 所示，90 环后的管片隆沉历时曲线如图 6-27 所示。

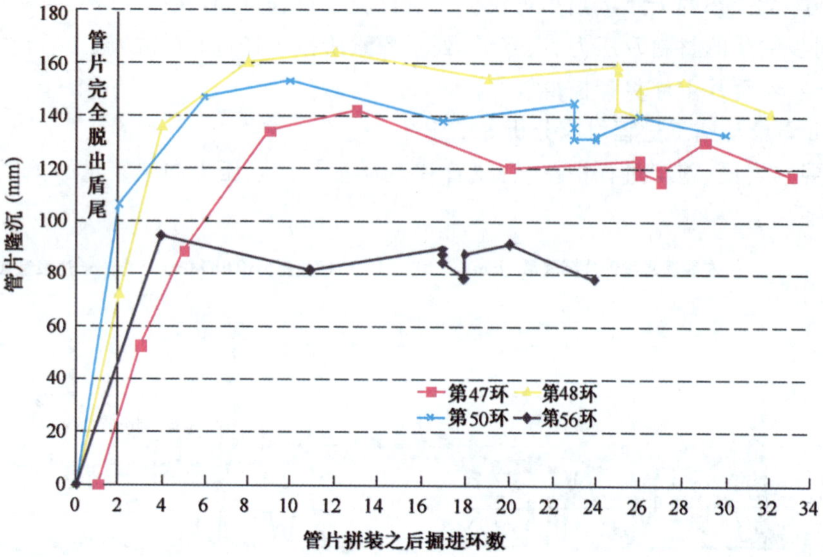

图 6-26　左线 90 环前的典型管片隆沉历时曲线

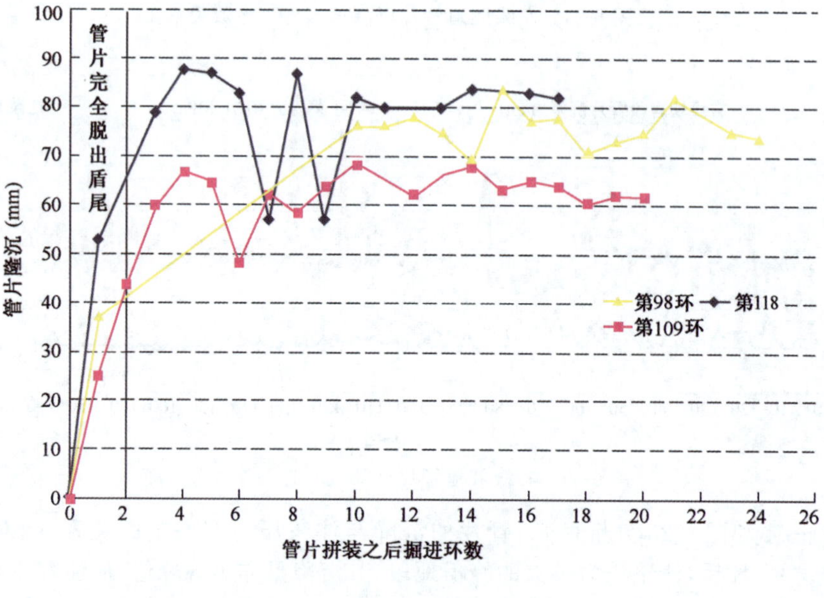

图 6-27　左线 90 环后的典型管片隆沉历时曲线

由图 6-26 和图 6-27 可知：左线 90 环前的管片上浮要大于 90 环后的管片的上浮量，但有一个共同的趋势是该线的管片上浮量均在盾构向前掘进 10 环后趋于稳定。并且管片在盾构内已上浮，亦可以说是管片的上浮量与盾尾的约束关系不是很明显。

对于右线而言，管片隆起历时曲线如图 6-28 所示。分析图 6-28 知：其总体上浮量要小于左线，且该线的管片上浮量均在盾构向前掘进 5 环后趋于稳定。即上浮量愈小，沉降量稳定愈快。

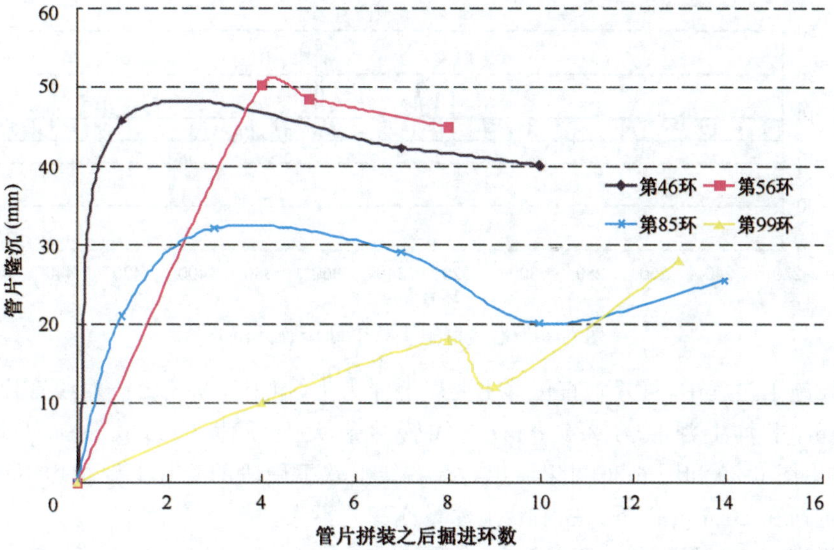

图 6-28 右线管片隆起历程曲线

(4) 主要原因

分析其主要原因有：

1) 在 90 环前，由于浅埋深，其沉降量要大于较大埋深的后 90 环；

2) 在软弱围岩段，盾构隧道穿越的地层为流塑性淤泥质黏土层，饱和且富含水，透水性差，同步注浆引起了较大的孔隙水压力，而且孔隙水压力消散较慢，使管片产生上浮；

3) 掘进速度较快，同步注浆浆液的胶凝时间 6～8 h，注入地层后实际凝固时间更长，可能有 4～6 环管片处于流塑的浆液中，使管片产生较大上浮；

4) 盾构在流塑性地层掘进，质量较大的盾构"头"产生"磕头"现象，质量较轻的盾尾则"上翘"，使得管片在盾构内即上浮，并挤压管片向上移动。

6.4.2 上软下硬段管片沉降与分析

狮子洋水下隧道上软下硬段为里程 DK42＋550～DK42＋000，对应的管片环数为226～465 环。在此里程段，隧道顶部通过大部分地段为黏土层、粉细砂、中砂层以及岩石全风化层，隧道仰拱大部分地段通过岩石强风化层、岩石弱风化层，隧道埋深 18～28 m。此里程段施工过程中左、右线隧道管片沉降情况如图 6-29 和图 6-30 所示。

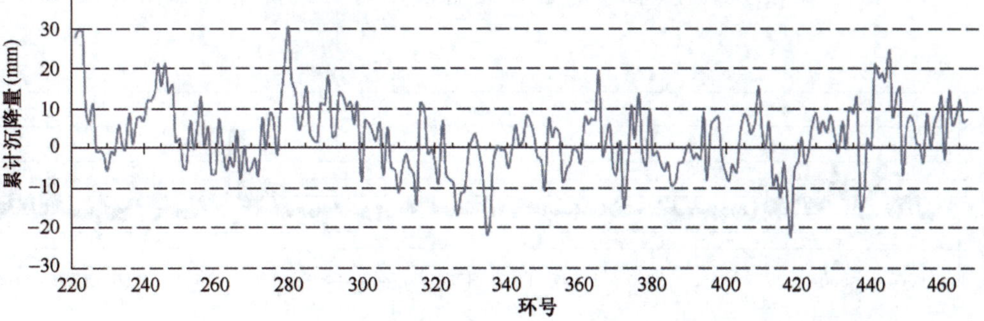

图 6-29 左线隧道上软下硬段管片沉降

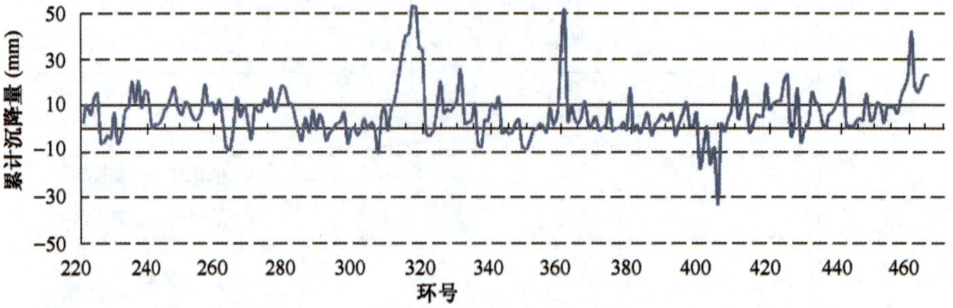

图 6-30　右线隧道上软下硬段管片沉降

这一段施工过程中，管片垂直位移主要以上浮为主，但上浮量不大。左线管片最大上浮值为 30.4 mm，平均上浮量为 2.5 mm；右线管片最大上浮值为 53.0 mm，平均隆沉量为 6.0 mm。由图 6-29 和图 6-30 可以看出，左、右线上软下硬段的管片上浮量均不大，绝大多数环的上浮量均在 10 mm 以下，左、右线上浮量亦相差不大。

右线隧道管片沉降量与施工参数的关系如图 6-31 所示。由图 6-31 可以看出，上软下硬段受注浆量的影响明显较小。

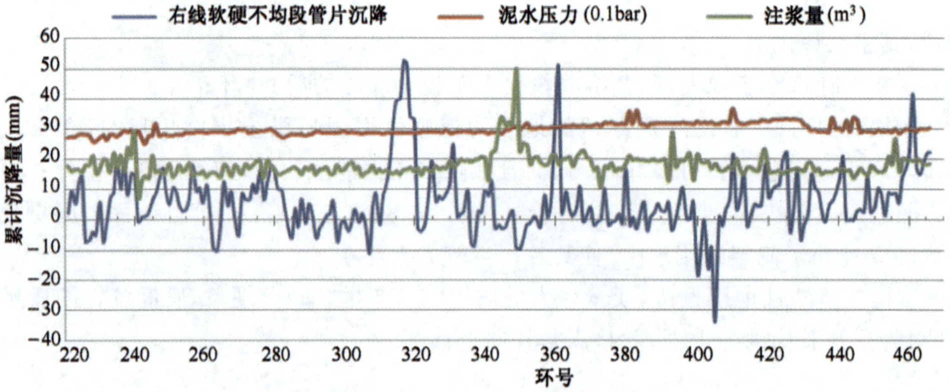

图 6-31　右线隧道上软下硬段管片沉降与施工参数关系

6.4.3　全断面硬岩段管片沉降及分析

(1) 总体隆沉

从里程 DK42+000 即 467 环后开始，盾构隧道进入全断面岩石地层，隧道围岩为白垩纪泥质粉砂岩、砂岩互层。左、右线隧道在硬岩段中管片沉降情况如图 6-32 和图 6-33 所示。

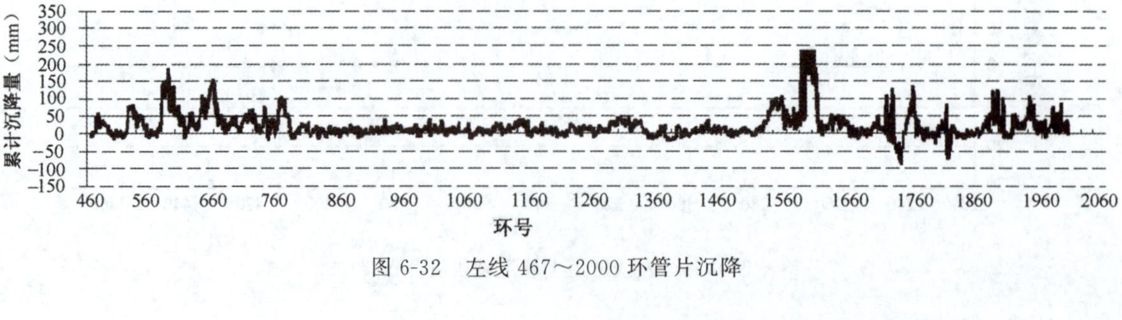

图 6-32　左线 467～2000 环管片沉降

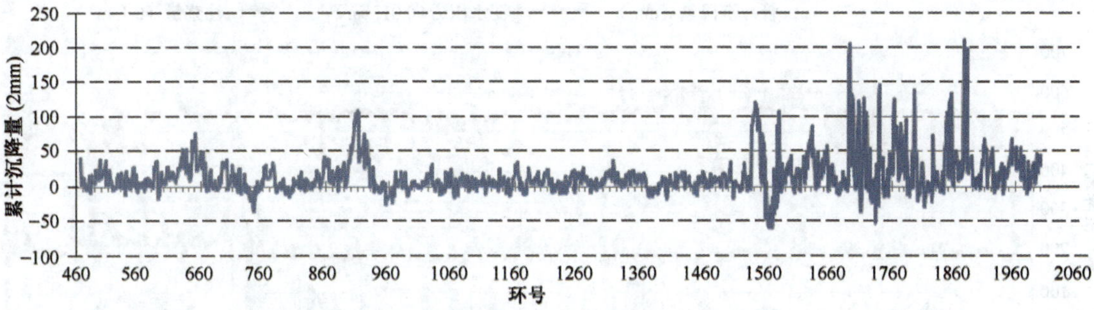

图 6-33 右线 467～2000 环管片沉降

从 467～2000 环的施工过程中，左线管片最大上浮值为 295 mm，平均上浮量为 22 mm；右线管片最大上浮值为 206 mm，平均上浮量为 15 mm。总体分析，左、右线管片上浮量相差不是很明显。并且，上浮量在相同里程段的隆沉趋势是相同，表现左、右线在 467～1 000 环及 1 500～2 000 环之间隆沉较为剧烈。而 1 000～1 500 环之间则隆沉平稳。

对应地质资料分析，管片隆沉变化剧烈段基本上为裂隙发育区。即地质条件亦是影响管片上浮的主要因素。

(2) 隆沉量与施工过程对应关系

根据实际地质情况分析右线管片隆沉量与施工过程的对应关系如图 6-34～图 6-36 所示。

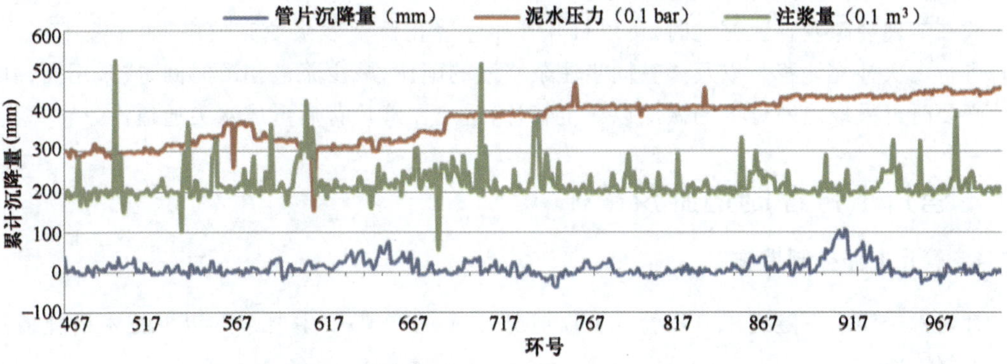

图 6-34 右线 467～1 000 环管片沉降与掘进参数关系

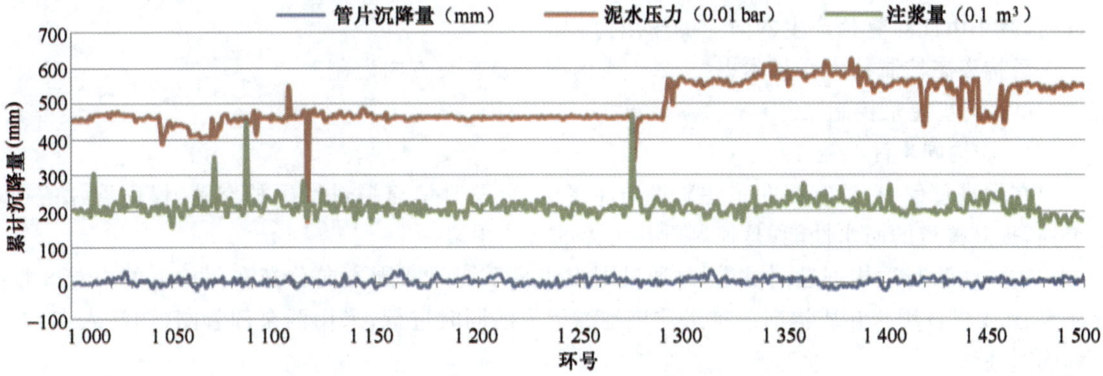

图 6-35 右线 1 000～1 500 环管片沉降与掘进参数关系

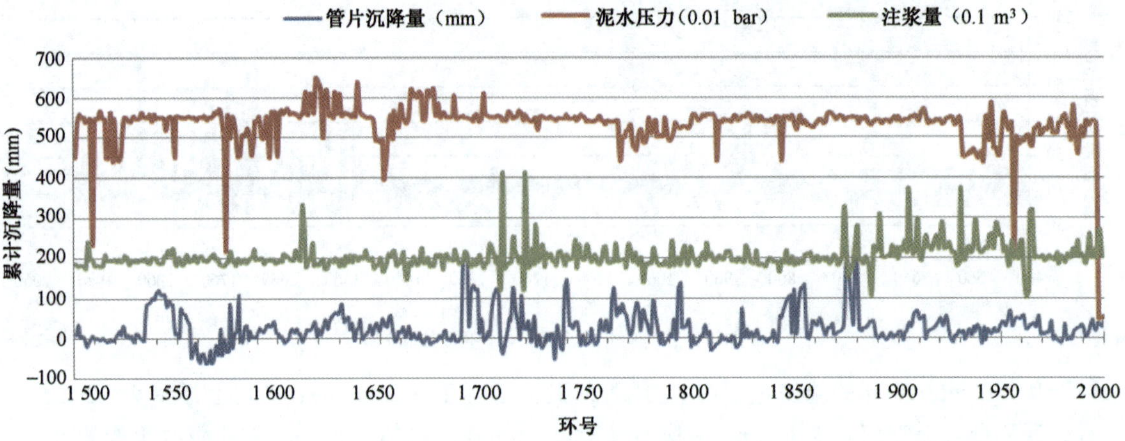

图 6-36　右线 1 500～2 000 环管片沉降与掘进参数关系

由图 6-34～图 6-36 中可以看出，泥水压力增加，但管片的隆沉量变化不大，注浆量亦变化不大。管片沉降值受盾构泥水压力、注浆量影响不大。

在裂隙发育区，泥水压力变化剧烈，管片的隆沉量亦剧烈。

(3) 主要原因

在岩层裂隙发育，地下水丰富的地层中，盾尾同步注浆的浆液很快被地下水冲散或稀释，使得盾构掘进形成的环形建筑空间（充满水或浆液）内的浆液初凝时间很长，不能及时凝固并封闭，严重影响管片背后注浆填充效果。

故在节理裂隙发育区掘进时，可以打开管片注浆孔检查砂浆填充效果，如注浆不饱满，应及时进行二次补充注浆。以及调整同步注浆浆液的配比，减少浆液初凝时间，或采用高性能砂浆。必要时可采取隔断分区的做法以稳定管片，避免在管片背后形成水力通道。

6.5　管片上浮控制措施及结果

6.5.1　管片上浮控制措施

针对狮子洋水下隧道出口段管片上浮情况分析，在施工中主要采取以下技术措施控制管片的上浮。

(1) 盾构姿态控制

首先是加强盾构姿态控制，避免盾构产生过大“磕头”，盾构倾斜与隧道坡度差控制在 2‰ 以内，减小由此对管片产生的向上的作用力。

盾构姿态控制技术详见本书“9.2.4 盾构掘进姿态及方向控制”。

(2) 同步注浆控制

1) 盾构同步注浆施工

在掘进过程中，控制好同步注浆量与注浆压力，及时填充掘进留下的空隙，保证管片的稳定性，提高隧道的防水性能，是控制管片上浮的必要手段。

同步注浆与盾构掘进同时进行，通过同步注浆系统及圆周方向分布在尾盾上的内置 8 根注浆管（4 根备用），在盾构向前推进盾尾空隙形成的同时进行，采用两泵四管路（四注入点）对称同时注浆。

注浆可根据需要采用自动控制或手动控制方式，自动控制方式即预先设定注浆压力，由控制程序自动调整注浆速度，当注浆压力达到设定值时，自行停止注浆。手动控制方式则由人工根据掘进情况随时调整注浆流量，以防注浆速度过快，而影响注浆效果。

注浆量根据开挖直径、管片外径计算出理论注入量。实际则需根据地层特点、盾构姿态等来控制，基本原则是注入量不小于理论注入量，确保顶部两根管路的注入量。同步注浆压力控制主要考虑两个因素：其一，同步注浆压力一般为 1.1～1.2 倍的静止土压力；其二，保持注浆压力大于切口泥水压力。注浆压力通常大于同等水平位置开挖仓泥水压力 0.02～0.03 MPa，压力低则注入量不够，过高会损坏盾尾密封刷或通过地层空隙进入开挖仓。因砂浆凝固会导致注浆管路堵塞，因此每掘进 1 环，在掘进的最后 20 cm 就停止注浆。在盾构完成掘进拼装管片时，每隔 45～60 min 注一次，每次每根管注入 0.01～ 0.02 m^3。盾构掘进时也应留意注浆量。

其次，根据掘进速度合理确定同步注浆浆液胶凝时间，浆液稠度控制在 10～11 cm，塌落度控制在 3～4 cm，保证管片脱出盾尾 1～2 环浆液凝固，减少管片在浆液中的悬浮长度。

注浆过程是有效控制衬砌管片上浮的关键时期，理想的情况是注浆浆液完全充填盾尾间隙并快速凝固形成早期强度，从而使隧道与周围土体形成稳定的整体构造物。通过对水泥、膨润土的掺量调整，减少浆液初凝时间，狮子洋水下隧道初期使用的砂浆初凝时间为 8 h，后将浆液初凝时间减少到 6 h。

2）同步注浆试验

为了将管片上浮控制在合理范围内，需要对注浆材料进行试验，以寻找最佳配合比。将同步注浆试验分为室内试验和现场试验两部分。

① 同步注浆材料室内试验

注浆材料主要有单液型浆液和双液型浆液。单液型浆液又可分为惰性浆液和硬性浆液。惰性浆液中没有掺加水泥等胶凝物质，早期强度和后期强度均很低。硬性浆液中掺加了水泥等胶凝物质，具备一定早期强度和后期强度。双液型浆液的胶凝时间通常较短，按凝结时间来分，可分为缓凝型、可塑型、瞬凝型三种类型。解决管片上浮问题实质上是通过同步注浆稳定管片，理想的情况是注浆浆液完全充填施工间隙并快速凝固形成早期强度，隧道与周围土体形成整体从而达到稳定。在浆液性能上唯有选择双液瞬凝型浆液才能解决管片上浮问题，因其时效特点在隧道位移控制上具有优势，但双液浆随着温度变化，同种配合比化学胶凝时间因时而异，且堵管极易发生，故施工中仍以采用惰性浆液为多。

试验结论主要有：

a. 当采用速凝型砂浆时可以满足设计要求，即在砂浆中加入 1∶1 的水玻璃和水混合液。

b. 在掺有膨润土的砂浆中，加入速凝剂。此方法前期效果比较明显，但是反应时间较快，不能满足工程施工的需要，并且后期强度历时太长。也就是说前期虽然砂浆不分散了，但是没有什么强度，同样不能满足施工需要。

② 同步注浆现场试验

为了保证室内试验所得结果在施工现场可以使用，浆液需要有可注性、低黏度、稳定性强（不离析）等特点。为了保证室内试验的砂浆配比能够满足施工需要，在盾构掘进前，对砂浆进行了现场试验。

具体试验方法：现场设计一个长方体箱子，尺寸是长×宽×高＝1 m×1 m× 0.3 m，采用 2 mm 厚钢板，并且在箱体前后各留一个注浆口，直接将箱体放在盾构上，把注浆管路直接连于箱体上，加压设定和盾构掘进的注浆压力相同。经过现场试验，证明浆液完全能够满足施工需要。

同步注浆的最佳注入时期，应该在盾构推进过程中同时进行注入或在掘进完后立即注入。注入完成标准是浆液必须完全填充盾尾空隙。

地层条件是确定注入时期的前提条件：对于易坍塌的砂砾土、黏土、以及软黏土而言，必须在掘进的同时，同步进行壁后注浆；对于地层比较稳定的岩层，盾尾间隙的维持时间比较长，可以在掘进完毕后再进行注浆。

因地质、盾尾间隙、是否为曲线段等因素，注浆率有所不同。一般情况下，注浆率为1.3～2.5，并应通过地面变形观测来调节。砂土地层一般为1.3～1.8。至于施工时如何选择注入时间以及注浆量，则需要通过观察管片的姿态、管片的上浮量以及盾构施工中的渗漏水来决定。

3）同步注浆材料及配比

同步注浆能够及时填充管片与围岩间环形空隙、控制地层变形、稳定管片结构、控制盾构掘进方向，加强隧道结构自防水能力等。本工程对建筑空隙采用盾尾内置的注浆管进行同步注浆。

① 同步注浆材料

采用水泥、粉煤灰、砂按设计比例配成的浆液作为同步注浆材料。

② 同步注浆浆液配比及主要物理力学指标

通过调整配合比的方法以改善砂浆浆液的和易性，使浆液具有一定的流动性，能均匀地布满隧道一周，及时充填建筑空隙。并尽可能提高注浆浆液的稠度及其固体物质的含量，以提高浆液与管片环之间的黏结力，从而抵御隧道管片上浮。

本工程同步注浆采用表6-9的初步配比。在施工中，根据地层条件、地下水情况及周边条件等，通过现场试验对注浆材料配比进行优化。

表6-9　同步注浆材料初步配比表

水泥(kg)	粉煤灰(kg)	膨润土(kg)	砂(kg)	水(kg)	外加剂
80～260	381～241	60～50	779	460～470	按设计和试验加入

同步注浆浆液的主要物理力学性能满足下列指标。

胶凝时间：一般为3～10 h，根据地层条件和掘进速度，通过现场试验加入促凝剂及变更配比来调整胶凝时间。对于强透水地层和需要注浆提供较高的早期强度的地段，可通过现场试验进一步调整配比和加入早强剂，进一步缩短胶凝时间，获得早期强度，保证良好的注浆效果。

固结体强度：1 d强度不小于0.2 MPa(相当于软质岩层无侧限抗压强度)，28 d强度不小于2.5 MPa(略大于强风化岩天然抗压强度)。

浆液结石率：＞95％，即固结收缩率＜5％。

液稠度：8～12 cm。

浆液稳定性：倾析率(静置沉淀后上浮水体积与总体积之比)小于5％。

4）同步注浆设备配置

搅拌站：自行设计建造的砂浆搅拌站2座，采用750型搅拌机。

同步注浆系统：配备SWING KSP12液压注浆泵3台，注浆能力3×12 m^3/h，8个盾尾注入管口(其中4个备用)及其配套管路。

运输系统：砂浆罐车(10 m^3)，带有自搅拌功能和砂浆输送泵。

5) 同步注浆主要参数

管片上浮和错台常常因浆液不能及时有效地填充管片背后的超挖空间，客观上成为管片上浮条件之一。同步注浆为控制管片上浮的有效措施，主要参数如下。

① 注浆压力

注浆过程中，靠增加注浆压力来改善注浆加固效果应慎重，因为增大注浆压力的同时也大大增加了对管片的压力，极易引起上浮。

同步注浆时要求在地层中的浆液压力大于该点的静止水压力和土压力之和，做到尽量填补同时又不产生劈裂。注浆压力过大，管片周围土层将会被浆液扰动而造成后期地层沉降及隧道本身的沉降，并易造成跑浆；而注浆压力过小，浆液填充速度过慢，填充不充足，会使地表变形增大。通常同步注浆压力一般为 1.1～1.2 倍的静止土压力，二次注浆压力为 0.3～0.6 MPa。

② 注浆量

同步注浆量理论上是充填隧道与管片外径之间的空隙，但同时要考虑盾构推进过程中的纠偏、浆液渗透(与地质情况有关)及注浆材料固结收缩等因素。根据本工程的地质及线路情况，注浆量一般为理论注浆量的 1.3～1.8 倍，并通过监测情况来调节。注浆量可用下式进行计算：

$$Q=V\cdot\lambda$$

式中 λ——注浆率(取 1.3～1.8，曲线地段及砂性地层段取较大值，其他地段根据实际情况选定)；

V——建筑空隙，m^3，$V=\pi(11.18^2-10.8^2)\div4\times2=13.12\ m^3$。

则：$Q=17.06\sim23.62\ m^3$/环。

二次补强注浆量根据地质情况及注浆记录情况，分析注浆效果，结合监测情况，由注浆压力控制。

浆液分配控制。增大上部两个注浆管注浆量和注浆压力，下部两个注浆管少注甚至可以不注。对于整环管片来讲，上部与下部的注浆量比例为 2∶1～2∶0。

③ 注浆速度及时间

根据盾构推进速度，以每循环达到总注浆量而均匀注入，盾构推进时注浆开始，推进完毕后注浆结束。

④ 注浆顺序

同步注浆通过盾尾注浆孔在盾构推进的同时压注，在每个注浆孔出口设置压力传感器，在管道上设流量计，以便对各注浆孔的注浆压力和注浆量进行检测与控制，从而实现对管片背后的对称均匀压注。为防止注浆使管片受力不均产生偏压导致管片错位、错台和破损，同步注浆时对称均匀的注入十分重要。

补强注浆应先压注可能存在较大空隙的一侧。

⑤ 注浆结束标准

同步注浆采用注浆压力和注浆量双指标控制标准，即当注浆压力达到设定值，注浆量达到设计值的 85%以上时，即可认为达到了注浆结束要求。

补强注浆一般情况下以压力控制，达到设计注浆压力则结束注浆，视注浆效果可再次进行补注浆。

⑥ 注浆工艺流程

注浆工艺是保证地面建筑、盾尾密封及衬砌管片安全的重要一环，因此必须严格控制，并依据地层特点及监控量测结果及时调整各种参数，确保注浆质量。注浆施工工艺流程如图6-37所示。

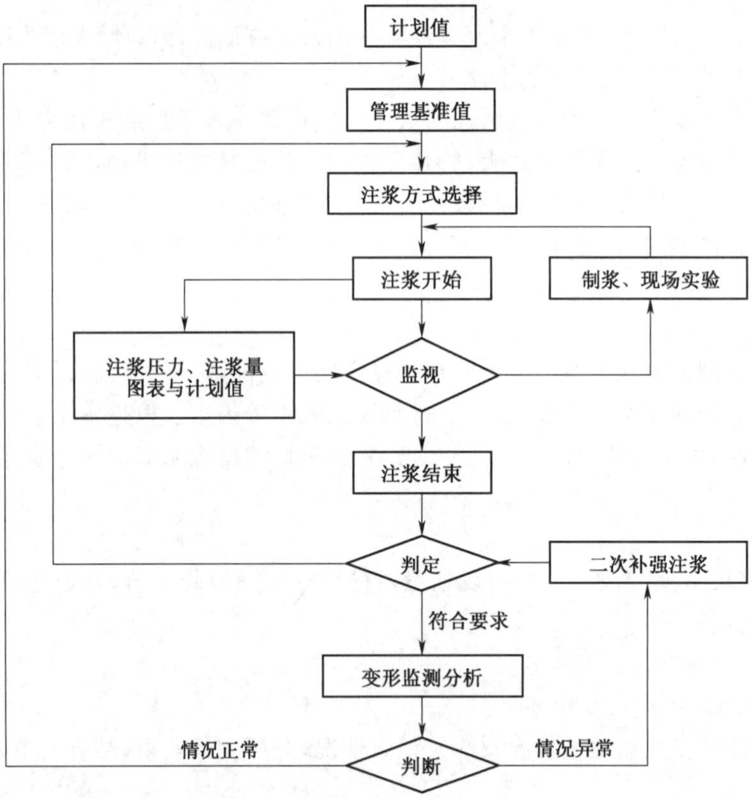

图 6-37　同步注浆施工工艺流程图

⑦ 注浆效果检查

a. 注浆效果检查主要采用分析法，即根据 $P—Q—t$ 曲线，结合掘进速度及衬砌、地表变形量测结果进行综合分析判断。

b. 必要时采用无损探测法进行效果检查。

6）同步注浆质量保证措施

① 在开工前制定详细的注浆作业指导书，做到操作性强、规范且实用，并进行详细的浆材配比试验，选定合适的注浆材料及浆液配比。

② 制订详细的注浆施工设计和注浆质量控制程序，严格按要求实施注浆、检查、记录、分析，及时做出 P(注浆压力)$-Q$(注浆量)$-t$(时间)曲线，分析注浆速度与掘进速度的关系，评价注浆效果，反馈指导下次注浆。

③ 成立专业注浆组，由富有经验的工程师负责现场注浆技术和管理工作。

④ 根据洞内管片衬砌变形监测结果，及时进行信息反馈，修正注浆参数和施工工艺，发现情况及时解决。

⑤ 做好注浆设备的维修保养和注浆材料供应，定时对注浆管路和设备进行清洗，保证注浆作业顺利连续不中断进行。

7）现场实际应用情况

狮子洋隧道出口端左线施工前 140 m 同步注浆量控制在 17.5 m^3/环左右，砂浆密度控制在 1.6～1.7 g/cm^3，稠度在 8～12 cm，浆液凝固时间 3～8 h，浆液倾析率小于 5%，1 d 强度大于 0.2 MPa，注浆效果明显，起到及时填充间隙和连接管片与地层的作用。但继续掘进时，观测到管片脱出后配套 40 m 后逐渐上浮，需要采取稳固处理措施。同时对左线后 300 m 及右线段同步注浆的个别参数进行调整，注浆量控制在 20 m^3/环左右，砂浆密度控制在 1.7～1.8 g/cm^3，稠度在 12～13 cm，浆液凝固时间 4～6 h。调整达到预期效果，管片脱出后配套后上浮变小，趋于稳定。

(3) 二次补强注浆

考虑到富水软弱地层浅埋大直径盾构管片受地层的扰动、地下水的变化及注浆等作用，会出现上浮、错台、下沉、蛇形等移动，为防止以上质量通病的出现，在盾构通过始发加固区后，每隔 10～15 环压注超细快凝水泥浆液进行补强，压注段长为 2～3 环管片。

补强注浆量根据注浆时注浆机的油压表压力来判断，压力控制在 0.6 MPa 以下。压浆尽量做到填补的同时又不产生地层劈裂。注浆压力过大，管片周围土层将会被浆液扰动而造成后期地层及隧道沉降，并易造成漏浆。注浆压力过小，浆液填充速度过慢，填充不充足，会使地表变形增大。

二次补强注浆一般在管片与围岩间的空隙充填密实性差，致使隧道变形得不到有效控制或管片衬砌出现渗漏的情况下才实施。施工时利用隧道监测系统的反馈信息，并结合洞内超声波探测管片衬砌背后有无空洞的方法，综合判断是否需要进行二次补强注浆。

1）注浆材料、浆液配比及性能指数

二次注浆材料要可注性强，对同步注浆起充填和补充作用。当地下水特别丰富时，需要对地下水封堵。同时为了及早建立起浆液的高黏度，以便在浆液向空隙中充填的同时使地下水不再沿壁后向掘进方向流动，获得最佳充填效果，此时需要将浆液的凝胶时间调整至 30～150 s，必要时二次注浆可采用水泥一水玻璃双液浆。双液浆的初步配比见表 6-10。

表 6-10　双液浆浆液配比表

浆液名称	水玻璃	水灰比	稳定剂	减水剂	A、B 液混合体积比
双液浆	35Be′	0.8～1.0	2%～6%	0～1.5%	1∶1～1∶0.3

2）注浆设备

补强注浆采用自备的双液注浆泵。

二次补强注浆注浆管及孔口管自制，其加工应具有与管片吊装孔的配套能力，能够实现快速接卸以及密封不漏浆的功能，并配备泄浆阀。

实际上，盾尾注浆自动化程度高，施工控制相对容易，浆液在盾尾间隙的分布相对均匀，但堵管时清洗困难，一般只适于单液注浆。若选双液浆，需配置专门清洗装置。管片注浆则操作灵活，容易清理，既可选用单液浆，也可选用双液浆，可对局部地段进行二次补浆，适合对隧道偏移等特殊情况的处理，但易造成注浆不均匀，很难做到真正的同步注浆。实践证明，盾尾注浆对管片产生的注浆压力小于二次补强注浆对管片产生的压力，所以应首先进行盾尾注浆，在浆液凝固达到一定强度后，再根据注浆情况进行管片二次补强注浆。

(4) 其他控制措施

1）加强管片螺栓复紧

管片拼装完毕后，要求进行二次复紧，但现场往往没有做到位，导致螺栓与管片间隙有一定的富余度,导致管片在盾尾脱出后受到千斤顶及浮力作用,管片间出现错台现象,因此,加强螺栓复紧是保证管片连接紧密,控制管片上浮、错台的有效措施。

2）尽可能连续掘进

黏土、砂土等软弱地层中极易出现盾构磕头、盾尾上翘现象。在停机时更是如此。因为停机,管片环间的剪力作用时间较长,管片环间的相对位移量增加,管片产生破损及上浮错台的可能性愈大。另外,停机时间愈长,机头产生磕头现象亦相对增加。因此,除停电、停水外,尽可能减少停机次数,保证掘进的连续性。

3）控制掘进速度和高程

在同步注浆过程中,掘进速度较快,浆液会来不及有效地填充管片背后空间,且经地层水稀释后未及时起到固结管片和稳固地层的作用。一般采用降低掘进速度的方法保证同步注浆及时有效地填充超挖空间。控制掘进速度不得大于 30 mm/min。

根据管片上浮变化规律,在软弱地层中掘进时,可将盾构推进轴线降低至设计轴线以下70 mm处,以抵消管片脱出盾尾后产生的上浮量,使稳定后成型管片的轴线符合设计规范要求。

当发现管片上浮量较大,且波及范围较大时,应立即采取对已建段管片后进行补压浆措施,以切断泥水流失路径,尽快稳定管片结构。

4）加强沉降监测

加强隧道纵向变形监测,并根据监测结果进行针对性注浆纠正,如调整注浆部位与注浆量,配制快凝及提高早期强度的浆液。同时,对管片的上浮原因进行分析和总结,必要时适当调整盾构的掘进姿态,以达到隧道线型不超限的目的。

5）若上浮量过大,可采取停止盾构掘进,对已上浮的管片通过注浆孔进行二次注浆。注浆材料以瞬凝双液浆最好,注浆压注顺序应顺着隧道坡度方向,从隧道拱顶至两腰,最后压注拱底。终止注浆以打开拱底注浆孔无渗水为条件,以防止盾构恢复掘进后管片继续上浮。

6.5.2　管片上浮控制结果

狮子洋隧道出口段管片上浮问题出现后,经历了以下处理过程。

（1）调整阶段

采取措施:一方面把盾构姿态降低,给盾尾上翘和管片上浮预留一个预定值,首先保证隧道线形,并使盾构处于一种“磕头”模式掘进(即盾构掘进坡度小于线路纵坡)。另一方面,从注浆材料上下功夫。在满足施工的情况下,把同步注水泥砂浆的稠度值调低、密度调高、凝结时间调短,并进一步加大充填量,从而加强同步注浆对管片的早期约束效果。

狮子洋隧道同步注浆浆液的主要物理力学性能满足下列指标:胶凝时间一般为 3～10 h,根据地层条件和掘进速度,通过现场试验加入促凝剂及变更配比来调整胶凝时间;对于强透水地层和需要注浆提供较高的早期强度的地段,通过现场试验进一步调整配比和加入早强剂,进一步缩短胶凝时间,获得早期强度,保证良好的注浆效果;固结体强度 1 d 强度不小于0.2 MPa(相当于软质岩层无侧限抗压强度),28 d 强度不小于 2.5 MPa(略大于强风化岩天然抗压强度);浆液结石率＞95%,即固结收缩率＜5%;液稠度 8～12 cm;浆液稳定性倾析率(静置沉淀后上浮水体积与总体积之比)小于 5%。

狮子洋隧道地下水特别丰富,需要对地下水封堵。为了及早建立起浆液的高黏度,以便在浆液向空隙中充填的同时使地下水不再沿壁后向掘进方向流动，获得最佳充填效果，这时需要将浆液的凝胶时间调整至 30～150 s，必要时二次注浆可采用水泥－水玻璃双液浆。

通过采取以上两方面的控制措施后，管片的上浮量有一定程度的减小，一般都在 50～100 mm之间。但由于管片在盾尾内就已经存在上浮。在推进过程中，管片在盾尾内就紧贴上部盾壳，盾尾上部间隙很小，导致管片拼装困难。为了保证顺利拼装管片，一开始只好通过向下调整点位，利用管片楔形量来调整上下推进油缸的行程差（上短下长，相差 5～10 cm），使管片在拼装过程中有一个向下的趋势，这样才使管片在拼装时没有错台，保证定位销和螺栓的顺利安装。

此方法解决了管片拼装和一定的上浮问题，同时却又带来一个新的问题。管片在盾尾内拼装的质量都很好，错台也很小，一般都在 5 mm 以内，但在脱出盾尾后都出现了规律性的上下方向的错台，错台一般都在 20 mm 左右，大的错台有 30 mm。

（2）分析稳定阶段

要错台消除，就必须使管片之间的摩擦力大于剪切力，才能使管片端面不能产生错动。这样，在盾构推力足够大的情况下，可以把管片隧道看成一根两端固定的刚性梁，并把洞口锁口圈和盾构刀盘看成两个固定端。通过分析发现，有以下三种情况：

1）当隧道不能满足抗浮要求时，后方的隧道将逐渐成上拱形，最终隧道上浮超限。

2）当隧道能满足抗浮要求时，后面的固定端将逐渐向前变化。如果管片之间的摩擦力不能克服剪切力，隧道将出现规律性的错台。

3）当隧道既能满足抗浮要求，并且管片之间的摩擦力又能克服剪切力，管片的错台将被消除，隧道的上浮也将会得到有效遏制。

通过初步分析，认为定位销在目前的状况下，根本不能约束管片相互之间的剪力差，在某一时刻两环管片之间产生的剪力差总大于定位销的抗剪力，从而导致定位销被剪断失效，而且两环管片接触面的摩擦力也不能约束这种剪力差，从面导致错台的产生。

这种剪力差就是外围泥水或流塑状地层对管片产生的浮力，相连几环的浮力大于环间的抗剪力与摩擦力之和，这是产生错台的原因。另外，由于盾构掘进姿态与隧道线形存在一定的坡度差，而且油缸行程差也表现为坡度差，这就造成管片拼装趋势与隧道坡度不一致。而为保持隧道线形，每环管片之间必须通过错台来调整两者之间的坡度差异，从而也就在每环管片之间出现了规律性的错台。具体管片错台形成规律分析如图 6-38 所示。

在此后比较长的一段时间里，也采取了多方面的措施，但一直没有能找到比较有效的办法来解决这个问题。对定位销的抗剪力也做了多次试验，结果也都满足 100 kN 的设计要求。同时，通过设计，对定位销的直径也进行了一定改动，也没有起到什么明显效果。

后来通过对环与环之间缝隙的测量发现，缝宽都要比理论值大 0.5 mm 左右，原因可能是管片环与环之间没有紧压而造成的。造成紧压度不够的原因主要有以下三个方面：一是盾构推力不够大（当时推力一般都在 3 000 t 左右）；二是止水条硬度过大或止水条填充量过大（这两项指标都是经过设计计算和反复试验的）；三是传力垫压缩量没达到设计要求。

通过相关计算和分析认为主要是传力垫影响，设计采用 2 mm 厚丁晴软木橡胶垫作为传力垫，被压缩后为 1 mm，经分析论证，认为是传力垫大大降低了相邻环管片接触面的摩擦力。并且传力垫为柔性体，易发生变形错动，从而导致错台。为验证推测，取消了几环管片的传力垫以观察效果，结果显示，从取消传力垫的第二环管片开始，规律性的错台就消除了。

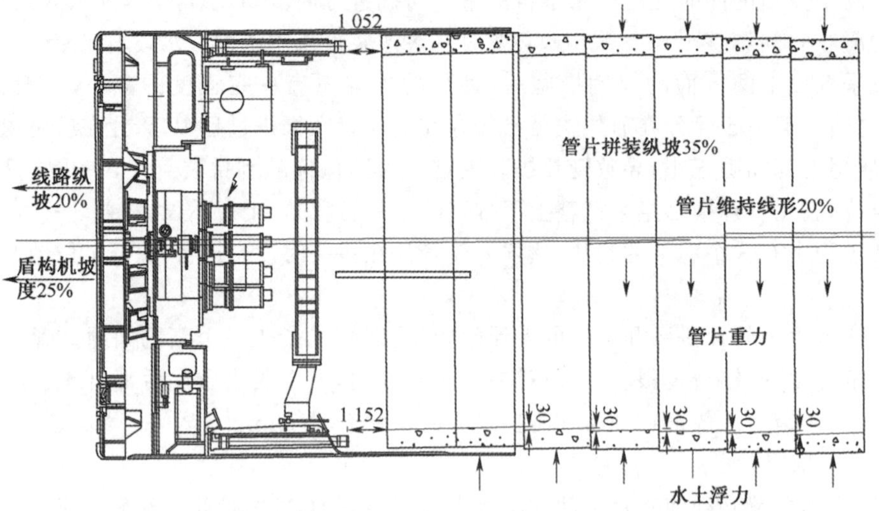

图 6-38　管片受力及规律性错台示意图(单位:mm)

(3) 后期施工情况

但由于浮力太大以及注浆作用等原因,施工现场会有 30～40 mm 的错台。在现场取消传力垫后,不只是规律性的错台消除了,管片的上浮量也逐渐变得很小,一般都在 20～50 mm 内,上部的盾尾间隙也出来了,这样也就逐渐消除了上下油缸行程差,而且随着埋深的增加和进入硬岩地层,管片上浮量也越来越小,基本都在 30 mm 以内。这样,通过合理地降低盾构掘进姿态,继续采用"磕头"模式掘进(坡度差相差 3‰上下),给管片预留一个上浮量,并通过调整一定上下油缸行程差(上长下短,相差 3 cm 左右),改变管片趋势,从而消除管片拼装与隧道线形之间的坡度差。

在后面的施工中,除了在变形缝和防水分区处的环间错台在脱出盾尾后的错动较大外,其他环的错台都维持了在盾尾内的拼装效果,基本上都在 10 mm 以内。管片拼装质量也越来越好,更减少了因管片错动而产生的破损,进一步保证了隧道的整体质量。

6.5.3　上浮引起管片错台现象处理

在掘进过程中,盾构作用在管片上的力主要为纵向力,基本上没有上下剪切力,因此,管片错台与上浮之间存在着必然的联系。

管片在拼装并脱出盾尾后产生错台的三个条件:

(1) 管片环与环之间存在剪切力(上下错动的剪力差)。

(2) 管片环与环之间的摩擦力不能克服管片之间的剪力差。

(3) 管片上部存在浮动空间或可压缩空间。

由于管片环存在着向上的浮力,管片环间剪切力主要来自于前后管片之间的浮力差。理论上,两环管片之间的摩擦力只要大于每环管片所受的合力就不会产生错动。从设计思路来分析,摩擦力主要依靠定位销和接触面的摩擦力,由于管片拼装的特殊性,两方面的力不可能同时起作用,而且 22 个定位销也不可能同时受力,当摩擦力小于剪切力时,管片发生错动,定位销将被逐个破坏。定位销结构形式如图 6-39 所示。

根据现场情况分析,在 3 000 t 左右推力的情况下,摩擦系数按 0.3 考虑(实际利用轻载试验测得的混凝土与混凝土之间、传力垫与混凝土之间的摩擦系数都在 0.6～0.7),理论计算管

图 6-39　定位销结构形式照片

片混凝土接触面之间的摩擦力远大于剪切力(前后管片间的浮力差)。但实际情况是加上传力垫之后,在重载情况下,传力垫将产力柔性滑动或破坏,其与混凝土之间的摩擦系数将变得很小,从而大大降低管片接触面之间的摩擦力,在管片之间剪切力比较大时(即重载情况下),最终导致出现错台现象。

错台是因为管片存在的上浮所产生的剪切力大于相邻管片环间的摩擦力;又因为上浮导致盾构姿态采用“磕头”模式,并且拼装管片也采用“前倾”方式,从而又造成了管片与隧道线形之间的坡度差(一般 10‰～15‰),规律性的错台正是为了消除持续的坡度差。

现场的管片错台都是从脱出盾尾两、三环开始形成,三、四环后就已经基本稳定,这是因为刚脱出盾尾的管片被液态的泥水或砂浆包围,在浮力作用下与盾尾一起都存在上浮趋势,而后方管片外围的砂浆逐渐凝固,并被上部足够抗浮的覆土压制,不能再上浮。

在这种情况下,当刚脱出盾尾管片端面之间的摩擦力小于相邻两环的上浮力时,就出现了前高后低的错台,随着掘进的推进,也就形成了规律性的错台。

6.6　本章小结

本章结合狮子洋水下隧道管片施工过程,对其生产工艺流程、管片上浮机理与上浮量的计算、数值模拟与实测结果、控制管片上浮措施等关键性技术进行介绍。通过以上关键技术的实施,狮子洋水下隧道管片施工质量得到较好的控制。

管片上浮是客观存在的,是可控的。本章主要结论有:

(1) 控制管片上浮的关键措施是通过调整同步注浆材料配比,合理确定同步注浆浆液胶凝时间、浆液稠度和塌落度等。做好水下盾构隧道同步注浆工作则在一定程度上就控制了管片上浮可能。

(2) 软弱围岩段的上浮量要明显大于上软下硬段和全断面岩层段的上浮量。上浮量在一定程度上受到埋深的影响,埋深较大里程段管片上浮量要小一些。在节理裂隙发育区管片的上浮量亦要大一些。此现象与理论分析和数值模拟结果相符。

(3) 注浆压力或泥水压力并不是影响管片上浮的主要因素。但在软弱围岩段,较小的注浆量引起的上浮量要大一些。

(4) 由于盾构“磕头”掘进,推进反力对后部管片会产生一个向上的垂直分力,并且在松软的地层中，上部土体又有一定的压缩性，从而引起管片上浮。可采取的措施是加强盾构姿态控制。

（5）在节理裂隙发育区掘进时，可以打开管片注浆孔检查砂浆填充效果，如注浆不饱满，应及时进行二次补充注浆。以及调整同步注浆浆液的配比，减少浆液初凝时间，或采用高性能砂浆；及采取隔断分区的做法以稳定管片，避免在管片背后形成水力通道。

（6）管片上浮是错台的主要诱因，根本原因在于管片环间摩擦阻力不够。在环间抗剪力足够时，错台将自然消失。建议管片环间采用凸凹榫抗剪。

7 大直径泥水盾构掘进引起地层变形与控制技术

盾构法施工是一个复杂的工程过程，它对周围环境的影响大小与施工技术环节密切相关。盾构法隧道施工不可避免的会对周围土体产生扰动，引起隧道周围土体变位。日本对两种典型的盾构施工所造成的软土地层中土层位移规律进行了系统整理与分析：对于砂性土体[图7-1(a)]，盾构刀盘前方局部土体呈现明显的外移趋势，盾构本体及管片隧道范围内，土体呈现内移趋势；而对于黏性土体[图7-1(b)]，无论是盾构刀盘前方，还是盾构本体与管片隧道范围内的土体，均呈现内移趋势。如图7-1所示。

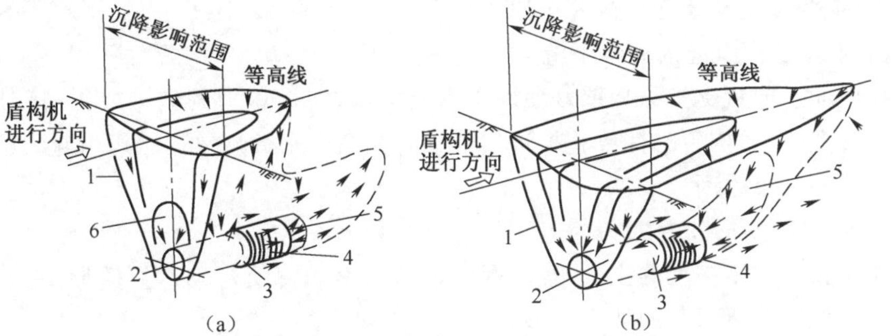

图7-1 地基变位分布模式图

在软土地层中采用盾构法施工的隧道，因地层损失和土体扰动，必然引起地表变形。泥水加压平衡盾构法与土压平衡盾构法相比较，所引起的地表变形特征大体类似。表现在盾构掘进的前方和顶部会产生微量的隆起或者沉降，盾尾脱离以后，地表开始下沉，并形成一定宽度的沉降槽，下沉的速率随时间而逐渐减小，且与盾构经过的土质、施工工况和地表荷载等关系密切，并表现出相当大的差异性。

从理论上讲，盾构法施工引起隧道周围地表沉降是指主固结沉降、次固结沉降和施工沉降（亦称瞬时沉降）三者之和。如果不考虑次固结沉降，总沉降应等于地层损失造成的施工沉降和由于地层扰动引起的固结沉降之和。此时位于隧道上方的任意土层的相对沉降值是相同的。这是因为随着超孔隙水压力的消散，土颗粒向着它原来的相对位置移动，当超孔隙水压力全部消散完毕，土颗粒也就回到原来的相对位置。

7.1 泥水盾构掘进引起的地表隆沉机理

(1) 盾构施工引起地表变形的原因

1) 地层中的应力变化引起的弹塑性变形和弹性变形

在盾构开挖面和盾尾部位由于对土体开挖和盾构推进导致周围地层应力发生变化，而地层应力再分配的结果，又引发周围地层弹塑性变形和弹性变形，进而又引起地表下沉。

2）盾构推进时周围地层遭受破损

盾构推进时刀盘和盾壳钢板与盾构周围地层之间的摩擦阻力使盾构周边的土体遭受破坏，使周围地层应力降低，因压缩和压密而引起地表下沉。另外，为了修正蛇形运动和在曲线上推进盾构而进行的超挖，也会使盾构周围地层松弛的范围扩大，成为助长地表下沉的原因。

3）盾构开挖面的地层松弛、挤压和破坏

盾构掘进开挖时，开挖面的应力与掘进时施加的平衡压力关系密切，预压力大于原地层应力或小于原地层应力，作用在开挖面上的土压力失去平衡，引起开挖面周围地层松弛、挤压和破坏。对泥水加压式盾构来说，当开挖面的泥水压力小于原始地层压力时，由于开挖面位移或失稳亦会引起周围地层的破坏和松弛，从而导致地表下沉；当泥水压力大于原始地层压力时，形成隆起。泥水加压式盾构在开挖面形成的泥膜，由于刀盘旋转切削，泥膜是处在形成－破坏－形成的过程中，其开挖面的平衡是处于动态平衡状态，对地层的松弛并非没有影响，从而会引起地表变形。

4）管片背后注浆不密实

盾构向前推进后，在管片背后注浆不密实的条件下，曾被盾构的盾壳钢板支撑的周围地层将产生变形，成为发生地表变形的一个原因。

5）地下水位变化引起的固结下沉

从工作面涌水或从支护结构漏水使地下水位降低，泥水压力的波动或压气作用使土壤中孔隙水压发生变化，盾构暂时性停止推进或停气时孔隙中水分恢复迟缓等引起固结下沉，亦是引起地表变形的一个原因。

6）支护结构的变形和下沉

由于作用在支护结构上的土压、水压等周边压力不均匀使衬砌产生变形，在自重、上部土压和地面荷载作用下所引起的地表变形。

（2）施工过程中地表隆沉的演变

泥水加压式盾构在推进过程中所引起的地表沉降，根据实测资料，按地表沉降变形曲线的形态，大致可分为以下四个阶段。

1）前期变形阶段

盾构向前推进时，当盾构开挖面尚未到达测点以前的沉降或隆起，主要是因泥水压力的波动而引起。当开挖面泥水仓的泥水压力偏低时，造成盾构开挖面应力释放，从而引起地表沉降，当开挖面泥水仓的泥水压力偏高时，使开挖面土体受挤压，从而引起地表隆起。

2）通过期间变形阶段

盾构继续向前推进，当盾构切口达到测点起至盾尾离开测点期间发生的地表沉降或隆起。在此期间地表变形主要是由盾壳向前移动过程中盾壳对地层的摩擦和剪切作用所引起。盾壳表面在施工过程中被黏附上一层黏土或浆液，使盾壳外周尺寸实际增大，从而增大了盾构建筑空隙，亦增加地表变形。

3）盾尾间隙变形阶段，盾构继续推进，盾尾通过后产生的地表沉降

由于盾构外径大于管片外径，盾尾通过后，在地层中遗留下来的建筑空隙就需要及时壁后注浆充填，以控制地表变形。但是往往因管片背后注浆没有能够及时充填建筑空隙，或是注浆量、注浆压力、注浆部位、浆液配比和材料的原因在软土不能自立的情况下就很快自行充填入建筑空隙，造成土层应力释放。除此以外，盾构在平面或高程纠偏过程中所引起的单侧土体附加压力在盾尾脱出后亦发生应力释放，于是又增加了盾尾部分的建筑空隙。这些情况终将反

映到地表变形上来。

4）后期变形阶段

盾尾脱出一周后的地表沉降。这部分沉降主要是由所注浆液及土层的固结沉降和徐变引起。盾构隧道施工引起的地表沉降一般规律如图 7-2 所示。

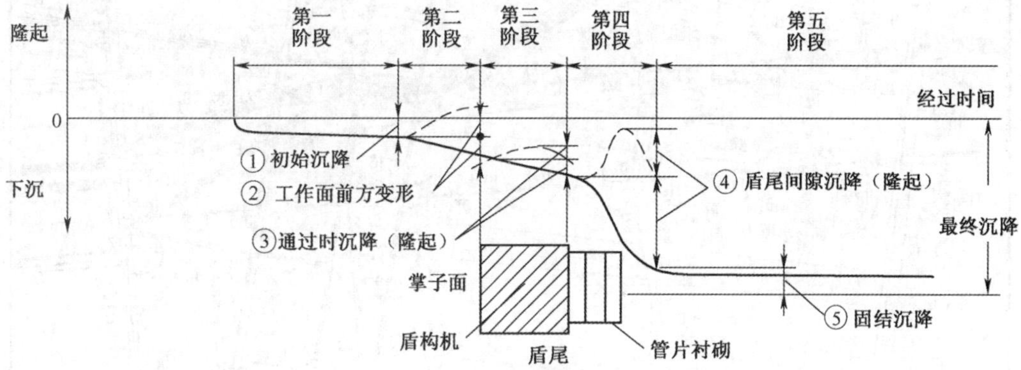

图 7-2 盾构隧道施工地表沉降规律

7.2 泥水盾构施工地表沉降变化规律及影响因素

泥水盾构施工是从地下连续墙以及钻孔等泥水工法中发展起来的，与其他盾构工法相比较，其显著的特点是泥水压力传递快而均匀，平衡开挖面水土的压力控制精度高，刀盘转动所要克服渣土的阻力小，因而所需驱动扭矩相对土压平衡盾构要小，因此更适合大直径、长距离的盾构施工。

泥水盾构法隧道施工对周围土体产生扰动的主要表现形式为地表沉降，地表沉降是由土体应力状态变化和隧道衬砌结构与土体间的空隙共同引起的。当埋深较浅时变形会波及地表并产生地表沉降，特别是软弱地层。当地层变形超过一定的限值，会严重影响周围建(构)筑物的安全，对于大断面盾构施工更是如此。

因此，分析盾构施工引起的地表沉降规律，以及影响地表沉降的主要因素对保护盾构施工周围环境的安全具有重要意义。

7.2.1 泥水盾构施工地表沉降监测布置

泥水盾构在推进过程中所引起的地表沉降大致可分为四个部分：前期隆沉、掘进期隆沉、注浆期隆沉、后期沉降，各阶段的变形原因是不相同的，下面就现场所监测到的几种典型的沉降形式进行系统分析。

按照隧道的纵向与横向布置了较多监测点，在隧道纵向分别沿左右线隧道中心线的地表点，每 10 m 布置一个测点。在隧道横断面上，地表隆沉测点布置根据隧道埋深、施工影响范围来考虑，每 30 m 布置一个横断面，每个断面布置 12～18 个测点。测点布置如图 7-3 所示。

7.2.2 隧道纵向地表沉降监测结果及分析

狮子洋隧道出口段盾构始发后，从里程 DK43＋000～DK42＋550，隧道穿越的主要地层

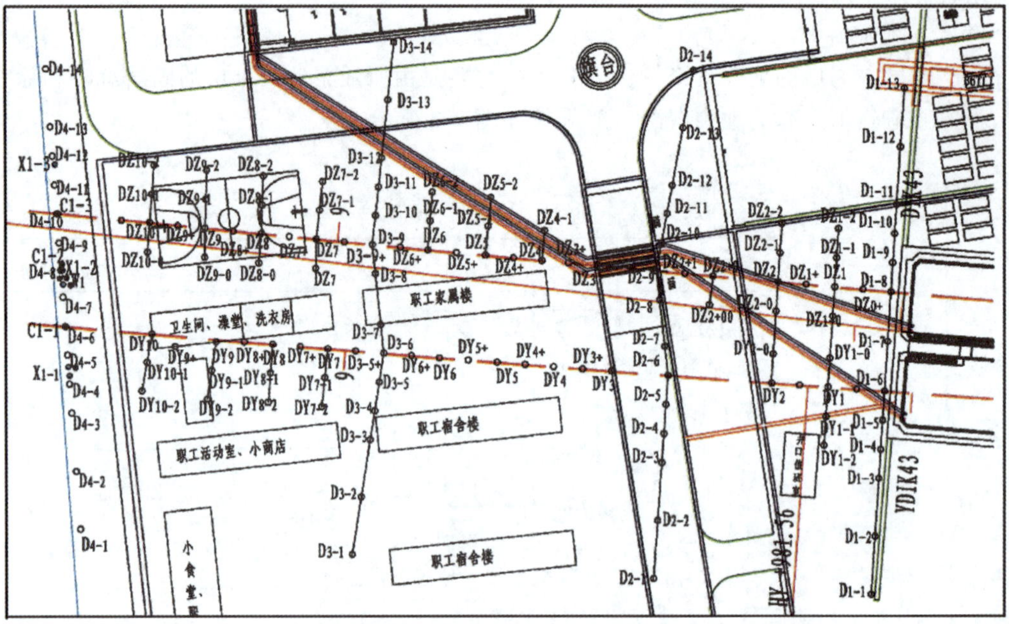

(a) 测点布置平面图

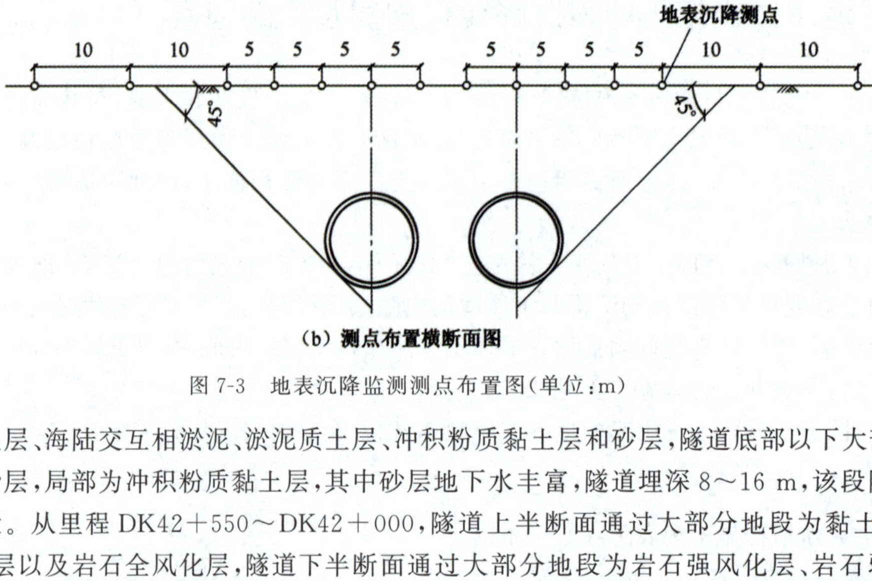

(b) 测点布置横断面图

图 7-3　地表沉降监测测点布置图(单位:m)

为人工填土层、海陆交互相淤泥、淤泥质土层、冲积粉质黏土层和砂层,隧道底部以下大部分地段为冲积砂层,局部为冲积粉质黏土层,其中砂层地下水丰富,隧道埋深 8～16 m,该段隧道划分为软土段。从里程 DK42＋550～DK42＋000,隧道上半断面通过大部分地段为黏土层、粉细砂、中砂层以及岩石全风化层,隧道下半断面通过大部分地段为岩石强风化层、岩石弱风化层,隧道埋深 18～28 m,该段隧道划分为软硬不均段。从里程 DK42＋000 开始,盾构隧道进入全断面岩石地层,隧道围岩为白垩纪泥质粉砂岩、砂岩互层,该段隧道划分为岩石段。狮子洋水下隧道左、右线中线地表沉降情况如图 7-4 和图 7-5 所示。

整体上讲地表的隆沉是可以通过施工的有效管理进行控制的,即使大断面隧道上覆土体较小,并在极其软弱的富水地层中,要将地表沉降控制到合理和经济的范围内也是可能的。对于软土地层段,如果不能有效的管理施工,地表沉降将会产生巨大的差异,图 7-4 和图 7-5 中除左线因一个地质钻孔处于隧道范围造成施工中卸压而产生局部坍塌外,工程施工造成的最大隆起达到 88.8 mm,另外造成的最大沉降也达到了 92.3 mm,地表的隆起与沉降差异很大。而对于隧道处于全岩石地层段,施工参数对地表沉降的影响反映相当小,其主要原因该段隧道

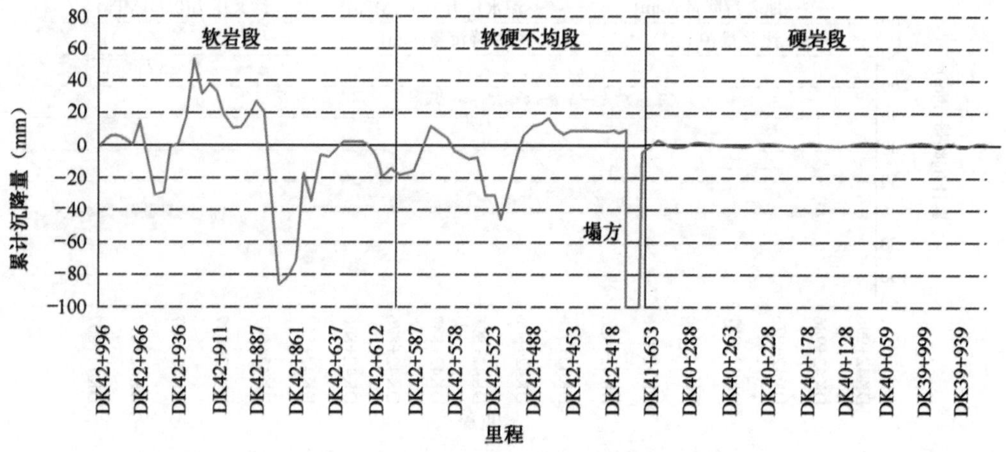

图 7-4 左线隧道中线地表沉降图

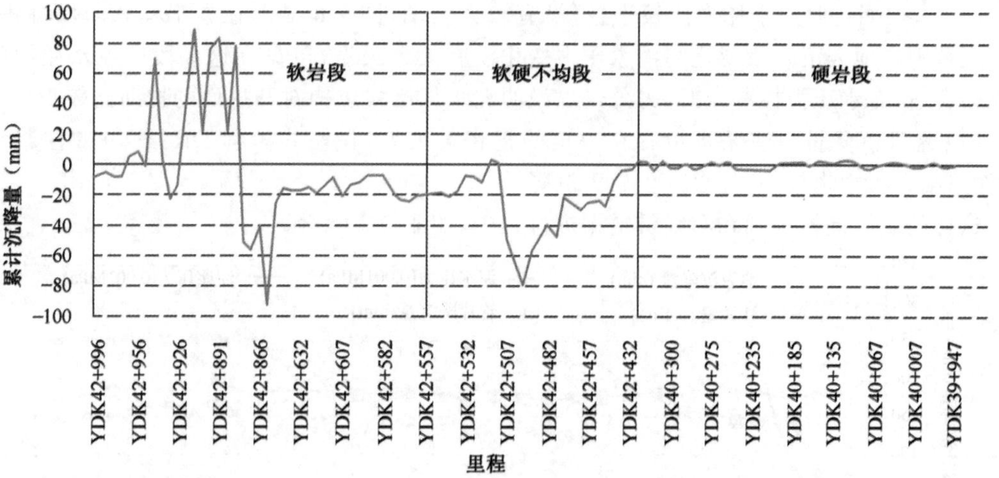

图 7-5 右线隧道中线地表沉降图

埋深比较大，地层自身就有一定的自稳能力，盾构施工对周边围岩的影响相对而言就很小了。

盾构隧道结构本身具有较大的刚度与强度，因此地表沉降的历程和变化规律主要受掘进参数的影响。为了明晰的辨别盾构施工中泥水压力、注浆压力、注浆量等主要施工参数在本工程盾构施工中对地表隆沉的影响关系，在此将隧道纵向中线测点沉降量变化结合施工时的掘进参数变化进行对比分析(图 7-6 和图 7-7)，并横向对比左、右线地表在相同地层和埋深条件下因不同施工参数引起的沉降量变化，以期能直观反映施工参数对地表沉降变化影响的大小。

图 7-6 显示狮子洋水下隧道左线盾构从里程 DK43＋000～DK42＋600 施工掘进时地表沉降量随施工参数的变化关系。从图中可以看出：

(1) 在较弱地层条件和较小隧道埋深下，施工参数对地表沉降的影响尤为突出，在 DK42＋980～DK42＋850 段，隧道埋深不足一倍洞径，且围岩为软弱流塑性地层，地层对隧道施工参数的变化极为敏感。从 DK42＋850～DK42＋600 随着隧道埋深增加，隧道施工对地表影响逐渐变小。

(2) 在软弱浅埋段，地表沉降量变化曲线和盾构掘进时注浆压力有较大联系，地表隆起量

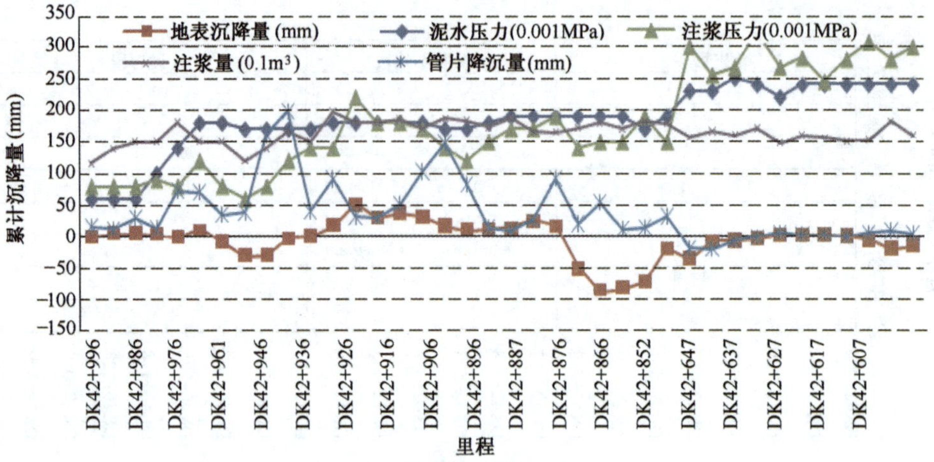

图 7-6　左线中线地表沉降量与施工参数关系图

随注浆压力的增大而增大，地表沉降随注浆压力的减小而增大。

(3) 盾构掘进时泥水压力比较平稳，没有较大波动，图 7-6 显示在本工程软岩段掘进时，在一定范围内地表沉降量变化与泥水压力变化没有太大关系，可见在这一段中泥水压力的设置比较合适，泥水压力控制较好，另外这也说明泥水加压式盾构对开挖面的扰动比较小。

(4) 地表沉降量与注浆量也存在一定的正相关关系，在左线里程 DK42＋956 注浆量不足，注浆结束压力也较小，地表发生较大沉降。

这样的规律同样表现在右线隧道掘进过程中，如图 7-7 所示。

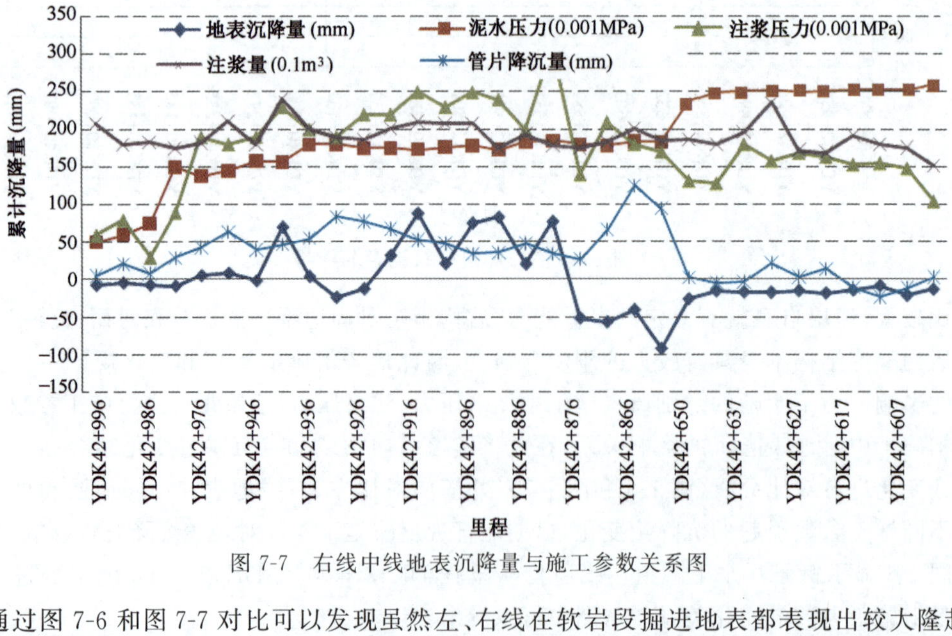

图 7-7　右线中线地表沉降量与施工参数关系图

通过图 7-6 和图 7-7 对比可以发现虽然左、右线在软岩段掘进地表都表现出较大隆起，但是右线隆起量要大于左线。左、右线隧道施工时的泥水压力设置基本相同，两条线泥水压力设置对比如图 7-8 所示。经过对比分析，左、右线掘进时注浆压力设置差别较大，将两条线注浆压力、注浆量和地表沉降量变化分别放在一起比较可见右线注浆压力和注浆量均较左线大，地表隆起也较大，如图 7-9 和图 7-10 所示。

通过以上分析，狮子洋水下隧道泥水盾构在软土地层中掘进引起地表隆沉的主要因素为

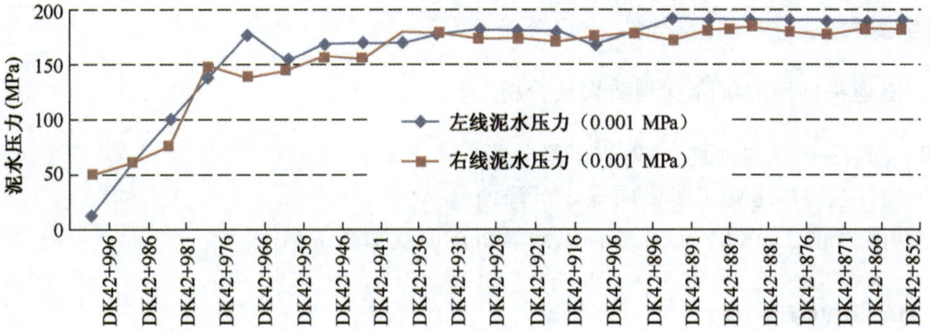

图 7-8　左右线泥水压力变化曲线

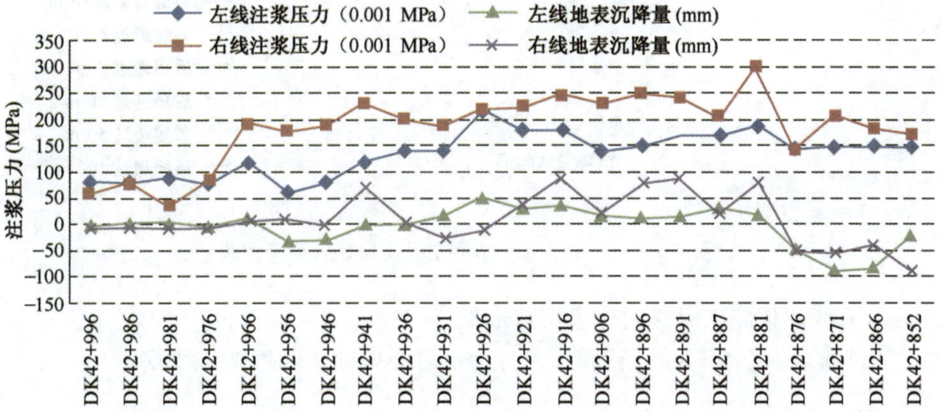

图 7-9　左右线注浆压力与沉降量关系

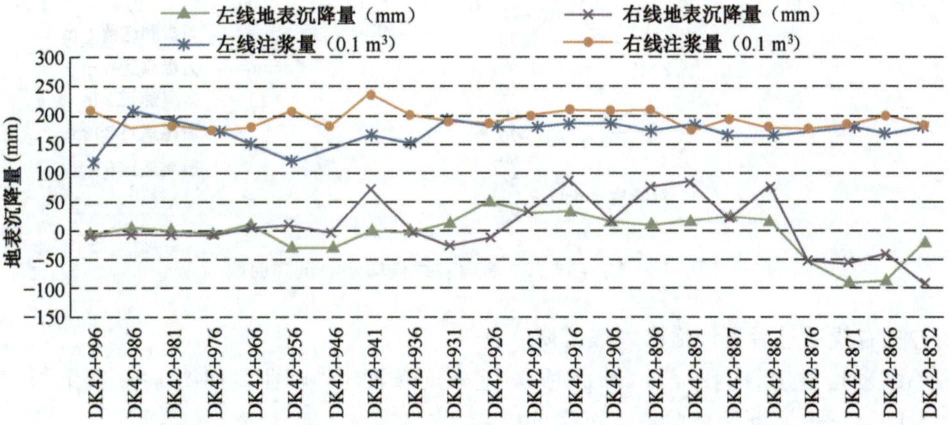

图 7-10　左右线注浆量与沉降量关系

注浆量和注浆压力的控制。故对于浅覆土流塑性地层：

1）在泥水盾构施工中应控制好注浆量和注浆压力，盾构施工过程中应避免注浆压力过大，注浆压力应略大于地层水土压力；并根据掘进速度调整浆液凝固时间，未凝固段长度宜控制在管片脱出盾尾 4 m 以内。

2）对于设计应重点考虑地层性质与覆土厚度，考虑施工荷载的影响（盾构姿态调整、同步注浆压力)对地层的影响,避免施工过程中结构抗浮不足。若盾构施工通过流塑性地层或浅埋深,应考虑对地层进行加固或增加土层覆盖。

7.2.3　隧道横向地表沉降监测结果及分析

(1) DK42+850 断面横向地表沉降分析

1) 先行左线隧道施工时横向地表沉降曲线

左线隧道通过 DK42+850 断面时地表沉降曲线如图 7-11 所示。

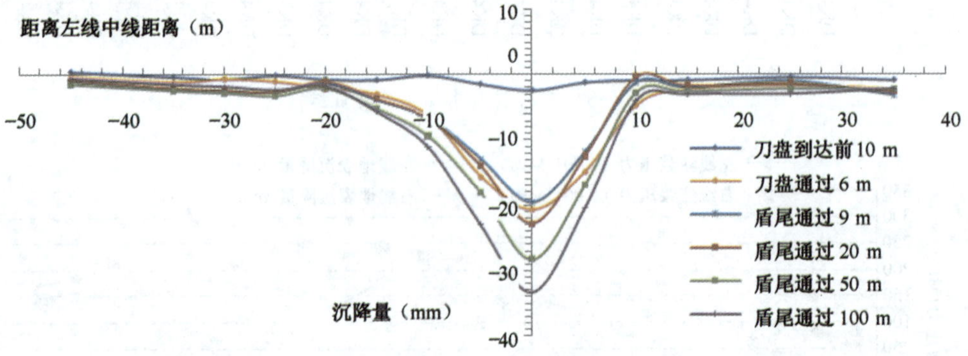

图 7-11　DK42+850 断面左线横向地表沉降曲线

2) 后行右线隧道施工时横向地表沉降曲线

右线隧道通过 DK42+850 断面时,对地表沉降影响曲线如图 7-12 所示。

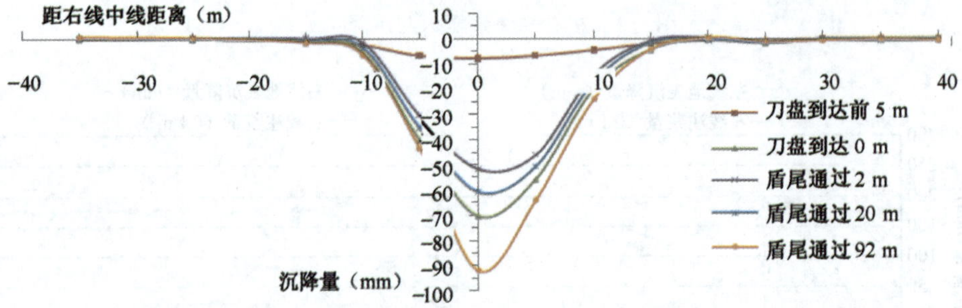

图 7-12　DK42+850 断面右线横向地表沉降曲线

3) 左、右线通过后累计横向地表沉降

左右线隧道通过 DK42+850 断面时,对地表沉降累计影响曲线如图 7-13 所示。

(2) DK42+660 断面横向地表沉降分析

1) 先行左线隧道施工时横向地表沉降曲线

左线隧道通过 DK42+660 断面时地表沉降曲线如图 7-14 所示。

2) 后行右线隧道施工时横向地表沉降曲线

右线隧道通过 DK42+660 断面时,对地表沉降影响曲线如图 7-15 所示。

3) 左、右线通过后累计横向地表沉降

左、右线隧道通过 DK42+660 断面时,对地表沉降累计影响曲线如图 7-16 所示。

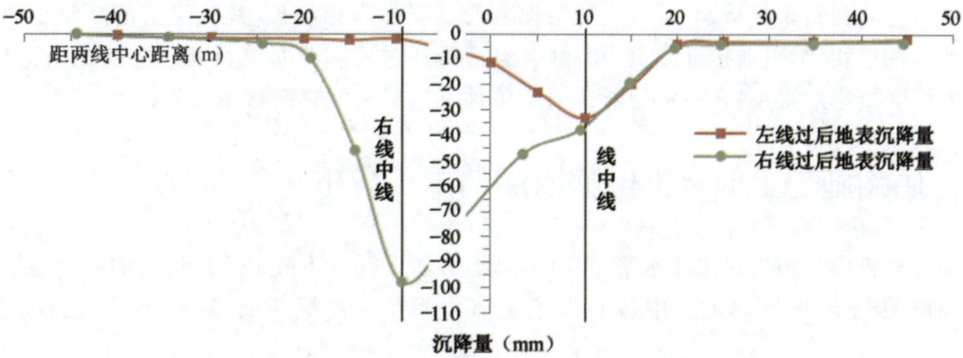

图 7-13 DK42＋850 断面横向地表沉降曲线

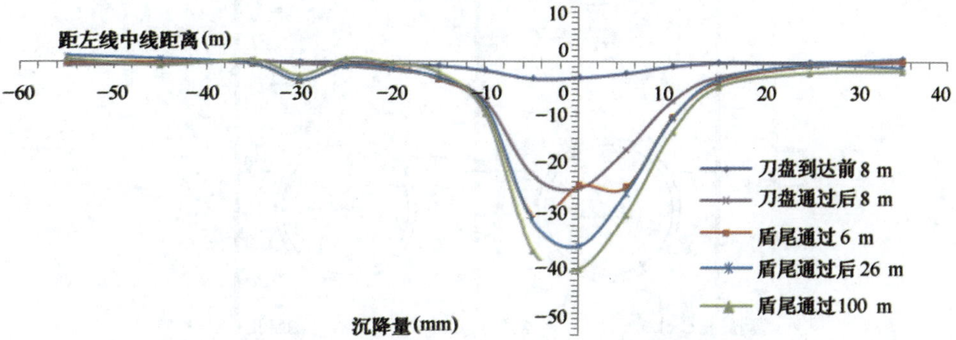

图 7-14 DK42＋660 断面左线横向地表沉降曲线

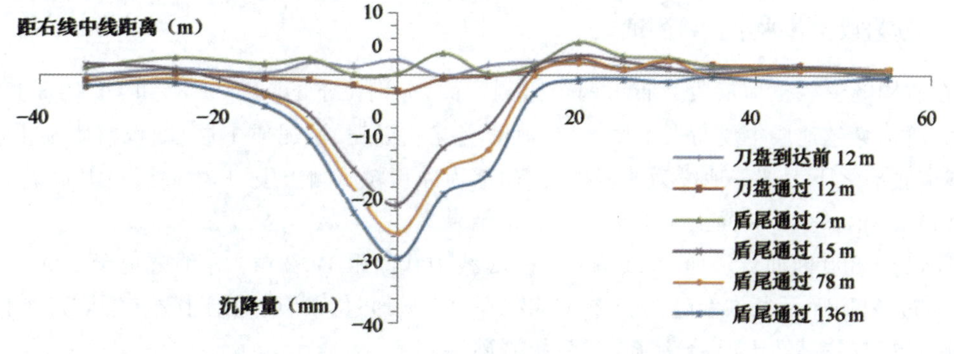

图 7-15 DK42＋660 断面右线横向地表沉降曲线

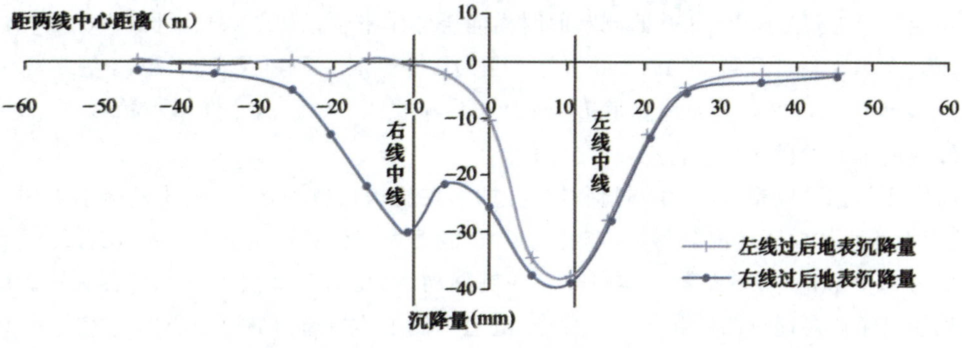

图 7-16 DK42＋660 断面横向地表沉降曲线

从以上监测结果分析，对于软土地层地表的沉降过程相当长，其沉降槽范围较小，且拐点与浅埋暗挖法相比，更加接近隧道中心线。且后行通过的隧道对先行通过的隧道所造成的地表最大沉降量影响很小(在一定的隧道间距条件下)，只是沉降槽有加大的趋势。

7.3 盾构施工土体水平位移监测结果与分析

为了分析盾构施工对土体水平位移的影响，在狮子洋水下隧道盾构通过的软土地层、上软下硬地层，及全断面硬岩地层中各布设了土体水平位移测试断面，测点布设断面如图 7-17 所示。

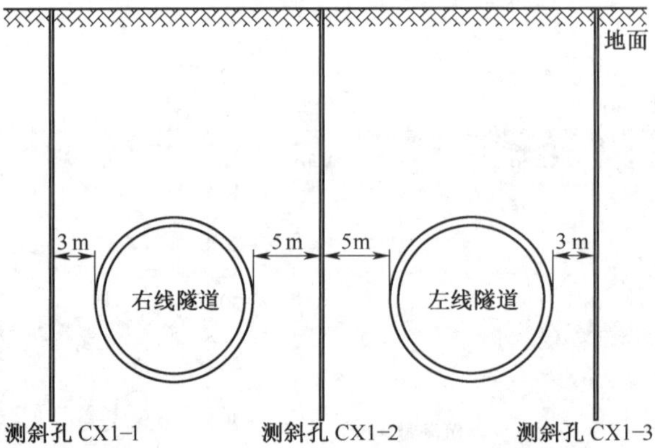

图 7-17 地中位移监测断面布置图

7.3.1 软岩段土体水平位移测试

在盾构隧道软土地层段共布设两个监测断面，分别位于 DK42＋850 和 DK42＋660 里程位置。盾构穿越地层主要为人工填土层、海陆交互相淤泥、淤泥质土层、冲积粉质黏土层和砂层，隧道底部之下大部分地段为冲积砂层，局部为冲积粉质黏土层，其中砂层地下水丰富。

(1) DK42＋850 断面土体水平位移测试结果

DK42＋850 断面隧道埋深 11.5 m，左、右线中线间距 19.2 m。左线隧道于 2007 年 12 月 23 日通过该断面，后行右线隧道于 2008 年 5 月 17 日通过。断面地层主要有：人工填土层；粉细砂层；淤泥层；黏性土层；淤泥质土层；粗砾砂层。

1) 先行左线隧道施工对土体的影响

左线隧道通过 DK42＋850 监测断面时横向土体水平位移如图 7-18～图 7-20，盾构经过时泥水压力为 1.9 bar，注浆量 17.8 m^3，注浆压力 1.5 bar。测孔 CX1-1 距离左线隧道边线 22.2 m。测孔 CX1-2 距离左线隧道边线 4.2 m，测孔 CX1-3 距离左线隧道边线 3 m，图中以向左线隧道中心的横向位移为正，反之为负。

从实测数据可以看出，左线隧道盾构通过时：在盾构切口到达前，土体横向水平位移值较小，隧道右侧土体向隧道内侧移动，测孔 CX1-3 最大水平位移值为 0.9 mm，CX1-2 最大水平位移值为 2.4 mm。隧道左侧土体向隧道外侧移动，测孔 CX1-3 最大水平位移为－1.9 mm；在盾构切口至盾尾通过测试断面的过程中，隧道两侧土体快速向隧道中心发生较大位移；之后在盾尾通过测试断面后，因同步注浆及时填充管片背后间隙，约束了土体向隧道中心的水平位移；盾尾经过之后土体慢慢稳定。

盾构经过时：土体主要发生向隧道中心的横向位移；距离隧道中心越近土体水平位移越大。距离隧道较近的 CX1-2 和 CX1-3 测孔，土体水平位移值较大，约为 6～9 mm，距离隧道较远的 CX1-1 测孔土体水平位移值较小，约为 2～3 mm。

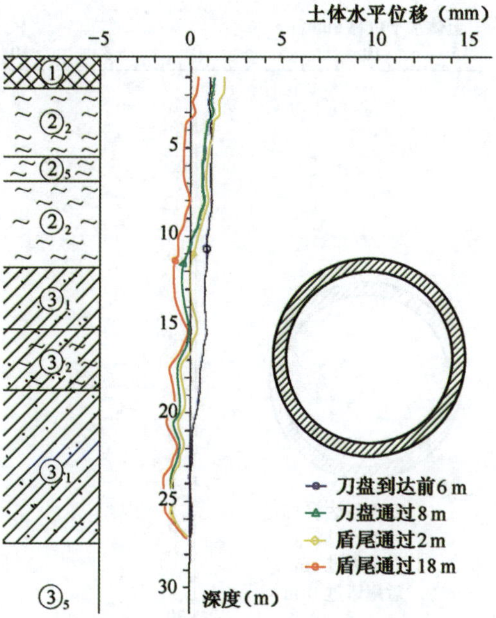

图 7-18　DK42＋850 断面 CX1-1 测孔土体横向水平位移曲线

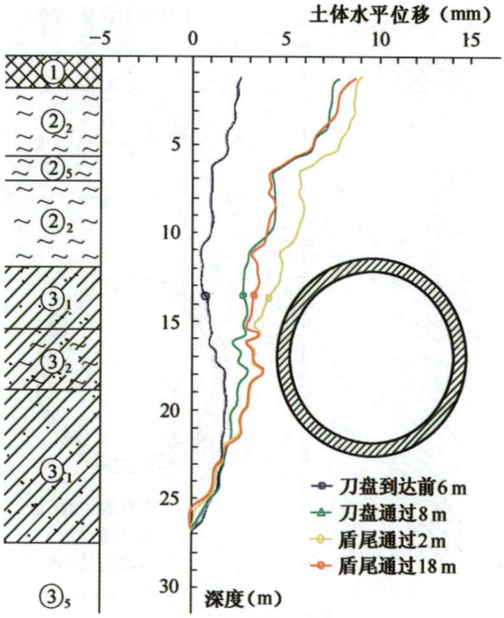

图 7-19　DK42＋850 断面 CX1-2 测孔土体横向水平位移曲线

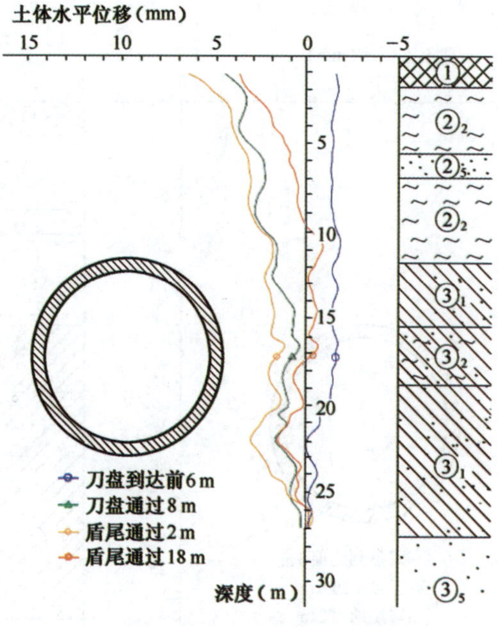

图 7-20　DK42＋850 断面 CX1-3 测孔土体横向水平位移曲线

注：地层符号含义①人工填土层；$②_2$ 淤泥层；$②_5$ 粉细砂层；$③_1$ 黏性土层；$③_2$ 淤泥质土层；$③_3$ 粉细砂层；$③_4$ 中砂层；$③_5$ 粗砾砂层；$⑤_3$ 弱风化岩层。

2）后行右线隧道施工对土体的影响

右线隧道通过DK42＋850监测断面时土体累计横向水平位移值曲线如图7-21～图7-23所示，测孔CX1-1距离右线隧道边线3 m，测孔CX1-2距离右线隧道边线4.2 m，测孔CX1-3距离右线隧道边线22.2 m，图中以向右线隧道中心的水平位移为正，反之为负。

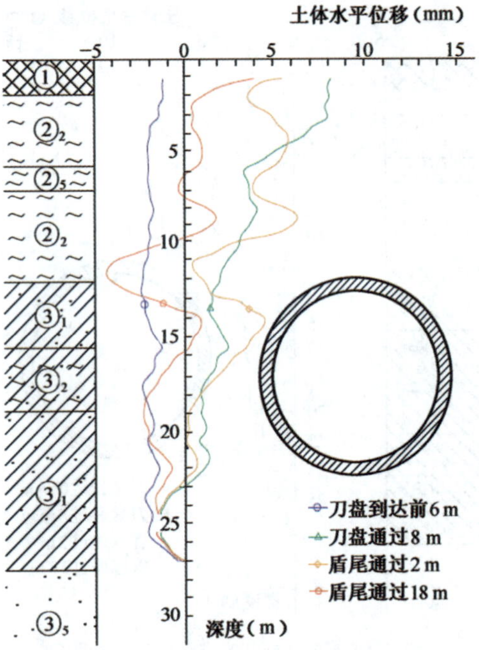

图7-21　DK42＋850断面CX1-1测孔土体横向水平位移曲线

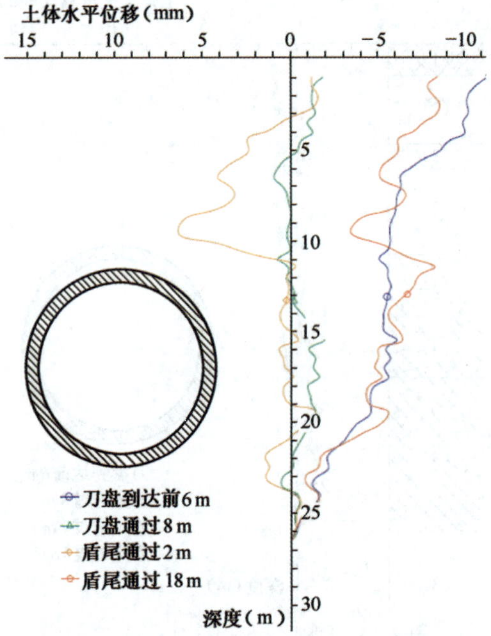

图7-22　DK42＋850断面CX1-2测孔土体横向水平位移曲线

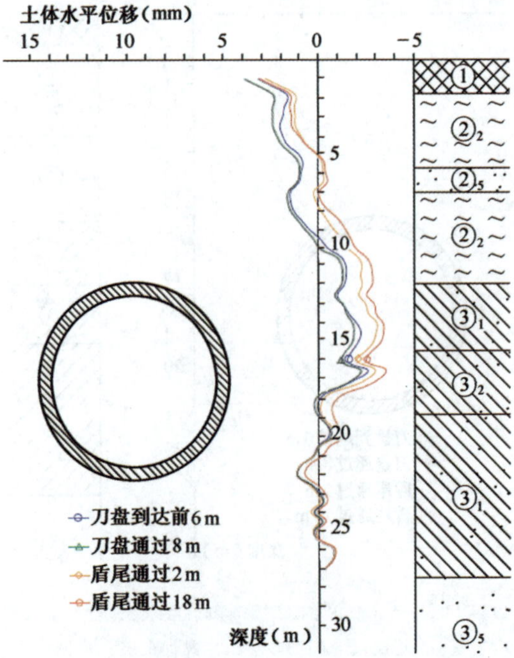

图7-23　DK42＋850断面CX1-3测孔土体横向水平位移曲线

右线隧道通过 DK42＋850 监测断面时泥水压力为 1.83 bar,注浆量 18.4 m^3,注浆压力 1.7 bar。受右线施工影响土体水平位移量如图 7-24～图 7-26 所示。

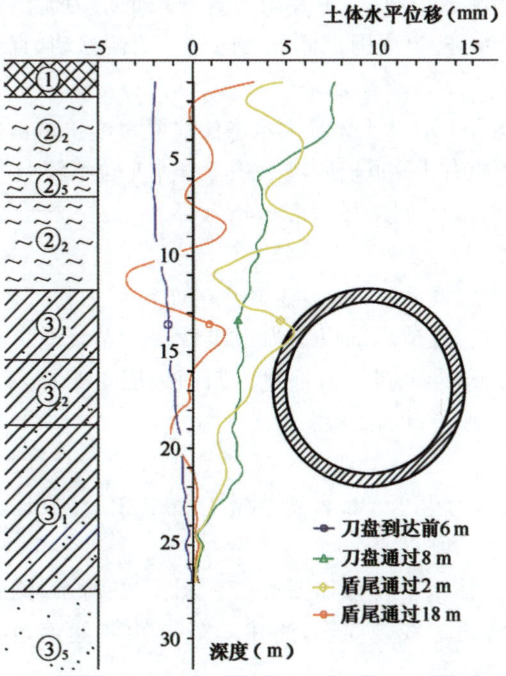

图 7-24 DK42＋850 断面 CX1-1 测孔土体横向水平位移曲线

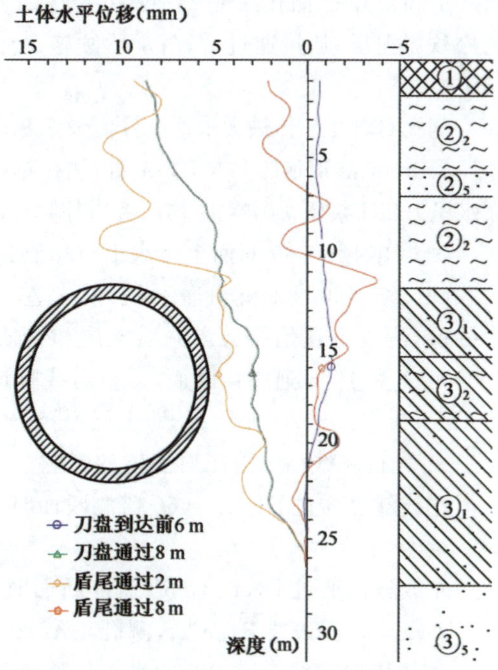

图 7-25 DK42＋850 断面 CX1-2 测孔土体横向水平位移曲线

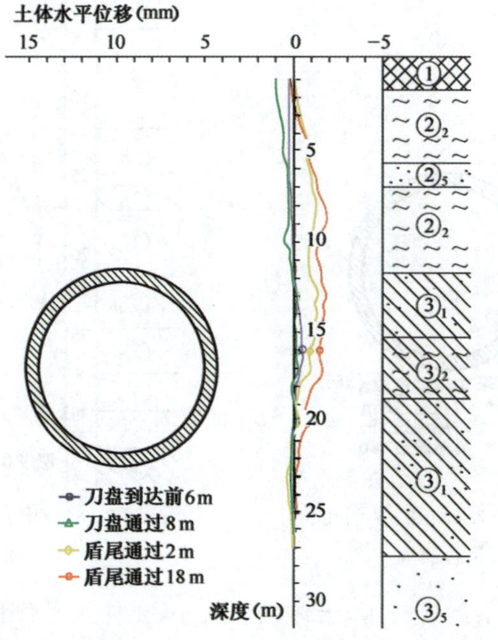

图 7-26 DK42＋850 断面 CX1-3 测孔土体横向水平位移曲线

从实测数据可以看出:右线隧道盾构通过时,在盾构切口到达前,土体隧道外侧移动,位移值约为 1～2 mm;在盾构通过测试断面的过程中,隧道周围土体向隧道中心发生较大位移;盾尾通过测试断面时，由于注浆压力较大，因为同步注浆挤压土体向隧道两侧移动；受注浆位置以及浆液在不同土层中渗透不均匀性的影响，土体水平位移量在深度上表现出较大的差异；CX1-1 和 CX1-2 测孔深度 2～12 m 土体对注浆影响较为敏感，主要因为这一段地层为流塑性的松软淤泥层；盾尾通过后，由于后续施工注浆影响，隧道周围土体继续向隧道两侧移动，直至稳定。

测孔 CX1-1 土体最大水平位移值为 7.8 mm；测孔 CX1-2 土体最大水平位移值为11.1 mm，位于埋深 10 m、隧道顶部上方 1.5 m 处；测孔 CX1-3 距离右线隧道较远，该测孔土体水平位移较小，受泥水压力和注浆压力影响，土体向隧道外侧移动，最大水平位移值约为 2 mm。

(2) DK42＋660 断面土体水平位移测试结果

DK42＋660 断面隧道埋深 15.5 m，左、右线中线间距 21 m。隧道开挖面地层为粉细砂、中砂层，隧道上覆地层为淤泥质土层和粉质黏土层，隧道底部以下为中粗砂层。左线隧道于 2008 年 1 月 10 日通过该断面，后行右线隧道于 2008 年 6 月 3 日通过。断面地层主要有人工填土层；粉细砂层；淤泥层；黏性土层；粉细砂层；中砂层；粗砾砂层。

1) 先行左线隧道施工对土体的影响

左线隧道通过 DK42＋660 监测断面时，泥水压力为 2.5 bar，注浆量 18.63 m^3，注浆压力 3.3 bar。

左线隧道通过 DK42＋660 监测断面时横向土体水平位移如图 7-27～图 7-29 所示，测孔 CX2-1 距离隧道边线 24.5 m，测孔 CX2-2 距离隧道边线 5.5 m，测孔 CX2-3 距离隧道边线 3 m，图中以向左线隧道中心的水平位移为正，反之为负。

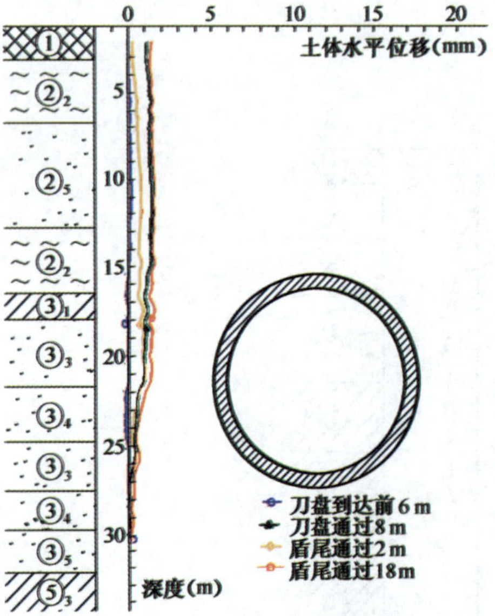

图 7-27　DK42＋660 断面 CX2-1 测孔土体横向水平位移曲线

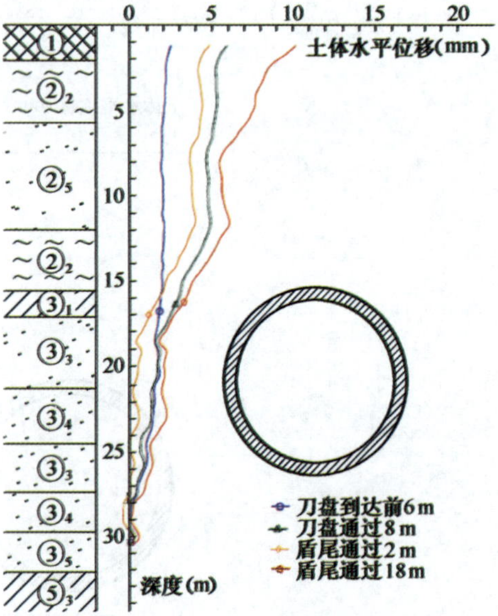

图 7-28　DK42＋660 断面 CX2-2 测孔土体横向水平位移曲线

测孔 CX2-1 距离左线隧道较远，土体扰动较小，土体水平位移最大值为 1.8 mm；测孔 CX2-2 土体水平位移最大值为 10.2 mm；测孔 CX2-3 土体水平位移最大值为 12.8 mm。

从实测数据可以看出：左线隧道盾构通过 DK42＋660 断面时，在盾构切口到达前，土体向隧道中心移动，位移值约为 2～3 mm；在盾构通过测试断面的过程中，隧道周围土体向隧道中

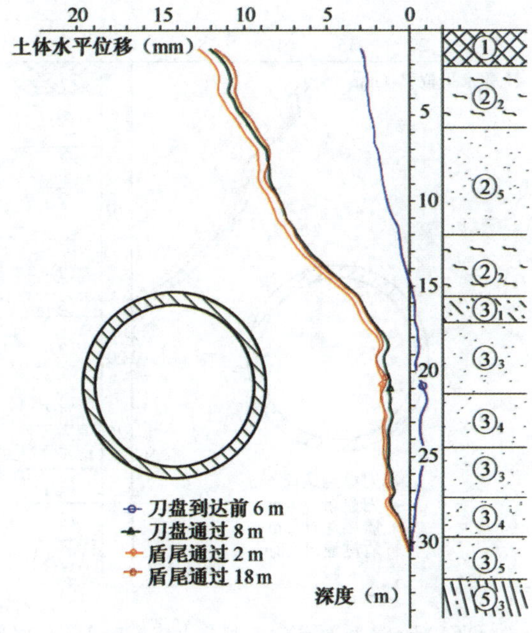

图 7-29 DK42＋660 断面 CX2-3 测孔土体横向水平位移曲线

心发生较大位移；盾尾通过测试断面时，同步注浆及时填充了脱出盾尾的管片和土体之间的间隙，土体水平位增长不多；随着隧道周围土体应力的重新调整，其周围土体逐渐平衡、稳定。

2）后行右线隧道施工的效应

右线隧道通过 DK42＋660 监测断面时土体横向水平位移如图 7-30～图 7-32 所示，测孔 CX2-1 距离隧道边线 3 m，测孔 CX2-2 距离隧道边线 5.5 m，测孔 CX2-3 距离隧道边线 24.5 m，图中以向右线隧道中心的横向位移为正，反之为负。

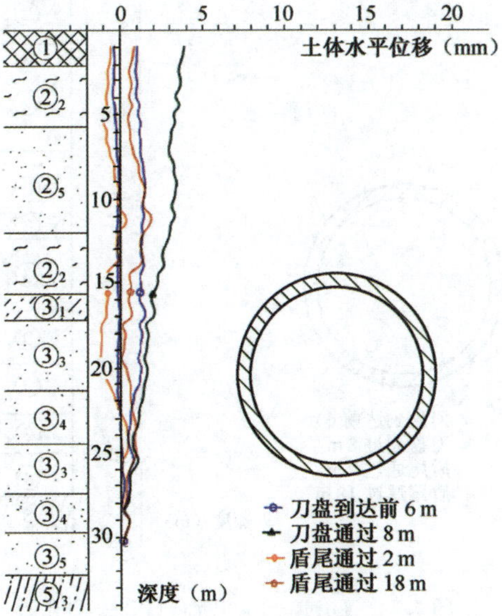

图 7-30 DK42＋660 断面 CX2-1 测孔土体横向水平位移曲线

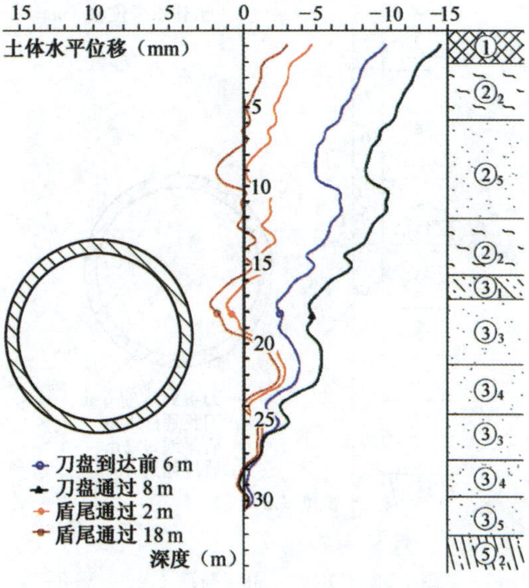

图 7-31 DK42＋660 断面 CX2-2 测孔土体横向水平位移曲线

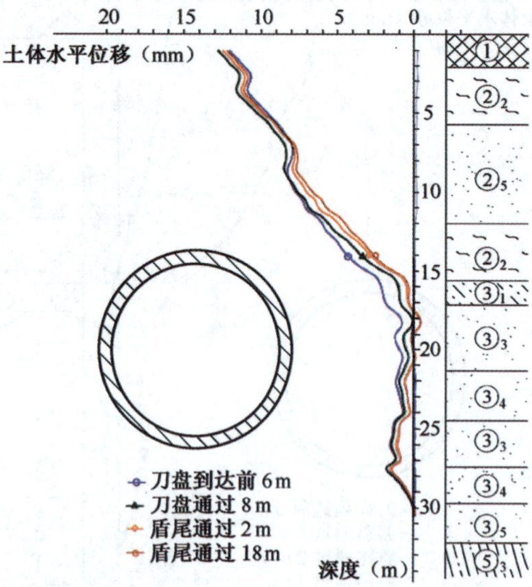

图 7-32　DK42＋660 断面 CX2-3 测孔土体横向水平位移曲线

右线隧道通过 DK42＋660 监测断面时泥水压力为 2.36 bar，注浆量 16.4 m^3，注浆压力 2.56 bar。右线通过时对土体水平位移影响如图 7-33～图 7-35 所示。

右线隧道盾构通过时，测孔 CX2-1 向隧道中心土体水平位移最大值为 4.8 mm，测孔 CX2-2 土体水平位移最大值为 6.7 mm，测孔 CX2-3 土体水平位移最大值为 2.2 mm。

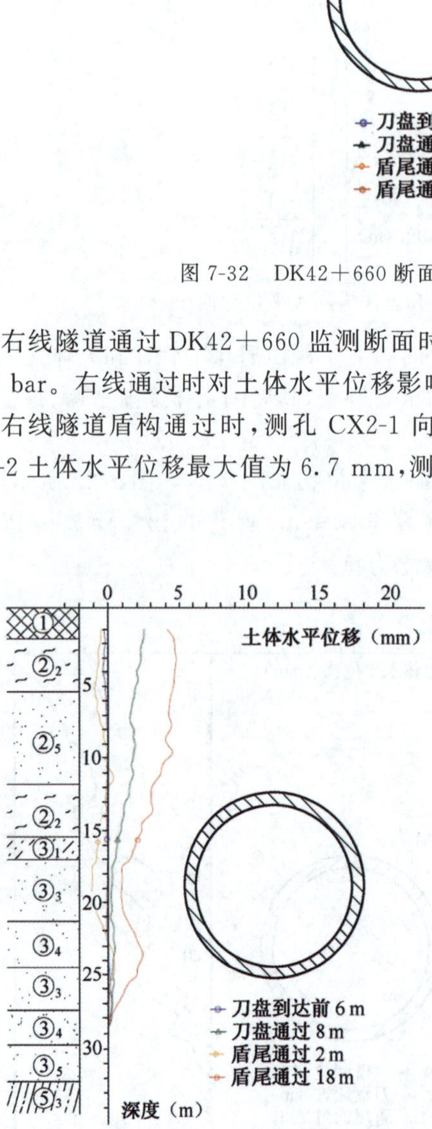

图 7-33　DK42＋660 断面 CX2-1 测孔土体横向水平位移曲线

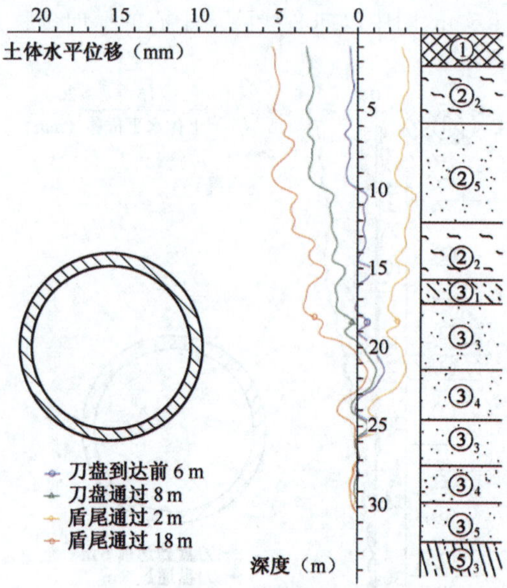

图 7-34　DK42＋660 断面 CX2-2 测孔土体横向水平位移曲线

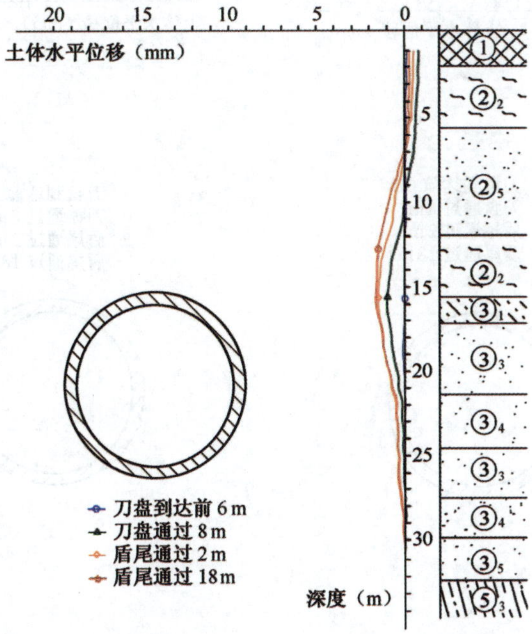

图 7-35　DK42＋660 断面 CX2-3 测孔土体横向水平位移曲线

从实测数据可以看出：右线隧道盾构通过 DK42＋660 断面时，在盾构切口到达前，土体水平位移较小；在盾构通过测试断面的过程中，隧道周围土体向隧道内侧移动；盾尾通过测试断面时，同步注浆压力较大，将土体挤向隧道两侧；盾尾经过后，随着隧道周围土体应力的重新调整平衡，土体逐渐稳定。

7.3.2　软硬不均段土体水平位移测试

从里程 DK42＋550～DK42＋000，隧道进入上软下硬的典型地层，隧道上部通过大部分地段为黏土层、粉细砂、中砂层和岩石全风化层，隧道下部通过大部分地段为岩石强风化层、岩石弱风化层，隧道埋深 18～28 m。断面地层主要有人工填土层；粉细砂层；淤泥层；中砂层；粗砾砂层；弱风化岩层。

在里程 DK42＋380 布设了土体水平位移监测断面，该里程处隧道埋深 20.8 m，在右线隧道通过时测得土体水平位移曲线如图 7-36 和图 7-37 所示。测孔 CX3-2 距离隧道边线 6 m，测孔 CX3-1 距离隧道边线 3 m，图中以向右线隧道中心的横向位移为正，反之为负。

从右线隧道盾构通过 DK42＋380 断面时的实测数据可以看出：在盾构切口到达前，土体水平位移较小；在盾构通过测试断面的过程中，隧道周围土体向隧道中心移动，约为 5～7 mm；隧道下半部分围岩为岩石弱风化层，土体水平位移较小，上部软弱地层水平位移较大；盾尾通过测试断面时，同步注浆填充了施工产生的间隙，约束了土体水平位移；随着隧道周围土体应力的重新调整平衡，土体逐渐稳定。

右线隧道盾构通过时，测孔 CX3-1 向隧道中心水平位移最大值为 5.6 mm，测孔 CX3-2 向隧道中心水平位移最大值为 6.7 mm。

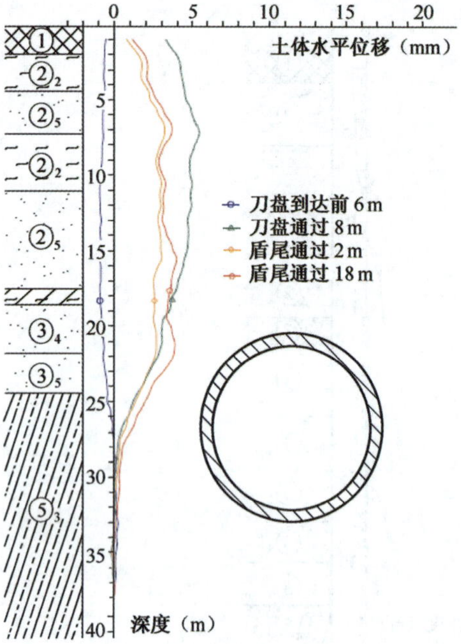

图 7-36　DK42＋380 断面 CX3-1 测孔土体横向水平位移曲线

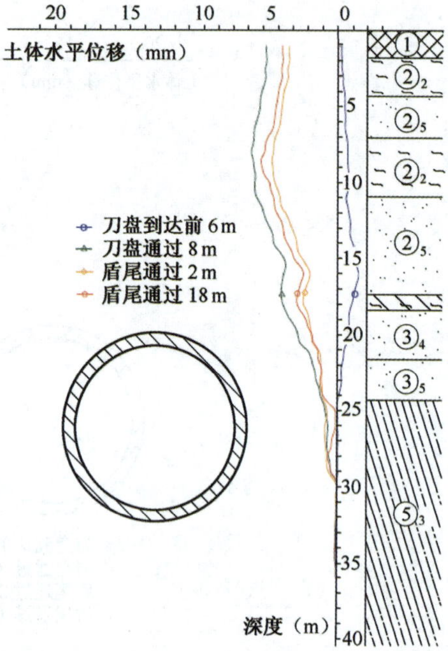

图 7-37　DK42＋380 断面 CX3-2 测孔土体横向水平位移曲线

7.3.3　硬岩段土体水平位移测试

在盾构隧道全岩石地层段共布设两个监测断面，分别位于 DK41＋978 和 DK41＋635 位置，隧道埋深大于等于 3D(D 为隧道直径)，盾构穿越地层为白垩纪泥质粉砂岩、砂岩互层，局部裂隙发育。断面地层主要有人工填土层；粉细砂层；淤泥层；淤泥质土层；中砂层；粗砾砂层；弱风化岩层。

右线隧道经过 DK41＋635 断面时地层水平位移变化情况如图 7-38 和图 7-39 所示。从测试结果可以看出，盾构在掘进通过测试断面的时候对地层扰动较小，地层最大水平位移不超过 1 mm。

7.3.4　土体水平位移规律分析

通过以上测试结果可知，在泥水盾构掘进时，土体横向水平移动的主要规律有：

(1) 盾构刀盘到达前，土体向隧道中心侧有微量移动，此与前仓压力有关。若泥水压力设置较大，则土体向隧道外侧移动。

(2) 在刀盘通过地层至盾尾到达的过程中，隧道两侧的土体快速向隧道中心移动。

(3) 盾尾通过的过程中，如果同步注浆压力较大，隧道周围土体将向隧道两侧移动直至稳定；如果注浆合适，土体停止向隧道中心移动或继续向隧道中心微量移动直至稳定。

(4) 在隧道中心两侧两边，距离隧道中心越远，地层水平位移越小。

(5) 对于软土地层，盾构施工会造成隧道下部的土体产生较大的变位，且影响深度较大，最大可达到 7～8 m 深，接近隧道直径的 0.7 倍。其主要原因是地层中原始地应力被破坏而重新分布的结果，引起隧道上浮。

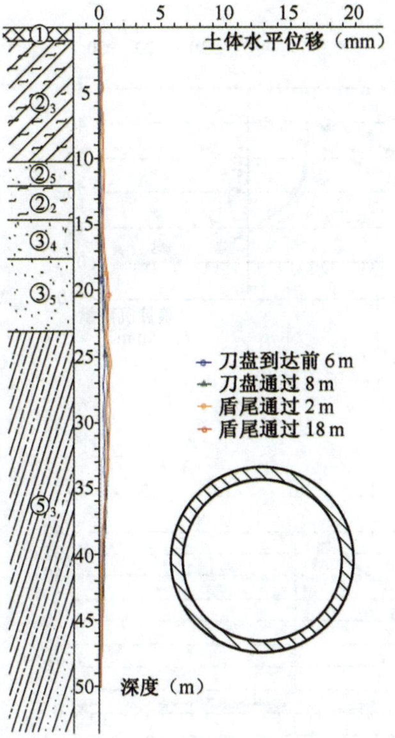

图 7-38 DK41＋635 断面 CX4-1 测孔土体横向水平位移曲线

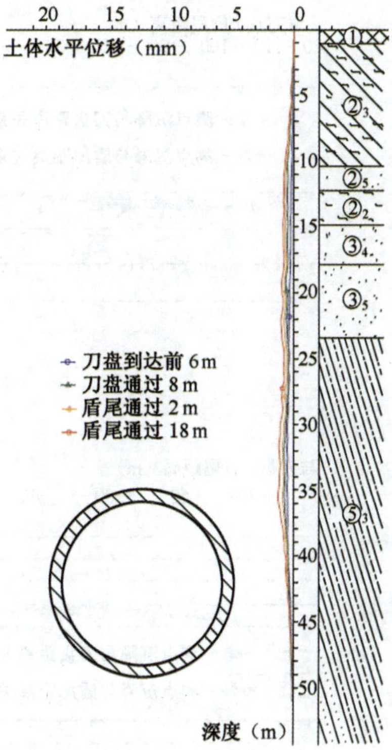

图 7-39 DK41＋635 断面 CX4-2 测孔土体横向水平位移曲线

7.4 软土地层的沉降控制

在隧道 DK43＋000～DK42＋980 段，左、右线隧道的地表沉降或隆起较小，其中左线隧道地表最大下沉量为 5.8 mm，地表最大隆起量为13.88 mm；右线隧道的地表最大下沉量为 9.46 mm，地表最大隆起量为 12.3 mm；里程 DK42＋936～DK42＋881 由于隧道埋深较浅，仅为 11.5～16 m，地表隆起较大，最大隆起量为53.1 mm；从里程 DK42＋876～DK42＋852，地表产生较大沉降，最大下沉量为 89.86 mm；里程 DK42＋852～DK42＋550 随着隧道埋深增加，地表隆沉变化逐渐平缓，地表下沉最大值为 38.27 mm，地表隆起最大值为 10.53 mm。从施工控制的角度分析有如下四种典型控制地表隆沉方式。

(1) 隆沉控制型

隆沉控制型主要是通过施加较大的泥水平衡压力，使地表首先产生一定的隆起，然后通过注浆控制隆起的地层下沉，从而达到地表微沉降或适量隆起。其主要特征如图 7-40 和图 7-41 所示 2 个监测点的变形时程线。

从施工参数分析，掘进的泥水平衡压力大于该断面所处地层的水土压力，从实测的水土压力推算，以上 2 个断面的实际水土压力只有 0.1 MPa，而泥水平衡压力达到了 0.14 MPa 左右，使得地表产生了隆起；而同步注浆压力只有 0.12～0.14 MPa，因此表现出盾尾通过后地层要产生一定的沉降，但沉降量可以控制在 8～10 mm；而对于 DK42＋966 断面，由于注浆量相对较小，因此后期沉降较大，达到了近 25 mm。

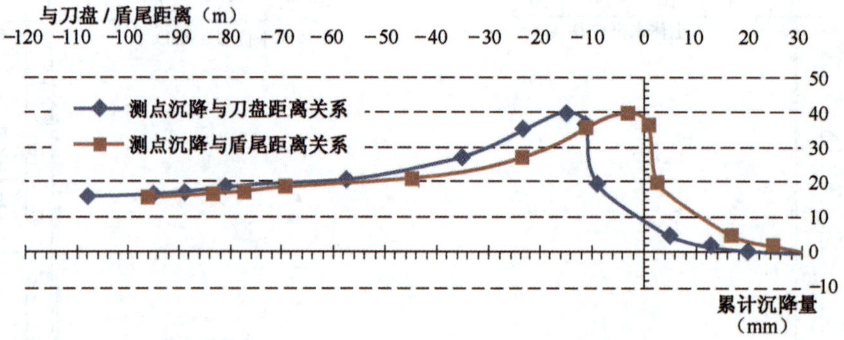

图 7-40　DK42＋966 DZ2A 沉降历程曲线

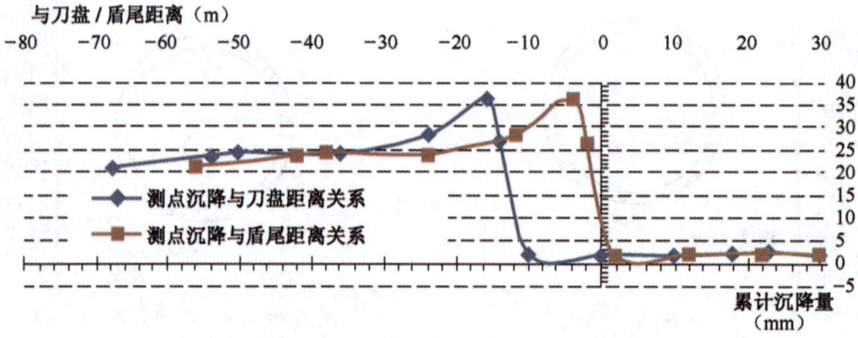

图 7-41　YDK42＋956 DY2-6 地表沉降历程曲线

从影响范围分析，软土地层盾构掘进影响前方近 20 m 地层的产生变形，隆起的最大值不是在盾构的前方，而是盾尾到达时达到最大，说明隆起有一定的滞后效应。从变形发生到基本趋于稳定，整个范围达到了近 60 m，也即按时间计算约为一周。测点产生急剧变形的范围为掘进前方 10 m 到掘进通过后的 20 m 内。

（2）隆起控制型

隆起控制型主要是通过施加超大的泥水平衡压力，使地表首先产生一定的隆起，然后通过注浆压力与注浆量控制后期下沉，从而达到地表适量隆起。其主要特征如图7-42～图 7-44 所示三个监测点的变形时程线。

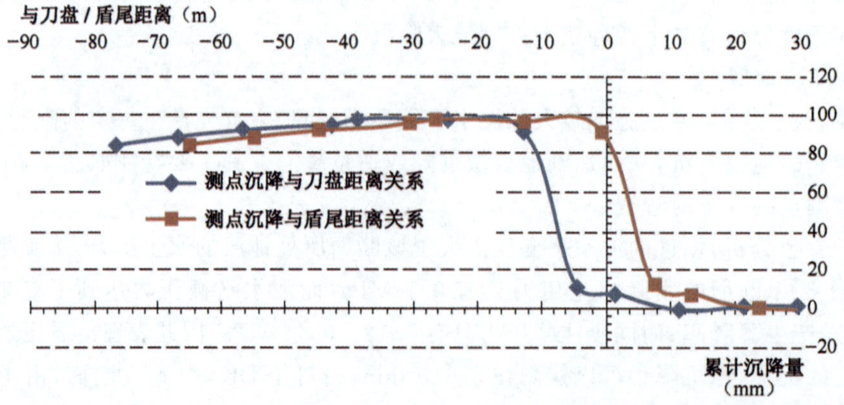

图 7-42　DK42＋926 DZ5 沉降历程曲线

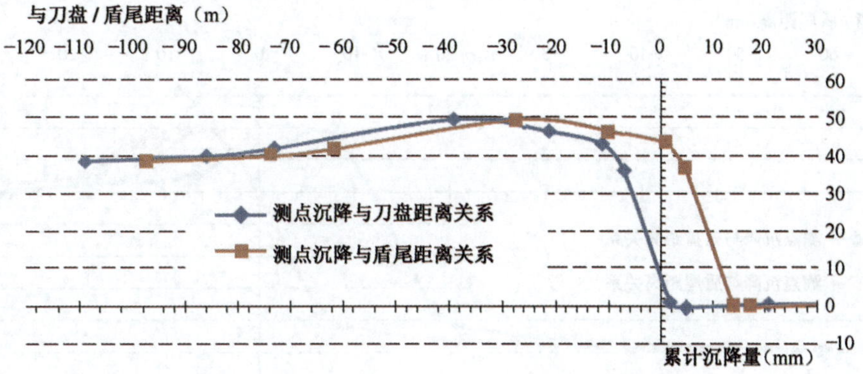

图 7-43　DK42＋916 DZ6 沉降历程曲线

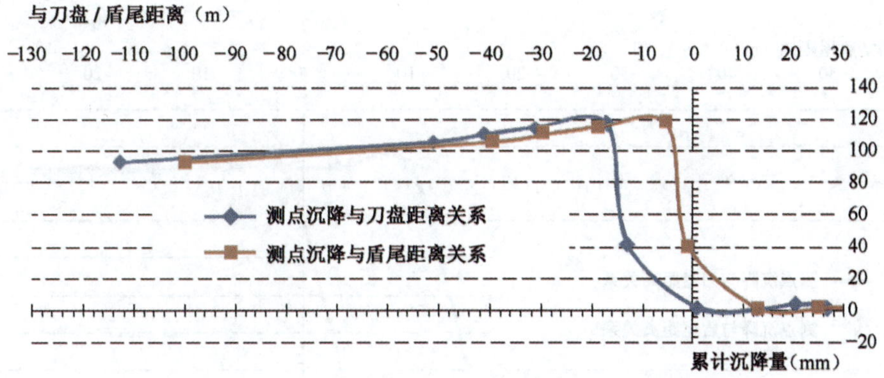

图 7-44　YDK42＋916 DY6 地表沉降历程曲线

从施工参数分析，掘进的泥水平衡压力大于该断面所处地层的水土压力，从实测的水土压力推算，以上三个断面的实际水土压力只有 0.12 MPa 左右，而泥水平衡压力达到了 0.18 MPa，使得地表产生了隆起；而同步注浆压力为 0.18～0.20 MPa，因此表现出盾尾通过后地层基本上不再沉降，只是隆起的地层后期产生微量固结沉降。

从影响范围分析，软土地层掘进影响前方近 20 m 地层的产生变形，隆起的最大值不是在盾构的前方，而是盾尾到达时达到最大，说明隆起有一定的滞后效应。从变形发生到基本趋于稳定，整个范围达到了近 120 m 左右，也即按时间计算约为 2 d。测点产生急剧变形的范围为掘进前方 10 m 至掘进通过后的 20 m 内。

（3）微隆控降型

微隆控制型主要是通过施加一定的泥水平衡压力，使地表首先产生预隆起，然后通过注入一定的浆量达到控制后期下沉，从而达到地表沉降控制在一定的限值内。其主要特征如图 7-45～图 7-48 所示四个监测点的变形时程线。

从施工参数分析，掘进的泥水平衡压力大于该断面所处地层的水土压力，从实测的水土压力推算，以上四个断面的实际水土压力只有 0.14 MPa，而泥水平衡压力达到了 0.16 MPa，使得地表产生了微量隆起；而同步注浆压力只有 0.15 MPa 左右，因此表现出盾尾通过后地层要产生一定的沉降，后期沉降较大，达到了近 40～50 mm。

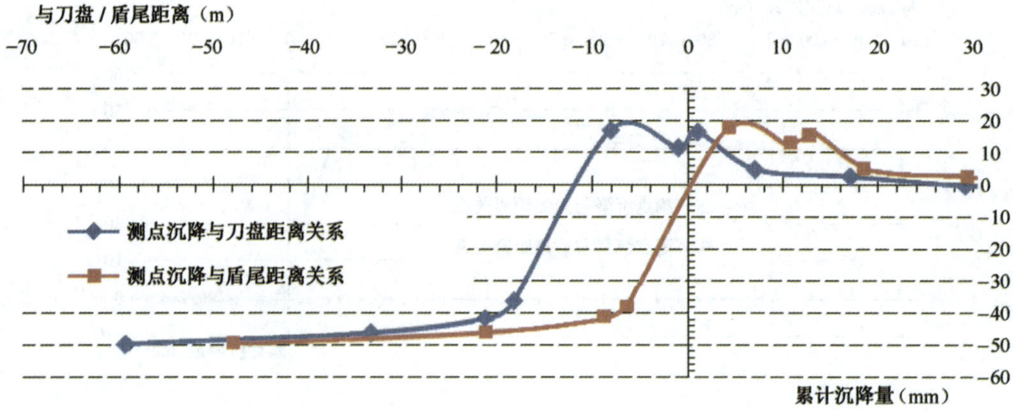

图 7-45　DK42＋876 DZ9 沉降历程曲线

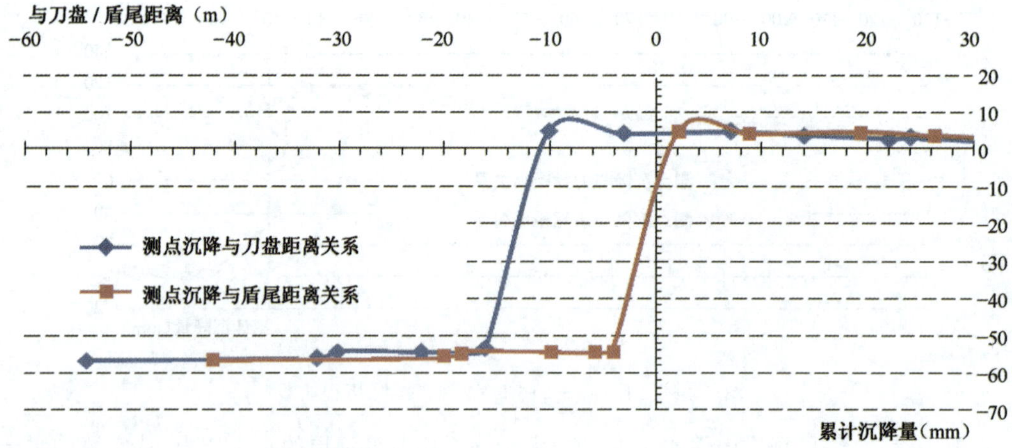

图 7-46　DK42＋861 DZ10A 沉降历程曲线

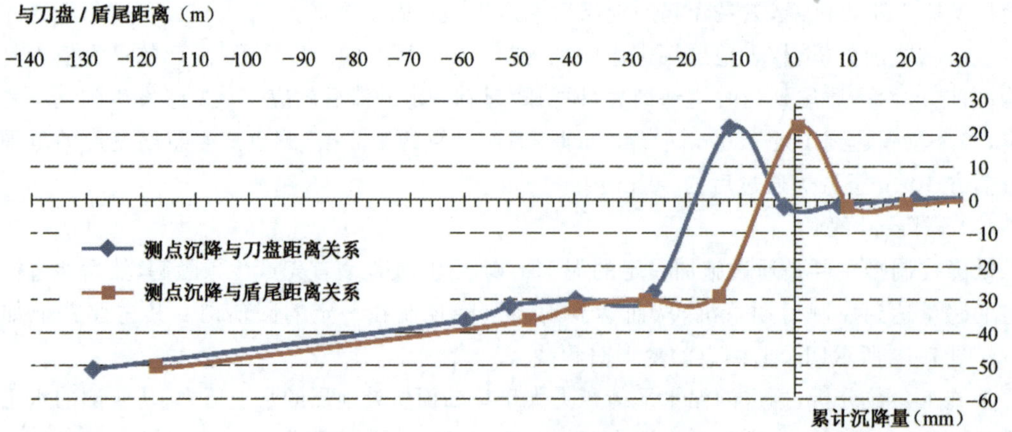

图 7-47　YDK42＋876 DY9 地表沉降历程曲线

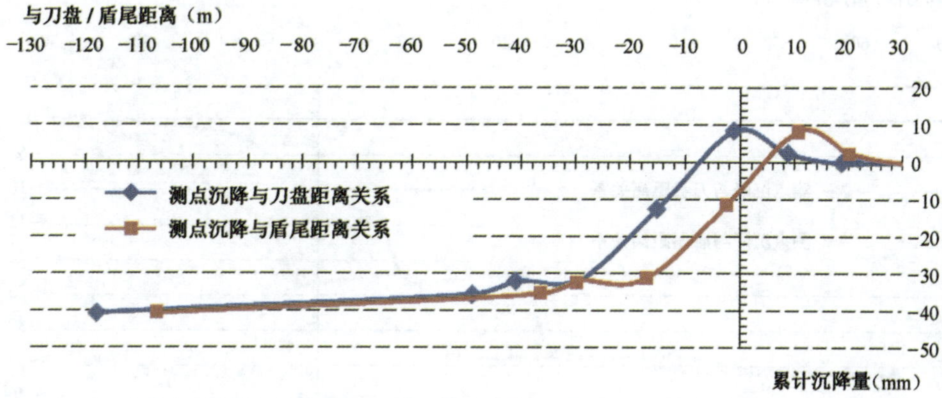

图 7-48 YDK42＋866 DY10 地表沉降历程曲线

从影响范围分析，软土地层掘进影响前方 10 m 内地层产生变形，从变形发生到基本趋于稳定，整个范围达到了近 40 m，也即按时间计算约为 3～4 d。测点产生急剧变形的范围为测点附近掘进前方 10 m 至掘进通过后的 30 m 内。

（4）沉降控制型

沉降控制型主要是在空旷的场地并确保施工安全的前提下通过施加稍低的泥水平衡压力，使地表一直处于沉降状态，然后通过同步注浆控制地层下沉，从而达到地表沉降控制在一定的限值内。其主要特征如图 7-49～图 7-51 所示 3 个监测点的变形时程线：

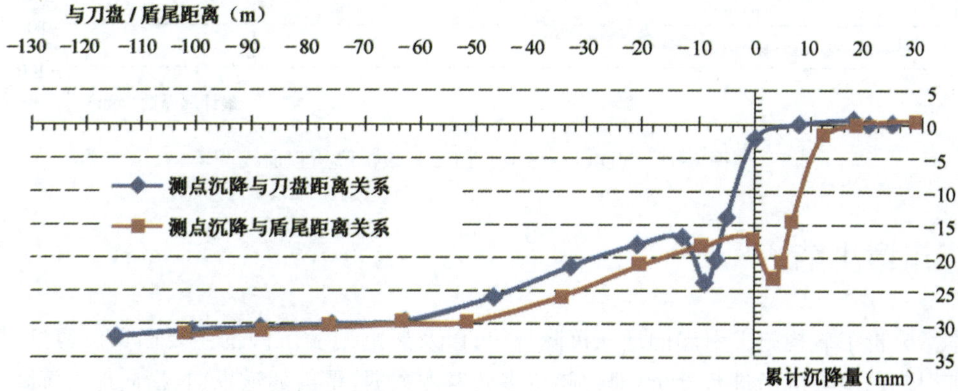

图 7-49 DK42＋852 DZ4-10 沉降历程曲线

从施工参数分析，掘进的泥水平衡压力小于该断面所处地层的水土压力，从实测的水土压力推算，实际水土压力为 0.2 MPa，而泥水平衡压力只达到了 0.18 MPa，使得地表产生了先期沉降；而同步注浆压力在 0.15～0.18 MPa，因此表现出盾尾通过后地层要产生较大的沉降，特别是右线 DK42＋850 断面注浆压力只有 0.15 MPa，沉降量达到了近 100 mm。

从影响范围分析，软土地层掘进影响前方近 20 m 范围地层的变形，从变形发生到基本趋于稳定，整个范围达到了近 60 m，也即按时间计算约为一周。测点产生急剧变形的范围为测点附近至掘进通过后的 50 m 内。

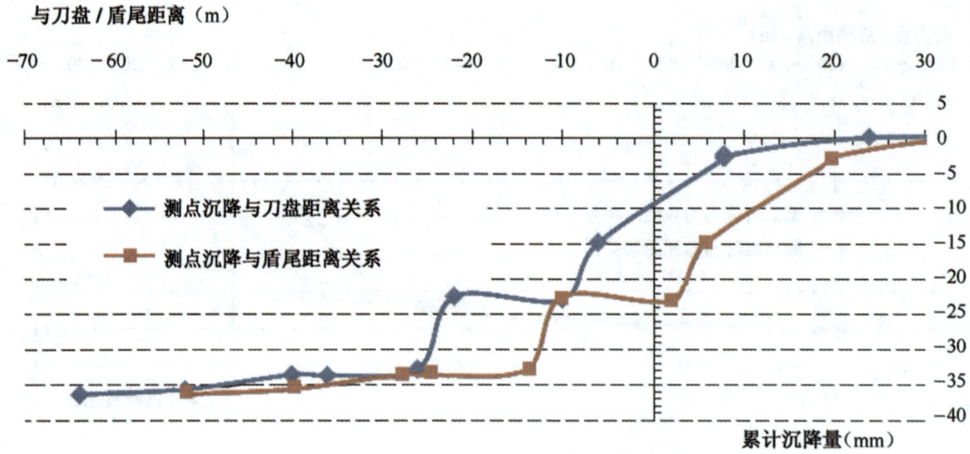

图 7-50　DK42＋660 DZ5-10 沉降历程曲线

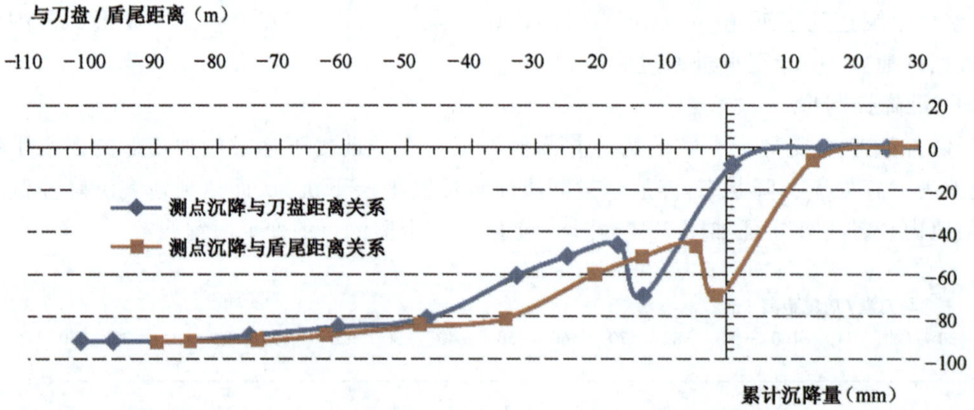

图 7-51　YDK42＋850 DY4-6 地表沉降历程曲线

7.5　本章小结

本章分析了盾构施工引起的地表沉降规律，以及影响地表沉降的主要因素。通过对由隧道施工引起的地表沉降进行分析，对比隧道多处监测数据，得出隧道纵向、横向地表沉降规律，并分析隧道施工水平位移，得出狮子洋水下隧道各种地层土体的水平位移规律。

狮子洋水下隧道地表沉降及水平位移规律如下：

(1) 通过地层沉降监测数据分析，泥水盾构在软土地层中掘进引起地表隆沉的主要因素为注浆量和注浆压力。对于浅覆土流塑性地层，泥水盾构施工应控制好注浆量和注浆压力，盾构施工过程中应避免注浆压力过大；并根据掘进速度调整浆液凝固时间，未凝固段长度控制在4 m以内。

(2) 通过水平位移测试结果分析可知，在盾构刀盘到达前，土体向隧道中心侧有微量移动，若泥水压力设置较大，则土体向隧道外侧移动；在刀盘通过地层至盾尾到达的过程中，隧道两侧的土体快速向隧道中心移动；同时软土地层隧道下部土体也会产生较大的变位，其深度可达到隧道直径的 0.7 倍，应当引起设计的注意。

(3) 隧道管片本体的相对变形很小，主要表现为整体上浮现象，且对应的地表隆沉与此没有直接的必然联系，分析其主要原因为：一方面注浆液为悬浮液，未能尽快凝固，管片自重与环间抗剪不足；二是流塑性地层的压缩性，使得管片上浮仅压缩隧道局部土体，不会直接造成地表隆起。建议盾构管片隧道可以不做结构变形量测。

(4) 通过各种沉降时程分析，控制地表沉陷主要有四种方法，分别为：隆沉控制型、隆起控制型、微隆控制型、沉降控制型。

8 高磨耗性地层盾构刀具比选与减压限排换刀技术

在软土地层中盾构施工隧道，往往对掘进刀具的磨损问题不需要过多关注，主要有以下两方面原因：一是由于盾构所掘进的地层大多凝聚力 c 较小而内摩擦角 ϕ 较大，因此主要按剪切破岩土的方法采用切刀进行掘进；二是在这类地层中其土层特性变化不大，刀具的磨耗规律已有基本定论，因此在盾构掘进时，就能较为准确地计算刀具的掘进距离，或采用特殊的材质制作相应的刀具，从而保证在所掘进的隧道长度内不需要换刀。

上软下硬地层或硬岩地层中采用盾构施工，刀具的磨损问题就显得异常重要，特别是在上软下硬地层中，刀具磨损管理起着重要作用。刀具的磨损一般分为直接磨损和二次磨损，直接磨损是指刀具向前掘进隧道所产生的磨损，其主要是由岩土层的强度、裂隙和磨耗性决定。而二次磨损是因为已掘进切削脱离母体的土渣或岩渣黏附在刀盘与刀具上形成沉结硬化，或堆积在刀盘前与仓内下部形成滞排，从而产生对刀具的磨削。通常发生在刀盘的外周部位、中心部位的刀具上，也即“沉结效应”、“滞排效应”的结果。从而加速刀具的磨损。

在上软下硬或硬岩地层中，因刀具磨损，盾构刀具需要时常更换，但是如何保证换刀的安全及提高换刀效率就不那么容易了。如果能在常压下敞开式换刀，问题就会简单得多。然而往往在许多地层和环境条件下，工作面不稳定、超大的地层变形等导致不能采用常压换刀，而是要采用带压换刀或加固地层后再换刀，这样会造成工程风险急增，工程成本上涨、工期延长等。

为此，在类似地层刀具配置及掘进技术调研的基础上，本章首先对狮子洋水下隧道的岩土层进行磨蚀性与岩土成分的试验研究，对刀具的金相和磨损规律进行研究，提出刀具的磨损规律方程；同时研究高水压条件下换刀方法，提出“减压限排”换刀技术。

8.1 狮子洋水下隧道地层的磨蚀性

狮子洋水下隧道出口段前 450 m 左右为软土与砂层，后续段穿越约 480 m 的上软下硬段，其余地段基本为全断面弱风化硬岩，但是在硬岩地段亦存在较长的节理裂隙发育、岩体破碎、富水的地段，分别长约 600 m 和 200 m，并处于狮子洋江底。隧道围岩平均抗压强度不高，最大岩石抗压强度为 82.5 MPa。根据广东地区盾构施工经验，微风化砂岩对刀具磨损较为严重。狮子洋水下隧道出口端洞身范围地层特性见表 8-1 和表 8-2。

表 8-1 狮子洋水下隧道出口段洞身范围地层抗压强度分布汇总表

试验状态	抗压强度			
	5～20 MPa	20～40 MPa	>40 MPa	≥50 MPa
弱风化天然状态	8%	38.5%	53.5%	23.2%
弱风化饱和状态	10.6%	46.5%	42.9%	16.8%

表 8-2 盾构穿越的各岩土层石英含量汇总表

层号	岩性	SiO_2(%)		
		最大值	最小值	标准值
①	粉细砂	28.2	10.25	16.72
$③_4$	中砂	90.54	14.7	44.57
$③_5$	砾、粗砂	93.71	17.5	38.71
$③_6$	圆砾土	30.6	9.95	19.02
$⑤_2$	砾岩	47.3	44.9	46.1
$⑤_3$	砾岩	73.78	21.7	39.94

根据以上地质资料可知，狮子洋水下隧道硬岩绝大多数抗压强度在 40～50 MPa 之间，其中，中砂、砾岩所占比例较大，且石英含量较高。

8.1.1 主要岩石的矿物成分分析

地质条件和岩石组成是泥水平衡盾构隧道施工的基础条件，地层岩体的磨损性能对刀具刀盘的影响是至关重要的。为此，通过对岩石和回浆的取样，对岩石成分、渣样矿物组成、岩石磨蚀性等进行试验分析，研究刀具的磨损规律，合理使用刀具。

岩石样品取自现场的岩石样品箱，深度与隧道埋深相同，分布在隧道开挖断面内，取样岩石的照片如图 8-1 所示。

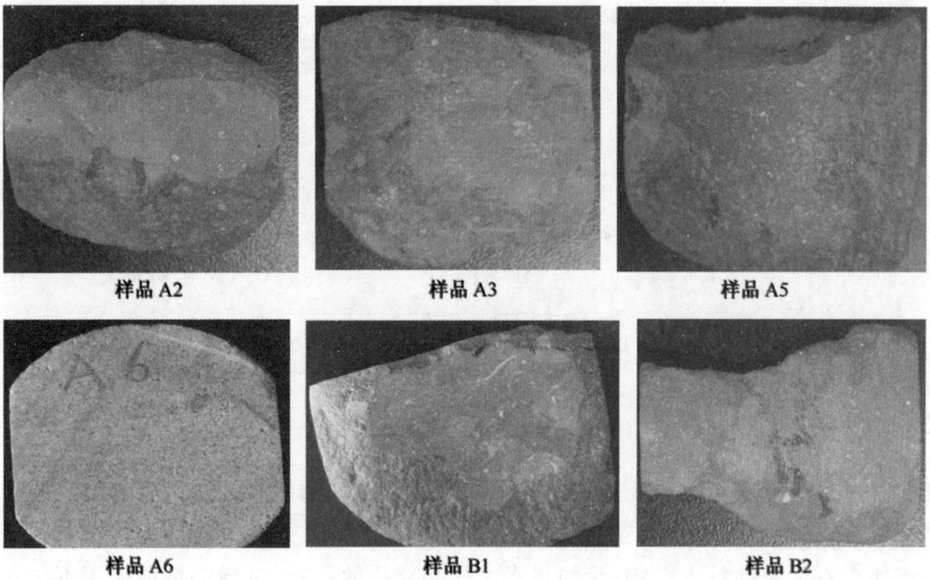

图 8-1 岩石全岩分析所用岩石样品照片

图 8-2 为试验岩样的全岩矿物相对含量的 X-射线分析结果。由试验得出狮子洋水下隧道所穿越的岩石地层成分和组成比较复杂，其中样品 A2 的黏土矿物含量超过 50%，最高已达 61.2%，显然，岩石的高含量黏土矿物成分对滚刀破岩有不利影响。

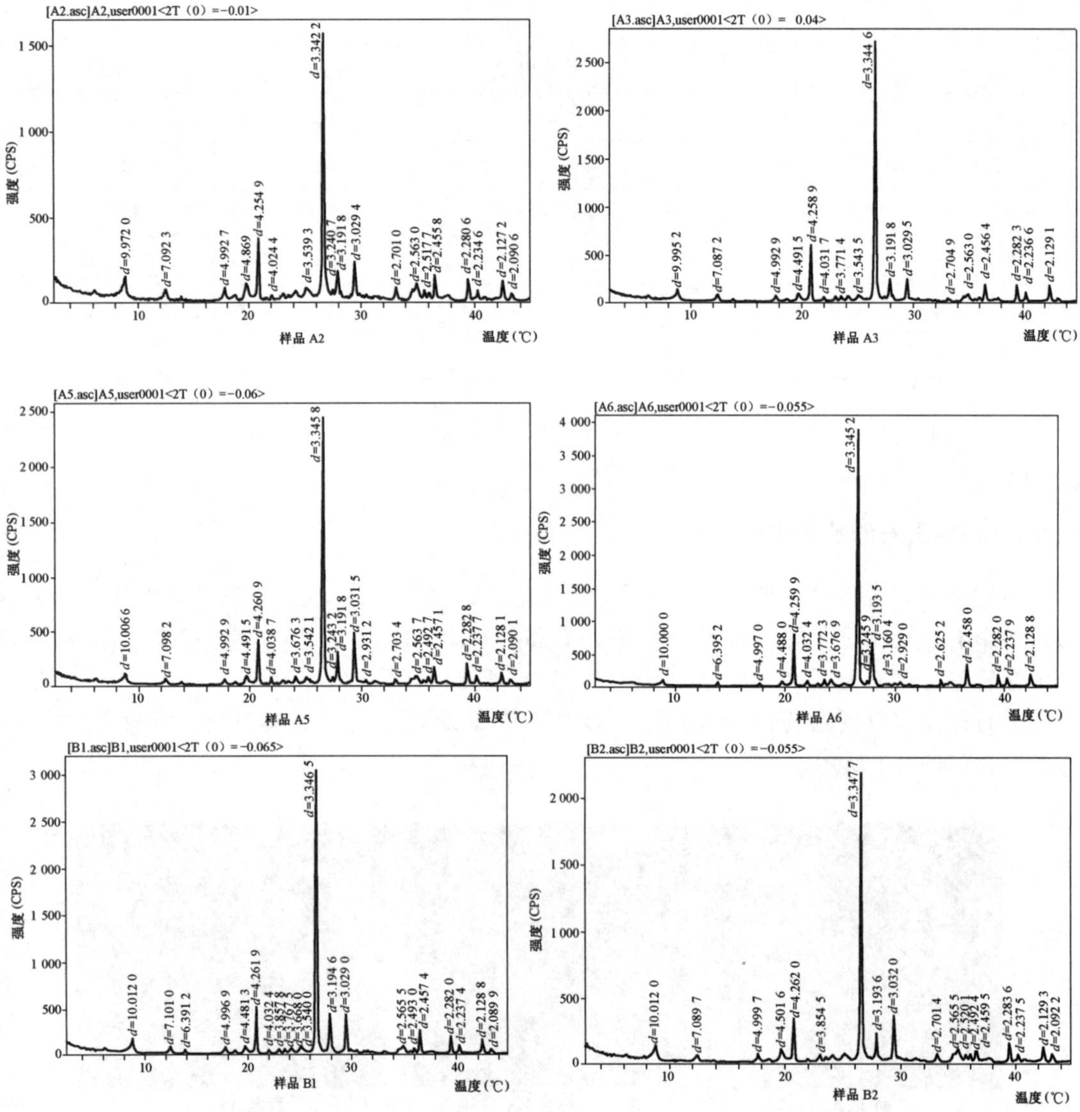

图 8-2　试验岩样的全岩和黏土矿物相对含量的 X-射线分析结果

8.1.2　岩石磨蚀性试验

为了掌握狮子洋水下隧道滚刀在上软下硬地层及全断面硬岩地层段掘进刀具的磨损规律以及磨损程度，委托中国科学院工程地质力学重点实验室进行了岩石磨蚀性试验(CAI)。由于试样可能含有膨胀性黏土矿物，为防止水对样品结构的影响，试样测试面采用不加水金刚石切割工艺。

试验方法为将试验用的钢针放在电子显微观测仪(×180)载物台上，调整钢针位置和观测仪焦距，用测量软件测量钢针针尖直径；然后将钢针沿轴向按 120°旋转，进行 3 个循环的试验，每个循环记录相应的钢针针尖直径测量值，并保存测量时钢针针尖图像，将 3 个角度测量的磨蚀值进行算术平均，记为单次试验值。每个样品表面在同一方向试验 3 次，3 次单次试验值的算术平均值(以 0.1 mm 为基本单位)作为钢针磨蚀值,即为最终样品的岩石 CAI 磨蚀值。

岩石磨蚀试验的结果见表 8-3,不管是粉砂质泥岩还是砂岩或泥质粉砂岩,其对应的 CAI 值也相对较高。

表 8-3 岩石 CERCHAR 磨蚀试验结果表

样品编号	岩性	测试序号	三分旋转(120°)测量值(0.1 mm)			平均测量值(0.1 mm)	岩石 CAI 磨蚀值(0.1 mm)
B1	泥质砂岩	1	0.80	0.96	0.84	0.867	1.00
		2	1.17	1.15	1.36	1.227	
		3	0.97	0.84	0.90	0.903	
A2	粉砂质泥岩	1	0.53	0.59	0.54	0.553	0.87
		2	1.41	1.50	1.41	1.440	
		3	0.61	0.65	0.59	0.617	
A3	泥质砂岩	1	0.69	0.68	0.63	0.667	1.40
		2	1.67	1.74	1.69	1.700	
		3	1.84	1.81	1.81	1.820	
B2	泥质砂岩	1	1.23	1.38	1.49	1.367	1.11
		2	1.16	1.13	1.14	1.143	
		3	0.84	0.84	0.75	0.810	
A5	泥质砂岩	1	1.30	1.37	1.34	1.337	1.32
		2	1.15	1.48	1.24	1.290	
		3	1.31	1.18	1.49	1.327	
A6	砂岩	1	2.89	2.63	2.71	2.743	2.82
		2	2.57	2.76	2.60	2.643	
		3	3.19	3.12	3.10	3.137	

根据相关研究结论的划分标准,狮子洋水下隧道的砂岩属于高磨蚀性地层,泥质砂岩属于中等磨蚀性地层。

8.1.3 泥浆成分分析

针对狮子洋隧道所用盾构滚刀严重磨损状况,还对泥水分离系统分离完成后、即将回到制浆环节中的泥浆成分进行了分析。泥浆浆液主要是膨润土浆液,是由黏土矿物膨润土组成,黏土矿物含量应该较高。本次试验共取五杯泥浆,让其自然失水后进行样品成分分析,监测其黏土矿物的含量。

(1) 泥浆分析试验

循环泥浆的质量,不仅影响泥水循环系统输送效率的高低,也会直接或间接影响到刀具磨损的状况,例如,滚刀的偏磨一般是自转动出问题,而滚刀的转动与否不仅与其启动扭矩有关,也与泥浆中的细颗粒含量,特别是具有膨胀性的黏土矿物含量密切相关。因此,泥水循环浆液的各种控制指标中,要充分考虑该因素的影响。图 8-3 是本次泥浆分析样品的照片,图 8-4 则是泥浆成分分析结果曲线。

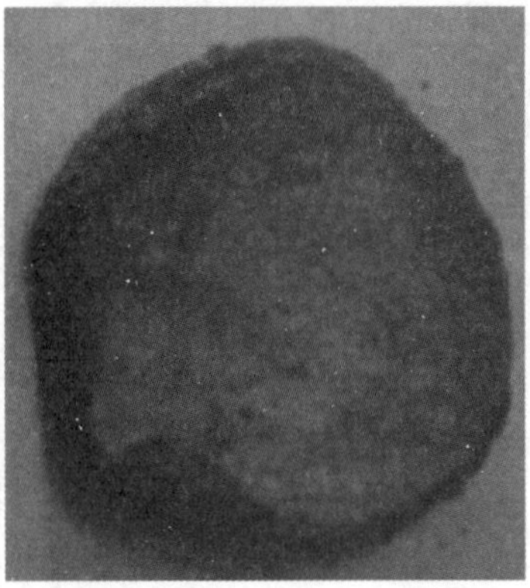

样品JWG534，γ=1.06

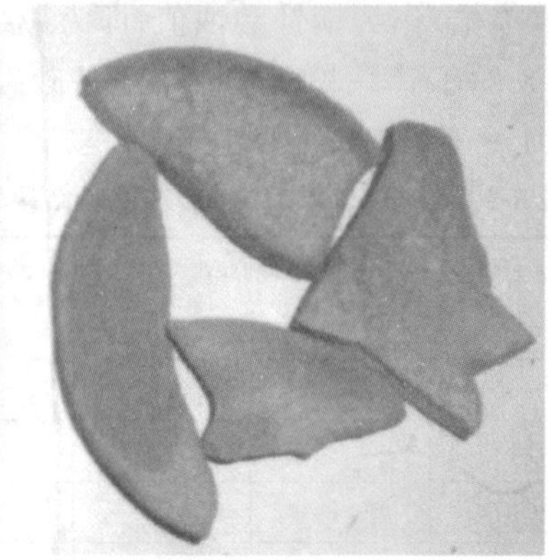

样品 JWG533，γ=1.05

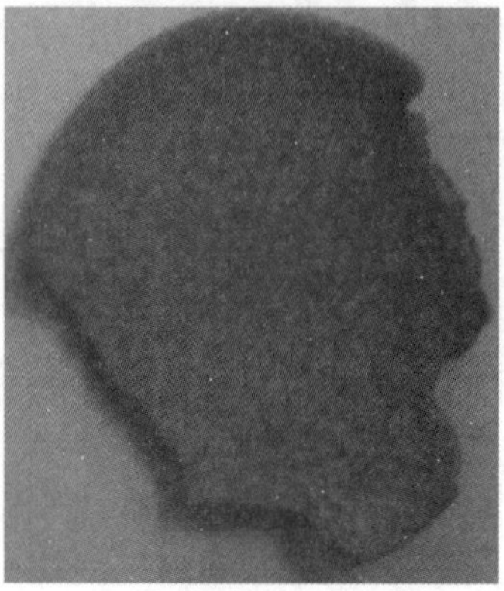

样品JWG532，γ=1.06

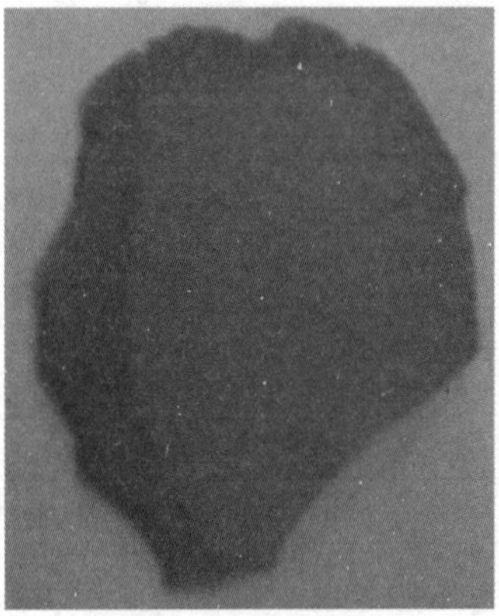

样品JWG531，γ=1.04

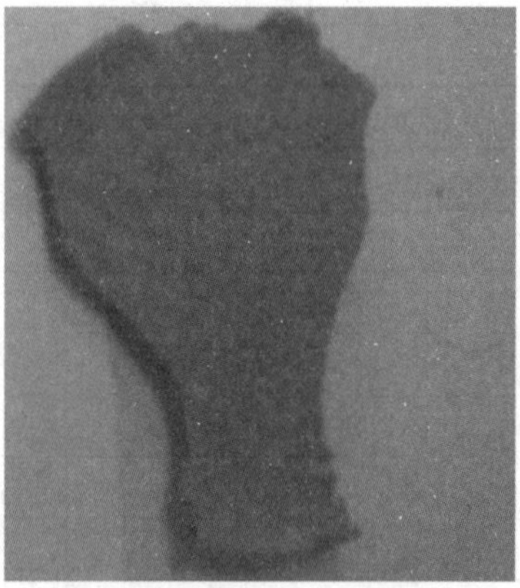

样品JWG530，γ=1.06

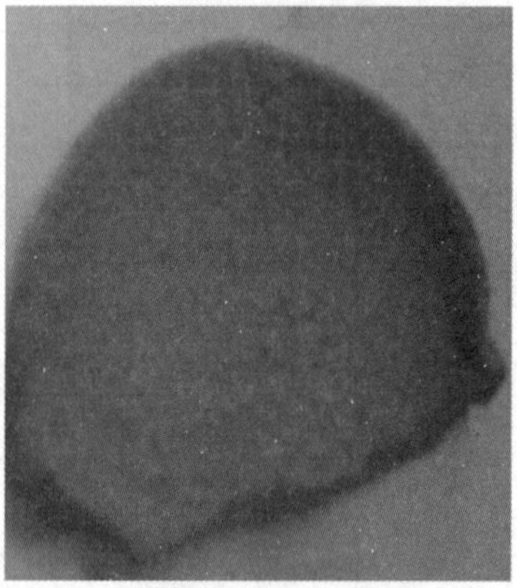

样品JWG529，γ=1.06

图 8-3　泥浆分析样品照片

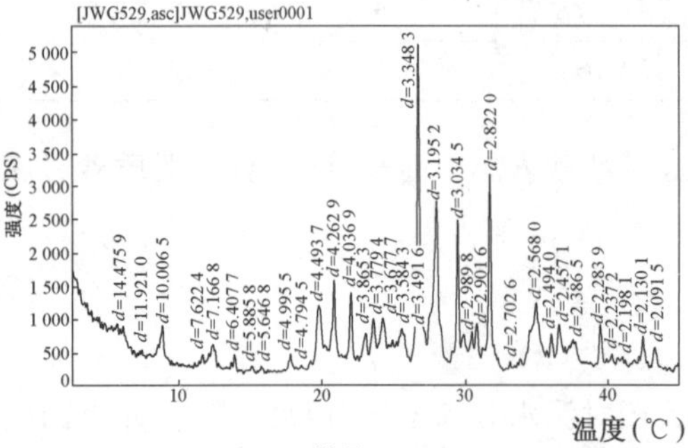

样品JWG529

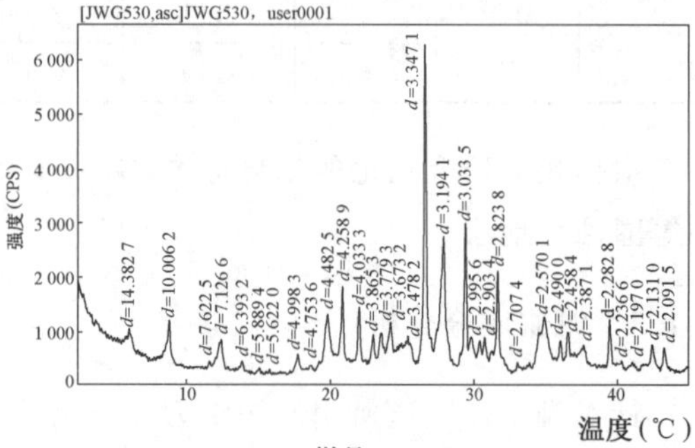

样品JWG530

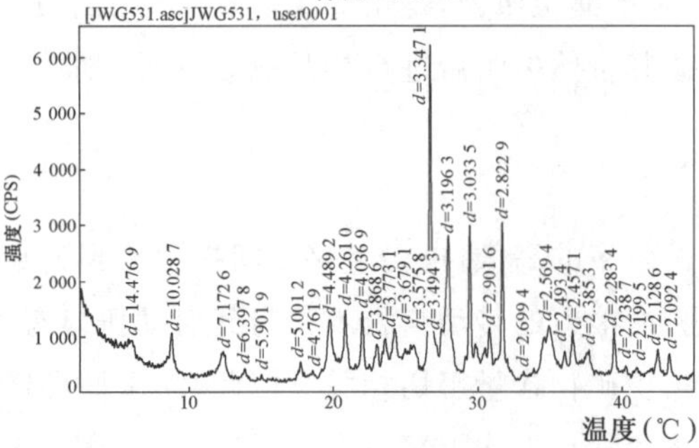

样品JWG531

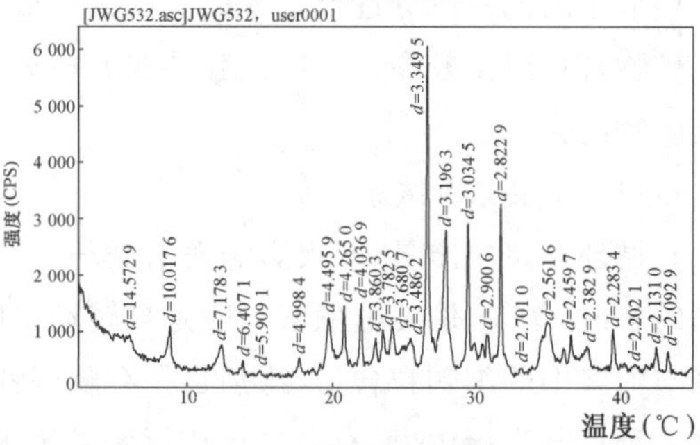

样品JWG532

图　8-4

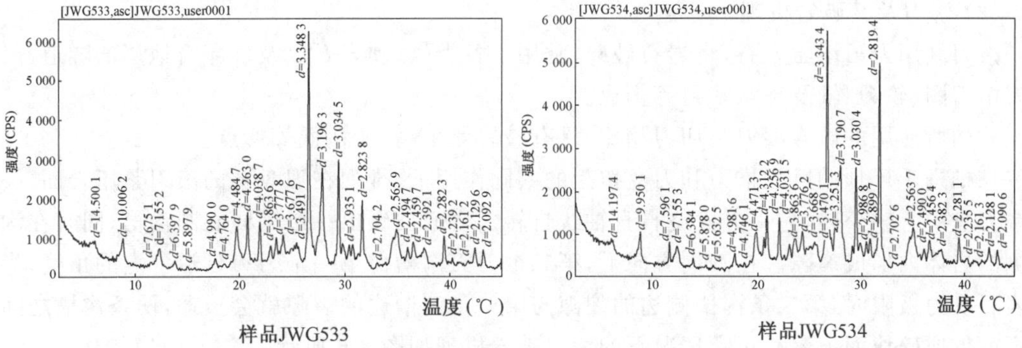

图 8-4　泥浆成分分析曲线

(2) 数据分析

由图 8-4 可以看出,泥浆失水的样品中,黏土矿物占 40%~51%不等,与正常膨润土浆液的组成有较大差别,同时其石英的含量在 12.3%~15.2%之间,较正常相比其含量明显偏高。进一步说明在采用滚刀破岩时,其很难产生脆性滚压破坏,又因其石英含量造成刀具磨耗率高。

8.2 刀具磨损原因分析及对策

8.2.1 刀具的种类与破岩机理

按照刀具形状和作用方式,泥水盾构常用刀具主要分为滚刀和切削型刀两大类。滚刀包括单刃滚刀、双刃滚刀、中心滚刀等形式,切削型刀主要包括齿刀和切刀两大类。滚刀常用来对付硬岩地层,而齿刀和切刀更适合于开挖软岩。狮子洋水下隧道泥水盾构主要配置了切刀、周边刮刀、滚刀和仿形刀四种。

(1) 切刀及其破岩机理

切刀包括齿刀和切刀,它们可以破碎天然单轴抗压强度在 30 MPa 以下的岩石和软土,主要是通过压入旋转,以剪切的方式切割岩土层,从而达到破岩的目的;在以滚刀破岩为主时,可达到保护刀盘结构和滚刀刀毂及提高掘进速度的作用。

切刀常安装于刀盘开口或辐条的两侧,主要适用于软黏土、砂土与砂卵石地层的开挖,在软土地层中用于切削土体,在岩石地层中在滚刀破岩的作用下,主要用于切削滚刀间已破坏,但未脱离围岩的岩块。

切刀的破岩机理主要是在盾构向前推进的同时,刀具随刀盘旋转对开挖面土体产生轴向(沿隧道前进方向)剪切力和径向(刀盘旋转切线方向)切削力,不断将开挖面前方土体切削下来。切削时,刀具通常作两个方向的运动:一个是沿开挖面的运动,它起着分离岩土的作用;另一个是切入开挖面的运动,它改变切削的厚度,如图 8-5 所示。

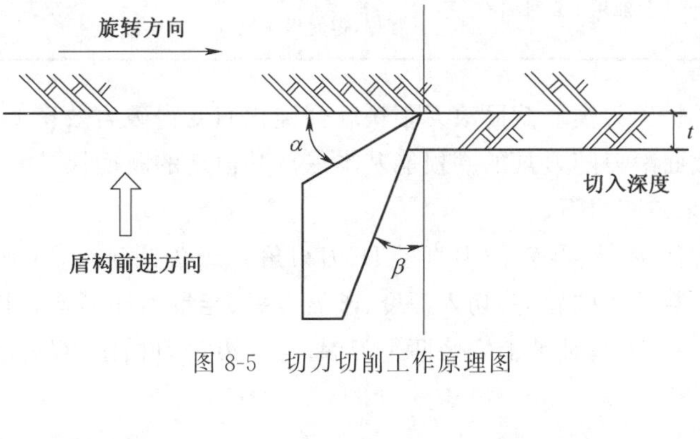

图 8-5　切刀切削工作原理图

（2）滚刀及其破岩机理

滚刀利用刀刃滚压岩石，将岩石破碎，常用于各类软、硬岩石以及砂卵石地层的隧道开挖。滚刀由刀圈、轮毂、轴及轴承密封等构成。

盾构所使用的破岩滚刀与切刀相比，具有破岩效率高、能耗低等特点。

在推进千斤顶的巨大推力和刀盘扭矩的共同作用下，排列在刀盘上的滚刀紧压岩面，一方面绕刀盘中心轴公转，另一方面绕自身轴线自转。岩面被碾出一系列同心圆沟槽，同时在沟槽两侧的岩体内形成裂隙。在圆周方向上，第二个刀刃沟槽比第一个刀刃延迟一定的角度，当超过岩石受力极限时，第二条沟槽侧边的裂隙与第一条沟槽边的裂隙就会贯通，两条沟槽之间的岩石就形成碎块而掉落。正常情况下的滚刀破岩机理如图 8-6 所示。

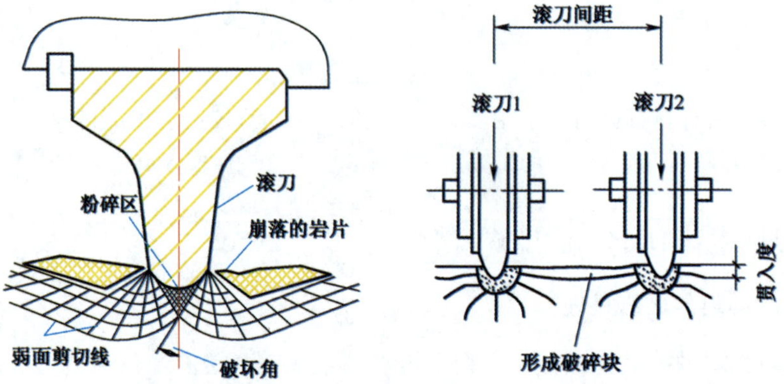

（a）挤压和起裂阶段　　（b）破碎阶段

图 8-6　滚刀破岩过程

滚刀截面主要有尖刃楔形截面、弧刃楔形截面和近似常截面 3 种类型，见表 8-4。

表 8-4　三种滚刀的形状和特征

刀具的种类	近似常截面型刀具	弧刃楔形截面刀具	尖刃楔形截面刀具
形　状	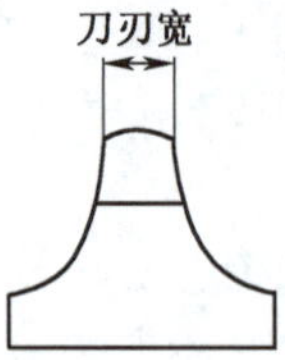	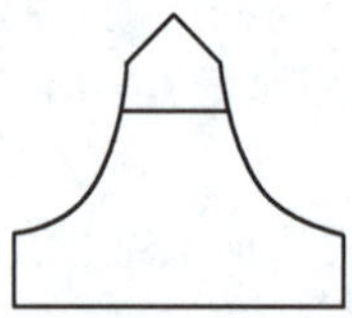	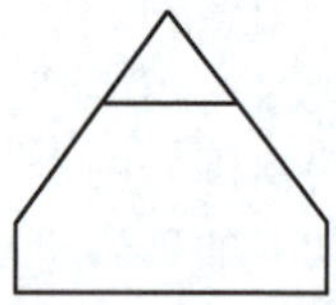
特　征	从新品到报废刀刃都保持一定的宽度。能用于多种岩石	适用于龟裂少的硬岩及混有卵石的岩层。使用初期切入性很好，但磨损较快	适用于石灰岩、泥岩等磨损较少的堆积岩等

随着刀具的磨损，尖刃楔形截面滚刀很快就会钝化而变得破岩效率低下，弧刃楔形截面滚刀稍好一些，而常截面滚刀随刀具的磨损能基本保持其恒定的断面尺寸。因此，现在一般采用常截面类型的滚刀来破碎岩石。

盘形滚刀的几何参数主要有：滚刀直径 D、刀刃角 β、刀尖圆弧半径（或刀尖宽度）r 等。滚刀截面形式、几何参数及对破岩力、切入深度、破岩效率、能量消耗等均有较大的影响。

双刃滚刀是在一个刀具轴承上安装两个刀圈，与单刃滚刀相比，双刃滚刀的刀具轴承受力条件更好，在相同的地质条件下，更易自转，因此在软岩条件下应用较多。其旋转线速度低或单刃滚刀布置空间不足，难以满足刀间距的要求。同时双刃滚刀一般布置在刀盘中心或周边等刀具磨损量较大的区域，其切削原理同单刃滚刀。

盾构滚刀具按刀圈外径规格一般分为 12 英寸、15.5 英寸、17 英寸、19 英寸等系列，现场所用滚刀主要为 17 英寸，表 8-5 为不同外径滚刀的特征参数。

表 8-5 四种不同外径的滚刀特征参数

刀具尺寸 （刀圈外径）	12 英寸 （305 mm）	15.5 英寸 （394 mm）	17 英寸 （432 mm）	19 英寸 （483 mm）
刀具质量(kg)(正面刀)	60～80	125～170	135～180	180～210
应用范围(断面直径)	2～3 m	3～5 m	5 m 以上	8 m 以上

(3) 其他刀具

先行刀也称为超前刀，超前刀在切刀切削土体之前先行切削土体，将土体切割分块，为切刀创造良好的切削条件。采用超前刀，一般可显著增加切削土体的流动性，大大降低切刀的磨耗。

为保证盾构在超挖少、对周边土体干扰小的条件下，实现曲线推进和顺利转弯及纠偏，盾构需设置仿形刀。仿形刀也叫超挖刀，一般布置在辐臂上。施工时，可以根据超挖多少和超挖范围的要求，从辐臂一端径向伸出或缩回仿形刀，达到仿形切削的目的。

8.2.2 现场刀具配置与磨损情况

(1) 刀具配置

现场刀盘上可以安装不同类型的刀具以适应不同地层的开挖，主要刀具类型为双刃滚刀、单刃滚刀、中心齿刀、正齿刀、仿形刀、刮刀和切刀。其中滚刀和齿刀的刀座形式相同，根据不同的地质类型两种刀具可以互换。在软岩掘进中安装齿刀，在硬岩掘进中安装滚刀。狮子洋水下隧道各类围岩刀具配置见表 8-6 和表 8-7。

表 8-6 软岩段刀具配置表

刀具类型	数 量	刀间距(mm)	距刀盘面板高度(mm)
中心齿刀	5	89.5	127.2
正齿刀	46	100	127.2
边滚刀	4	90,70,38,0	127.2
软岩刮刀	16	—	80
普通切刀	275	—	80
检测切刀	5	—	80

表 8-7 硬岩段刀具配置表

刀具类型	数 量	刀间距(mm)	距刀盘面板高度(mm)
中心滚刀	5	89.5	110
正滚刀	45	100	110
边滚刀	5	95,90,70,38,0	110

续上表

刀具类型	数　量	刀间距(mm)	距刀盘面板高度(mm)
硬岩刮刀	16	—	80
普通切刀	275	—	80
检测切刀	5	—	80

现场所用的滚刀主要有：正滚刀、边滚刀和中心滚刀等类型，其形式见表 8-8。

表 8-8　现场盾构刀具类型

正面滚刀	边滚刀

中心滚刀	切刀

边沿刮刀	

硬岩掘进时,正滚刀刀圈磨损极限为 15 mm。综合地层因素,正滚刀刀圈磨损极限可取值为 20 mm,边滚刀具刀圈磨损极限可取为 11 mm。

刀圈磨损至极限时需要进行维修,维修主要参数见表 8-9。

表 8-9 刀具维修主要技术参数表

刀圈尺寸	刀圈内径过盈量	刀具起始力矩
17 英寸	0.24～0.27 mm	<25 N·m
润滑油量	气压试验	润滑油类型
1 300 mL	4 bar(30 min)	VG680

(2) 现场刀具磨损情况

狮子洋水下隧道掘进过程中,刀具磨损较为严重,主要表现在以下几种形式的磨损:滚刀偏磨、刀体超量磨损、刀具轴承散架、刀圈断裂、刀圈卷刃、刮刀和切刀磨损或断裂。现场刀具磨损情况如图 8-7 所示。

(a) 刀圈偏磨　　(b) 刀圈断裂　　(c) 刀体磨损

图 8-7 现场刀具磨损情况

施工表明,在泥质粉砂岩、砂岩、砂质泥岩掘进时,盾构刀具磨损较为严重。根据实测,在软硬不均地段,中心滚刀平均磨损速度为 1 mm/8.89 m,正滚刀平均磨损速度为 1 mm/4.79 m,边滚刀平均磨损速度为 1 mm/4.14 m。

为减少刀具磨损,必须对刀盘和刀具的设计与布置进行系统研究,统筹兼顾软弱地层段、上软下硬段及全断面硬岩段施工要求,并通过一系列的施工管理,优化掘进参数,保证掘进速度,降低刀具磨耗程度。

8.2.3 刀具磨损破坏主要原因分析

上软下硬地段及全断面硬岩段,狮子洋水下隧道出口段泥水盾构的切刀和刮刀通常都是正常磨损,仅仅是滚刀磨损严重,故本章将着重对滚刀磨损破坏原因进行分析。

(1) 滚刀磨损破坏的基本形式

滚刀磨损破坏可以分为两大类:正常磨损和非正常磨损。

1) 正常磨损

刀具磨损至极限已无法使用,必须更换的刀圈属于正常磨损。正常磨损的刀具换下来后除了刀圈磨损不能使用外,其他各部分均可继续使用。

2) 非正常磨损

刀圈没有达到磨损极限而因其他原因造成刀具损坏不能使用的损坏都属于非正常磨损,

主要包括：刀圈偏磨、刀圈断裂、刀圈崩块、密封失效、轴承损坏等。

(2) 滚刀磨损破坏原因分析

1) 滚刀正常磨损

刀具使用过程中，随着刀圈磨损量的增加，当刀圈刃口宽度超过一定值后，其掘进速度将变得缓慢，甚至不能掘进，形成了滚刀的正常磨损，这是刀具失效的主要形式。刀具的正常磨损主要是颗粒磨损，它与地层中的石英砂等硬质颗粒含量密切相关。这种失效除了刀圈不能继续使用外(轴承密封亦不能用了)，其他部件可以正常使用，可以根据过盈量选配新的刀圈进行装配后继续使用。

2) 滚刀偏磨

滚刀偏磨是滚刀破坏的主要形式，滚刀偏磨主要原因是滚刀在盾构掘进过程中，其不能随刀盘自转，而是滑动，滚刀一侧长时间和开挖面摩擦，造成了滚刀的严重偏磨。

滚刀不能正常转动有四方面的原因：其一是开挖面提供的转动扭矩不能使滚刀转动；其二是刀箱中挤满砂土，经压实结块，产生阻力矩阻止滚刀滚动；其三是轴承的损坏；其四是密封损坏漏油。

滚刀装配于刀盘的刀箱内，正常情况下，在跟随刀盘公转的同时，滚刀自身也在自转。掘进中滚刀受力情况如图 8-8 所示。

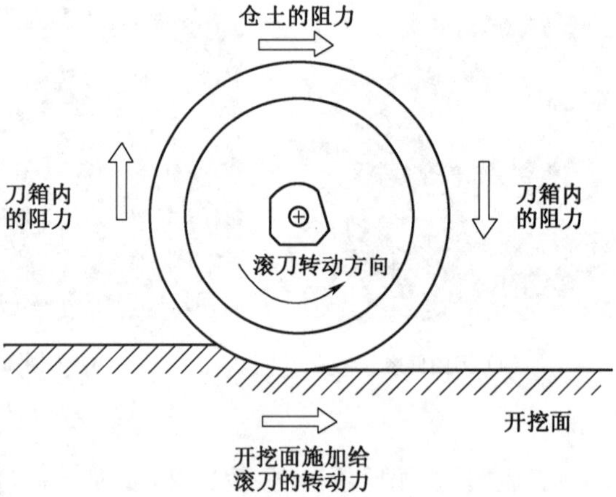

图 8-8　掘进中滚刀受力示意图

要使滚刀能随刀盘公转的时候能自转，必须满足：

$$T_{转} > T_{阻}$$

式中　$T_{转}$——使滚刀转动的力矩；

$T_{阻}$——$T_{仓}+T_{刀箱}+T_{启动}$。

使滚刀转动的启动扭矩大小一般来说是固定的，对于滚刀来说 $T_{仓}$、$T_{刀箱}$ 的大小是不定的。

如果渣土流动性好，不形成堵塞(刀箱，刀孔)和沉积在刀盘前方，此时 $T_{仓}$ 和 $T_{刀箱}$ 量非常小，可以忽略不计，因此只要满足：$T_{转} > T_{启动}$ 滚刀即可以转动，即依靠盾构的推力将滚刀顶在开挖工作面上即可提供必要的 $T_{转}$。因此，在硬岩地层掘进，滚刀不会发生偏磨，一般为均匀磨损，但轴承损坏，润滑油泄漏亦会使滚刀偏磨。

如果渣土流动性差，极易堵塞刀箱、刀孔和沉积在刀盘前方，则 $T_{仓}$ 和 $T_{刀箱}$ 就会很大，特别是在上软下硬地层，刀箱内更容易挤满砂土，经过压密结块，产生阻力矩阻滚刀滚动。或因开挖面松散，不能给滚刀提供足够的反力，因此不能提供足够大的转动力矩 $T_{转}$，造成其不能转动。

轴承损坏或工作不良是造成刀圈偏磨的另一个原因，其产生的因素有两个：一是轴承因为受冲击、过载或者疲劳而损坏；二是密封损坏后失去润滑而造成。泥水盾构施工时，平衡压力大于刀具轴承密封压力，外部的泥沙更容易进入滚刀体内部，从而造成密封失效，轴承损坏及卡死，使滚刀不能正常滚动，造成刀圈偏磨。

3) 刀具漏油

刀具漏油存在分内因与外因，外因是轴承损坏后，铁末进入滑动密封面使密封损坏；内因是“O”形橡胶圈高温下失去弹性或者断裂、撕裂以及金属环断裂或密封面损坏。

4)刀圈断裂

刀圈断裂原因主要有以下三点：

① 刀圈与刀体过盈量过大；

② 掘进过程中调向幅度过大；

③ 刀具运输过程中出现较严重的碰撞。

5) 刀体磨损

刀体磨损主要原因常有以下两点：

① 在上软下硬或全断面硬岩掘进中，由于岩渣在刀盘前不能及时排出而造成刀体(尤其高刀位刀具)在岩渣泥浆中进行多次破碎作业。

② 当出现刀具漏油、弦磨现象时未能及时发现，致使发展为刀体磨损。

在狮子洋水下隧道的具体条件下，由于地层条件的复杂性，特别是粉砂质泥岩的存在，上述典型的破岩机理难以实现，尤其在泥水平衡盾构施工条件下，情况更是如此。泥岩的存在使得片状剥落难以实现，膨胀性矿物在泥水压力的作用下，使得岩石在滚刀滚压过后只在隧道掌子面形成一道宽度和深度与滚刀顶部贯入尺寸基本一致的沟槽，导致滚刀的破岩效率低下。这时，如果滚刀与刮刀的高差和平面布置不当，极易造成滚刀的不正常磨损，特别是锯齿状偏磨，滚刀和刮刀谁保护谁的问题是决定粉砂质泥岩中破岩效果好坏的重要措施。同时，膨胀性细颗粒的大量存在，使得滚刀轴容易被卡住，形成偏磨。以上两方面的因素组合在一起，加上岩石中本身存在的石英，造成偏磨也就正常了。

不合理的泥浆成分，加上不尽合理的冲刷路径，还将会带来刀具其他形式的磨损和破坏。开挖仓和泥水仓内的泥浆环流速度、方向和环流形式将直接影响到刀具的磨损。

8.2.4 减少刀具磨损技术对策

在上软下硬地层或全断面硬岩地层段，滚刀磨损为最主要的破坏形式。为了减小刀具磨损一般采取如下措施。

(1) 选择合适的刀具类型

如果地层岩土体抗压强度较高(在 30 MPa 左右)，可采用滚刀与齿刀混合配置或配置双刃滚刀，增加切削轨迹，降低刀具所需的启动扭矩，或采用合金齿刀圈(图 8-9)增加刀具与地层的摩擦力，使其与地层相适应。刀圈硬度对耐磨性的影响是很明显的，硬度平均降低 5%，相对耐磨性要降低 17%，因此，应适当提高刀圈的硬度。

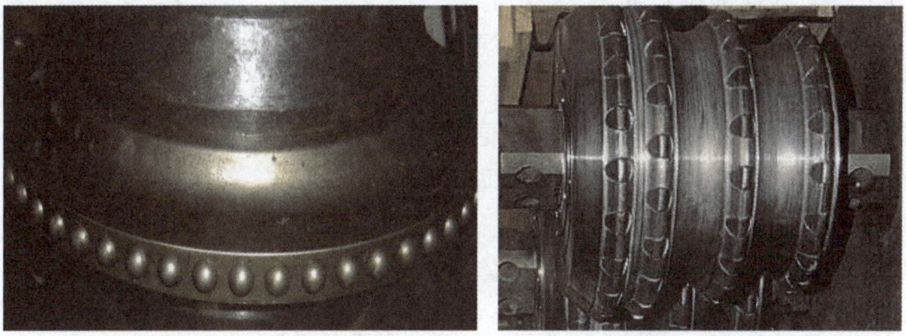

图 8-9　合金齿刀圈

对于抗压强度并不太高，石英含量高的砂岩、泥质粉砂岩，采用球齿刀圈更好。

(2) 合理布置刀具

刀具高出刀盘面板的高度应尽可能大，一般滚刀高出面板 175 mm，齿刀高出面板 140 mm。

可提高渣土的流动性，降低刀盘开口被堵的可能性，降低磨损的速率。

(3) 增加刀具耐磨性

影响盾构刀具耐磨性能最主要的内在因素为刀具材料的化学成分，综合考虑刀具的强度、韧性、工件几何形状、耐腐蚀性，地质条件等因素，通过刀具材料含碳量的控制，在刀具材料中加入铬、钼、钒、硅等第二相形成元素，有意增加沉淀析出相的数量，形成细而分散的共格、半共格硬质点，可在一定程度上提高耐磨性。这种材料是含有碳化物相的多相材料，通过调整各元素的含量，控制各碳化物的含量、形态和分布情况，能有效提高金属材料的耐磨性能。各相关合金碳化物的硬度和晶体结构见表 8-10。

表 8-10　合金碳化物的硬度和晶体结构

碳化物类型	硬度 HV	晶体结构	碳化物类型	硬度 HV	晶体结构
Fe_3C	1 150～1 250	斜方	TiC	3 200	立方
Cr_3C_2	≈1 300	斜方	M_3C	1 150～1 770	斜方
Mo_2C	1 800～2 200	六方	M_7C_3	1 800～2 800	六方
W_2C	2 800～3 000	六方	$M_{23}C_6$	1 600～1 800	立方
MoC	≈2 250	六方	$M_{23}C_6$	1 600～1 800	立方
WC	2 400～2 700	六方	M_2C	1 800～3 000	六方
VC	2 500～2 900	立方	M_6C	1 600～2 300	立方

M_3C 型主要是富铁的渗碳体型碳化物，选用的材料中含有铬、钼等，通常会形成含有少量这些元素的合金渗碳体。M_7C_3 型碳化物主要是 Cr_7C_3 型，M_7C_3 型碳化物的热稳定性较好，在奥氏体温度较高时才开始溶解。$M_{23}C_6$ 型是富铬的 $Cr_{23}C_6$ 型立方系碳化物，能够溶解大量的铁。M_2C 型相当于 Mo_2C 或 W_2C，此类型的碳化物只是在淬火后接近二次硬化峰回火时产生，进一步提高回火温度则转变为 M_6C 型或 $M_{23}C_6$ 型碳化物。

因此，在加强钢铁冶炼时的精炼，提高钢材的纯净度和均质性，减少夹杂物的含量，努力降低钢中硫化物、氧化物、硅酸盐等夹杂物对耐磨性的负面影响，要求在刀圈材料尽可能采用碳化钨，碳化锰等合金材料，以提高其耐磨性。

钢铁组织对耐磨性的影响如图 8-10 所示。由图 8-10 可见，在硬度相同的情况下，等温转变的下贝氏体比回火马氏体的耐磨性好得多，因为贝氏体组织比相同成分的马氏体含有更多的残留奥氏体，这种钢中的残留奥氏体有助于改善耐磨性，而且贝氏体组织中的内应力一般都低于马氏体组织的内应力。同时，贝氏体中的铁素体固熔碳含量较高，板条也比较细小，组织中碳化物分布均匀，这也有利于贝氏体组织耐磨性的改善。

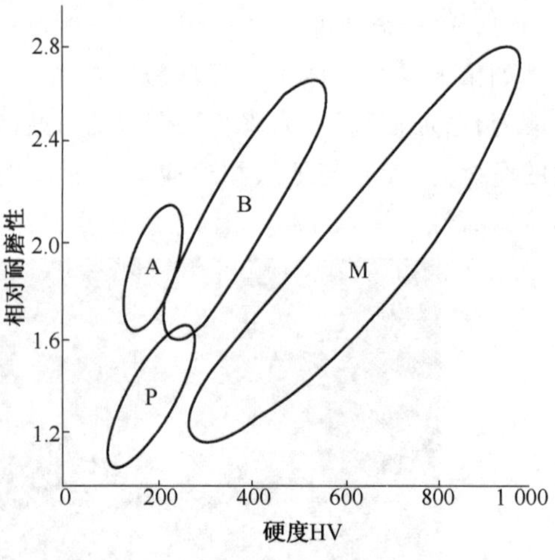

图 8-10　各种钢铁组织的耐磨粒磨损性

A—奥氏体；B—贝氏体；P—珠光体；M—马氏体

因此，可改变传统的刀圈淬回火工艺，将以前的马氏体＋残余奥氏体型组织调整为下贝氏体组织，以有效提高盾构刀具的耐磨性能。

(4) 防止刀盘结泥饼

由于狮子洋的岩体粉粒和黏粒等黏土矿物成分较多,较易在刀盘开孔处及刀盘前方产生沉积,从而会加剧刀具的磨损,因此应对刀盘进行针对性的设计,在刀盘中心部位和高刀部位设置多个高压水冲洗孔,以减少泥渣沉积。同时根据掘进参数变化,如推力增大、扭矩增加、掘进速度减低等,及时判断泥渣沉积是否出现,必要时添加分散剂、润滑剂等。

(5) 其他措施

刀盘设计应考虑其开口率的大小,不仅应适应全断面硬岩掘进的需要,还应满足上软下硬复杂地层掘进的需要;在上软下硬复杂地层掘进时,刀具的启动扭矩要适当调整(减小)。此外,要规范刀具操作,发现刀具出现问题时要及时处理(尤其对于高刀位刀具)或更换。

8.3　不同地段刀具抗磨损性比选

狮子洋水下隧道泥水盾构施工的主要问题是刀具磨损比较严重,掘进效率低。这些问题的根源在于粉砂质泥岩的存在,使得刀具破岩效果不佳且需要时常更换。

8.3.1　软岩段刀具选配与掘进效果

(1) 软岩段刀具选配

1) 硬质合金的选型

软岩齿刀或刮刀、切刀上的硬质合金型号的选用是根据不同的地质情况以及在刀体上所发挥作用的不同而选用不同的型号,一般用于盾构软岩齿刀或刮刀、切刀的硬质合金型号见表8-11。

表8-11　一般用于盾构软岩齿刀(刮刀)的硬质合金

硬质合金型号	密度(g/cm^3)	硬度(HRA)	抗弯强度(N/mm^2)
YA85	14.5～14.75	87.5	2000
YG11C	14.2～14.4	86.5	2260
702	14.4～14.6	88.5	2800
YK25	14.4～14.6	87.6	2600
YK40.7	14～14.4	85.5	2400

2) 刀体材质选型

刀体材质选用综合性能较好的40CrNiMoA号钢材,机械加工后热处理淬火其硬度HRC40～45,保证刀体具有足够的耐磨性、韧性和焊接性。

3) 焊接部分

硬质合金与刀体采用中、高频焊接,焊料采用铜基焊料及铜银复合焊片,刀具除合金之外的关键部位均采用高硬度的耐磨堆焊层保护,堆焊表面硬度HRC56～58,厚度约3 mm,耐磨焊的焊料采用碳化钨焊条或焊料。

(2) 软岩地段掘进效果

狮子洋水下隧道出口段前450 m为典型的软土地层,始发段(1～242环)穿越13 m的加固区后,隧道洞身主要穿越的地层为黏土层、淤泥质土层、粉细砂层和中砂层,本段地层较为软弱,隧道上覆地层主要为人工填土层、海陆交互相淤泥、淤泥质土层、冲积粉质黏土层和砂层。

该段软岩段掘进刀具类型及数量配置为：中心齿刀 5 把，正齿刀 46 把，边滚刀 4 把，软岩边缘刮刀 16 把，切刀 280 把。掘进至 242 环时，成功在加固区进行开仓换刀，发现齿刀状况良好，刀具磨耗极小，不到 2 mm，掘进月进度达到了 260 m，效果非常理想。现场刀具检查及掘进效果如图 8-11 所示。

8.3.2 上软下硬段刀具选配与掘进效果

图 8-11 软岩段刀具检查及掘进效果实物图

狮子洋水下隧道软硬不均复杂地层段(242～465 环)隧道洞身主要通过地层为粉细砂层、粗砂砾层、岩石强风化带、岩石弱风化带地层，为强透水富水地层。洞顶埋深 18.32～18.72 m，主要表现为上软下硬，岩层抗压强度约 35 MPa。在左线掘进至上软下硬地层后，刀具异常损坏率居高不下，主要问题为刀具弦磨，造成施工进度急剧下降，换刀频繁，安全压力剧增。

(1) 刀具选配及掘进效果

为降低刀具的偏磨率，减少刀具的更换次数，降低隧道施工安全压力，对掘进刀具进行了比较研究，分别选择了小球齿刀圈、大球齿刀圈和江钻刀圈。通过使用情况来看，这三种刀圈与庞迈力刀圈相比，降低刀具的偏磨取得了一定的效果。

1) 庞迈力滚刀标准刀圈使用情况

由于工程中大量使用了庞迈力标准刀圈，现场试验数据统计按照刀圈每磨损 1 mm 的隧道掘进距离、刀圈磨损到极限时滚刀运动距离进行分析，其结果如图 8-12 所示。

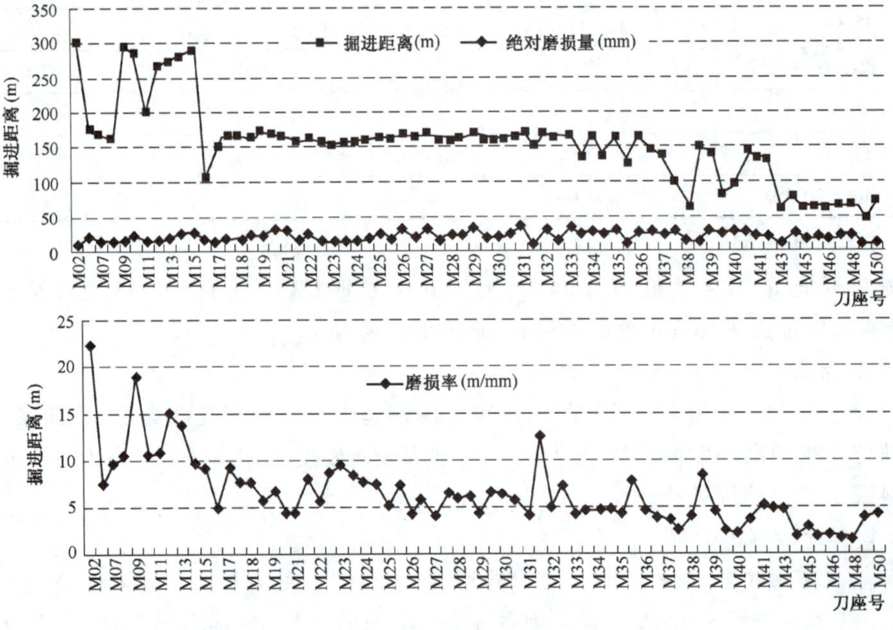

图 8-12

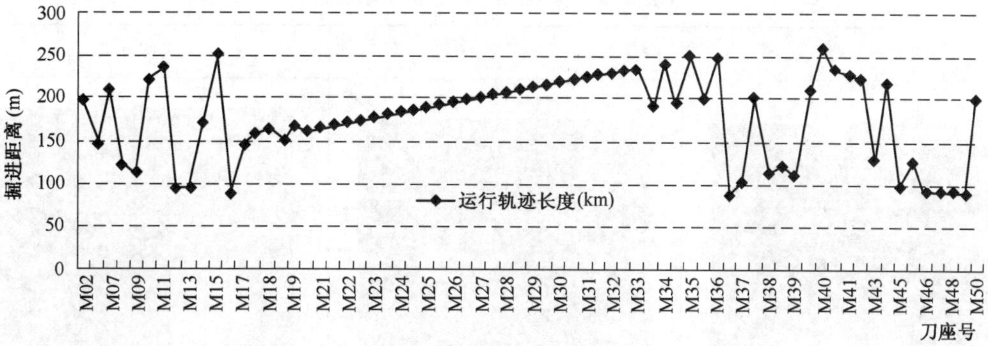

图 8-12 滚刀掘进距离分析结果

显然按照刀盘面板分布来讲，刀具的磨损与破坏可以分成四个区域，即中心区、正面区、过渡区、外周区，正面 M17 号～M36 号刀位(位于刀盘中心外 0.8～3.0 m 环带范围)的滚刀工作工况最好，外周 M45 号～M50 号刀位(位于刀盘中心外 5.2～5.58 m 环带范围)的边滚刀磨损和破坏最严重，而中心区与过渡区内刀具磨损变化规律性差。边刀刀圈的磨损情况见表 8-12，重型刀圈正常磨损见表 8-13，庞迈力刀具主要损坏形式见表 8-14。

表 8-12 M46～M50 庞迈力标准边刀刀圈磨损

换刀时间	刀座号	刀号	刀具检查情况	绝对磨损量(mm)	装配里程(环)	更换里程(环)	掘进距离(m)	平均磨损速度(m/mm)	刀圈滚动距离(km)
2008.05.07	M46	H1383	正常磨损	20	341	361	40.000	2.00	93.63
2008.05.07	M47	H1357	正常磨损	25	341	361	40.000	1.60	92.99
2008.05.07	M48	H1379	正常磨损	25	341	361	40.000	1.60	91.82
2008.05.07	M49	H1369	正常磨损	10	341	361	40.000	4.00	90.31

表 8-13 庞迈力重型刀圈正常磨损

换刀时间	刀座号	刀具检查情况	绝对磨损量(mm)	装配里程(环)	更换里程(环)	掘进距离(m)	平均磨损速度(m/mm)	刀圈滚动距离(km)
2008.06.27	M29	正常磨损	25	381	439	116	4.64	179.59
2008.06.27	M30	正常磨损	27	381	439	116	4.30	276.68
2008.06.27	M31	正常磨损	26	381	451	140	5.38	342.71
2008.06.27	M47	正常磨损	14	431	448	34	2.43	117.07
2008.06.27	M50	正常磨损	14	419	448	58	4.14	203.65

表 8-14 庞迈力刀具主要损坏形式

刀圈多面偏磨及断裂	刀圈偏磨	刀圈撕裂

刀圈卷刃	刀体及端盖超量磨损	刀具轴承损坏

2）磨损情况对比

由于掘进过程中发现外周刀的磨损与破坏最为严重，为此主要进行了该区域的刀具对比试验。对比结果见表 8-15，主要损坏情况见表 8-16。

表 8-15 国内三种刀具使用对比情况

厂家与刀号		正常磨损到极限掘进距离分析	复杂地层损坏形式
庞迈力标准	M36～M45	86.38 m	偏磨刀圈、断裂、弦磨
	M46～M50	40 m	偏磨为主刀圈断裂为辅
庞迈力重型	M36～M45	106.40 m	在上软下硬复杂层正常磨损
	M46～M50	46 m	偏磨为主
大球齿	M36～M45	—	—
	M46～M50	28 m	刀圈断裂，刀圈球齿崩裂
小球齿	M36～M45	95.2 m	磨损基本正常，个别刀具镶齿不稳定
	M46～M50	77.6 m	磨损基本正常，个别刀具镶齿不稳定
江钻	M36～45	77 m	磨损基本正常
	M46～M50	—	—

表 8-16　国内刀圈主要损坏情况

小球齿刀圈	大球齿刀圈	江钻刀圈
小球齿全部脱落	镶齿性能不稳定，局部掉齿，或者出现裂纹	母材磨损后球齿掉
	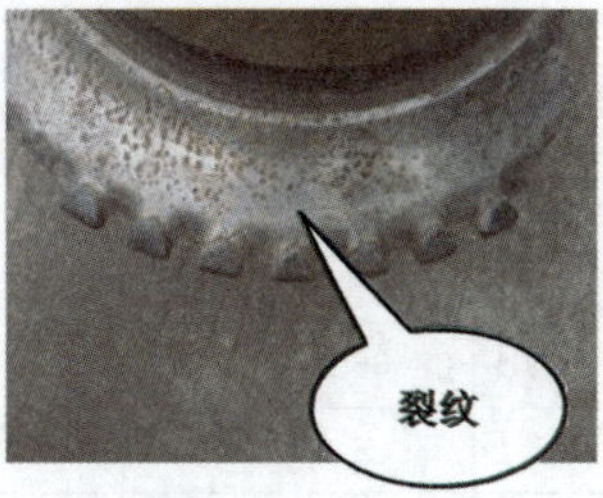	
局部崩齿厉害	基材较脆，刀圈断裂厉害	

从以上试验分析，对于上软下硬复杂地层，由于在隧道断面内软土层提供的反扭矩不能满足滚刀的启动扭矩要求，滚刀极容易产生弦磨。而对于带镶齿的滚刀可以减少刀具的弦磨率，从而延长掘进距离。但是由于镶齿与母体的连接工艺存在问题，因此崩齿现象较多影响了刀具使用寿命。M47 号刀位的刀具试验数据说明，在刀具正常使用情况下，软硬不均地层中镶小球齿的滚刀使用效果最好。但表 8-17 的数据表明，每家厂商的刀具在掘进距离方面差距很小，只是庞迈力标准滚刀易偏磨与断裂，庞迈力重型滚刀最好。

(2) 刀具材质试验与分析

为了进一步摸清刀具特性，又进行了刀具材质与金相分析试验，以确定选材。

1) 硬度试验

不同厂家刀圈材质硬度试验结果见表 8-17。

表 8-17　刀圈材质硬度对比

厂家样件	HRC1	HRC2	HRC3	HRC(平均)
庞迈力重型刀圈	56.00	56.00	55.50	55.83
庞迈力标准刀圈	48.50	49.00	49.00	48.83
江钻刀圈	51.00	48.00	43.00	47.33

2) 化学成分试验

不同厂家刀圈材质试验结果见表 8-18 和表 8-19。

表 8-18 刀圈材质对比表(一)

厂家样件	C (%)	S (%)	P (%)	Si (%)	Mn (%)	Cr (%)	Ni (%)	Mo (%)	Cu (%)	Al (%)
庞迈力重型刀圈	0.420 0	0.004 8	0.007 3	0.220 0	0.720 0	0.800 0	1.700 0	0.220 0	0.039 0	0.029 0
庞迈力标准刀圈	0.420 0	0.002 7	0.009 7	0.270 0	0.730 0	0.840 0	1.770 0	0.240 0	0.230 0	0.023 0
江钻刀圈	0.500 0	0.002 7	0.027 0	0.940 0	0.320 0	5.020 0	0.190 0	1.360 0	0.100 0	0.017 0

表 8-19 刀圈材质对比表(二)

厂家样件	Co (%)	Ti (%)	Nb (%)	V (%)	W (%)	Pb (%)	Sn (%)	As (%)	Bi (%)	Fe (%)
庞迈力重型刀圈	0.004 7	0.003 0	<0.001	0.005 0	<0.005	<0.001	0.008 0	<0.005	<0.005	95.800 0
庞迈力标准刀圈	0.011 0	0.016 0	0.001 1	0.006 0	<0.005	<0.001	0.016 0	0.005 0	<0.005	95.400 0
江钻刀圈	0.020 0	0.005 5	0.006 2	0.910 0	0.018 0	<0.001	0.025 0	0.012 0	<0.005	90.500 0

3）金相分析

① 庞迈力重型刀圈

基体组织：板条状马氏体＋片状马氏体，组织较均匀，出现少量腐蚀孔洞，如图 8-13 和图 8-14所示。

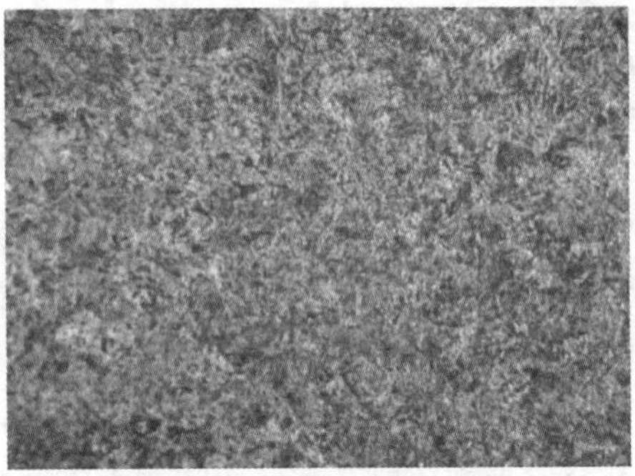

图 8-13 ×100

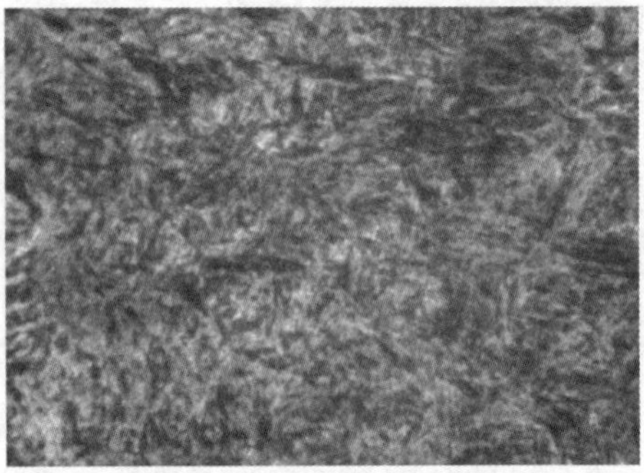

图 8-14 ×400

② 庞迈力标准刀圈

基体组织：保留马氏体相位的回火索氏体＋少量碳化物颗粒，出现少量腐蚀孔洞，组织较均匀，如图 8-15 和图 8-16 所示。

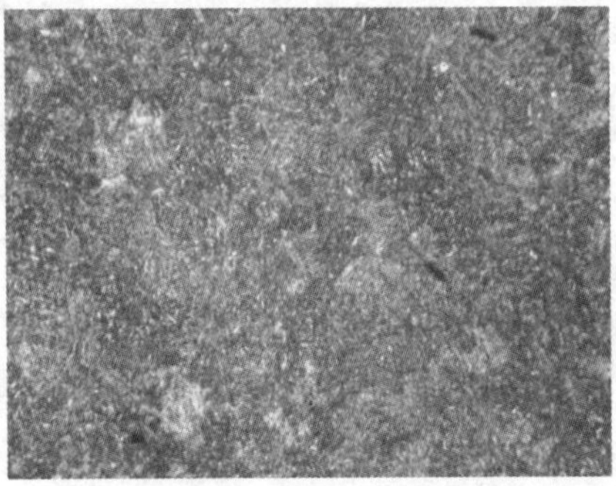

图 8-15 ×100

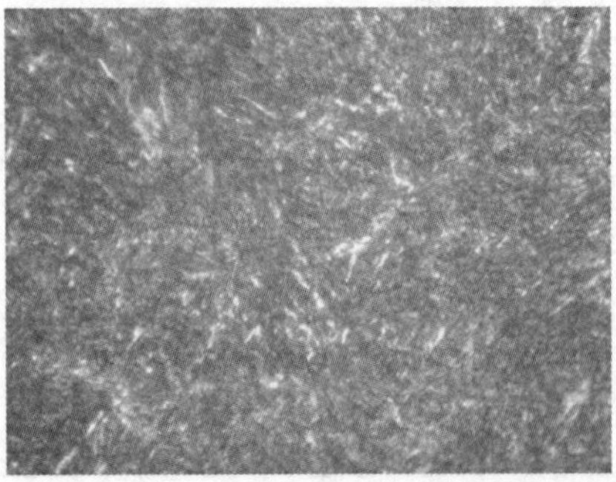

图 8-16 ×400

③ 江钻刀圈

基体组织：马氏体＋残余奥氏体，出现少量腐蚀孔洞，晶粒较粗大，色泽呈带状分布，组织存在偏析，如图 8-17 和图 8-18 所示。

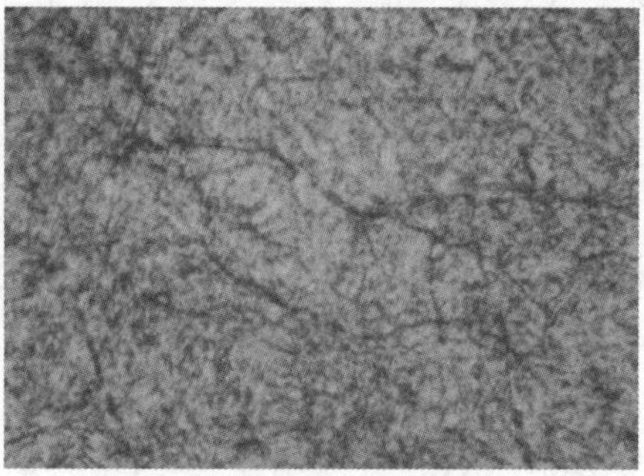

图 8-17　×100

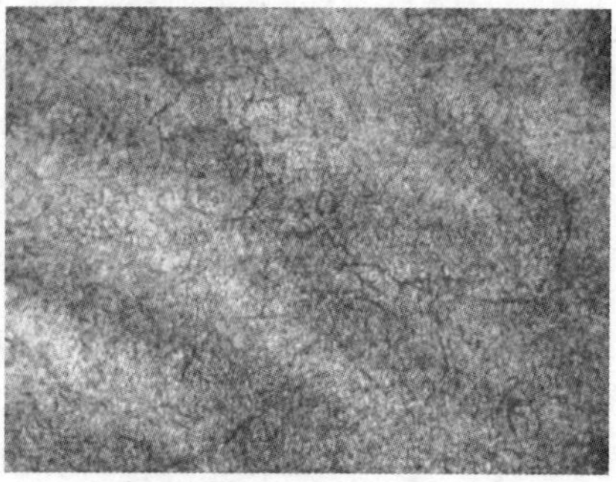

图 8-18　×400

4）综合对比

不同厂家刀圈金相组织对比分析见表 8-20。

表 8-20　金相组织分析对比

厂家样件	金相分析结果	
	组织成分	组织结构
庞迈力重型刀圈	板状马氏体＋片状马氏体	组织均匀，出现少量腐蚀孔洞
庞迈力标准刀圈	保留马氏体相位的回火索式体＋少量碳化物颗粒	组织较均匀，出现少量腐蚀孔洞
江钻刀圈	马氏体＋残余奥氏体	色泽呈带状分布，组织存在偏析，出现少量腐蚀孔洞，晶粒较粗大

因此在中等～高磨耗性地层，应选择材质硬度较高的滚刀，同时金属含量中镍含量要相对较高、磷和铬含量低的材料。从金相分析上分析，刀具材料的颗粒不宜选择粗颗粒，组织应为马氏体。

8.3.3　全断面硬岩段刀具选配与掘进效果

（1）刀具更换的判断标准

刀具的更换主要是依据两方面的判断，一是刀具是否适应被掘进的地层岩性；二是刀具的磨损量是否达到了设计磨损量和刀具是否损坏。

对于前者，一般是结合工程地质设计资料和盾构剥离出的岩体成分试验结果，分析并判断刀具对围岩适应性，必要时可以开仓进行验证。盾构掘进所得到的岩土根据围岩的龟裂状态与岩石种类而不同。在比较硬的龟裂少的岩层中，渣土主要由刀刃部粉碎的岩粒和刀具间剥离的岩片组成，岩石越硬剥离的岩片越薄。在龟裂多的岩层中，岩体多呈带有棱角的块状、片状，这种情况下的岩片大小与围岩的龟裂状况有关，岩片大小一般在几十厘米之间。在风化的岩层中，岩土中细粒成分增多，剥离的岩片减少。表 8-21 为根据本工程施工的经验和统计分析得到的不同围岩的岩土状况，以此可作为是否更换刀具的一个依据。

表 8-21　刀具对不同岩层的切削状况

围岩状况	粉细砂岩	砂　　岩
弱风化层	刨削产生的小块岩片较多,带原有龟裂面(平面的)的岩片也较多。粉碎状渣土经管道出渣分离后占 1/2 以上,带有龟裂面的岩片也被管道环流磨掉	刨削产生的扁平状岩片占 1/2～1/3,时而可见长型刀状岩片。经管道环流出渣后扁平形状被破坏,粉状颗粒较多
中风化地层	带原有龟裂面的角状渣土增多。经管道环流出渣后,部分角状渣土保持原有龟裂面	带原有龟裂面的角状渣土明显增多。经管道环流出渣后,角状渣土占 1/2 以上,大部分角状渣土保持原有龟裂面

对于刀具磨损量的分析,首先结合对不同地层刀具的基本磨损量和掘进时的掘进效率进行判断,再通过开仓进行检测,以此作为更换刀具的依据。狮子洋水下隧道盾构刀具设计磨损极限为边滚刀 11 mm、正滚刀 20 mm。与其他工法相比,关系到盾构法成败最关键的因素是掘进速度和刀具的消耗量,它们在工期及工程成本中占的密度较大。

掘进速度:

$$V=\gamma\times h \tag{8-1}$$

式中　γ ——纯掘进速度,环/d;

h ——表示出工率。

纯掘进速度:

$$v=r\times v_{\text{cutter}} \tag{8-2}$$

式中　r——刀具贯入度;

v_{cutter}——表示刀盘转速。

刀具的消耗量可先通过刀具的运行距离与纯掘进速度计算出刀具在一环长度内的开挖体积寿命,然后再用该值除以隧道开挖体积即可得出刀具的消耗量。因此刀具贯入量及刀具运行距离是决定盾构掘进速度和刀具消耗量的基本因素。

(2) 经典硬岩刀具寿命理论

刀具贯入量与刀具寿命相对于不同岩石的估算方法,在国外及国内都各不相同,还没有一个统一的标准,表 8-22 是较为有代表性的估算方法。

表 8-22　刀具贯入量与刀具寿命的代表性估算方法

发明者(单位)	基本原理	特　　征
挪威技术研究所	DRI、CLI	以数据为依据 重视龟裂的影响
可罗拉多矿山 机械研究所	单轴压强度 矿物含量	以试验与破碎理论为依据 重视强度及石英含量

1) 用 DRI、CLI 方法推断贯入量和刀具寿命:这种方法是挪威技术研究所发明的一种方法(NORWEIGIAN INSTITUTE OF TECHNOLOGY:PROJECT REPORT 1.83"HARD ROCK TUNNEL BORING")。它是通过 DRI(DRILLING RATE INDEX)求出纯掘进速度,再通过 CLI(CUTTER LIFE INDEX)求出刀具的寿命。这种方法是以各种地质条件下施工的实际数据为依据总结出来的。

其特点是计算贯入量不是根据岩石的压缩强度计算,而是使用在实验室内得到的岩石试块阿弗朗什值与 Siever 的 J 值(SJ 值)算出的 DRI 进行计算。它重视围岩的龟裂状态并在使用时将其定量化。另外，刀具的寿命也是根据上面所述 SJ 值和在实验室内得到的阿弗朗什值(AVS 值)计算出 CLI，然后再根据此值估算刀具寿命。

这种方法是在仔细研究实际施工中围岩状况的基础上建立起来的，所述的各项指标如不在实验室内对岩石试块作试验是无法求出的。但是围岩的龟裂间隙及方向是很难做事先的调查和推断的，因此该种方法在实际应用上还有待改进。

2）根据单轴抗压强度推断刀具的贯入量和刀具的寿命。这种方法是可罗拉多矿山大学矿山机械研究所通过在实验室内进行开挖试验与研究而得出的一种方法。它已经被 TBM 的运转数据所验证和矫正。这种方法的特点是在仔细分析滚刀破岩过程的理论，再以此为基础编制一个计算程序，然后进行计算求出。单轴抗压强度和拉伸强度是很容易通过岩石力学试验掌握的，所以这种方法使用起来比较简单。

另外，滚刀的更换除通常必须更换的刀圈外，有时根据需要还须更换整个刀具。刀圈与整个刀具的更换寿命比率，根据刀具安装位置的不同而不同，但平均在 3∶1 左右。

(3) 刀具磨损量与掘进参数的拟合曲线

根据微风化地层掘进参数统计，采用意大利庞迈力 17 英寸刀刃，外径 DN432 标准刀具，按照离散数据线形分析方法，得出以下关系曲线。

1）刀具磨损量与推力的拟合曲线

M40 号刀具磨损量与推力的拟合曲线如图 8-19 所示。M40 号刀具磨损与推力拟合线性关系方程：

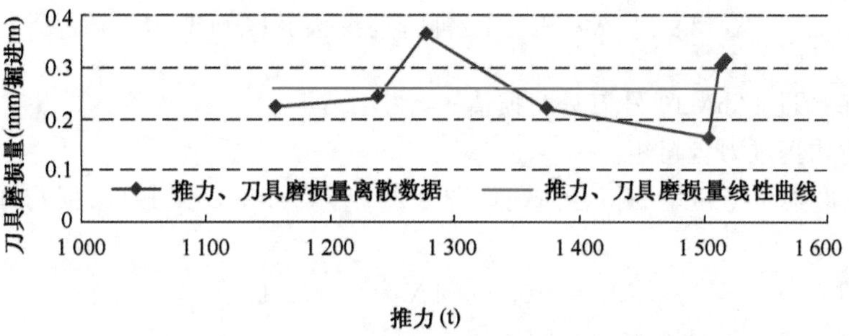

图 8-19　M40 号刀具磨损量与推力的拟合曲线

$$M_1 = 0.00001F_1 + 0.2452 \quad (8\text{-}3)$$

式中　M_1——每掘进 1 mM40 号刀具磨损值；

F_1——盾构掘进推力。

M50 号刀具磨损量与推力的拟合曲线如图 8-20 所示。M50 号刀具磨损与推力拟合线性关系方程：

$$M_2 = -0.00009F_2 + 0.4521 \quad (8\text{-}4)$$

式中　M_2——每掘进 1 mM50 号刀具磨损值；

F_2——盾构掘进推力。

2）刀具磨损量与扭矩的拟合曲线

M40 号刀具磨损量与扭矩的拟合曲线如图 8-21 所示。M40 号刀具磨损与盾构掘进刀盘扭矩拟合线性关系方程：

$$M_1 = -0.0002N_1 + 1.1161 \quad (8\text{-}5)$$

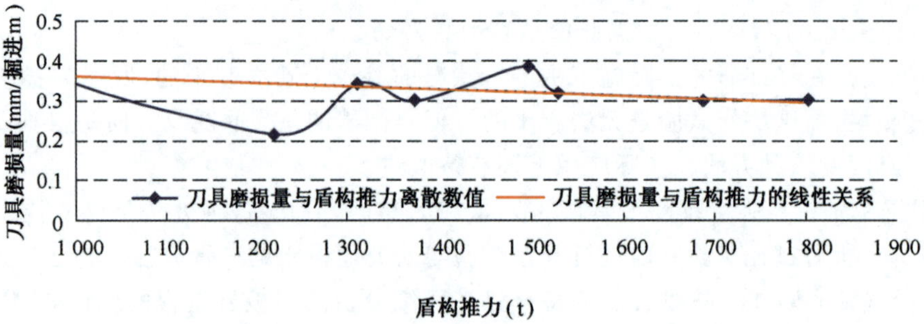

图 8-20　M50 号刀具磨损量与盾构推力的拟合曲线

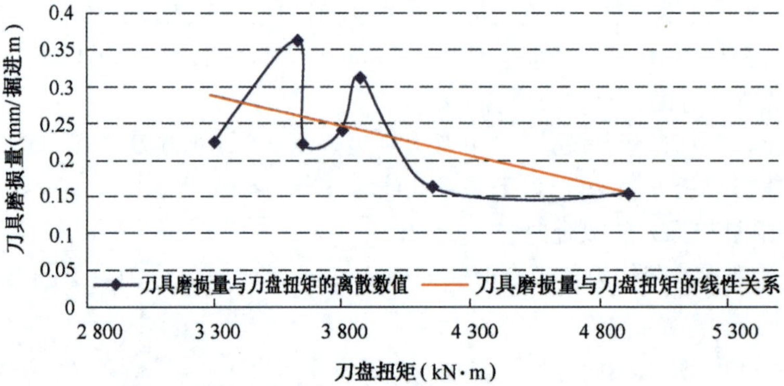

图 8-21　M40 号刀具磨损量与扭矩的拟合曲线

式中　M_1——每掘进 1 mM40 号刀具磨损值；

N_1——盾构掘进刀盘扭矩。

M50 号刀具磨损量与扭矩的拟合曲线如图 8-22 所示。M50 号刀具磨损与盾构掘进刀盘扭矩拟合线性关系方程：

$$M_2 = -0.0001 N_2 + 1.1721 \quad (8\text{-}6)$$

式中　M_2——每掘进 1 mM50 号刀具磨损值；

N_2——盾构掘进刀盘扭矩。

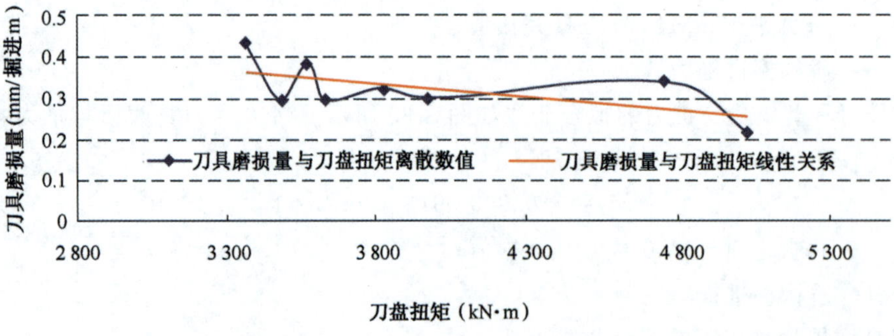

图 8-22　M50 号刀具磨损量与扭矩的拟合曲线

(4) 刀具磨损量与掘进速度的拟合曲线

M40 号刀具磨损量与掘进速度的拟合曲线如图 8-23 所示。M40 号刀具磨损与盾构掘进速度拟和线性关系方程：

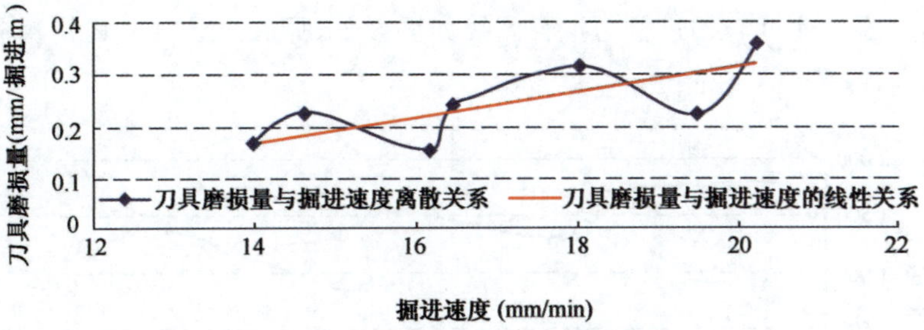

图 8-23 M40 号刀具磨损量与掘进速度的拟合曲线

$$M_1 = 0.0231V_1 - 0.154 \tag{8-7}$$

式中 M_1——每掘进 1 mM40 号刀具磨损值；

V_1——盾构掘进速度。

M50 号刀具磨损量与掘进速度的拟合曲线如图 8-24 所示。M50 号刀具磨损与盾构掘进速度拟和线性关系方程：

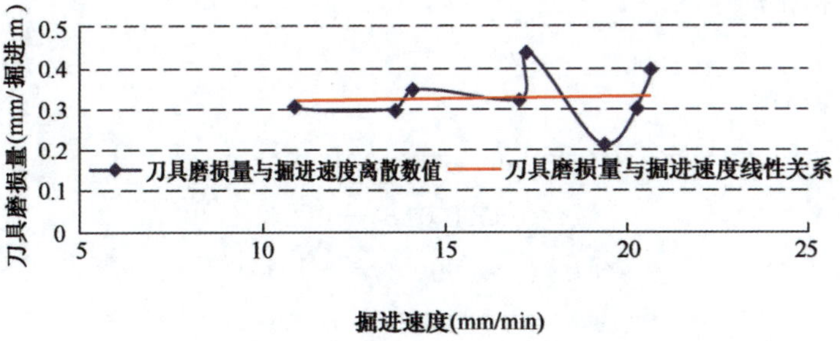

图 8-24 M50 号刀具磨损量与掘进速度的拟合曲线

$$M_2 = 0.0012V_2 + 0.3053 \tag{8-8}$$

式中 M_2——每掘进 1 mM50 号刀具磨损值；

V_2——盾构掘进速度。

(5) 掘进速度与掘进推力拟合曲线

M40 号刀具掘进速度与掘进推力拟合曲线如图 8-25 所示。M40 号盾构掘进速度与推力拟合线性关系方程：

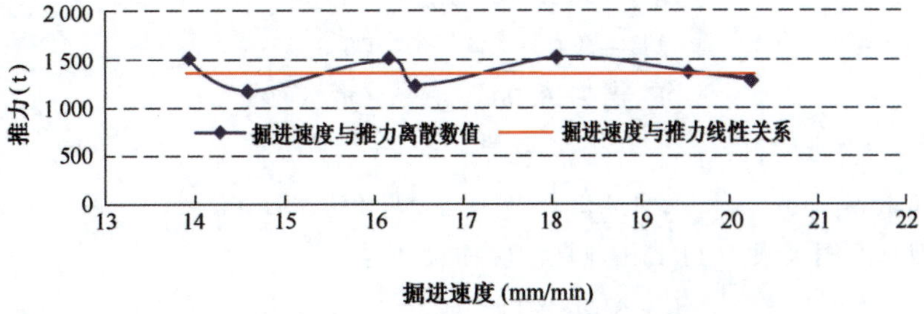

图 8-25 M40 号刀具掘进速度与掘进推力拟合曲线

$$F_1 = -2.4232V_1 + 1408.7 \tag{8-9}$$

式中　F_1——M40 号盾构掘进推力；

V_1——盾构掘进速度。

M50 号刀具掘进速度与掘进推力拟合曲线如图 8-26 所示。M50 号盾构掘进速度与推力拟合线性关系方程：

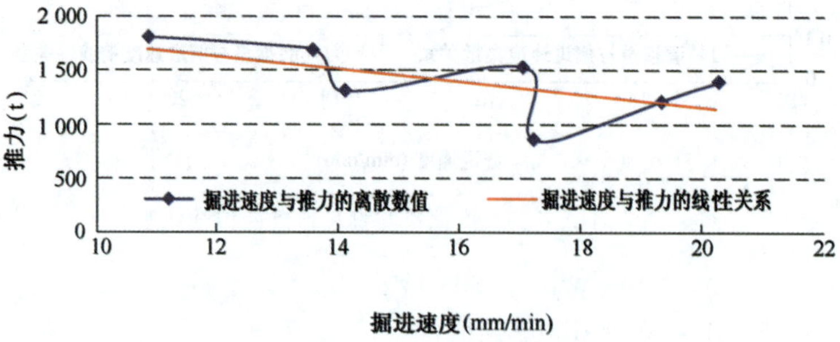

图 8-26　M50 号刀具掘进速度与掘进推力拟合曲线

$$F_2=-56.508V_2+2\ 306.4 \tag{8-10}$$

式中　F_2——M50 号盾构掘进推力；

V_2——盾构掘进速度。

(6) 分析计算

分析计算过程如下：

1) M40 号刀具，按照式(8-3)、式(8-5)、式(8-7)和式(8-9)有：

$$M_1=0.000\ 01F_1+0.245\ 2$$

$$M_1=-0.000\ 2N_1+1.116\ 1$$

$$M_1=0.023\ 1V_1-0.154$$

$$F_1=-2.423\ 2V_1+1\ 408.7$$

综合四式，联合求解得：

$V_1=17.87$ mm/min　　$M_1=0.256\ 7$ mm/转　　$N_1=4\ 280.5$ kN·m　　$F_1=1\ 365.4$ t

M40 号刀具磨损极限 $\delta_1=20$ mm，则新刀掘进距离：

$$L_1=\delta_1/M_1=20/0.256=78\ \text{m}$$

2) M50 号刀具，按照式(8-4)、式(8-6)、式(8-8)和式(8-10)有：

$$M_2=-0.000\ 09F_2+0.452\ 1$$

$$M_2=-0.000\ 1N_2+1.172\ 1$$

$$M_2=0.001\ 2V_2+0.305\ 3$$

$$F_2=-56.508V_2+2\ 306.4$$

综合四式，联合求解得：

$V_2=15.6$ mm/min　　$F_2=1\ 422.479$ t　　$M_2=0.32$ mm/转　　$N_2=8\ 480$ kN·m

M50 号刀具磨损极限为 11 mm，则新刀掘进距离：

$$L=\delta/M_2=11/0.32=34.375\ \text{m}$$

(7) 使用效果评价

以上方程拟合曲线为本工程前 770 环硬岩地层所获得，并且 M40 号与 M50 号刀具都在高刀位置,对于分析具有代表意义。

通过刀具磨损量与上述盾构掘进参数的拟合,得出如下结论:

1) 新装庞迈力边刀在弱风化地层掘进,掘进距离基本在 40 m(20 环)左右。

2) 新装 M35 号～M45 号刀具在弱风化层掘进,掘进距离基本在 80 m(40 环)左右。

3) 弱风化层对于刀具磨损最为严重,盾构推进时的掘进参数:有效推力 1 300～1 400 t,刀盘扭矩在 4 300～8 000 kN · m,刀盘转速一般为 1.7～2.4 r/min,掘进速度在 15～20 mm/min之间,贯入度根据掘进速度与刀盘转速可求得。

(8) 庞迈力刀具使用情况

狮子洋盾构掘进至全断面硬岩地层后,刀具偏磨不再是主要矛盾,主要问题为刀具正常磨损速率过快,刀具耐磨性不高。为降低刀具的磨损速率,减少刀具的更换次数,要求刀具供应商加宽刀刃到 1 英寸,其效果如下,但总体效果不明显。

1) 庞迈力刀具标准刀圈使用情况

庞迈力刀具标准刀圈磨损量统计见表 8-23～表 8-26。

表 8-23 边滚刀具磨损量统计分析

换刀时间	刀座号	刀体号	刀具检查情况	绝对磨损量(mm)	装配里程(环)	更换里程(环)	掘进距离(m)	平均磨损速度(m/mm)
2008-07-03	M46	Y1086	正常磨损	25	431	465	68.0	2.72
2008-07-03	M47	Y1030	正常磨损	14	448	465	34.0	2.43
2008-07-03	M48	Y1037	正常磨损	21	439	465	52.0	2.48
2008-07-06	M49	未记录	正常磨损(考虑更换边刮刀)	8	448	469	42.0	5.25
2008-07-06	M50	Y1033	正常磨损(考虑更换边刮刀)	8	448	469	42.0	5.25
2008-07-19	M46	H1386	正常磨损	15	465	500	70.0	4.67
2008-07-19	M47	H1381	正常磨损	15	465	500	70.0	4.67
2008-07-19	M48	未记录	正常磨损	15	465	500	70.0	4.67
2008-07-19	M50	Y1049	正常磨损	17	469	500	62.0	3.65
2008-08-16	M46	H1033	正常磨损至极限	29	500	571	142.0	4.90
2008-08-16	M47	Y1037	正常磨损至极限	31	500	571	142.0	4.58
2008-08-16	M48	Y1041	正常磨损至极限	31	500	571	142.0	4.58
2008-08-16	M49	H1145	正常磨损至极限	35	500	571	142.0	4.06
2008-08-16	M50	H1370	正常磨损至极限	35	500	571	142.0	4.06

根据表 8-23 数据可以计算出边滚刀平均磨损速率的平均值为 4.14 m/mm,边滚刀具允许磨损量为 8.5 mm,根据情况可以放大到 11 mm。则二者相乘,可以计算出边滚刀的最大允许掘进距离为 45 m,考虑检查误差和其他因素,可以将全断面泥质粉砂岩地质情况下的边滚刀最大掘进距离定为 50 m。

表 8-24 M29 号～M45 号正滚刀具磨损量统计分析

换刀时间	刀座号	刀体号	刀具检查情况	绝对磨损量/mm	装配里程/环	更换里程/环	掘进距离(m)	平均磨损速度(m/mm)
2008-07-19	M29	H1978	正常磨损	23	439	500	122.0	5.30
2008-08-16	M29	H965	正常磨损至极限	30	500	571	142.0	4.73
2008-07-19	M30	H1009	正常磨损	26	439	500	122.0	4.69
2008-08-16	M30	H1200	正常磨损至极限	31	500	571	142.0	4.58
2008-07-19	M31	H1010	正常磨损	22	451	500	98.0	4.45
2008-08-16	M31	H1179	正常磨损至极限	31	500	571	142.0	4.58
2008-07-10	M32	H1085	正常磨损	25	422	479	114.0	4.56
2008-08-16	M32	H10	正常磨损至极限	31	479	571	184.0	5.94
2008-07-10	M33	H1155	正常磨损	22	419	479	120.0	5.45
2008-08-16	M33	H983	正常磨损至极限	36	479	571	184.0	5.11
2008-07-10	M34	H1179	正常磨损	25	422	479	114.0	4.56
2008-08-16	M34	H1068	正常磨损至极限	36	479	571	184.0	5.11
2008-07-10	M35	H1177	正常磨损	26	422	479	114.0	4.38
2008-08-16	M35	H1240	正常磨损至极限	35	479	571	184.0	5.26
2008-07-10	M36	H957	正常磨损	25	422	479	114.0	4.56
2008-08-16	M36	H1153	正常磨损	36	479	571	184.0	5.11
2008-07-10	M37	H1175	正常磨损	25	422	479	114.0	4.56
2008-07-03	M39	H1053	正常磨损	14	419	465	92.0	6.57
2008-07-19	M39	H985	正常磨损	15	465	500	70.0	4.67
2008-07-03	M40	H1151	正常磨损	16	419	465	92.0	5.75
2008-07-03	M41	H1055	正常磨损	17	419	467	96.0	5.65
2008-07-03	M42	H1065	正常磨损	19	419	465	92.0	4.84
2008-07-03	M43	H1102	江钻掉完,正常磨损	20	419	465	92.0	4.60
2008-07-19	M43	H1119	正常磨损	22	465	500	70.0	3.18
2008-07-10	M44	未记录	正常磨损	25	439	479	80.0	3.20
2008-07-10	M45	H1241	正常磨损	20	448	479	62.0	3.10

根据表 8-24 数据可以计算出 M29 号～M45 号正滚刀平均磨损速率的平均值为 4.79 m/mm,正滚刀具允许磨损量为 15 mm,根据情况可以放大到 20 mm。则二者相乘,可以计算出正滚刀的最大允许掘进距离为 95 m,考虑检查误差和其他因素,可以将全断面泥质粉砂岩地质情况下的 M29 号～M45 号正滚刀最大掘进距离定为 100 m。

表 8-25 M16 号～M28 号正滚刀具磨损量分析

换刀时间	刀座号	刀体号	刀具检查情况	绝对磨损量(mm)	装配里程(环)	更换里程(环)	掘进距离(m)	平均磨损速度(m/mm)
2008-07-12	M16		正常磨损	22	387	479	184.0	8.36
2008-07-03	M17	H981	正常磨损	22	387	465	156.0	7.09

续上表

换刀时间	刀座号	刀体号	刀具检查情况	绝对磨损量(mm)	装配里程(环)	更换里程(环)	掘进距离(m)	平均磨损速度(m/mm)
2008-08-17	M17	H987	正常磨损	27	465	574	218.0	8.07
2008-07-12	M18		正常磨损	20	387	479	184.0	9.20
2008-08-17	M18	H1171	正常磨损	20	479	574	190.0	9.50
2008-07-12	M19		正常磨损	20	387	479	184.0	9.20
2008-07-03	M20	H1200	正常磨损	29	311	465	308.0	10.62
2008-08-17	M20	H1007	正常磨损	25	465	574	218.0	8.72
2008-07-03	M21		正常磨损	23	381	467	172.0	7.48
2008-08-16	M21	H1217	正常磨损	27	467	571	208.0	7.70
2008-07-03	M22	H1011	正常磨损	25	381	465	168.0	6.72
2008-08-17	M22	H1211	正常磨损	17	465	574	218.0	12.82
2008-07-03	M23	H994	正常磨损	27	381	465	168.0	6.22
2008-08-17	M23	H998	正常磨损	19	465	574	218.0	11.47
2008-08-17	M25	H986	正常磨损	21	451	574	246.0	11.71
2008-08-16	M27	H962	正常磨损	30	451	571	240.0	8.00
2008-08-16	M28	H1206	正常磨损	30	448	571	246.0	8.20

根据表 8-25 数据可以计算出 M16 号～M28 号正滚刀平均磨损速率的平均值为 8.89 m/mm，正滚刀具允许磨损量为 15 mm，根据情况可以放大到 20 mm。则二者相乘，可以计算出正滚刀的最大允许掘进距离为 177 m，考虑检查误差和其他因素，可以将全断面泥质粉砂岩地质情况下的 M16 号～M28 号正滚刀最大掘进距离定为 180～200 m。

表 8-26 M01 号～M15 号正滚刀具磨损量分析

换刀时间	刀座号	刀体号	刀具检查情况	绝对磨损量(mm)	装配里程(环)	更换里程(环)	掘进距离(m)	平均磨损速度(m/mm)
2008-07-19	M03		正常磨损	15	387	500	226.0	15.07
2008-07-19	M06		正常磨损	20	387	500	226.0	11.30
2008-07-19	M07		正常磨损	16	387	500	226.0	14.13
2008-07-19	M08		正常磨损	20	383	500	234.0	11.70
2008-07-19	M09		正常磨损	27	383	500	234.0	8.67
2008-07-12	M11		正常磨损	20	387	479	184.0	9.20
2008-08-17	M12	H1066	正常磨损	17	425	574	298.0	17.53
2008-08-17	M13	未记录	正常磨损	22	448	574	252.0	11.45
2008-07-12	M14		正常磨损	20	383	479	192.0	9.60
2008-08-17	M14	H974	正常磨损	18	479	574	190.0	10.56
2008-07-12	M15		正常磨损	21	387	479	184.0	8.76
2008-08-17	M15	H967	正常磨损	19	479	574	190.0	10.00

根据表 8-26 数据可以计算出 M01 号～M15 号正滚刀平均磨损速率的平均值为 11.5 m/mm，正滚刀具允许磨损量为 15 mm，根据情况可以放大到 20 mm。则二者相乘，可以计算出正滚刀的最大允许掘进距离为 230 m，考虑检查误差和其他因素，可以将全断面泥质粉砂岩地质情况下的 M01 号～M15 号正滚刀最大掘进距离定为 230～250 m。

2）庞迈力刀具覆焊耐磨层刀圈使用情况

庞迈力刀具覆焊耐磨层刀圈磨损量统计见表 8-27。

表 8-27　庞迈力刀具覆焊耐磨层刀圈使用情况

换刀时间	刀座号	刀体号	刀具检查情况	绝对磨损量(mm)	装配里程(环)	更换里程(环)	掘进距离(m)	平均磨损速度(m/mm)
2008-10-13	M46	H1141	耐磨层局部剥落，基体卷刃	20	640	679	78.0	3.9
2008-10-13	M47	H993	耐磨层局部剥落，基体卷刃	18	640	679	78.0	4.33
2008-10-13	M48	H959	耐磨层局部剥落，基体卷刃	18	640	679	78.0	4.33
2008-10-13	M49	H981	耐磨层局部剥落，基体卷刃	15	640	679	78.0	5.2
2008-10-13	M50	H1200	耐磨层局部剥落，基体卷刃	15	640	679	78.0	5.2

根据表 8-27 数据可以看出，庞迈力覆焊耐磨层刀圈使用情况很不理想，究其原因在于覆焊耐磨层的基体强度较软，在岩层强度越来越大的情况下，刀圈很容易卷刃，从而造成耐磨层没有发挥作用。对于边滚刀具使用耐磨层刀圈的效果来看，与庞迈力普通刀圈效果相近。

3）庞迈力 1 英寸刀刃刀圈使用情况

庞迈力 1 英寸刀刃刀圈磨损量统计见表 8-28。

表 8-28　庞迈力 1 英寸刀刃刀圈

换刀时间	刀座号	刀具检查情况	绝对磨损量(mm)	装配里程(环)	更换里程(环)	掘进距离(m)	平均磨损速度(m/mm)
2008-10-13	M43	正常磨损	16	640	679	78.0	4.875
2008-10-13	M41	正常磨损	15	640	679	78.0	5.20
2008-10-13	M44	正常磨损	17	640	679	78.0	4.59
2008-10-13	M40	正常磨损	16	640	679	78.0	4.875
2008-10-13	M38	正常磨损	17	640	679	78.0	4.59
2008-10-13	M39	正常磨损	15	640	679	78.0	5.20
2008-10-13	M45	正常磨损	18	640	679	78.0	4.33

根据表 8-28 数据可以看出，庞迈力 1 英寸刀刃刀圈于高刀位使用时平均磨损速率为 4.81 m/mm，正滚刀具允许磨损量为 15 mm，根据情况可以放大到 20 mm。则二者相乘，可以计算出正滚刀的最大允许掘进距离为 96 m，考虑检查误差和其他因素，可选最大掘进距离为 100～110 m。与使用庞迈力普通刀圈效果相近。

当庞迈力 1 英寸刀刃刀圈磨损至 15 mm 左右时，刀圈刃宽进一步加大，相邻刀具轨迹不能形成破岩临空面，而是形成岩基隆起，在同等推力下，刀具贯入度逐渐减小，造成刀圈不能充分使用。

8.4 高水压条件下的进仓换刀技术

在岩石地层中采用盾构修建隧道，特别是在软硬不均复杂地层或岩石破碎地段，尽管通过对地层的磨蚀性和地层组份的研究与分析，可以对盾构刀盘与刀具进行专门的设计，但是掘进刀具的更换还是必不可少。从国内外的工程案例分析，常压换刀需要工作面具有良好的稳定性，否则就要采用带压换刀技术。然而在水下隧道建设中，由于水压高、地层条件差，往往不具备常压换刀的条件，而采用地层加固的方式又会造成工程投资巨大，且所需时间很长。若采用高压状态下换刀一般需要专业人才，且进仓工作时间短、效率低、投入大。

通过在狮子洋水下隧道高压富水复杂地层进仓作业的探索和研究，提出了强渗透地层水下隧道"减压限排换刀技术"施工理念。减压限排换刀技术的基本思路是在工作面建立较低的平衡压力，允许地下水渗入仓内用封闭的管道泵排出。狮子洋水下隧道通过左线盾构在软岩段、上软下硬地段与全断面硬岩段的开仓试验摸索，成功的建立了一整套措施，形成了减压限排进仓换刀技术。

8.4.1 不同气压下隧道渗流场数值模拟

(1) 狮子洋水下隧道水文地质条件

狮子洋水下隧道地处南亚热带季风气候区，雨量充沛，地表河塘广布，珠江、北江和东江流经本施工区域，地表水丰富，为地下水补给提供充足的来源。地下水可分为两大基本类型，第四系松散岩类孔隙水和白垩系基岩(红层)裂隙水。

狮子洋水下隧道各段渗透性和围岩富水程度见表 8-29。

表 8-29 隧道各段渗透性和围岩富水程度分区表

里　程	隧道穿越含水岩层的岩性	渗透系数 k(m/d)	透水性评价	围岩富水程度分区
DK38＋250～440	泥质粉砂岩	0.575	弱透水	中等富水区
DK38＋440～520	砂岩	30.84	强透水	强富水区
DK38＋520～960	泥质粉砂岩	0.294	弱透水	中等富水区
DK38＋960～990	泥质粉砂岩	55.2	强透水	强富水区
DK38＋990～DK39＋680	泥质粉砂岩	0.294	弱透水	中等富水区
DK39＋680～940	砂岩、砂砾岩	12.46	强透水	强富水区
DK39＋940～DK41＋030	砂岩	1.475	中等透水	中等富水区
DK41＋030～190	泥质粉砂岩夹砂岩	10.57	强透水	强富水区
DK41＋190～430	泥质粉砂岩	0.221	弱透水	中等富水区
DK41＋430～DK42＋080	泥质粉砂岩夹砂岩	10.57	强透水	强富水区
DK42＋080～260	泥质粉砂岩	0.221	弱透水	中等富水区
DK42＋260～DK43＋000	粉细砂、中粗砂	16.25	强透水	强富水区

(2) 隧道渗流场数值模型建立

建立三维数值模拟模型，采用 FLOW-3D 渗流三维分析软件对强渗水地层掘进施工过程中进行不同平衡压力下的流场与渗流量计算。计算包括：陆域段掘进中不同泥水压力的计算对比；水下段掘进中不同泥水压力的计算对比。

以隧道中心为原点，计算模型向上取隧道实际岩层厚度，向下取 40 m，沿隧道走向长度取 100 m，计算盾构掘进 50 m 时掌子面的流场和流量。考虑渗流影响，模型横向即隧道横断面轴线左、右方向各取 50 m。其他模型参数根据不同地段地质条件不同泥水压力进行取值。

边界条件：陆域段上表面指定为压力水头，水头大小为隧道表面实际水头大小；前后左右指定为等水头边界，水头值为实际全水头值；底面指定为不透水边界：法向流速为 0，流量为 0；排水边界设置：指定掌子面为浸出面。数值模型计算参数见表 8-30。

表 8-30　数值模型计算参数表

计算参数	模型高度(m)	中轴上方土层高度(m)	四周全水头(m)	水位(m)	渗透系数 K(m/s)	
					土体	管片
陆域段	80	40	48	8	1.2×10^{-4}	1.2×10^{-8}
水下段	80	25	43	18	4.0×10^{-4}	1.2×10^{-8}

(3) 计算结果与分析

水下段模拟计算结果如图 8-27～图 8-30 所示：

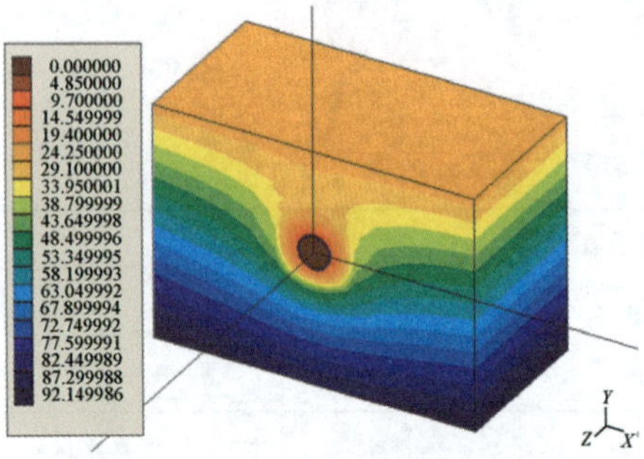

图 8-27　P 为 0 MPa 时流场分布图

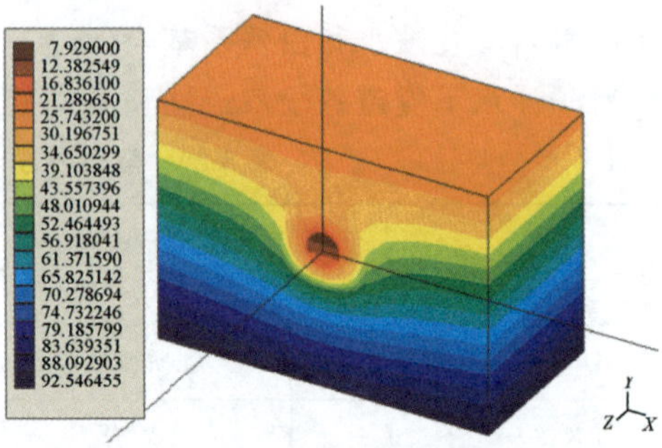

图 8-28　P 为 0.2 MPa 时流场分布图

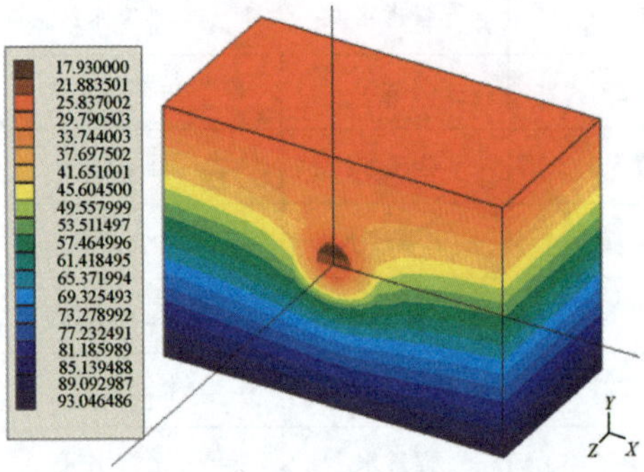

图 8-29　P 为 0.3 MPa 时流场分布图

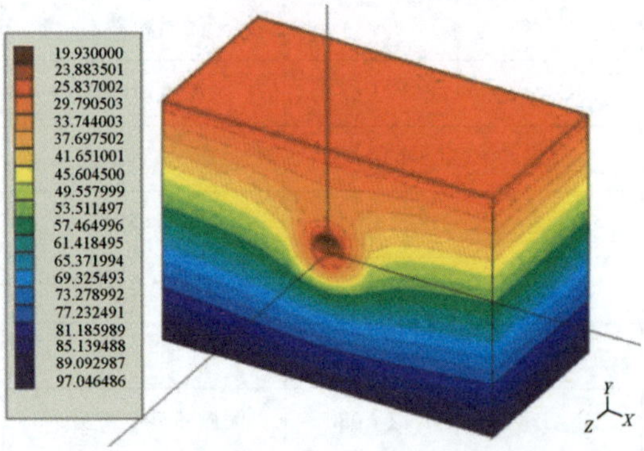

图 8-30　P 为 0.5 MPa 时流场分布图

陆域段模拟计算结果如图 8-31～图 8-34 所示：

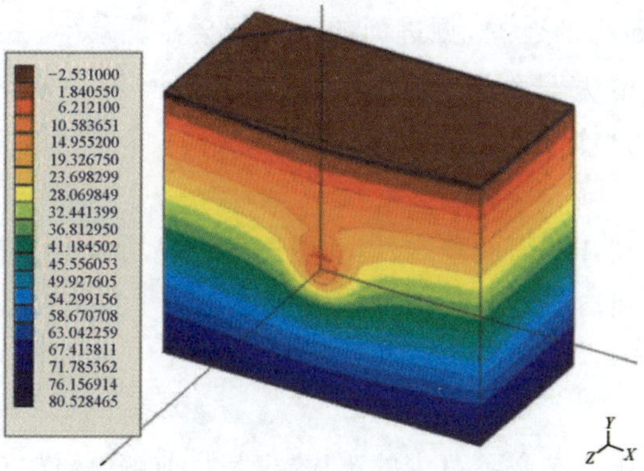

图 8-31 P 为 0 MPa 时流场分布图

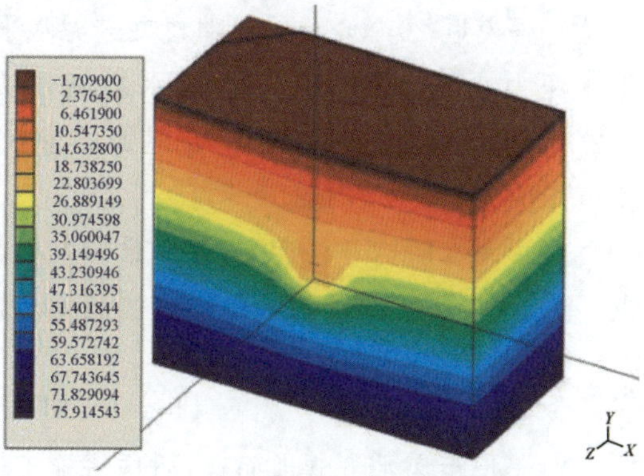

图 8-32 P 为 0.2 MPa 时流场分布图

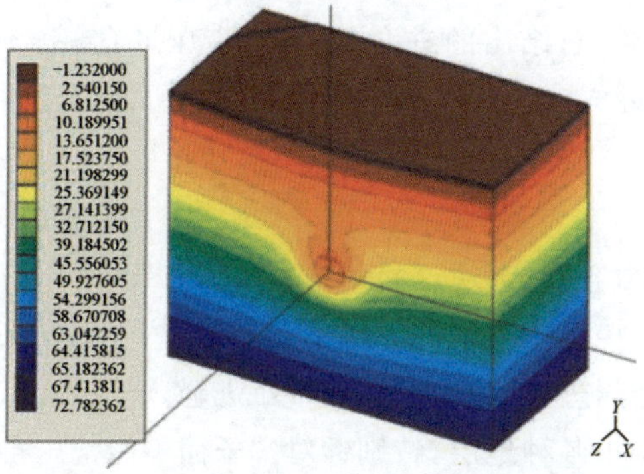

图 8-33 P 为 0.3 MPa 时流场分布图

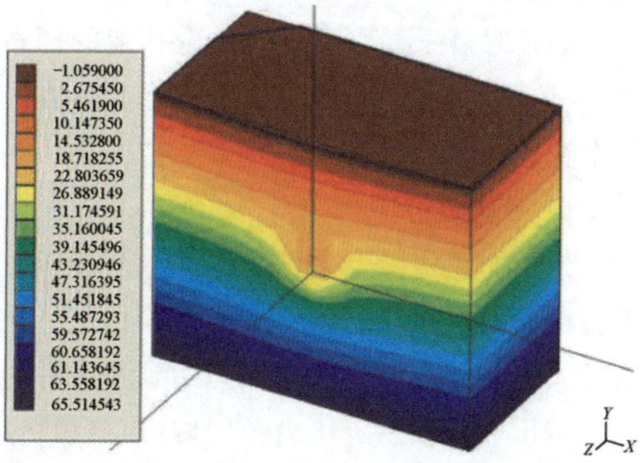

图 8-34 P 为 0.5 MPa 时流场分布图

不同压力下渗流量见表 8-31，流量对比如图 8-35 所示。

表 8-31 不同压力下渗流量表

压力(MPa)	0	0.2	0.3	0.5
陆域段(m^3/d)	14 803.5	9 376.1	6 583.6	3 917.6
水下段(m^3/d)	17 914.6	13 658.8	9 876.2	7 214.5

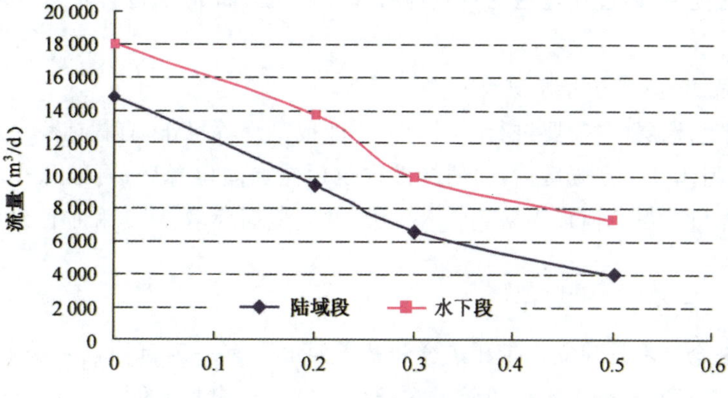

图 8-35 流量对比图

分析得出如下结论：无论是在陆域段，还是水下段，掘进面不建立平衡压力情况下，渗水量可达每昼夜近 20 000 m^3，但随着掘进泥水平衡压力的建立，掘进面的渗水量会显著减小。在泥水压力小于 0.2 MPa 时，渗水量随压力的增大呈线性减小；但当泥水平衡压力超过 0.2 MPa后，平衡压力的增加，掘进面的渗水量减小更加明显。因此减压限排时，掘进面的平衡气压应大于 0.2 MPa。

对于泥水盾构开仓期间，渗流量的大小影响到开挖面的稳定性，而影响开仓成功与否。因此，不同气压下隧道渗流场分析主要是为开仓期间渗流控制提供理论依据。

8.4.2　带压进仓换刀技术

对于长距离水下隧道而言，盾构法施工进仓作业是必不可少的工序，也是目前解决盾构仓内故障和换刀等作业的唯一途径，同时也是摸清掌子面地质的最有效的方法。

（1）进仓作业方法的选择和适应范围

通过对狮子洋水下隧道进仓作业的探索和研究，总结出的进仓方法有：带压进仓、敞开式开仓、地层加固开仓、低压限排进仓。具体选择哪种方法应根据仓内作业目标和所处位置的地质水文等情况而定。

1）带压进仓

带压作业实际上是把盾构泥水仓看成一个压力容器体，通过向其输入压缩空气，其压力大于隧道外的水土压力以保持开挖面的土体稳定，并控制地下水的渗入。在此压力下，工作人员通过人舱的升压与泥水仓压力达到平衡后，打开仓门进入泥水仓、实现带压进仓。

带压进仓在一定压力范围内，应该说可以适应于各种地层，特别针对掌子面不能常压自稳和富水地层，如全断面软弱地层、上软下硬富水地层、岩石破碎带（断裂带、裂隙发育、渗透性强）等不良地层，采用带压进仓是最安全的作业方法，但带压进仓对人的身体条件要求较高，且在较高压力下（≥0.3 MPa）时间长会对人的身体有一定的伤害，工效较低。盾构带压进仓换刀作业一般采用我国《空气潜水减压技术要求》（GB 12521—1990），并且根据盾构换刀作业工序要求，要制定合理的带压进仓作业方案。

2）敞开式开仓（周边止水限排进仓）

周边止水限排进仓主要针对掌子面能够自稳的原状地层或加固体，地层整体性较好，裂隙水不太发育的情况下，通过在隧道内对盾构后部或盾壳外部地层进行止水处理后就能满足常压进仓。

3）地层加固开仓（周边止水进仓）

对于软弱富水地层中，需要进行大量仓内作业或割焊等操作，宜提前将穿越地层进行加固止水处理，待加固体有一定强度后，将盾构推进至预先加固位置后，再敞开式进仓作业。此种方式可长时间停机工作。但加固费用投入较大，并受地面环境、埋深和加固设备性能等条件的限制。

4）减压限排进仓

减压限排进仓技术是建立在带压进仓和掌子面地层有一定自稳性基础上的，通过周边止水仍不能达到常压开仓（仓内水位可控或掌子面能够完全自稳）的目标，则可通过加低压阻止地下水和稳定地层的方法来进仓作业，这样可大大提高带压进仓的工作效率。

以下主要对施工现场使用较多的带压进仓及减压限排进仓二种技术进行论述。

(2) 带压进仓技术

1) 带压进仓方案及施工步骤的确定

如果确定要在不良地层段进仓作业，首先要根据之前的掘进参数等状况，对仓内的问题作出充分分析和判断，对仓内的操作要有预判；并根据计划，对开仓处水文地质资料、停机前出渣土成分及数量、地表监测数据、掘进时同步注浆情况等参数的分析，最后确定停机带压进仓的实施方案。

进仓实施方案确定后即可确定带压进仓施工步骤。施工步骤如图 8-36 所示。

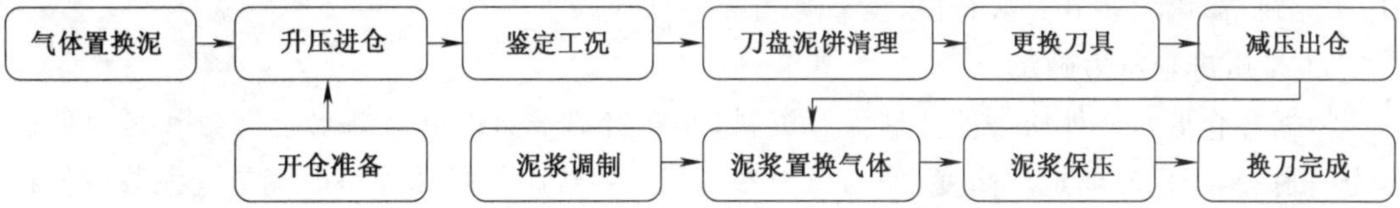

图 8-36　常见的带压进仓施工步骤

2) 带压进仓的准备工作

① 进仓前盾构循环系统准备：由于带压进仓需要一定的时间，一般在 6～20 h 之间，因此要将泥水循环系统设置在旁通状态，一方面要保证掌子面的自稳能力，另外还需要其他相关通道保持畅通。这样就需要在进浆中添加相应的高分子材料，对流体的黏度进行调整，黏度越高越好，以使得泥浆循环系统中的泥浆具有一定的流动性和可塑性。同时还要对盾尾油脂的注脂管路进行疏通和清洁，对每个注浆管进行疏通和清洁，以防止长时间停机导致管路凝固和堵塞。将易堵塞的部分区段取下来单独清洗，或者用高压水、高压风清洗。

② 泥浆室前端液位设定准备：从流体力学的角度以及泥浆特性考虑，此时掌子面前端的自稳性有一定的风险。从理论值上估计，泥浆膜形成的要求是在正常情况下，液位保持在 50%是比较理想的。但在带压进仓时，要根据需要从事的具体情况而确定，一般而言，需要带压进仓的工作有更换刀具、修理碎石机、修理泥浆门等。这就要求根据具体的所处位置来调整液位，只要使作业的对象露出泥浆面即可。

③ 加大同步注浆量：确定带压进仓位置后，对停机前的 2～3 环加大同步注浆量，从而达到加强封堵盾尾后部、管片背后地层止水的目的。视地层稳定性和渗透性，注浆量加大至理论注浆量的 2～2.5 倍。同时多注意同步注浆压力，与切口环泥水压力基本匹配。

④ 注高黏度泥浆做泥膜：如果是在不良地层中带压进仓，地层渗透性强或裂隙发育，在开仓前应向泥水仓内注高黏度特种泥浆或添加膨润土或高分子聚合物，以形成有效的泥膜，从而建立起良好的气压边界，达到密封掌子面的目的。通过对地层和掘进情况分析，判断掌子面的自稳性或仓内坍塌情况，并根据地表冒浆、漏气和塌陷情况，来确定高黏度泥浆的性能和注入量，使泥浆满足护壁要求。一般泥浆体积质量在 1.1～1.2 g/cm^3，黏度在 50～170 s，注泥浆量为泥水仓容量的 0.2～0.5 倍(注入前应先把液位降低)。当泥水压力大于地下水压力时，泥水按达西定律渗入土壤，形成与土壤间隙一定比例的悬浮颗粒，在“阻塞”和“架桥”效应的作用下被获并积聚于土壤与泥水的接触表面，从而形成泥膜。随着泥浆的注入和时间的推移，通过设定压力的逐步调整保压和合理旋转刀盘，泥膜的厚度不断增加，渗透抵抗力逐渐增强，从而形成良好的泥膜，掌子面达到预想的密封效果。在漏气量较大时，可在高黏度泥浆内加入锯

末、谷壳和纤维等，以更好的填塞地层孔隙。并通过液面保持的情况来判断泥膜形成效果和质量。如果液面在设定的气压数值下稳定半个小时没有变化，基本可以判定泥膜已经形成。图 8-37 为泥水盾构开仓检查泥膜形成后情况。

⑤ 人员准备。由于带压进仓具有一定的风险性，因此，从事此项作业的人员必须经过专业培训，并且身体各项指标达到要求，才允许进仓。同时还要在作业场地附近安排相应的应急救援设备，如救护车，与相关医院沟通做好急救准备等，以确保每次带压进仓作业的安全。

⑥ 作业工具准备。进仓前要对进行的工作做详细周密的分析和安排，做到细中有细，万无一失，特别是要考虑到使用的各种工具，尽量一次性放进人舱，常用的如手电，系统扳手，毛巾，照相机等，因为多开一次仓门，就意味着多一次风险。

3）带压进仓压力确定

依据开仓处水文地质条件及埋深等资料，计算出掌子面理论顶部水土压力和其他部位侧压力（根据掌子面软弱地层高度）作为压力参考值。主要根据保压停机时气垫仓泥浆液位相对稳定时的切口环压力，来确定带压进仓的工作压力。在软弱地层中，设定压力应略高于切口压力 10～20 kPa。

当仓内充满压缩空气时，开挖面上各个位置气压均相等，而土水压力随着深度的增加而增加，底部侧压力大于顶部侧压力，但底部侧压力不一定大于顶部的垂直土水压力，所以所施加的气压必须大于底部的主动土水侧压力和顶部垂直土水压力。计算模型如图 8-38 所示。

$$k_0[\gamma(H-h)+\gamma' h]+\gamma_w h+10\ \text{kPa}>p>k_a[\gamma(H-h)+\gamma' h]+\gamma_w h+10\ \text{kPa}$$

式中 γ——土体的平均天然容重；

γ'——土体的饱和容重；

γ_w——水的容重；

H——地面到盾构底部的高度；

h——水位到盾构底部的高度；

D——盾构的直径；

k_0、k_a——底部、顶部侧压力系数。

图 8-37　泥水盾构开仓检查泥膜形成后情况

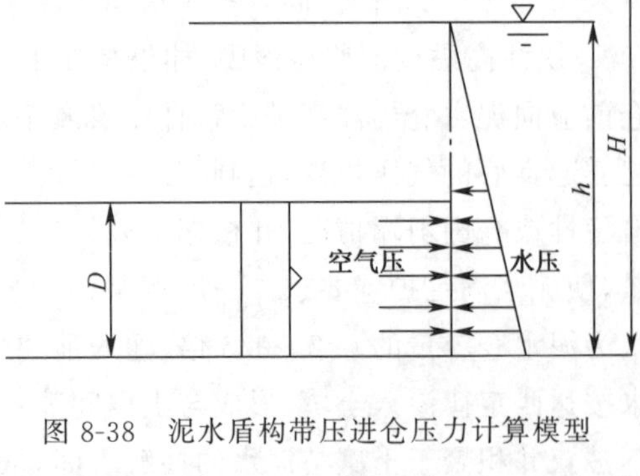

图 8-38　泥水盾构带压进仓压力计算模型

所设定的 p 不能任意增大，只要保证地层稳定就可以了，p 太大容易将掌子面击穿而发生冒顶事故。另外，位于水底时，要加上水体施给地层的压力。

4）带压进仓前气密性检查

① 地表或水面监测：确定停机进仓方案后，在停机前几环，应加强地表监测或水面观察，如有漏气冒浆冒泡之类，则要另选停机进仓的环境，以确保进仓安全。

② 降液位：降液位就是要减少仓内泥水。降液位前要将泥水模式转换为气垫模式，即打开两仓之间的平衡阀向泥水仓送气，随着泥水仓气体的增加，调整各进排浆泵的流量，使泥浆循环的排浆大于进浆，泥水仓与气垫仓液位最终都缓慢下降。随着仓内液位的下降(一般液位最低为10%左右)，同时梯度降低气垫仓压力，原则上保证泥水仓切口压力为设定的进仓工作压力，波动范围控制在±10 kPa。液位降至预定位置后，继续观察压力与液位，要保证仓内泥水液位上涨较缓慢或稳定，不能波动剧烈。

③ 稳定观察：在确定降液位成功后，保持设定的工作压力状态持续观察约 12 h，通过观察气压的变化，并结合地面监测情况，如气压基本无变化且地表无变形，则可判断工作面稳定，可安全进仓作业；否则不安全。气压要比较稳定，不能急剧下降或出现大的波动。

5）带压进仓检查

进仓作业由专业人员操仓，在救生人员的陪同下，和技术人员一块先带压进仓；进仓后按程序打开隔仓门，先由土木技术人员更进一步对掌子面地层情况、泥膜质量、掌子面密闭性等进行检查，确认安全后方可进行其他作业。由机械技术人员对刀盘、刀具和仓内问题情况进行检查与确认，最终来确定仓内的具体操作方案。

6）带压进仓作业

根据技术部门制定的工作方案，施工人员在专业人员操仓与救生人员的配合下，再加压进仓进行仓内换刀或故障排除等工作。工作时间严格按国家规定的标准进行，一般采用正常时间。仓外人员作好相应的指挥和配合，保证风、水、电和工具等供应。

由于带压进仓的特殊性，考虑人体生理机能的需要，必须严格按照一定的标准进行仓内空气组分含量的控制和调整。在气压仓总压力控制在 6.5 bar 情况下，仓内空气组分含量的相应技术数据见表 8-32。

表 8-32 仓内空气组分含量技术数据

空气组分	3.4 bar	2.6 bar	1.8 bar
O_2(氧气)	20.3%～20.9%	20.6%	20.4%
CO(一氧化碳)	0.7 vpm	0.6 vpm	0.5 vpm
CO_2(二氧化碳)	1 171 ppm	1 205 ppm	1 214 ppm

一般而言，不同压力下人体对空气各组分含量的要求是不同的，这也是人体正常生理需求，进仓过程中要随时根据不同的压力，调节不同的组成含量，主要是调节进气量，如果与表中的数据有偏差，一定要及时调节，否则会对人员造成伤害。

进仓时的操作细节及注意事项：

① 为了防止电器方面引起的安全问题，应严格注意电源的开关，需要关闭电源时必须关闭，与仓内人员密切配合，不要盲目启动电源，以免造成安全事故。

② 每次进仓前，必须在盾构自带空压机的基础上另外配置备用内燃式空压机，以防万一停电出现意外。

③ 进入仓内观察时，不要轻易破坏掌子面所形成的泥膜层，以免造成气体从破坏的泥膜处逃逸，使掌子面垮塌，造成伤害。

作业人员在不同压力作用下的工作时间见表 8-33。

表 8-33　潜水不同压力条件下的作业时间表

工作压力(MPa)	工作时间(h)	工作完毕第一次减压时间(min)	分段减压压力(MPa)															最后一次减压停留后至完全卸压时间(min)	减压总时间(min)
			0.24		0.21		0.18		0.15		0.12		0.09		0.06		0.03		
			停留时间	减压时间	停留时间	减压时间	停留时间	减压时间	停留时间	减压时间	停留时间	减压时间	停留时间	减压时间	停留时间	减压时间	停留时间		
(0,0.12]	0～4																		12
(0.12,0.15]	1																		12～15
	2	4															10	3	17
	3	4															15	3	22
	4	3													10	3	10	3	29
(0.15,0.18]	1	5															10	3	18
	2	4													5	3	10	3	25
	3	4													10	3	15	3	35
	4	3											10	3	10	3	20	3	52
(0.18,0.21]	1	6															15	3	24
	2	4											5	3	10	3	20	3	48
	3	3									5	3	10	3	15	3	25	3	70
	4	3									10	3	15	3	20	3	30	3	90
(0.21,0.24]	1	6													10	3	15	3	37
	2	5											10	3	20	3	25	3	69
	3	3							5	3	10	3	15	3	25	3	40	3	113
	4	3							5	3	15	3	25	3	30	3	45	3	138
(0.24,0.27]	1	6											5	3	10	3	15	3	45
	2	4							5	3	10	3	15	3	25	3	30	3	104
	3	4							10	3	15	3	20	3	35	3	45	3	144
(0.27,0.30]	1	7											5	3	15	3	25	3	61
	2	5							5	3	10	3	20	3	30	3	45	3	130
	3	4					5	3	15	3	20	3	30	3	40	3	60	3	192
(0.30,0.33]	1	7									5	3	10	3	15	3	25	3	74
	2	5					5	3	10	3	15	3	25	3	35	3	50	3	163
	3	4			5	3	10	3	15	3	25	3	35	3	40	3	55	3	207
(0.33,0.36)	1	8									5	3	15	3	20	3	25	3	85
	2	5			5	3	10	3	15	3	20	3	30	3	40	3	50	3	196
	3	5	5	3	10	3	15	3	20	3	30	3	40	3	45	3	55	3	249

7）减压出仓及恢复掘进

① 减压出仓:专业操仓人员要严格按照国家潜水规范制订相应的减压方案,每组进仓人员进仓作业达到规定时间后必须及时进入减压仓,按照相应的减压方案,进行减压及出仓。进仓作业全部完毕后,最后一组作业人员将所有物品和工器具等带出仓外,机械技术人员对仓内所更换的刀具和处理的故障进行检查,确认无误后关闭好隔仓门和气垫仓门,最后减压出仓。

人员出仓前必须进行吸氧作业。由于压力的反差,进仓人员在出仓前会经历不同的压力,根据人体生理学的研究,只有进行充分的吸氧才能消除这种负面影响,而且随着进仓压力的提高对出仓前的吸氧要求更高。如从 3.4 bar 开始,吸氧 40 min,然后从 3 bar、2.5 bar……依次递减。如果是在冬季进仓,出仓前还要在仓内进行加热,以使进仓人员适应仓内外的温差。出仓后,人员尽量不要进行剧烈活动,要适当休息恢复。必须严格按照带压进仓相关要求执行,以免出现进仓病等不良后果。

② 加液位恢复掘进:加液位与降液位操作没有什么区别,只是进排泵的流量调节刚好相反(加大进浆减小排浆),先在平衡阀打开的模式下把仓内液位加至一定高度(65%左右),关闭气垫仓通往泥水仓的平衡阀,同时慢慢打开泥水仓的排气阀,根据液位上升的快慢和压力的变化选择排气阀开度。另外,慢慢增加气垫仓压力,原则保证泥水仓切口压力稳定,直到排气阀里有泥水流出,关闭排气阀,恢复至掘进模式。

(3) 减压限排技术

由于带压进仓换刀具有一定的工作难度,特别是随着压力的增加,其难度急剧增加,一是高压力状态下,进仓人员(非专业人员)的工作时间大大降低。如在 2 bar 压力下,进仓人员的工作时间可以达到 3 h 左右,在 2.5 bar 压力下,进仓人员的工作时间只能在 2 h 以内,而当压力超过 3.5 bar 时,进仓人员的工作时间一般不会超过 30 min。二是在带压状态下工作,会对人体健康产生一定的影响,头昏、耳鸣等,特别是长时间高压状态下会对人体产生严重的影响。因此要尽量地采取技术措施,降低进仓压力,一方面能够提高工作效率,更重要的是要尽可能地减少对进仓人员健康的伤害。

减压限排是建立在带压限排进仓成熟的经验和采取一定的技术措施下,通过降低压力进仓作业,既可保证安全工作,又可大大提高带压进仓的工作效率。

1) 减压限排特点

减压限排技术是指掘进工作面不能自稳且地下水较为丰富的地段,经过对地层渗流场分析,建立泥膜或超前注浆措施以减少地层渗透系数,达到降低平衡压力,既能保持隧道工作面的稳定,又能控制工作面渗流量的目标,从而提供低带压进仓的条件,实现低压力条件下的安全进仓技术。

根据国家相关潜水规范,在工作压力低于 120 kPa 以下时,进仓作业人员加减压基本可以不用单独占用时间,而且每个人可在此压力下最长工作 6 h。

但是在盾构施工过程中,120 kPa 的气压很难保证工作面的稳定。常采取以下技术措施:其一,通过渗流场的分析,确定允许的渗流量,以确保排水能力满足要求;其二,通过建立泥膜或采取超前注浆措施,确保渗流量可控;其三,通过建立一定的平衡压力,分析工作面的平稳性,以确定降压幅度;其四,在密闭的仓内建立可靠的排水措施,在排水的情况下确保仓内气压的稳定。

仓内压力设定要考虑多方面的因素，一般是要根据反复试验来确定合理的最低压力，必须保证为掌子面提供足够的平衡压力。在减压限排进仓工作期间，要按带压进仓程序来控制，加强对掌子面稳定情况的观察和仓内汇水的监测。

2）仓内积水的抽排

由于降低了仓内压力，允许地下水渗流进入泥水仓，因此为了保持液位的稳定，需要不间断的排水。但抽排次数不宜过多，降液位的速度也不宜太快，以减少降液位引起仓内的压力波动。具体为在泥水仓内放置满足排量要求的泥水泵（在仓内备一台），通过在压力仓壁上预留的排水管道抽排，这样能够保证泥水仓内的气压不会被排出，从而保持仓内气压稳定。

减压限排进仓技术流程同带压进仓。

（4）换刀作业

1）换刀原则

带压进仓因压力较高，工作环境较常压下，刀具更换难度更大，刀具更换频率应在保证盾构良好的机械性能下，尽可能少。狮子洋水下隧道制定的换刀原则：

“合理”换刀：刀具更换计划合理，根据刀具的使用时间和所滚压的地质情况，提出合理的刀具更换计划；根据刀具厂家所提供的技术资料，刀圈磨损应合理，保证刀盘和刀具的良好性能和隧道的精确尺寸。

“大面积”换刀：为了保证刀具滚压的效率，减少刀具更换频率，进行批量换刀，具体为边刀批量，面刀批量，中心刀批量，刮刀切刀批量。另外，刀具更换还应根据掘进参数与刀具磨损拟和曲线，找出不同地层刀具的磨损规律，进行有计划的进仓批量换刀。

“快速”换刀：由于刀具更换在近似密闭的仓内进行，前部为掌子面，地质的不可预测因素客观存在，为了保证换刀人员安全和机械设备安全，应快速有效换刀。

2）换刀技术管理

建立一个切实可行、良性循环的换刀技术管理系统，能有效提高刀具的使用寿命和降低刀具的使用成本。换刀技术管理系统主要包括：刀具检查制度、安全高效的换刀方案、刀具维修工艺和制度、详尽的刀具台账。

将换刀技术管理实行制度化、规范化、标准化，对提高工程施工进度、降低施工风险和施工成本都有着重要的作用。

3）换刀作业技术要求

应发挥机械工程师和土木工程师各自的专业特长，加强对施工区段地质情况的了解，尤其是地质资料中反映出的施工重点和难点，充分估计特殊区段对刀具的破坏程度，确定最佳的换刀方案。

充分的设备与材料的准备，是实现快速完成换刀任务的根本保证。在确保常用设备（机具）、材料到位的情况下，使用更为先进的工具，例如：用风动吊机代替倒链，将大大加快换刀的速度。

拥有一批技术熟练、身体素质较好的操作人员是保证换刀质量和速度的前提。换刀作业前需对操作人员进行必要的培训，培训的内容主要包括：

① 熟练使用各种换刀工具，并具备一定的修理能力；

② 全面了解刀具的安装过程，并有熟练的操作能力；

③ 对刀具布置有全面的了解，并具有对刀具使用状态做出合理判断的能力；

④ 能判断一把待安装刀具是否具备安装条件。

4）换刀作业具体步骤

① 初步计划：负责刀盘的工程师根据总体规划，结合盾构的掘进报告，可初步提出刀具的更换方案，提前做好设备、材料的准备，并与土木工程师和掘进司机沟通，确定准确的进仓地点和时间。

② 进仓审批：进仓的技术方案经过工程部与设物部讨论，由两部部长签认，报于土木总工程师审批，批准后，方可进仓。

③ 刀盘检查：盾构刀盘检查分为两级，日常检查和定期检查。检查记录应备案。

④ 刀具更换：刀盘清理、刀具拆除、刀具安装、整体检查。滚刀在没有刀圈断裂和损坏的前提下，正确地测量滚刀刀圈的磨损量是进行更换刀具与掌握目前刀具状况的依据。中心滚刀和正滚刀刀圈最大磨损极限为 15 mm，M46 号～M50 号边滚刀最大磨损极限为 11 mm，所以当刀具达到最大磨损极限时必须更换。若新换刀与原有相邻刀具之间的磨损量（高差）大于 5～7 mm，还需要设过渡刀。

⑤ 恢复掘进：经过检查，确认泥水仓、气压仓内没有工作人员、换刀工具和其他物品，关闭仓门，准备开始掘进。在掘进之前，刀盘以低速空转 10～15 min，直到刀盘扭矩值很小且没有大的变化，逐渐加大推力，并保持 1～2 环的低推力推进，再根据掘进情况和渣土的状态选取正确的掘进参数。

8.4.3 现场减压限排换刀技术应用

狮子洋水下隧道出口段在各种地层中都进行了进仓作业。其中，在水下硬岩节理裂隙发育段，减压限排进仓作业技术更是得到充分的应用和尝试。该技术的核心是充分利用地层的渗透性通过工作面局部渗流降低水头压力，利用泥水盾构的泥膜特性，通过建立较小的平衡压力保持掘进面的稳定性，工作面的渗水通过排水设施进行抽排，从而建立一个低压状态下的刀具更换环境。

以下为狮子洋水下隧道不同地段减压限排技术应用统计。

（1）软岩地层段

为了解决软硬不均地段与强渗透岩石地段“减压限排换刀技术”的可实施性问题，在左线盾构即将进入软土加固地段前（该地段加固主要是为进入软硬不均地层与岩石地层掘进更换全部软土刀具为滚刀而设计的），进行减压限排稳定工作面试验。试验分别在 226 环、230 环、242 环进行，试验结果见表 8-34。从稳定工作面来看，在可控的渗流状态下，即使是在软土地层，适当降低工作面压力，允许工作面产生渗流，软土工作面仍然能够保持一定的稳定性。

表 8-34 软岩地层减压限排试验数据

<table>
<tr><th>开仓位置</th><th>隧道内地质及水文描述</th><th>准备及措施</th><th>地表情况</th><th>掘进压力(bar)</th><th>进仓方法</th><th>进仓压力与时间</th><th>开挖面渗水</th></tr>
<tr><td rowspan="3">226 环进仓前与进仓阶段</td><td rowspan="3">上部为淤泥质土层，中下部为粉细砂层、黏性土层渗透性弱</td><td rowspan="3">注浆，做泥膜护壁</td><td>无现象</td><td>2.4</td><td>未进仓</td><td>观察 3 h</td><td>仓内水上涨 21%/h</td></tr>
<tr><td>无现象</td><td>2.5</td><td rowspan="2">减压进仓</td><td>带压进仓前 20 min</td><td>仓内水上涨 20%/h</td></tr>
<tr><td>地面出现大冒气</td><td>2.5</td><td>带压 2.1 bar 进仓后 3 h</td><td>仓内水上涨控制在 25%/h</td></tr>
</table>

续上表

开仓位置	隧道内地质及水文描述	准备及措施	地表情况	掘进压力(bar)	进仓方法	进仓压力与时间	开挖面渗水
230 环进仓前与进仓阶段	上部为淤泥质土层，中下部为粉细砂层、黏性土层	隧道周边注浆止水，做泥膜护壁	—	2.3	未进仓	观察 2 h	仓内水上涨 10%/h
			无现象	2.2	带压进仓	带压进仓前 1 h	仓内水上涨 12%/h
			地面出现小冒气	2.3		带压 2 bar 进仓 3 h	仓内水上涨 15%/h
242 环进仓前与进仓阶段	上部为淤泥质土层，中部为粉细砂层、黏性土层，下部为强风化泥岩	旋喷加固与压密注浆止水；盾尾注 29 m^3 砂浆；超前钻孔注发泡型聚氨酯 2 400 kg	无现象	2.0	未进仓	观察 3 h	仓内水上涨 5%/h
					周边止水	进仓前 2 h	仓内水上涨 25%/h
						带压 1.5 bar 进仓 334 h 换刀	仓内水上涨 12%/h

注：表中观察时间是指在降低液位后通过 12 h 观察，并判断安全的情况下降压观察时间。

(2) 上软下硬地层

软硬不均段掘进刀具磨损异常频发，经常需要进行刀具的更换，左线掘进软硬不均地段统计采用减压限排换刀技术进行带压换刀频次达到近 600 人次，右线也达到了近 380 人次。表 8-35 为几个典型的减压限排换刀技术实录。

表 8-35　软硬不均地层减压限排换刀典型数据

开仓位置	地质及水文描述	准备及措施	掘进地表情况	掘进压力(bar)	进仓压力(bar)	进仓方法	进仓时间	开挖面渗水
249 环进仓前与进仓阶段	洞身为淤泥质土层、粉细砂层、黏性土层、为强风化泥岩；渗透性强	做泥膜护壁；盾尾注 18 m^3 砂浆	地面冒浆渐渐变小	2.4	2.3	未进仓	观察 3.8 h	仓内水上涨 10%/h
					2.1	减压限排	进仓换刀 15 h	仓内排水保持水位稳定
256 环进仓前与进仓阶段	洞身为黏性土层、粉细砂层、黏性土层、强风化泥岩；渗透性弱	做泥膜护壁；盾尾注 29.3 m^3 砂浆	冒浆小，稳定	2.4	2.3	泥水模式	观察 2 h	仓内水上涨 10%/h
					2.1	减压限排	进仓换刀 29 h	仓内排水保持水位稳定
387 环进仓前与进仓阶段	洞身为黏土、强风化泥岩、砂岩；渗透性强，开挖面稳定性差	做泥膜护壁	地面较小冒浆	2.8	2.4	泥水模式	观察 2 h	仓内水上涨 15%h
					2.3	减压限排	进仓换刀 15 h	仓内排水保持水位稳定

注：表中观察时间是指在降低液位后通过 12 h 观察，并判断安全的情况下降压观察时间。

(3) 全断面岩石地层

在狮子洋水下隧道施工中，岩石地层存在的主要问题是刀具磨耗大，一般周边滚刀掘进 40～80 m 就要进行更换，换刀频次比较高。另一方面岩石地层节理裂隙极其发育、渗透性大，采用常压下换刀的可能性小，为此就不得不采用减压限排换刀技术进行刀具的更换。根据统计资料，在狮子洋水下隧道岩石地段近 1 200 人次采用了带压换刀方式进行换刀。其他均为常压下换刀。表 8-36 为几个典型的减压限排换刀技术实录。

表 8-36 岩石地层减压限排换刀典型数据

开仓位置	地质及水文描述	准备及措施	地表情况	掘进压力(bar)	进仓压力(bar)	进仓方法	进仓时间	开挖面渗水
471 环进仓前与进仓阶段	上部为强风化泥质粉砂岩，中下部为全风化砂岩；弱渗透	盾尾注 5 m^3 砂浆，经过反复 3 次梯度卸压加压，限制地层水渗出	地面无冒浆	2.9	2.2	减压限排	进仓换刀 73 h	仓内排水保持水位稳定
506 环进仓前与进仓阶段	上部为强风化泥质粉砂岩，中下部为全风化砂岩；弱渗透	—	地面无冒浆	3.0	2.4	气垫模式	观察 1 h	仓内水上涨 5%/h
					2.3	减压限排	进仓换刀 82 h	仓内排水保持水位稳定
689 环进仓前与进仓阶段	地层上部为强风化泥质粉砂岩，中下部为全风化砂岩；渗透性较强	同步注浆 18 m^3 砂浆	地面无冒浆	3.2	2.2	气垫模式	观察 2 h	仓内水上涨 8%/h
						减压限排	进仓换刀 92 h	仓内排水保持水位稳定

注：表中观察时间是指在降低液位后通过 12 h 观察，并判断安全的情况下降压观察时间。

8.5 本章小结

在上软下硬地层与全断面岩石地层中采用盾构施工，刀具的磨损问题非常重要，特别是在上软下硬复杂地层中，抗磨损管理起着重要作用。本章针对狮子洋水下隧道横向与纵向均存在软硬不均问题所带来的盾构掘进与控制的技术难度，通过对岩土层磨蚀性与岩土成分试验，对刀具的金相和磨损规律进行研究，提出有效的刀具磨损规律方程。通过对 0.67 MPa 高水压下刀更换技术的研究，提出减压限排换刀技术，并根据不同地段盾构刀具的掘进效果评价，对狮子洋水下隧道盾构刀具进行改进。本章的主要结论有：

(1) 通过对狮子洋水下隧道岩土层磨蚀性与岩土成分试验，证实了该隧道的砂岩与泥质砂岩为具有中等～高磨蚀性岩石，并在此基础上对刀具磨损规律进行研究，总结不同刀盘部位的刀具磨损规律方程。

(2) 通过对不同地段盾构刀具的掘进效果评价，对狮子洋水下隧道盾构刀盘刀具进行比选；并结合刀具材料的成分与金相分析，掘进刀具应选择硬度较高的滚刀，同时其金属含量中镍含量要相对较高、磷和铬含量相对低的材料。从金相上分析，刀具材料的颗粒不宜选择粗颗粒，组织应为马氏体。

(3) 上软下硬复杂地层中滚刀偏磨主要是因为滚刀阻力扭矩大于滚刀的转动扭矩而不能转动。阻力扭矩主要由仓内渣土的摩擦阻力力矩、刀箱内的渣土阻力力矩和滚刀的启动力矩组成。可采取措施减小偏磨：其一是增大渣土流动性，可以有效地减少渣土在刀箱里的结块以降低磨阻力矩；其二是在不妨碍滚刀密封防水的情况下，适当的降低启动扭矩；其三是合理布置刀具、增加刀具耐磨性、加强耐磨材料保护刀具基体等技术对策。

(4) 通过对狮子洋水下隧道高压富水复杂地层进仓作业的探索和研究，提出“减压限排换刀技术”，确保高水压下换刀的安全性和降低对人体的损伤，并且通过了上千人次的现场试验验证，安全地完成了国内水压最大(设计水压达 0.67 MPa)的特长水下隧道盾构施工。

9 大直径泥水盾构掘进控制与对接技术

国内外水下盾构隧道采用对接方式施工的不多，最著名的是日本的东京湾海底公路隧道，采用8台泥水平衡盾构分别俩俩相向对接施工，掘进距离最长的一台盾构只有2 500 m，对接方法为“盾构近接贯通、冷冻加固地层、最后拆机连通”。另一个案例是丹麦的斯德贝尔特海底铁路隧道(时速160 km)，盾构隧道的长度7 260 m，采用4台土压平衡盾构施工，在盾构相距30 m时采用了冷冻法，冻结了两台盾构之间的地层，然后由人工将冻土挖出实现隧道贯通，掘进距离最长的一台盾构达5 700 m。狮子洋隧道是我国首次采用盾构对接施工技术的隧道，采用4台泥水平衡式盾构“相向掘进、地中对接、洞内解体”施工。根据国外大直径盾构水下对接技术和经验，本工程水下对接主要综合考虑工程环境、地质条件、对接测量要求及进出口盾构掘进进度，采取“水下近接、洞内解体、切口封闭、衬砌现筑”的总体施工方案。采用这种方法施工其意义重大，尤其是对长大水下隧道(如我国即将修建的琼州海峡隧道)具有重大的参考和借鉴作用。

水下隧道盾构对接施工的关键技术在于两个方面，一是对接面的地层稳定性，从而确保施工安全；二是对接精度的控制，特别是高速铁路隧道要求平曲线转弯半径不得小于7 000 m，且轨道的平整度要求达到误差不得大于1 mm。

本章主要介绍大直径泥水盾构掘进控制及洞内相向对接技术。指出掘进参数、泥浆参数的设置在盾构掘进过程中占有重要地位，并给出盾构姿态控制方法，同时通过对对接区围岩稳定性分析，介绍大直径泥水盾构洞内解体及运输过程。

9.1 狮子洋泥水盾构掘进流程与模式选择

9.1.1 泥水盾构掘进流程

泥水盾构施工的主要工序为：管片、砂浆运输、开挖掘进、同步注浆及管线延长，其流程如图9-1所示。

隧道掘进：施工进度；油缸行程；盾构正面泥水仓的泥水压力；刀盘、转速及掘进速度；盾构推力、油压；盾尾内壁与管片外侧环形空隙(上、下、左、右)；盾构进排泥密度、流速。

同步注浆：注浆压力、数量、稠度；注浆材料配比；实际注浆量与理论注浆量的百分比。

测量：盾构姿态(水平、垂直、前方、后方、开始、结束等)；盾构倾斜度；盾构旋转；推进总距离；隧道每环衬砌环轴心的确切位置(X、Y、Z)与设计轴。

9.1.2 盾构掘进操作控制程序

盾构掘进操作的主要内容：设定和调整平衡压力、操控进排浆流量、调控刀盘转速与推进力，保障管路畅通等，掘进操作控制程序如图9-2所示。

9.1.3 循环时间和劳动力组织

(1) 掘进循环

按照最快掘进速度，盾构可在2 h内完成一环的掘进。每循环的支护等材料的运输按一列编组考虑。在该环掘进时间内，需要完成的工作量包括：同步注浆需要的 20 m^3 砂浆的拌制、运输、转运及泵送到管片背后的间隙；8 块管片的下井、运输、转运和安装；辅助材料如钢轨、泥浆管、水管、螺栓等的下井、运输、转运和安装等。对于一个循环的作业，各项工作时间安排见表 9-1。

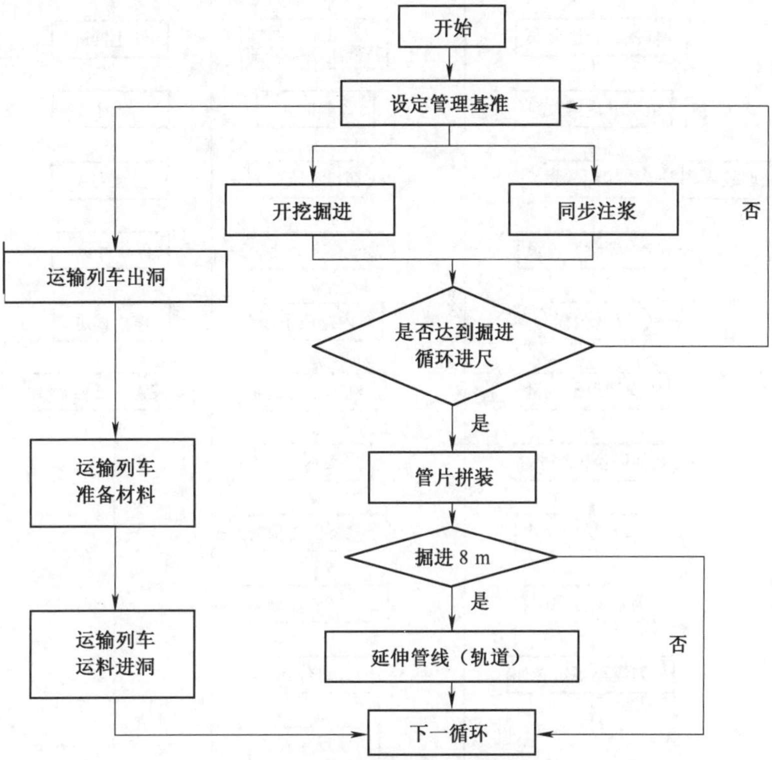

图 9-1　掘进作业循环流程图

表 9-1　掘进循环各项作业时间表

作业名称		时间段(min)	循环作业时间(min)								备　注
			15	30	45	60	75	90	105	120	
关键工序	掘进	55									
	同步注浆	55									
	排水清理	5									
	管片安装	60									因为每 2～4 环才需要延伸一次轨线或管路，另加油脂材料等运输时间，辅助工序时间不影响关键工序的控制时间
辅助工序	砂浆倒罐	25									
	轨线卸车	20									
	管片卸车	10									
	列车开出	15									
	管片下井	30									
	材料下井	10									
	砂浆下放	25									
	列车开进	20									
	管线卸车	5									
辅助工序机动时间		5～10									

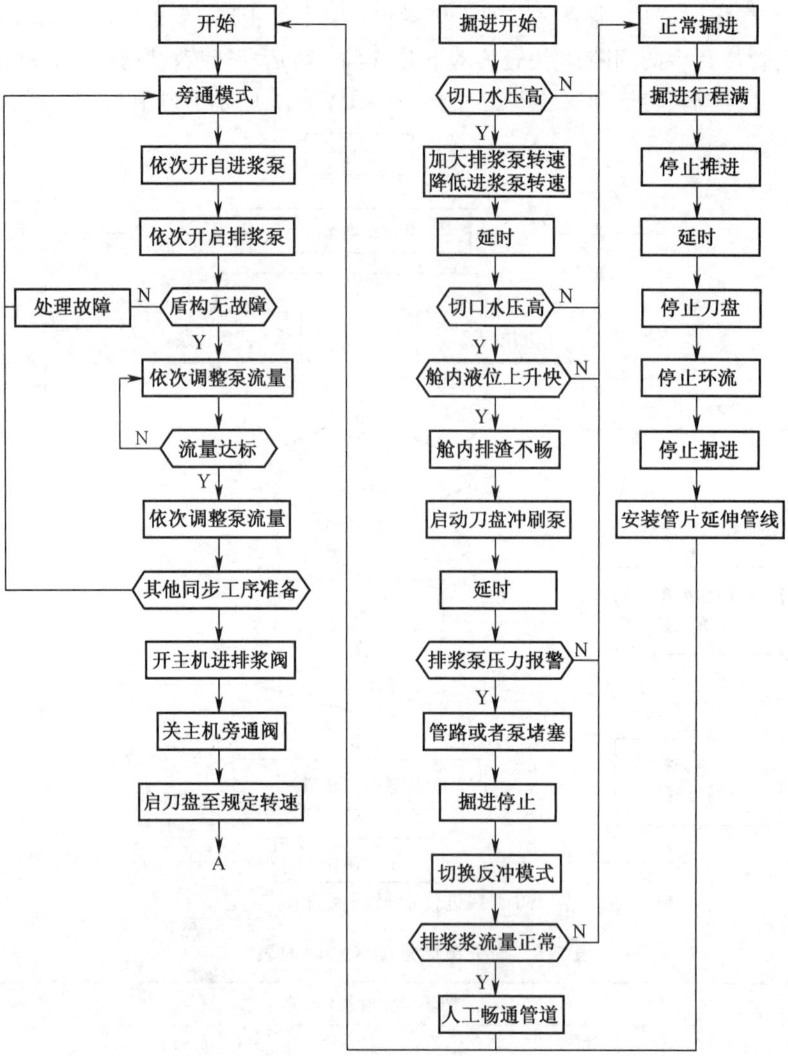

图 9-2　掘进操作控制程序图

(2) 作业班组及人员安排

现场作业人员计划分为掘进班、修保班、电工班、泥水班和综合班。具体各班组人员及岗位见表 9-2。

表 9-2　盾构施工作业班组人员安排表

班组	岗　位	左线盾构			右线盾构			合计人数	备　注
		每班人员	班次	单线人数	每班人员	班次	单线人数		
掘进班	班长	1	2	2	1	2	2	4	安装管片、铺设轨道、泥浆管
	主司机	1	2	2	1	2	2	4	
	注浆司机	2	2	4	2	2	4	8	
	管片安装司机	1	2	2	1	2	2	4	
	管片安装人员	4	2	8	4	2	8	16	
	电瓶车司机	1	2	2	1	2	2	4	

续上表

班组	岗位	左线盾构			右线盾构			合计人数	备注
		每班人员	班次	单线人数	每班人员	班次	单线人数		
掘进班	调车员	1	2	2	1	2	2	4	安装管片、铺设轨道、泥浆管
	洞内辅助人员	4	2	8	4	2	8	16	
	掘进班人员合计	15		30	15		30	60	
保养班	班长	1	1	1				1	
	盾构保养工	4	1	4	5	1	5	9	
	刀具修理工	4	1	4				4	
	保养班人员合计	9		9	5		5	14	
电工班	班长	1	1	1				1	
	盾构值班电工	1	2	2	1	2	2	4	
	常规设备电工	1	2	2	1	2	2	4	
	泥水处理厂电工	1	2	2				2	
	电工班人员合计	4		7	2		4	11	
泥水班	班长	1	1	1				1	
	装载机司机	1	2	2				2	
	挖掘机司机	1	2	2				2	
	泥水操作人员	3	2	6	3	2	6	12	
	泥水班人员合计	6		11	3		6	17	
综合班	班长、副班长	1	2	2				2	
	砂浆搅拌站	3	2	6				6	
	装载机司机	1	2	2				2	
	门吊司机	1	3	3				3	
	隧道支架加工	2	1	2				2	
	泥浆管加工	3	1	3				3	
	其他加工	3	1	3				3	
	充电工	1	2	2				2	
	养道工	2	1	2				2	
	管片粘贴	3	2	6				6	
	综合班人员合计	21		31				31	
总计								133	

9.2 盾构掘进控制

9.2.1 工作面压力控制

盾构施工工作面压力和进、排浆泵有关参数的相互协调是泥水盾构的关键点，也是保证盾构在不同地质条件下盾构施工安全的根本保证。

进、排浆泵的主要参数是进、排浆量，进、出口压力及电机的额定电流和额定电压。对于进浆泵，因其地面与地下竖直落差的原因，其要求的电流很小，进出口压力值不足 1 bar，一般的进浆泵完全可以满足要求。对于排浆泵，根据隧道掘进里程的不同而设定不同的电压电流额定值。并随泵位置的变化泵的参数也要随之相应调整，但原则是要保证泥浆的平稳过渡，避免吸空和积压。在泵的所有参数中，进浆量与排浆量是最主要的参数。这两个参数的选取可根据第 3 章“3.2.1 主要性能参数”计算得出。狮子洋隧道进浆量选择为 1 190 m^3/h，排浆量选择为 1 420 m^3/h。

在循环操作中，要先根据地质情况和地下水位来选择泥水仓的泥水压力，这一压力的控制主要由进排泥浆速度决定。狮子洋水下隧道在全断面硬岩地层掘进时，泥水压力一般选择在 0.5 bar 以下；在软岩层中掘进时，泥水压力选择在 0.5～0.8 bar 之间；在上软下硬地层中掘进时，泥水压力选择在 0.8～1 bar 之间甚至更高。

9.2.2　开挖面稳定性控制

开挖面稳定是泥水平衡盾构施工中最重要的管理项目之一，主要依靠气压和加压泥水、刀盘推进压力达到开挖面的稳定。因此，对开挖面切口泥水压力的控制、掘削量的控制、溢水量的检查、地表的监测等是保障盾构开挖面稳定的必要条件。

(1) 开挖面切口泥水压力的控制。富水软弱地层浅埋段开挖面切口泥水压力理论值为 0.7～2.4 bar，实际控制开挖面切口泥水压力为 0.3～2.2 bar；反循环模式反冲洗、掘进模式、旁通模式三者互相转换时切口泥水压力波动不宜超出 0.1～0.2 bar。

(2) 掘削量的控制。本段地层平均掘削干砂量理论值约为 151 m^3/环，实际平均为 146 m^3/环。通过 PLC 程序直接反映出盾构掘进每个瞬间相对应的实际掘削干砂量值和理论值，可直接作比较；同时可观察比较溢水量的大小，判断是否超挖、欠挖或坍塌及地质变化情况，为同步注浆、泥水质量及掘进参数控制、优化提供依据。

9.2.3　掘进参数的确定及控制

盾构掘进时首先需要对其参数进行计算，并根据计算结果对掘进进行控制。

(1) 掘进参数确定

1) 盾构推力计算

盾构推力计算：

$$\sum F_{\mathrm{TOTAL}}=F_{\mathrm{EFECT}}+F_{\mathrm{EARTH}}+F_{\mathrm{f}}+F_{\mathrm{G}}+F_{\mathrm{OTHER}} \tag{9-1}$$

式中　$\sum F_{\mathrm{TOTAL}}$——盾构推力，t；

F_{EFECT}——有效推力即盾构刀具所承担推力，根据前面掘进参数拟和，取值 1 300～1 400 t；

F_{EARTH}——盾构泥水仓压力抵消盾构的推力，盾构泥水仓设定压力 P，一般选择 1.1～1.2倍盾构中线上方水土压力，隧道中线上方水土压力为 $P_{上}$(Pa)，合理建立盾构泥仓压力，盾构开挖仓面积为 A，则 F_{EARTH} 为：

$$F_{\mathrm{EARTH}}=PA=\frac{P\times\pi D^2}{4}=\frac{(2.2\sim2.4)\times3.14\times11.182^2}{4}=(2\,158\sim2\,355)\mathrm{t}; \tag{9-2}$$

F_{f}——盾体与岩层滑动摩擦力，$F_{\mathrm{f}}=\mu G=0.3\times1\,400=420$ t(其中，μ 为岩层与钢铁摩擦系数，G 为盾构主机重量)；

F_{G}——盾构后配套拖车牵引力，$F_{\mathrm{G}}=\mu_2G_2=0.15\times400=60$ t；

F_{OTHER}——其他因素所需推力,按照经验取100 t。

从以上各分力含义看,在弱风化层,仅 F_{EARTH} 根据隧道埋深不同而变化,其他基本固定,则盾构推力优化参数为:

$$\begin{aligned}\sum F_{TOTAL} &= F_{EFECT}+F_{EARTH}+F_f+F_G+F_{OTHER}\\ &=(1\,300\sim1\,400)+F_{EARTH}+420+60+100\\ &=F_{EARTH}+(1\,880\sim1\,980)\end{aligned}$$

2) 刀盘扭矩计算

根据盾构掘进参数拟合曲线分析及隧道线形、地层特点,可确定盾构刀盘扭矩掘进参数。

根据刀盘扭矩线性拟合分析,对于本工程弱风化地层,最优的刀盘扭矩基本在4 200～8 000 N·m,以下是实际盾构调试测量得出的刀盘转速扭矩曲线,如图 9-3 所示。

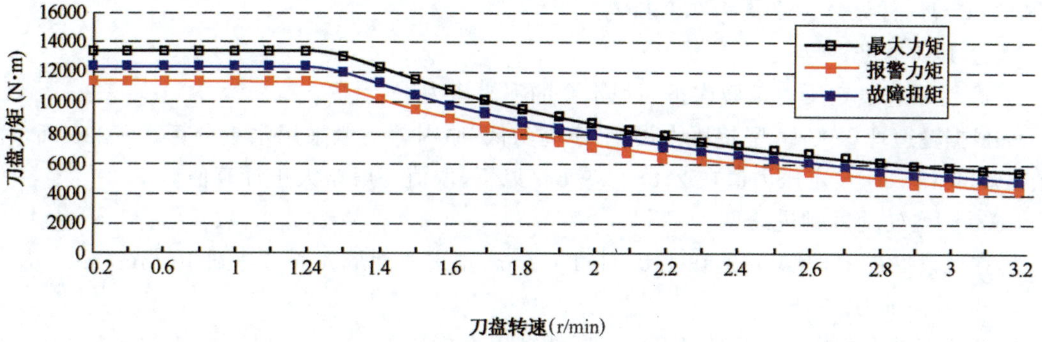

图 9-3　刀盘转速扭矩曲线图

从刀盘转速扭矩曲线看,考虑一定扭矩储备系数,刀盘转速控制在中间区域 1.7～2.1 r/min为宜。

3) 盾构掘进速度及刀盘贯入度计算

根据盾构掘进参数拟和曲线分析,考虑本工程主要地层为微风化地层,则最优盾构掘进速度为 16～18 mm/min,刀具贯入度计算如下:

$$r=\frac{v}{n}=\frac{18}{2}=9\ \text{mm}$$

式中　r——刀具贯入度;

v——盾构掘进速度;

n——刀盘转速。

考虑盾构配套泥水处理设备颗粒处理能力,理论上刀具贯入度越大,破岩效果越好,渣土粒径越大,则在保证刀具贯入度 9～10 mm/r 情况下,适当调整推力及刀盘转速,实现盾构掘进速度在 18～20 mm/min。

(2) 掘进参数控制

参数在盾构施工过程中是不断变化、相互影响的。掘进参数的管理是动态的管理和范围的管理,施工过程中只有保持各参数之间相互匹配、相对稳定,才能使盾构处于最佳的工作状态。并利用推进管理数据报表指导下一环的施工,并及时对比相邻环之间的掘进参数。

1) 软弱围岩段掘进参数控制

① 控制原则

对于富水软弱地层浅埋段掘进应遵循“切口压力稳定、低推力、低转速、匀速推进、减小扰动、保证注浆”的原则进行控制。考虑开挖面的稳定控制、同步注浆管理、地表监测、隧道内监测等。

② 主要推进参数

左线富水软弱浅埋段前 140 m 推进速度控制在 40～45 mm/min，总推力控制在 7 000～28 000 kN；根据盾构姿态和洞内及地表监测，对左线富水软弱浅埋段剩余 300 m 主要掘进参数进行优化，推进速度控制在 25～36 mm/min，总推力控制在 28 000～42 000 kN，通过调整取得较好的效果。吸取左线施工经验，对右线 440 m 软弱富水浅埋段主要掘进参数再次优化，推进速度控制在 31～39 mm/min，平均 34.8 mm/min；刀盘转速在 1～1.4 r/min，平均 1.1 r/min；刀盘扭矩在 649～2 981 kN · m，平均在 1 222 kN · m；总推力在 1 102～3 800 t（除个别环土仓底部吸口堵塞时推力异常增大），平均总推力在 2 964 t，泥水循环进浆控制在 536～1 100 m^3/h，平均为 959 m^3/h；出浆平均在 1 190 m^3/h，满足出渣；同步注浆平均 18.6 m^3/环，注浆压力平均为 2.0 bar。

③ 其他推进参数

① 泥水仓设定压力及盾构正面泥水仓的泥水压力

根据隧道埋深大小，坚持压力设定“宁高勿低”原则。一般采用水土分算，0～220 环，埋深在 17.5 m 以下，设定压力值在 2.8～2.9 bar 以下，取值一般略大于计算值。

② 刀盘转速及掘进速度

在此段掘进中，刀盘转速在 1.0～1.1 r/min，掘进速度最大值可达到 40 mm/min。

③ 盾构推力、油压

此段掘进中盾构推力低于 4 200 t，即油缸压力总和在 460 bar 以下。

④ 盾构进排泥流速、泥浆特性

进排浆流量低于 1 100 m^3/h，泥浆密度在 1.1 g/cm^3 以下。

⑤ 同步注浆（注浆压力、数量）

注浆压力低于 3.0 bar，注浆量约 17 m^3/环。

⑥ 盾构姿态（水平、垂直、前方、后方、开始、结束）

尽量保证与设计相符。

④ 优化后典型环掘进参数

软弱围岩段掘进主要控制掘削、注浆、泥水循环，其优化调整后的右线 1～220 环中典型环掘进参数见表 9-3。

表 9-3 右线软岩段典型环掘进参数

管片环号	掘进参数控制					泥水流量控制		同步注浆				
	平均掘进速度 (mm/min)	盾构刀盘				进浆管输浆量 (m^3/h)	出浆管出浆量 (m^3/h)	注浆量 (m^3)	注浆压力			
		平均转速 (r/min)	平均扭矩 (kN · m)	系统压力 (bar)	总推力 (t)				第 1 路注浆 (bar)	第 2 路注浆 (bar)	第 5 路注浆 (bar)	第 6 路注浆 (bar)
12	35.0	1.00	1 512	181	1 682	925	1 109	18.2	2.10	2.20	2.30	1.70
22	33.7	1.20	1 633	230	2 060	988	1 153	21.1	1.90	1.70	1.80	1.70
35	36.8	1.20	1 700	245	2 215	496	1 095	18.9	1.60	1.80	1.90	2.10
44	37.3	1.23	1 831	237	2 102	719	1 134	22.6	2.80	2.20	1.60	2.30
84	38.9	1.05	1 422	257	2 370	1 019	1 224	20.3	2.30	2.20	1.80	2.30

续上表

管片环号	掘进参数控制					泥水流量控制		同步注浆				
	平均掘进速度(mm/min)	盾构刀盘				进浆管输浆量(m^3/h)	出浆管出浆量(m^3/h)	注浆量(m^3)	注浆压力			
		平均转速(r/min)	平均扭矩(kN·m)	系统压力(bar)	总推力(t)				第1路注浆(bar)	第2路注浆(bar)	第5路注浆(bar)	第6路注浆(bar)
92	29.8	1.11	1 023	275	2 639	1 133	1 243	19.6	1.70	1.60	1.40	2.20
108	32.8	1.05	1 025	217	3 036	974	1 190	29.2	2.10	2.20	2.80	0.00
123	32.9	1.05	907	278	3 423	1 060	1 175	17.5	2.10	2.10	1.80	1.70
136	33.3	1.05	848	298	3 634	1 067	1 234	19.8	2.80	1.60	2.60	1.90
144	30.4	1.04	450	279	3 593	955	1 147	27.5	2.00	2.70	1.70	1.60
154	35.1	1.05	736	265	3 323	955	1 245	18.2	1.70	2.40	2.30	1.50
164	31.4	1.05	672	270	3 362	639	1 173	17.4	1.90	2.80	2.90	1.80
173	40.0	1.07	921	207	4 715	623	1 249	17.3	1.70	2.80	1.40	1.70
215	28.3	1.05	705	214	4 712	1 026	1 235	18.6	2.20	4.10	1.60	2.30
216	32.7	1.05	763	269	4 215	1 061	1 205	17.4	2.80	4.40	2.00	2.90
220	30.0	1.04	671	262	4 105	889	1 155	18.7	3.30	4.00	1.40	1.20

2）上软下硬段掘进参数控制

盾构掘进主要参数包括刀盘转速、掘进速度、盾构推力、刀盘扭矩及盾构姿态。这些参数互相制约，要根据地层条件、刀盘状态、同步注浆状况、泥浆质量等因素来确定合适的掘进参数，不应盲目追求高速。

① 控制原则

上软下硬段盾构施工掘进主要考虑开挖面的稳定控制、刀盘冲刷、地表监测、刀具检修和带压进仓等。

② 主要推进参数

右线本段掘进速度控制在 10～21 mm/min 之间，平均 16.3 mm/min；刀盘转速在 1.3～2.15 r/min（除个别环转速异常调整），平均 1.5 r/min；刀盘扭矩在 2 728～8 500 kN·m，平均在 4 873 kN·m；总推力在 3 236～4 652 t（除个别环泥土仓底部吸口堵塞时推力异常增大），平均总推力在 4 182 t；泥水循环进浆控制在 860～1 462 m^3/h，平均为 1 281 m^3/h；出浆平均在1 355 m^3/h；同步注浆平均 17.9 m^3/环，注浆压力平均为 2.3 bar。

③ 其他推进参数

a. 泥水仓设定压力及盾构正面泥水仓的泥水压力

根据盾构埋深大小，坚持压力设定“宁高勿低”原则，一般采用水土分算，221～467 环，埋深在 28 m 以下，设定压力值在 3.8 bar 以下，取值一般略大于计算值。

b. 刀盘转速及掘进速度

在此段掘进中，刀盘转速在 1.3～1.5 r/min，贯入度不低于 4 mm。

c. 盾构推力、油压

此段掘进中盾构推力 5 000～6 000 t。盾构内壁与管片外侧环形空隙（上、下、左、右）间隙应尽量保证均匀。

d. 盾构进排浆流速，泥浆特性

进排浆流速 1 200 m^3/h 左右，泥浆密度在 1.15 g/cm^3 以下。

e. 同步注浆(注浆压力、数量)

注浆压力低于 3.8 bar，注浆量约 17 m^3/环。

f. 盾构姿态(水平、垂直、前方、后方、开始、结束等)

尽量保证与设计相符。

④ 优化后典型环掘进参数

通过狮子洋水下隧道出口左线 221～466 环掘进施工分析、调整、优化参数的基础上，进行右线 221～466 环施工，右线本段典型环掘进参数见表 9-4。

表 9-4　右线上软下硬段典型环掘进参数

管片环号	掘进参数控制					泥水流量控制		同步注浆				
	平均掘进速度(mm/min)	盾构刀盘				进浆管输浆量(m^3/h)	出浆管出浆量(m^3/h)	注浆量(m^3)	注浆压力			
		平均转速(r/min)	平均扭矩(kN·m)	系统压力(bar)	总推力(t)				第1路注浆(bar)	第2路注浆(bar)	第5路注浆(bar)	第6路注浆(bar)
226	22.6	1.21	4 825	299	4 315	1 159	1 215	18.4	2.80	3.70	1.50	1.10
235	7.0	1.32	5 322	299	5 223	1 102	1 184	17.6	3.60	3.70	1.50	1.70
252	14.3	1.31	5 236	236	4 750	1 118	1 423	15.3	1.80	1.90	1.00	1.60
297	15.1	1.32	7 251	270	4 235	1 315	1 355	15.3	0.00	4.50	1.00	0.00
313	16.8	1.35	5 462	236	3 917	1 318	1 334	16.0	0.00	4.80	1.40	0.00
330	18.0	1.52	5 116	224	3 743	1 302	1 247	19.7	0.00	4.50	1.60	0.00
341	10.2	1.50	8 256	264	4 160	1 362	1 389	13.2	1.00	4.50	2.70	1.40
352	15.0	1.50	5 326	279	4 125	1 038	1 346	24.8	3.30	2.30	3.30	3.10
362	15.0	1.52	4 232	224	3 787	1 238	1 360	20.1	2.20	1.20	2.70	1.10
374	15.0	1.50	4 123	254	4 087	1 405	1 425	17.9	2.80	2.60	3.60	2.30
386	13.5	1.51	4 231	254	4 213	1 282	1 392	19.6	1.90	0.70	2.80	0.80
396	14.1	1.50	4 068	244	3 689	1 319	1 280	19.6	1.60	0.50	2.90	0.40
404	15.0	1.50	4 154	260	4 152	1 402	1 446	16.9	1.20	0.90	2.80	0.70
412	15.1	1.50	2 895	276	4 033	1 278	1 351	16.7	1.10	1.10	1.30	0.00
420	18.7	1.80	4 026	202	4 407	1 350	1 470	16.0	1.40	0.60	1.70	0.00
432	15.4	1.51	3 492	277	4 322	1 321	1 453	19.0	0.90	0.10	1.60	0.00
441	16.1	1.50	3 845	244	3 900	1 388	1 496	16.9	0.80	0.00	1.70	2.00
457	16.8	1.52	3 519	217	4 332	1 331	1 419	16.1	1.30	2.00	2.10	2.00
465	21.3	2.13	3 845	270	4 035	1 248	1 301	18.4	1.40	2.00	2.20	2.00
466	21.4	2.15	3 739	237	4 191	1 230	1 227	18.6	1.50	0.00	2.30	0.00

⑤ 典型单环掘进参数分析

以右线上软下硬段 240 环掘进为例进行分析。此处隧道埋深约 18.5 m。地质情况为洞顶上覆人工填土层、淤泥层、粉细砂层、黏性土层、粉细砂层等地层，洞身主要通过黏性土层、中风化岩层、弱风化岩层等，硬岩所占比例约 50%，为典型的上软下硬地层。地层情况如图 9-4 所示。

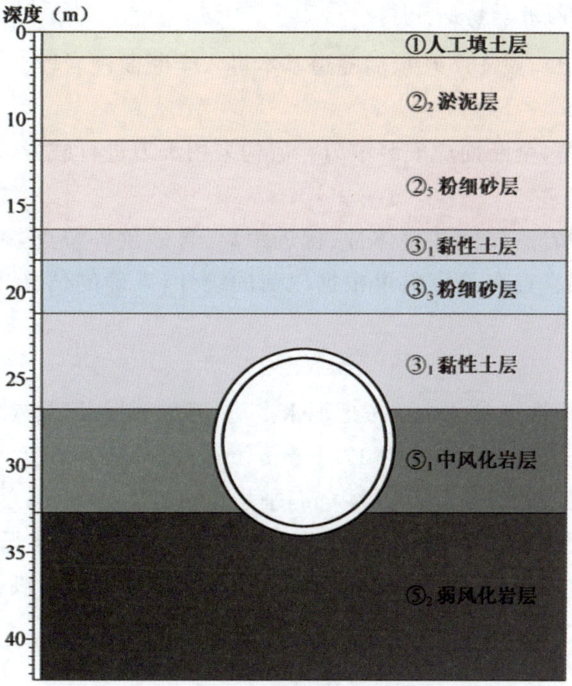

图 9-4　240 环管片地层剖面图

240 环设定压力 2.8 bar，在此环掘进过程中试验不同转速下掘进速度和贯入度的情况。具体统计见表 9-5。

表 9-5　240 环不同转速下掘进速度和贯入度对照表

油缸行程(mm)	976	990	998	1 034	1 050	1 055	1 068
36%刀盘转速(r/min)	1.18	1.23	1.28	1.22	1.3	1.28	1.16
掘进速度(mm/min)	3	3	4	4	6	6	6
贯入度(mm/r)	2	2	3	3	5	5	5
扭矩(kN·m)	7 871	8 076	7 845	6 247	7 513	7 550	7 980
总推力(t)	5 790	5 770	5 735	5 572	5 762	5 799	5 810
油缸行程(mm)	1 080	1 090	1 095	1 097	1 102	1 106	1 110
37%刀盘转速(r/min)	1.25	1.23	1.35	1.37	1.28	1.27	1.33
掘进速度(mm/min)	6	6	6	4	4	6	6
贯入度(mm/r)	5	5	4	3	3	5	4
扭矩(kN·m)	7 944	8 400	8 047	6 906	7 887	7 074	7 309
总推力(t)	5 807	5 912	5 956	5 956	5 889	5 884	5 827
油缸行程(mm)	1 241	1 244	1 249	1 251	1 260	1 265	1 270
45%刀盘转速(r/min)	1.52	1.37	1.48	1.38	1.56	1.33	1.47
贯入度(mm/r)	3	4	3	3	2	3	4
扭矩(kN·m)	7 169	6 529	6 502	6 820	5 781	6 063	6 860
总推力(t)	5 806	5 762	5 835	5 835	5 875	5 881	5 873

在此种地层中，刀盘转速设定为 1.3 r/min 左右，对匹配各施工参数有比较好的效果。并可以满足较好的出渣效果。

3）全断面硬岩段掘进参数控制

狮子洋水下隧道出口段 467 环以后隧道基本进入全断面硬岩段。

① 控制原则

在硬岩地层掘进时，全断面应安装滚刀。盾构采用滚刀进行破岩，其破岩形式属于滚压破碎岩石。

同时，应针对于硬岩的强度和整体性、掘进距离、含砂量等特点，确定需要安装滚刀的位置、超前量、数量、类型。查有关资料可根据以前的统计，准确的估计出正常情况下滚刀的磨损量。

② 主要推进参数

全断面硬岩段盾构推进参数主要考虑泥水携渣、刀盘磨损、刀具检修。右线本段掘进速度控制在 14～22.5 mm/min 之间，平均 17.1 mm/min；刀盘转速在 1.57～2.24 r/min，平均 1.8 r/min；刀盘扭矩在 3 217～7 600 kN · m，平均在 4 895 kN · m；总推力在 3 620～5 100 t（除个别刀具磨损较大时推力异常增大），平均总推力在 4 470 t；泥水循环进浆控制在 1 259～1 662 m^3/h，平均为 1 494 m^3/h；出浆量平均在 1 502 m^3/h，基本满足出渣；同步注浆平均 21.3 m^3/环，注浆压力平均为 2.7 bar。

③ 其他推进参数

a. 推力

从滚刀的破岩机理看，推力是主要的参数，推力越大则扭矩越大，而扭矩占破碎功的绝大部分。同时，推力越大，切刀和齿刀等入岩越深，同等条件下切削下来的渣土也越多。

从硬岩掘进前一段总结可以看出，盾构推力在克服泥水平衡压力后，在 900～1 500 t 比较适宜，从扭矩变化可以确定刀具磨损情况。

b. 刀盘转速

在软硬不均地段掘进，硬岩就像一个强度很大根基非常深的巨大的桩，阻碍刀盘的正常旋转，刀具承受冲击荷载。根据爱因斯坦的能量公式：$E=mv^2$，则在刀盘质量 m 一定的情况下，转速越快，则和硬岩撞击后的冲击能越大。

根据泥浆质量排渣能力，刀盘转速在 1.6～2.5 r/min 为宜。

c. 贯入度

根据切刀与滚刀的关系，确定贯入度为 10 mm 左右。

d. 盾构进排泥流速，泥浆特性

进排浆流量低于 1 500 m^3/h，尽可能保持泥浆密度在 1.15 g/cm^3 以下。

e. 压力设定

以液位变化作为参考值，结合注浆压力的大小对其设定。

④ 典型环掘进参数

全断面硬岩段 467～607 环中典型环掘进参数见表 9-6。

表 9-6　右线全断面硬岩段典型环掘进参数

管片环号	掘进参数控制					泥水流量控制		同步注浆				
	平均掘进速度(mm/min)	盾构刀盘				进浆管输浆量(m^3/h)	出浆管出浆量(m^3/h)	注浆量(m^3)	注浆压力			
		平均转速(r/min)	平均扭矩(kN·m)	系统压力(bar)	总推力(t)				第1路注浆(bar)	第2路注浆(bar)	第5路注浆(bar)	第6路注浆(bar)
467	22.2	2.14	3 539	268	4 028	1 363	1 411	18.5	1.40	2.00	2.20	2.00
473	21.0	2.12	4 215	263	4 138	1 296	1 449	20.1	1.40	2.00	2.10	2.00
484	22.1	2.31	4 356	263	4 412	1 389	1 390	20.8	1.40	2.00	2.30	2.00
507	14.2	1.61	5 423	217	4 407	1 456	1 496	19.6	1.50	0.10	1.80	2.60
518	15.5	1.59	6 648	298	4 133	1 593	1 603	20.0	1.30	0.00	1.90	2.50
527	17.3	1.70	4 254	276	5 518	1 553	1 622	20.0	2.20	0.00	2.60	3.00
537	10.2	1.82	3 724	279	3 878	1 524	1 610	20.9	1.80	0.40	2.80	3.10
545	15.2	1.62	4 253	231	4 086	1 486	1 531	20.3	1.70	0.00	2.70	3.00
553	16.4	1.61	5 962	212	5 395	1 576	1 652	29.9	2.00	0.30	2.70	3.10
562	15.2	1.60	6 523	211	5 429	1 557	1 541	21.5	1.80	0.20	2.80	3.00
572	11.2	1.74	6 988	215	5 155	1 379	1 519	22.7	1.40	20.00	2.60	2.90
582	19.1	1.80	4 467	225	4 509	1 562	1 578	25.0	1.50	0.40	2.90	3.00
596	17.2	1.79	5 465	222	5 625	1 566	1 608	20.7	1.40	0.30	2.80	0.40
597	18.0	1.80	5 628	283	5 066	1 528	1 547	21.3	1.40	0.30	2.90	0.40
599	16.0	1.77	7 026	216	5 191	1 601	1 587	27.0	0.90	20.00	1.90	0.20
600	16.4	1.80	3 569	267	4 815	1 456	1 586	29.2	1.40	0.30	2.00	0.40
602	18.3	1.81	3 256	241	4 578	1 504	1 539	32.3	1.40	0.10	0.70	0.40
603	19.1	1.79	4 394	211	4 252	1 501	1 536	30.1	1.40	0.10	0.90	0.40
606	19.0	1.80	4 043	225	4 211	1 396	1 452	28.6	1.50	0.30	2.00	0.30
607	19.3	1.78	4 256	237	3 620	1 424	1 578	29.1	1.40	0.40	1.10	0.30

总之，盾构在软岩中掘进，要根据刀盘压力和排渣能力来选择推进力，要特别注意盾构姿态和防止刀盘卡死，所以选用低转速转动刀盘，可避免盾构大位移的整体滑动和移位。在上软下硬地层中施工，要适当减小速度，不断改变刀盘的转速来适应地层的变化，尽可能的让盾构姿态趋于稳定，要注意掘进过程中液位的变化。在硬岩中掘进，要根据显示的平衡压力来选择合适的推进压力和刀盘转速，值得注意的是有效推力不能超过刀具的承载能力。要根据自动导向系统显示的位置偏差来控制盾构姿态，可选择较大的推进力和较高刀盘转速来提高速度，前提是刀盘压力在额定值内和及时排渣；另外，刀盘的驱动马达不能超负载，表现在刀盘上是其扭矩不能超出额定值，若超额就会出现刀盘卡死现象而损坏刀具乃至刀盘。反映在参数上为刀盘压力，其最大值不能超过其最大工作压。在掘进参数中，刀盘压力是最主要的参数，推进压力和刀盘转速要根据刀盘压力的变化而做相应调整，从而达到最理想的掘进速度。地质参数和掘进参数之间没有直接的联系，但操作手必须根据不同的地质选择不同的掘进参数来达到动态平衡，而此动态平衡能有效地控制盾构的掘进及其姿态。

9.2.4 盾构掘进姿态及方向控制

由于盾构表面与地层间的摩擦阻力不均匀，地层软硬不均、隧道曲线和坡度变化以及操作等因素的影响，盾构推进不可能完全按照设计的隧道轴线前进，而会产生一定的偏差，开挖面上的泥水压力以及刀盘切削地层所引起的阻力不均匀，也会引起一定的偏差，在盾构推进过程中，由于不同部位推进油缸参数设定的偏差易引起推进方向的偏差。当这种偏差超过一定限界时就会使隧道衬砌侵限、盾尾间隙变小使管片局部受力恶化，并造成地层损失增大而使地表沉降加大。因此，盾构施工中必须采取有效技术措施控制掘进方向，及时有效纠正掘进偏差。

(1) 盾构掘进姿态及方向控制途径

盾构掘进过程中是连续的蛇形运动，在蛇形运动下，推进油缸易出现行程差过大、盾尾间隙过小等现象，从而导致管片在盾壳内被挤破、拉裂。油缸行程差大时，底部推进油缸压力较大，管片相邻环间受到的偏心力越大，管片间的摩擦力小于管片所受偏心力产生的剪力，在剪力作用下造成管片错台，须及时根据管片设计的楔形量调整油缸行程和盾尾间隙，使盾构姿态和管片轴线尽量保持一致，以减小油缸行程差，保证盾尾间隙控制在合理范围之内。

姿态控制的目的是管片居中拼装。在掘进过程中，推进油缸推力要均匀地作用在管片上，使管片受力要均衡。而在软土中，会因推力不足，导致盾构后退，或者推力过大地层松软，盾构在安装管片时会自行前进。故把握好盾构推进油缸的推力，及时有效的精细化管理至关重要，应尽可能地使其沿隧道轴线作微量的蛇形运动。

当发现盾构掘进中轴线的平面位置和高程的允许偏差大于规范要求的 50 mm 时，应逐步缓慢纠偏，不得过急过猛地纠正偏差，纠偏数值不得超过操作规程的规定值，每一循环盾构的纠偏，水平方向不超过 9 mm，竖直方向不超过 5 mm。

要合理调整 4 个区域推进油缸油压，避免油压差过大加剧管片上浮的趋势，因此要求与盾构中心线相对称区域的油压差应小于 5 MPa，其伸出长度差应小于 12 cm。同步注浆过程中，为使浆液及时有效地固结，一般以降低推进速度为宜，推进速度不大于 3 cm/min。

常采取以下的手段和方式来控制盾构掘进姿态及方向。

1) 采用 SLS－T 掘进自动导向系统和人工测量辅助进行盾构姿态监测

该系统配置了导向、自动定位、掘进程序软件和显示器等，能够全天候在盾构主控室显示屏看到盾构当前位置与隧道设计轴线的偏差以及趋势。据此调整盾构掘进方向，使其始终保持在允许的偏差范围内。

随着盾构推进导向系统后视基准点需要前移，必须通过人工测量来进行精确定位，为保证推进方向的准确可靠性，须每周进行两次人工测量，以校核自动导向系统的测量数据并复核盾构的位置、姿态，确保盾构掘进方向的正确。

受隧道施工环境影响，每掘进 100～150 m，导向系统测量误差就会增大，影响盾构操作，必须移站，经过 4～6 次移站，需要进行一次人工复测以修正累计误差。

2) 采用分区操作盾构推进油缸控制盾构掘进方向

根据线路条件所做的分段轴线拟合控制计划、导向系统反映的盾构姿态信息，结合隧道地层情况，通过分区操作盾构的推进油缸来控制掘进方向。亦就是说盾构掘进方向的控制就是对导向油缸行程及压力和推力油缸的压力差等的控制。

推进油缸共有 22 组，分区控制盾构掘进方向，一般分为上、下、左、右 4 个区域。4 个区域油缸的行程和压力都在面板上显示出来。推进压力控制在 250 bar 以下，各组油缸之间的行程差小于 50 mm,由当分区油缸出现左右或上下压力差值较大时(上下区域油缸用以调整线路坡度,左右油缸用以调整线路方向,压力差不易过大),会造成调向过急,反而会挤坏管片。

不同的地质情况,掘进的操作方式不同。

① 软岩段

由于地层较软,受盾构自重影响极易发生"磕头"现象,操作时,特别要使盾构保持向上的趋势,一般走向趋势不宜超过 10 mm。若值太大,说明调向过猛,油缸受力增大,管片与盾尾密封刷间隙变小,会造成尾刷变形甚至被破坏,从而失去密封作用。

② 上软下硬地层

在上软下硬地层中掘进,由于地层不稳,盾构的姿态极易改变,所以尽量避免盾构主机方向的大幅度调整。只有在保证盾构的姿态比较稳定的同时可以略微调整,即只能做单一的运动,避免组合运动。

③ 硬岩段

在硬岩段,调整盾构主机的方向时只需单一的调整,如:只要加大右部区域油缸压力,并伸出所需行程量,盾构就会向左运动;只要加大上部和右部区域油缸压力,并伸出所需的行程量,盾构就会向左下方运动。

④ 其他情况

在上坡段掘进时,适当加大盾构下部油缸的推力;在下坡段掘进时则适当加大上部油缸的推力;在左转弯曲线段掘进时,则适当加大右侧油缸推力;在右转弯曲线掘进时,则适当加大左侧油缸的推力;在直线平坡段掘进时,则应尽量使所有油缸的推力保持一致。

在均匀的地质条件且无坡段时,保持所有油缸推力一致;在软硬不均的地层中掘进时,则应根据不同地层在断面的具体分布情况,遵循硬地层一侧推进油缸的推力适当加大,软地层一侧油缸的推力适当减小的原则来操作。

(2) 盾构掘进姿态及方向控制操作

盾构姿态参数主要包括滚动度和俯仰度,掘进方向参数包括刀盘中心和盾尾中心,偏离隧道设计中心的水平值、高程值。附加的参数包括管片与盾尾之间的间隙。

滚动度:滚动度产生的原因是刀盘朝一个方向旋转时,导致盾壳反方向旋转,该值过大会导致推进油缸活塞杆扭转,损坏活塞杆。对滚动度的调整只需根据导向系统提示,先停止驱动刀盘旋转,经过 1 min 左右后再启动驱动刀盘反向旋转。

俯仰值:俯仰值反应的是盾构俯仰程度,也即为隧道设计坡度的偏差,主要通过盾构上、下分区推进油缸的推力调整,改变掘进后坡度拟合设计坡度,如图 9-5 所示。

位置 1 时盾构整体位于设计轴线上方,且俯仰角大于隧道坡度,此时盾构自然向下俯冲。当俯冲到一定值后(位置 2、3、4、5、6 前刀盘中心位置低于设计轴线),加大底部推力,减小上部推力,使盾构抬头向上。维持一段时间后(位置 7、8、9、10 此时可以从俯仰值判断盾构中心轴线是否在向隧道设计轴线靠拢),当盾构俯仰角小于隧道坡度后盾构开始向上走,向上走到一定值后(位置 11、12、13、14 前刀盘中心位置高于设计轴线),此时应减小底部推力,加大上部推力使盾构有向下走的趋势。如此周而复始,盾构行走的路线即为一条 S 形路线,该 S 线在设计轴线上下位置波动。勤调整、微调整是为了防止盾构长时间沿一个方向行走偏离设计轴线过大而导致调整姿态困难,盾构掘进时应尽量保证刀盘中心偏离设计轴线水平与高程值偏差不大于50 mm,每环纠偏值不大于 10 mm,某些特殊情况下还要特殊处理。

在盾构调向困难时,可以考虑停止使用部分油缸,增加转向推力差值来纠偏(停止使用油缸应注意:确保管片上要有一组油缸,F 块油缸不能停止使用)。如还是不能纠偏,则边滚刀磨损。开挖直径减小导致的盾构转向困难,应该更换边滚刀和周边刮刀。如通过以上步骤还不能转向,就需要使用仿型刀,设定开挖角度范围,增大开挖面直径辅助盾构转向。

盾构掘进必须满足铁路隧道中心轴线控制标准－50～＋50 mm(包括平面、高程偏差)。

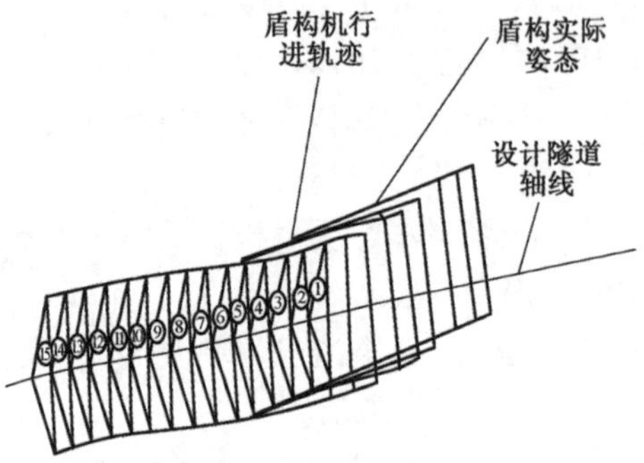

图 9-5　盾构掘进姿态及方向控制

狮子洋水下隧道出口左线始发掘进为防止盾构“磕头”,采取掘进姿态高程以＋30 mm 控制,水平以 0 mm 控制进洞。但随着掘进,隧道管片出现了上浮趋势;同时出现盾构刀盘下沉,盾尾上翘。在后期掘进时采取加大底部油缸的推力“上抬刀盘,下拉盾尾”的措施,使每环掘进中刀盘上抬值总大于盾尾下拉值,同时停机或安装管片时刀盘的下沉值又小于盾尾上翘值,随着掘进,出现了盾构整体慢慢上移的趋势。

根据左线始发掘进盾构姿态的变化,在左线后 300 m 和右线掘进中,姿态高程以－35 mm 左右控制,水平以 0 mm 左右控制掘进。主要方法是调整油缸各区域油压,控制油缸行程来控制姿态;采取刀盘正反转调整盾构的旋转;降低盾构掘进速度和刀盘转速以减小对地层的扰动;提高管片安装效率,管片安装完后重新顶紧底部油缸以防刀盘较大下沉。

(3) 盾构掘进姿态及方法调整与纠偏

在实际施工中,由于地质差异等原因导致盾构推进方向可能会偏离设计轴线并达到管理警戒值;在稳定地层中掘进,因地层提供的滚动阻力小,可能会产生盾体滚动偏差;在线路变坡段或急弯段掘进,有可能产生较大的偏差。因此应及时调整盾构姿态、纠正偏差。

1) 姿态调整

参照上述方法分区操作推进油缸来调整盾构姿态,纠正偏差,将盾构的方向控制调整到符合要求的范围内。

2) 滚动纠偏

当滚动超限时,盾构会自动报警,此时应采用盾构刀盘反转的方法纠正滚动偏差。

允许滚动偏差小于 1.5°,当超过 1.5°时,盾构报警,提示操纵者必须切换刀盘旋转方向,进行反转纠偏。

3) 竖直方向纠偏

控制盾构方向的主要因素是推进油缸的单侧推力,当盾构出现下俯时,可加大下侧推进油缸的推力,当盾构出现上仰时,可加大上侧推进油缸的推力来进行纠偏。

4) 水平方向纠偏

与竖直方向纠偏的原理一样,左偏时应加大左侧推进油缸的推进压力,右偏时则应加大右侧推进油缸的推进压力。

(4) 掘进方向控制及纠偏注意事项

1) 在切换刀盘转动方向时,应保留适当的时间间隔,推进油缸油压的调整不宜过快、过大,切换速度过快可能造成驱动齿轮损坏。

2) 根据掌子面地层情况应及时调整掘进参数,调整掘进方向时应设置警戒值与限制值。严格执行“预警报告、超限停机”控制程序。

3）蛇形运动的修正应以长距离慢慢修正为原则，如修正得过急，蛇形运动反而更加明显。在直线推进的情况下，应选取盾构当前所在位置点与设计线上远方的一点作一直线，然后再以这条线为新的基准进行线形管理。在曲线推进的情况下，应使用使盾构当前所在位置点与远方点的连线同设计曲线相切。

4）正确进行管片选型，确保拼装质量与精度，以使管片端面尽可能与计划的掘进方向垂直。

5）严格控制纠偏力度，防止盾构发生卡壳现象。

6）盾构始发、对接时方向控制极其重要，应按照始发、对接掘进的有关技术要求，做好测量定位工作。

9.3 泥浆参数设置及质量控制

狮子洋水下隧道开挖断面大，且穿越富水软弱地层、黏性较高的软硬不均段、强渗透地层复杂的硬岩段。因此，能否实现盾构快速掘进，不仅取决于盾构主机性能，泥水的性能参数也是实现盾构快速掘进重要条件之一。

9.3.1 泥浆组成及质量要求

（1）泥浆作用及性能要求

1）泥浆作用

① 稳定开挖面：利用泥水稳定开挖面的想法源于地下连续墙的泥浆护壁原理。其根本原因是泥水与开挖面接触后，迅速在开挖面形成隔水泥膜。在泥水与开挖面接触时，由于作用在开挖面上的泥水压力大于地层中水土压力，泥水中的细颗粒成分与水通过地层间隙渗入地层，随着时间的增加，地层间隙被细颗粒填充的越来越充分，渗透系数越来越小。另外，泥水中的黏土颗粒带负电荷，而地层土颗粒带正电荷，故泥水中的泥土颗粒吸附聚集在开挖面的表面，即渗透填充作用（前者）和表面吸附作用（后者）。

② 运输携带渣土：泥水与掘削下来的渣土在泥水仓内混合、搅拌，且渣土在泥水中保持悬浮状态，且具有流动性，然后通过泥浆泵经管道将其排至地表，经泥水分离处理后，将渣土排出，泥水经过处理各项性能指标满足要求后，重新注入泥水仓。为了使泥浆发挥其应有的作用，泥浆必须具有稳定性、良好的泥膜形成性、适当的密度与黏度和良好的流动性。

2）泥水性能要求

① 物理的稳定性（对于重力作用的稳定性）：泥浆即使静置相当一段时间，其性质也没有变化，这叫稳定性高。若泥浆长时间处于静置状态，在重力作用下，其固体颗粒发生离析沉淀，在特殊情况下，泥浆的上部成为普通的清水。清水或者接近清水的泥浆是没有维持开挖面稳定功能的。

② 化学的稳定性：若泥浆被反复使用，泥水、地下水（海水）以及地基土中的阳离子等会逐渐使泥浆的性质发生变化。这就是说泥浆将要从悬浮分散状态向凝集状态转化。当泥浆出现凝集时，呈悬浮胶体状态的颗粒就要增大，失去形成良好泥膜的能力，这时如果让泥浆静止不动，膨润土、颗粒就开始与水分离而沉淀下来。

③ 适当的密度：泥浆的密度有如下作用，泥浆和地下水之间的压力差可抵抗土压力和水压力，以维护开挖面的稳定。若泥浆的密度增大，就会增加压力差，提高开挖面的稳定性，同时会提高对土渣的浮托力，有助于把土渣携出地面。可是如果密度过大，就会产生泵送能力不足或降低等问题。

④ 与流动有关的特性：如果施加较小的力则不会流动，必须施加一定程度以上的力才开

始流动。

⑤ 良好的泥膜形成性能:所谓良好的泥膜形成是在开挖面表面形成一层薄而韧的不透水泥膜,并在开挖面表面附近的地基土内,由于泥浆的渗透而形成浸透沉积层。如果泥浆质量恶化,就会形成厚而脆,截水性差的泥膜。

(2) 泥浆材料组成

1) 水:河水。

2) 膨润土:主要成分是蒙脱土,必须符合施工要求。

3) 纯碱:不允许含有其他杂质。

4) CMC:能增加黏度和提高泥膜形成性能。

(3) 泥浆的质量控制

为了保证满足施工需要的泥浆,从以下几个指标来控制泥浆的质量。

1) 泥水密度

为保证开挖面的稳定,须将开挖面的变形控制在最低限度以内,希望泥水密度要高一些。但密度高的泥水使得送浆泵处于超负荷状态,且携渣能力差,并将造成泥水处理上的困难。而密度低的泥水虽具有减少泵负荷等优点,但却产生了逸泥量的增加、推迟泥膜的形成。一般的泥水密度在 1.05～1.3 g/cm³ 范围内较适宜。

2) 泥水的黏度

可通过将泥水自漏斗形容器流出的时间作泥水的黏性值,即黏度,清水在 500 cc 漏斗形容器流出时间是 15 s,即清水的黏度为 15 s,泥水盾构中常采用黏度为 20～35 s/500 cc 的泥水。

3) 失水量

失水量可直接通过失水量测定仪来检测,一般要求失水量小于 30%,失水量过大,对稳定工作面不利。

4) pH 值

pH 值一般为 7～10,表明泥浆没有正离子污染,超过时表明泥浆中存在正离子污染,pH 值越大,表明污染越严重,即浆液的稳定性越差。

5) 泥浆的基本要求

泥水要想发挥很好的上述作用,必须具备:物理稳定性好;泥水粒度级配,相对密度、黏度要适当;流动性好;成膜性好;pH 值 7～10。

9.3.2 泥水试配

具体配比方案以及试配过程中各项原材料对泥浆指标的影响见表 9-7。

表 9-7 泥水试配及其各指标

材料	配比(%)	密度(g/cm³)	漏斗黏度(s)	失水量	pH 值
膨润土	10～16	1.05～1.25	20～35	0～30	7～10
CMC	0.1～0.5				
纯碱	0.2～1.0				
水	余量				

根据上表中的参数进行试配,密度为:1.05 g/cm³、1.08 g/cm³、1.10 g/cm³、1.15 g/cm³、1.20 g/cm³、1.25 g/cm³ 逐级调整试配。试配结果如下。

(1) 黏度与膨润土、CMC、纯碱掺量的关系如图 9-6 所示。

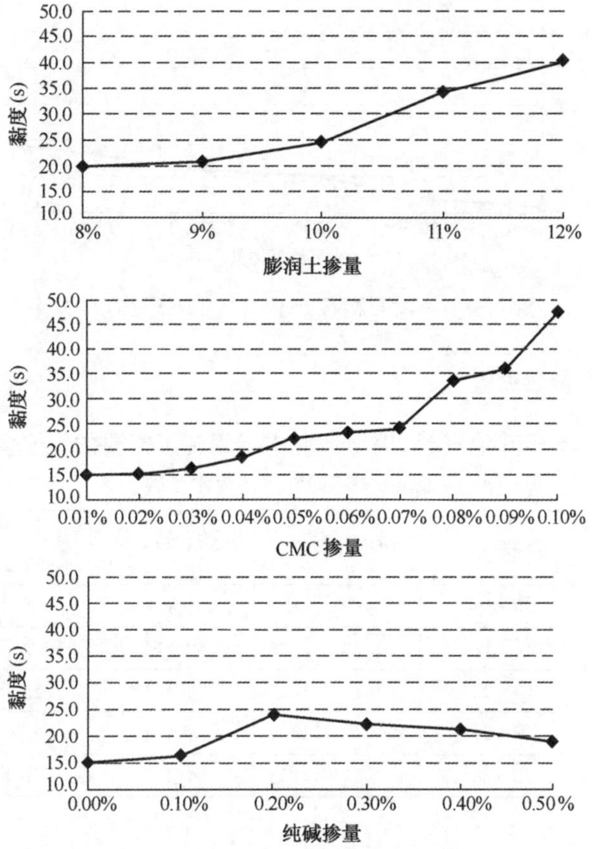

图 9-6　密度与膨润土、CMC、纯碱掺量的关系

(2) 密度与膨润土、CMC、纯碱掺量的关系如图 9-7 所示。

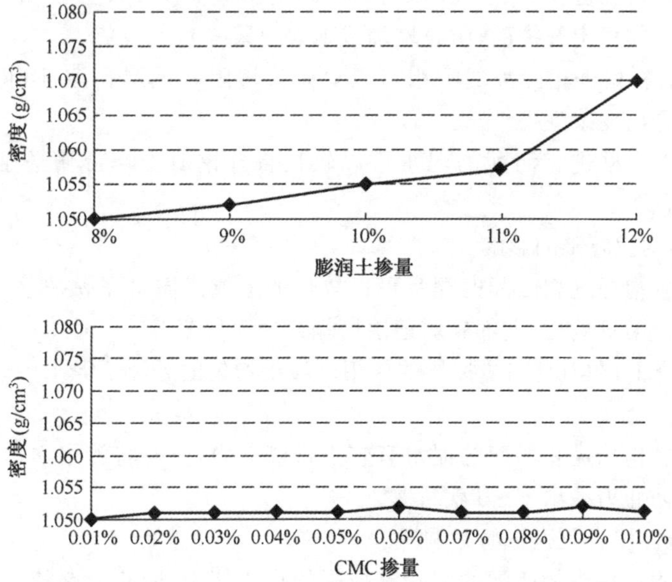

图　9-7

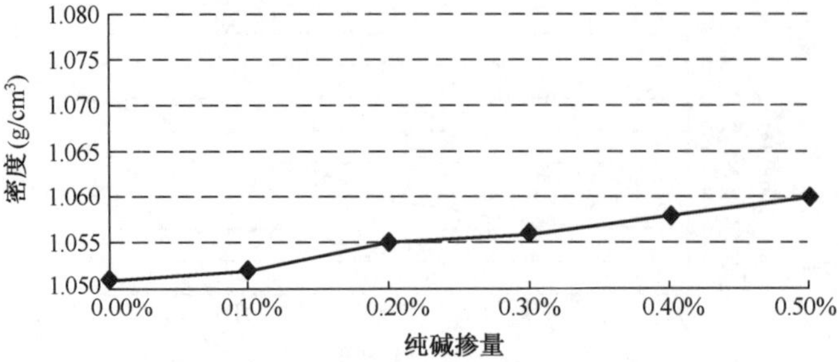

图 9-7　密度与膨润土、CMC、纯碱掺量的关系

9.3.3　不同地层泥水参数设置

根据施工经验，并参照其他资料，提出适应本工程施工需要的泥水参数指标见表 9-8。

表 9-8　不同地层的泥水参数

岩层性质	黏度(s)	密度(g/cm^3)	含砂量(%)	失水量(cm^3/30 min)	pH 值
黏土层、淤泥地层	15～16	1.05～1.08	小于 4	小于 8	7～10
粉、细、中砂层	16～17	1.08～1.1	4～8	小于 20	7～10
遇水膨胀岩层	20～22	1.1～1.15	小于 4	小于 10	7～10
强、弱风化岩地层	18～20	1.1～1.15	小于 4	小于 23	7～10
裂隙岩层	22～28	1.15～1.2	小于 4	小于 15	7～10

9.3.4　泥浆对不同地层盾构施工的影响

(1) 对富水软弱地层段施工的影响

1) 与地层和盾构掘进相匹配的泥水可以较快的形成高质量泥膜护壁、密封开挖面、平衡开挖面的水土压力，并稳定开挖面，防止垮塌或地表冒浆等。

2) 与地层和盾构掘进相匹配的泥水可以更好渗透阻塞地层孔隙，阻止地下水进入开挖仓；同时阻止开挖仓内泥浆溢失。

3) 与地层和盾构掘进相匹配的泥水可以较快将开挖渣土携带输送至地面并满足泥水分离。

(2) 对软硬不均段施工的影响

1) 与地层和盾构掘进相匹配的泥水可以较快的形成高质量泥膜护壁、密封开挖面、稳定上部软弱地层，防止刀盘偏压，上部软弱地层垮塌或地表冒浆等。

2) 改良开挖渣土，在刀盘和搅拌棒的作用下渣土均匀的悬浮于泥水中，防止渣土沉积、堵塞吸口和管路。

3) 与地层和盾构掘进相匹配的泥水有较强携渣能力，及时将泥水送出；同时泥水冲刷起到更大的作用，可防止刀孔堵塞、刀盘黏糊。

(3) 对强渗透性硬岩段施工的影响

1) 与地层和盾构掘进相匹配的泥水有极强的携渣能力，防止管路渣土沉积造成管路、出浆泵磨损。

2）与地层和盾构掘进相匹配的泥水可以匀速的将仓内切削渣土携带出去，减少泥水渣土对刀盘和刀具的磨损。

3）与地层和盾构掘进相匹配的泥水可以短时间内形成泥膜，防止硬岩掘进中过多泥水的溢失，同时可阻止地层水沿着盾壳进入仓内，稀释砂浆造成管片背部间隙填充质量。

9.4　对接技术

9.4.1　盾构隧道相向掘进对接方法概述

目前国际上盾构相向掘进对接施工的方法分为两种形式，直接式对接和辅助式对接。

直接式对接也称为机械对接，就是直接利用盾构特殊设计的装置进行掘进对接，对接时利用可伸缩式刀盘减少刀盘直径并缓慢收回刀盘，使两台盾构无限接近，同时将存储在盾壳内的插入环伸出，使之进入另一台盾构预留的接受槽内，从而达到无缝连接的目标。采用这一方法进行对接，需要对盾构进行特殊形式的设计，且其对接精度要求很高，设备昂贵。采用机械对接方法时，盾构的主要构造如图 9-8 所示，对接施工顺序如图 9-9 所示。

辅助式对接也称为土木对接，就是盾构掘进接近到一定的距离后，采用土木工程的方法对接，如果对接的地层处于稳定状态，可以不采用任何地层加固措施，直接采用保压掘进对接；否则应加固地层，如采用注浆加固或冷冻加固。

采用注浆法加固地层进行对接施工时，一般都是两台盾构同时进入预设的对接区域，然后各自进行地层注浆加固，之后再掘进再注浆加固，直至两台盾构进入两侧注浆加固的交会段，再行对接贯通，如图 9-10 所示，最后拆除盾壳内部件，连通两侧隧道。

采用冻结法加固地层进行对接施工时，一般是两台盾构先直接掘进到对接点，尽可能使两台盾构近接，并拆除壳体内的部件，只保留工作面的保压装置使对接点处于压力平衡状态，然后利用盾构本体的预留超前孔打设冷冻管，冷冻加固对接点盾壳外土体。地层加固完成后，拆除主机内部的相关部件，最终可形成图 9-10 的隧道管片结构与盾构主机盾壳体相连稳定体，然后进行内部钢筋混凝土衬砌施工。

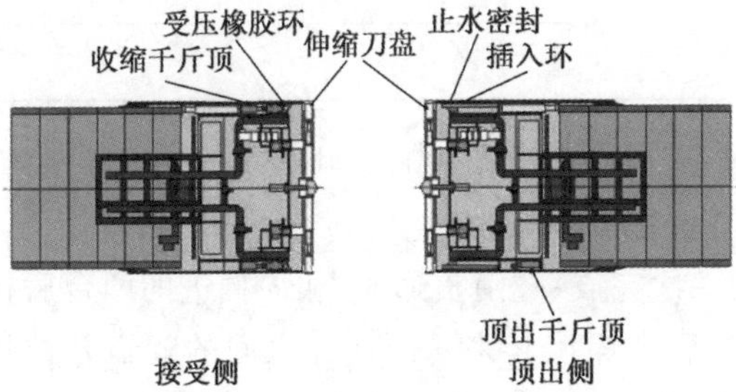

图 9-8　机械对接的盾构构造

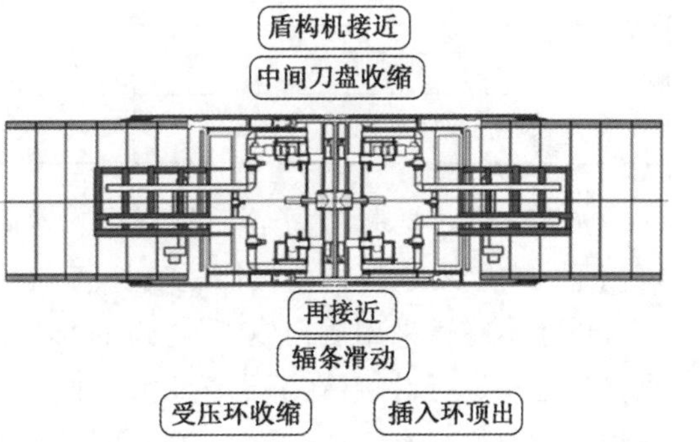

图 9-9　机械对接的施工顺序

狮子洋隧道是我国首次采用盾构对接施工技术的隧道，采用 4 台泥水平衡式盾构“相向掘进、地中对接、洞内解体”施工。根据国外大直径盾构水下对接技术和经验，本工程水下对接主要综合考虑地质水文、对接测量要求和进出口盾构掘进进度，采取“水下近接、洞内解体、切口封闭、衬砌现筑”的总体施工方案。

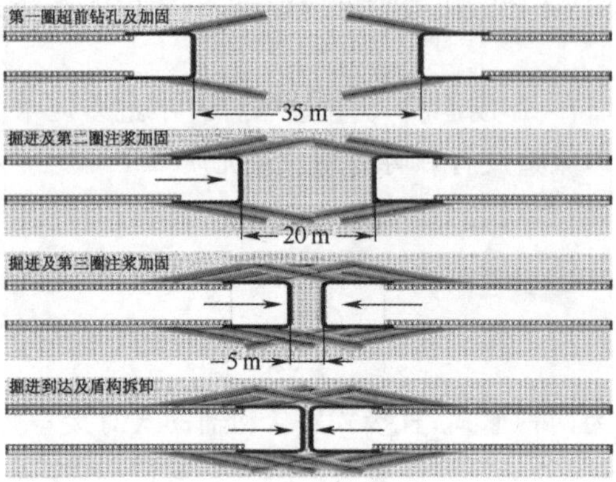

图 9-10　注浆加固对接

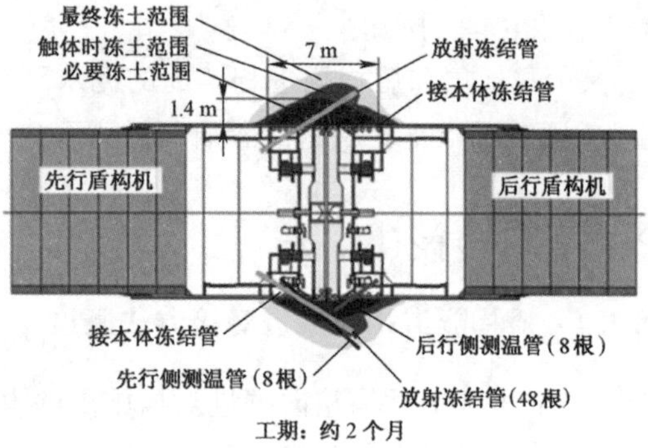

图 9-11　冷冻加固对接

9.4.2　狮子洋隧道洞内控制测量

（1）测量方案与测量精度的控制

狮子洋水下隧道盾构掘进对接是在最长单向掘进达 5.3 km 之后，要求盾壳能够有部分重叠，测量精度非常高，因此要求平面控制采用 GPS 跨江联测，洞内导线采用单洞双导线，并在两个对接面之间通过联络通道进行联测，以满足施工所需精度。

目前高速铁路上实行的《京沪高速铁路测量暂行规定》在对隧道的贯通误差要求上，对比《新建铁路工程测量规范》（TB 10101—99）（以下简称《测规》）来说，有了进一步提高；而《测规》的相关规定对本隧道来说，不能满足施工精度的要求。《测规》所规定的隧道相向施工中线在贯通面上的贯通限差及由此得到的贯通误差影响值（贯通中误差）见表 9-9。

表 9-9　隧道贯通误差的限差和中误差要求　　单位：mm

两开挖洞口间的长度（km）	8～<10	10～<13
横向贯通限差	200	300
高程贯通限差	50	
横向贯通中误差	100	150
高程贯通中误差	25	

按照表 9-9 要求，狮子洋隧道横向贯通限差达到 300 mm（横向贯通中误差±150 mm）即可满足《测规》要求。即使按照隧道长度 8～<10 km 的要求，也只能达到 200 mm 以内。

由于本隧道采用盾构施工，隧道的开挖、衬砌一次完成；隧道贯通时，相向掘进的两台盾构直接在地中进行对接（在狮子洋水底将两台盾构的盾壳焊接起来），两盾壳之间的隧道开挖贯通误差调整段只有 20 m 左右，远远小于常规钻爆法施工隧道的贯通误差调整段长度。另外，横向贯通误差较大时还对盾壳的焊接造成困难；并且由于隧道断面为圆形，横向贯通误差在贯通面的高程上还会产生错台现象，严重时甚至影响到隧道的净空。

本隧道的平面控制测量精度必须在《测规》规定的精度基础上进一步加以提高。参照盾构生产厂家提供的相关数据，根据《测规》的规定，经初步的贯通误差估算，再参考若干座长大隧道实际产生的贯通误差数据，将隧道的横向贯通限差控制在 100 mm（即贯通中误差

≤±50 mm)以内,是能够做到的;也只有达到这个精度,才能满足盾构对接、线路线形和隧道净空的要求。因此以下的控制测量设计就按照横向贯通限差 100 mm,高程贯通限差 50 mm 进行。

(2) 测量对隧道贯通精度的影响值估算

1) 高程测量对隧道贯通精度的影响值估算

狮子洋隧道洞内外高程控制测量采用二等水准,实测洞外每千米水准测量偶然中误差 $M_{\Delta}=\pm 0.37$ mm 。为了给洞内高程控制留有一定的富余量,在下面估算时,按照二等水准精度进行估算,即 $M_{\Delta}=\pm 1.0$ mm。

洞外水准路线长度为 15.97 km,洞内水准路线长度为 11 km,由此而产生的洞外、洞内高程贯通中误差影响值分别为:

$$M_{H外}=\pm 4.0\ \text{mm} \qquad M_{H内}=\pm 3.3\ \text{mm}$$

计算公式:

$$M_{H}=M_{\Delta}\times\sqrt{L} \tag{9-1}$$

由此得出洞内外总影响值为:

$$M_{H}=\sqrt{M_{H外}^{2}+M_{H内}^{2}} \tag{9-2}$$

由上述公式计算得出 $M_{H}=\pm 5.2$ mm

即使考虑到洞外高程控制中存在的 9.3 km 跨海二等水准测量精度稍低的因素,最后的贯通限差也应该不大于 40 mm。如此估算,狮子洋隧道的高程控制测量,采用二等精密水准,就可以满足施工精度的要求。

2) 平面控制测量对隧道贯通精度的影响值估算

狮子洋隧道盾构是通过竖井进洞的,但开始掘进时尤其是掘进一段距离后进行洞内控制测量时,洞外隧道明挖段已基本竣工。因此实际上进洞联系测量方法与常规山岭隧道没有太大的区别,贯通面上的横向贯通误差影响值仍由洞外、洞内控制测量两部分组成。

总的横向贯通中误差为±50 mm,按照《测规》规定的分配比例将其分配到洞内外部分:洞外为±30 mm,洞内为±40 mm。

① 洞外横向贯通影响值估算

洞外平面控制采用 GPS 静态测量模式进行,洞外控制网的测量误差对横向贯通精度的影响值估算,目前规范上尚没有做出明确规定,也没有比较成熟的估算方法。按照《全球定位系统(GPS)铁路测量规程》(TB 10054—1997)的相关要求,利用 GPS 成果中两端洞口进洞控制点之间的方位角精度来进行估算。进口两控制点 J4～J5 方位角中误差为 0.70″,出口控制点 J1～GPS C21 方位角中误差为 0.36″,两端进洞控制点到贯通面的距离按照 5.5 km 计算,置镜点角度误差按照方位角中误差的$\sqrt{2}$倍计算,则 GPS 洞外控制网对横向贯通误差影响值为:

$$m_{外}=\pm 29.7\ \text{mm}<\pm 30\ \text{mm}$$

满足分配给洞外部分的中误差要求。

② 洞内平面控制测量设计

洞外控制网估算影响值与分配给洞外部分的影响值基本相等,因此,未能给洞内部分留有富余量。

洞内控制测量分配的影响值为±40 mm,它又由以下两部分组成。

洞内测角误差影响所产生的在贯通面上的横向中误差:

$$m_{内\beta}=\frac{m_{\beta}}{\rho}\sqrt{\sum R_{x}^{2}} \tag{9-3}$$

式中 m_β——由洞内导线环闭合差计算的测角中误差,(″);

R_x——洞内各导线点到贯通面的垂直距离,m;

ρ——弧度化秒的乘常数,s,$\rho=206265$;

洞内测边误差影响所产生的在贯通面上的横向中误差:

$$L=\frac{m_L}{L}\sqrt{\sum d_y^2} \tag{9-4}$$

式中 m_L——导线边长相对中误差;

d_y——各导线边在贯通面上的投影长度,m。

在表9-10中,将不同的洞内导线平均边长和测角中误差进行组合,按照上述计算公式对洞内影响值进行估算,来选择合适的导线平均长度和合理的测角精度,以满足最后的横向贯通中误差。

表9-10 洞内不同测角精度和导线边长产生的横向贯通中误差影响值 单位:mm

测角中误差 \ 平均边长(m)	400	500	600	700	800
1.0″	74.2	67.3	62.3	58.4	55.4
0.7″	51.9	46.3	42.7	40.0	38.1

表中 R_x 和 d_y 具体数值按照相应的导线长度计算,表中未列出,边长相对中误差按1/50 000计,隧道的设计贯通面里程为DK38+250。

由表9-10可看出,洞内测角精度应达到0.7″,导线平均边长大于700 m,方能基本满足洞内控制测量分配的影响值为±40 mm的要求。

(3)对洞内控制测量的要求

由上述内容可知,要满足本隧道的贯通精度要求,比较困难的是平面控制测量精度。因为,洞外平面精度勉强能够满足分配给洞外部分的中误差要求;洞内部分在测角精度达到0.7″(即一等导线),导线平均边长大于700 m时,也才能基本满足分配给洞内部分的中误差要求。而这些指标要求,对于长大隧道洞内环境来说,还是比较苛刻的。因为,洞内测角精度很难再加以提高,而增加导线平均长度对横向精度的提高来说,影响幅度不大,反而会增加观测目标照明和瞄准的难度,相应也降低了角度观测的精度。

为了进一步提高洞外平面精度,计划在施工过程中进行复测时,对洞外控制网利用GPS进行定期复核,成果校差在允许范围内时,取其平差值;同时对洞口附近的进洞控制点进行检查,及时发现可能出现的点位位移现象,并根据施工现场进展情况和洞内控制测量各项要求,增设相关控制点。控制测量方案如图9-12所示。

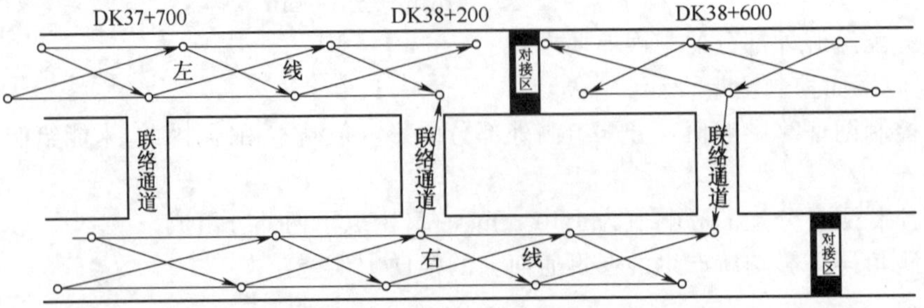

图9-12 对接段的控制测量设计方案

为保证洞内部分控制测量的精度，对洞内控制测量提出如下要求：

(1) 洞内高程控制采用二等水准测量，水准路线分别沿左右线向前引伸，在横通道处闭合并进行平差。

(2) 洞内平面控制采用闭合导线环方式。左右线分别单独布设导线环，主副导线互相交叉，每 6～8 条边闭合一次。导线环的测量应在间隔一段时间后进行重复不少于两次的测量，取平均值或加权平均值。

(3) 洞内测角精度按 0.7″控制，采用 0.5″级全站仪用方向观测法进行观测，导线环内外角各观测 5～6 测回，共 10～12 测回。

(4) 洞内导线平均边长不短于 700 m。如受外界条件限制，导线边长短于 300 m 时，在测完内角后，将仪器和棱镜基座旋转 180°，再测外角，以减小仪器和棱镜基座对点误差的影响。测量前应对仪器和棱镜的对中误差进行检校。

(5) 导线点布设应考虑设计的横通道口位置因素，利用已经打通的横通道将左、右线导线进行闭合。因横通道处边长较短，故在内业计算时，不进行角度闭合差平差，只进行坐标平差。

(6) 埋设洞内导线点、水准点时，不能距离掌子面过近，应埋设在已经稳定的管片内，具体位置须根据实测的管片位移数据分析确定。

(7) 导线点间的视线，距离建筑物、通风管道和施工机械等物体不得小于 0.2 m，以减小折光影响。

(8) 由洞外引向洞内的测角工作，应选择阴天或夜间进行，并应总共进行不少于 3 次的联测。洞外向洞内引测的导线视线，应尽量远离地面，远离通风机、风管及洞口临时建筑。

9.4.3 对接区围岩稳定性分析

(1) 对接区选择

狮子洋水下隧道对接范围的地层应处于弱风化砂岩中，地质勘探资料显示，弱风化岩石的抗压强度为 6.54～82.80 MPa；弱风化岩层的渗透系数在一般地段为 0.033～1.475 m/d；强透水地段 10.02～30.84 m/d；个别段 55.2 m/d。因此对接面应选择弱风化地层岩石单轴抗压强度较高，而渗透系数较小的地段。

根据工程及水文地质以及对接点等综合评价，原设计采用假设进出口项目部掘进速度基本相当，左线对接位置选择在 DK38＋250～DK38＋099.2 段(2 425～2 450 环)之间，右线对接位置宜择在 DK38＋500～DK38＋560 段(2 375～2 400 环)之间。原计划对接点位置示如图 9-13 所示。

后由于进出口的施工进度差异较大，为了满足安全、经济且无辅助措施的对接，在综合研究后，又选择了较好的三个可进行对接的区段，如图 9-14 所示。区段 DK38＋520～DK38＋960 为理想的选择，区段 DK38＋120～DK38＋440 为其次的选择，区段 DK37＋670～DK38＋050 为第三选择。

因为出口的进度大大超前进口的进度，最后不得不选择第三区段进行对接，左线对接点为 DK37＋800，右线对接点为在 DK37＋830。这样对接点的联系测量就不能利用联络通道，只能靠两侧的洞内闭合导线来满足对接精度。

(2) 对接区围岩稳定性模拟试验

对接区围岩稳定性模拟试验采用离心机进行，离心机运转分两个阶段进行。第一阶段，离心加速度逐步增加到预定值，在此过程中同步增加气囊内的气压，当气压达到预定范围时，保

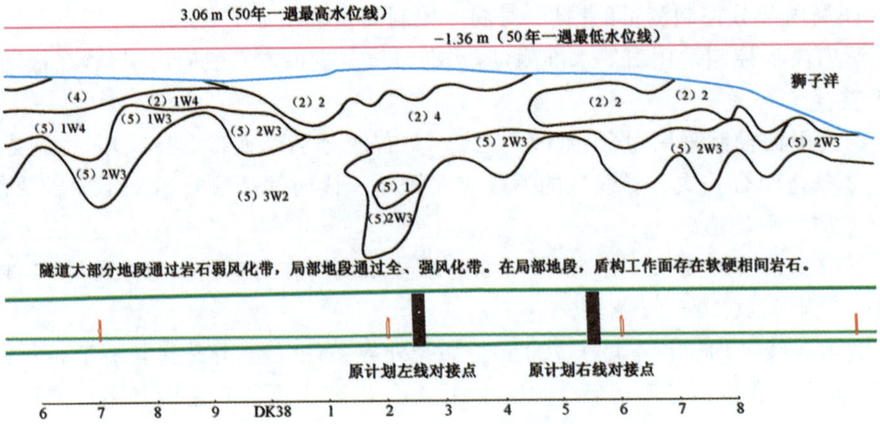

图 9-13　原计划对接点位置图

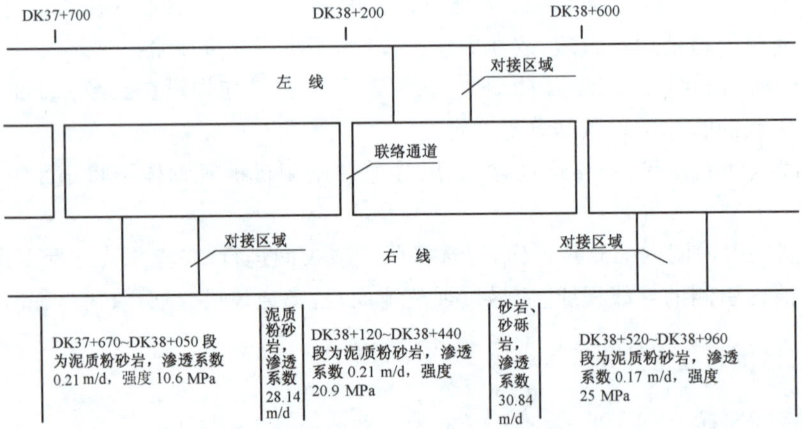

图 9-14　实际对接区段的选择

持离心加速度和气囊内的气压一定时间不变，以模拟尚未开挖的状态；第二阶段，逐步减小气囊内的气压到零为止，逐步模拟开挖和洞壁支护压力减小的状态。

测量气压减小过程中掌子面的位移、应变和应力，或直接用肉眼来观测掌子面的变形情况，据此来推断掌子面围岩的稳定情况。

根据地质资料，试验首先确定离心加速度，然后完成围岩的模拟、海水的模拟、盾构管片的模拟。用应变片和激光传感器来监测掌子面的变形。

1）试验设备

① 离心试验机

试验采用水科院的 LXJ-4-450 型大型土工离心模型试验机，试验机采用对称转臂，双吊篮，双摆动方式。离心试验机的转动半经 5.03 m，最大加速度 300 g，有效负载 1.5 t，有效荷载容量 450 g—t，试验吊篮尺寸 1.5 m×1.0 m×1.5 m(长×宽×高)。实物如图 9-15 和图 9-16所示。

② 加压系统

为了能够模拟出泥水盾构工作时对掌子面施加的泥水压力，本次试验制作了隧道的加气模型，压力系统和压力系统布置如图 9-17 所示。

③ 模型箱

试验所用的模型箱如图 9-18 所示。

图 9-15 水科院 LXJ-4-450 土工离心机

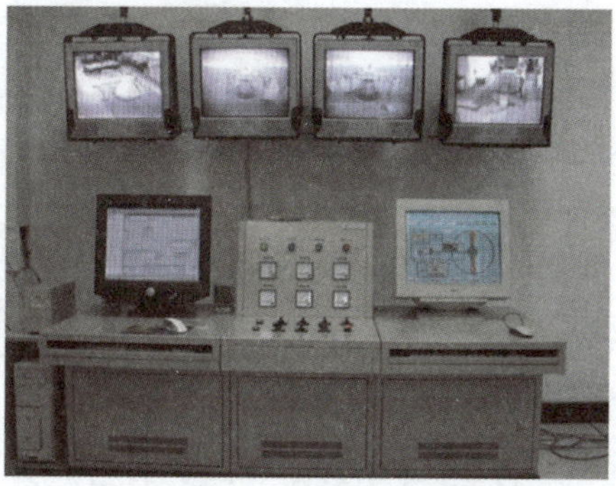

图 9-16 离心机主控台

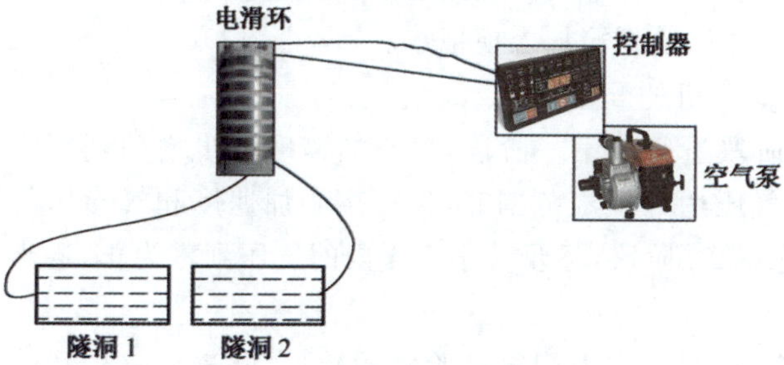

图 9-17 压力系统布置

图 9-18 离心试验模型箱

2）测点布置

本次试验采用激光位移传感器、应变片、摄像头进行试验测试与观察。激光位移传感器布置在模型隧洞内，用于观测墙体的变形。应变片采用梅花形布置，贴在墙体上，用于观测墙体的受力、变形。摄像头布置在模型隧洞内，配合薄膜上的网格线观测墙体的变形。观测仪器布置如图 9-19 所示。

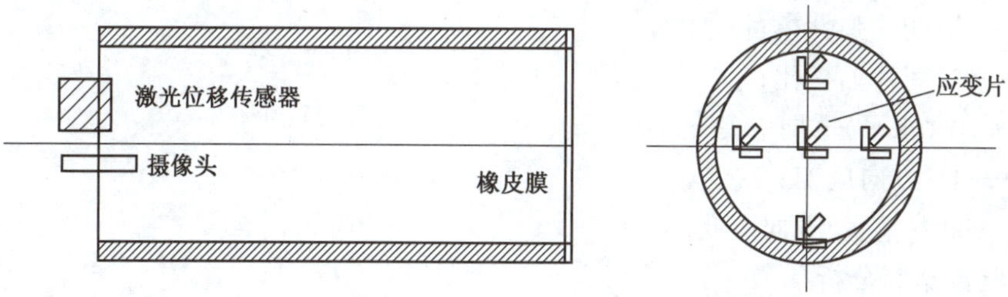

图 9-19 隧洞观测仪器布置

通过在掌子面布置应变片并在圆钢桶的末端布置激光传感器来监测掌子面的应力和位移情况。应变片布置图如图 9-20 所示。

3）试验过程

① 完成各种材料的准备，然后利用模板，用相似材料构筑对接掌子面围岩的模拟。

② 第 14 d 模拟掌子面的相似材料达到一定强度后，给掌子面贴上测量应力的应变片，待应变片固定好后，激光传感器放入内部固定好，并且能控制气压的圆钢桶，以此来模拟管片和盾构的保压卸压。

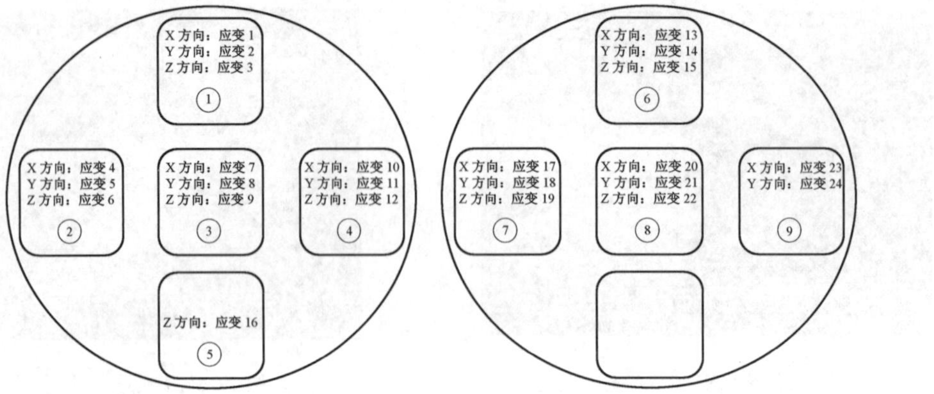

图 9-20　应变片对应位置图

③ 把模型放入模型试验箱，并把加压装置以及各种观测线路与离心机连接好。

④ 完成剩余围岩和水下淤泥层的模拟，并往模型箱加入模拟水。

⑤ 第 28 d 等混凝土完全硬化后，进行离心机的配重。

⑥ 开展离心试验：离心机运转分两个阶段进行。第一阶段，离心加速度逐步增加到预定值，在此过程中同步增加气囊内的气压，当气压达到预定范围时，保持离心加速度和气囊内的气压一定时间不变，以模拟尚未开挖的状态；第二阶段，逐步减小气囊内的气压到零为止，逐步模拟开挖和洞壁支护压力减小的状态。

⑦ 测量气压减小过程中掌子面的位移、应变和应力记录试验中的数据，并进行整理和分析得出结论。

4）试验结果分析

① 测点应力计算

应变片采用直角应变花形式布置，测点的主应力由式(9-5)计算，可以求出掌子面上的最大和最小主应力。

$$\begin{matrix}\sigma_1\\ \sigma_2\end{matrix}=\frac{E}{2(1+\mu)}\left[\frac{1+\mu}{1-\mu}(\varepsilon_{0^\circ}+\varepsilon_{90^\circ})\pm\sqrt{2}\sqrt{(\varepsilon_{0^\circ}-\varepsilon_{45^\circ})^2+(\varepsilon_{45^\circ}-\varepsilon_{90^\circ})^2}\right] \tag{9-5}$$

式中　E——应变片弹性模量；

μ——应变片泊松比；

ε_{0°——0°(水平)方向应变；

ε_{45°——45°方向应变；

ε_{90°——90°(垂直)方向应变。

② 试验数据与分析

利用式(9-5)，对原始数据进行整理，并得到测点主应力图。②点和⑦点的主应力(拉应力为正，压应力为负)分别如图 9-21 和图 9-22 所示。

从图 9-21 和图 9-22 可以看出，当卸掉掌子面的压力的时候，掌子面受力发生突变，有往拉应力突变的趋势，最终拉应力稳定值在 0.5～1 MPa 之间。其中⑦点主应力比②点稍大。为详细观察卸压过程，把⑦点的应力图局部放大，如图 9-23 和图 9-24 所示。

从图 9-23 和图 9-24 可以看到，在试验的前期，加气效果不明显，说明预先计算设定的气压值比较好。当离心加速度和气压值在指定的 50 g 稳定时，应力应变值朝着压应力的方向变化，而且变化逐步稳定，说明预期设定的 10 min 的稳定时间也比较妥当。

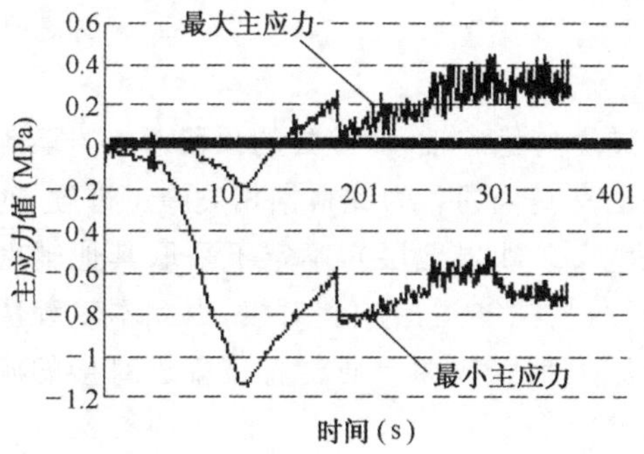

图 9-21 ②点主应力图(220 s时撤压)

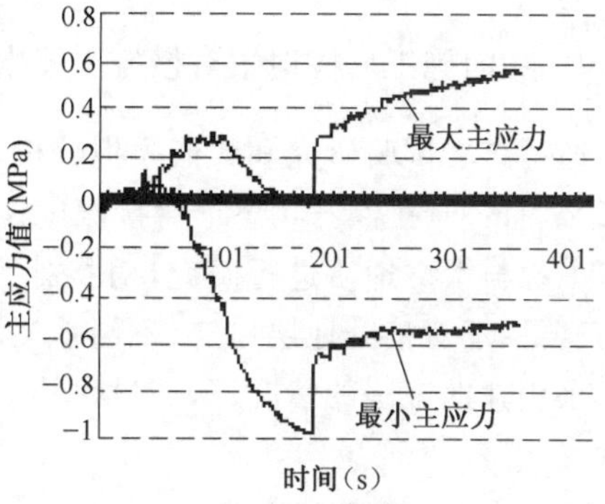

图 9-22 ⑦点主应力图(220 s时撤压)

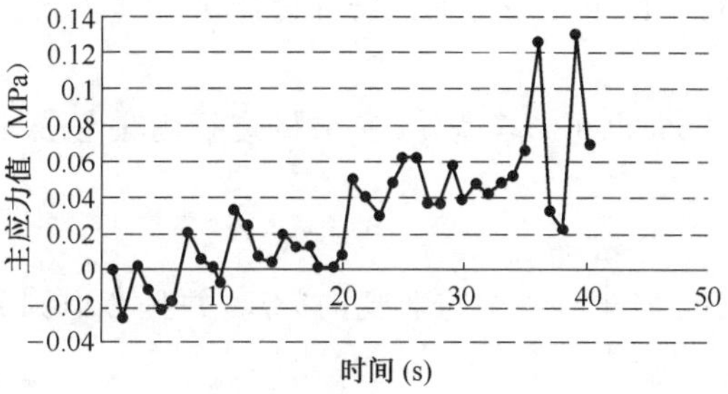

图 9-23 ⑦点最大主应力局部放大图

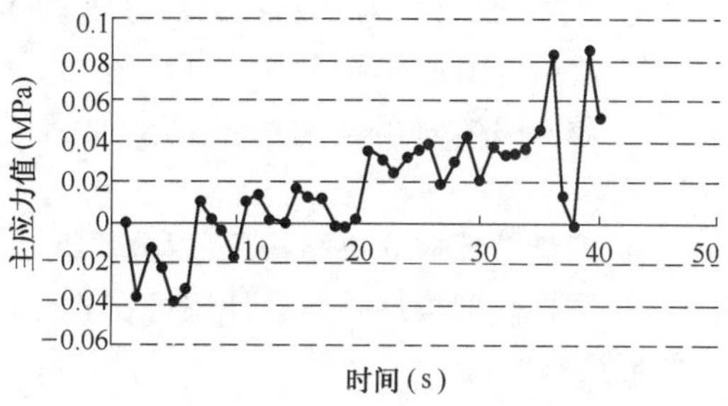

图 9-24 ⑦点最小主应力局部放大图

在卸减气压的过程中,应力和应变值都发生了突变。其中应力有往拉应力方向变化的趋势;而且,在一次撤气压 0.1 MPa 的过程中,导致最大、最小应力值的突变在 0.08～0.13 MPa 之间。最大拉应力达到 0.5～1 MPa 之间,这说明当盾构突然停止给掌子面施加压力值时,会使掌子面朝拉应力增大的方向明显变化。这对抗拉强度较低的围岩都非常不利,在施工过程必须加以注意。

5) 试验结果

试验总结如下:

① 试验表明对接岩体厚度为 2.5 m 情况下,墙体局部表面拉应力已经接近极限值,但墙整体是稳定的;在盾构减压过程中会使岩体表面产生较大的拉应力;

② 岩体的稳定受围岩的强度影响较大,本次试验仅模拟围岩强度为 10 MPa 的情况;

③ 建议考虑适当减少岩体厚度进行试验,以寻找临界岩体厚度,并为工程施工提供参考。

(3) 对接区围岩稳定性验证

DK38+150～+020(2425～2490 环)、DK38+480～+420(2260～2290 环)段隧道顶部局部存在破碎地层,在该段对接施工时应对周边地层注浆加固;在其余地段选择对接时应提前探测地层情况,根据不同地质情况选择不同的施工方案。结合设计文件中水文地质条件及施工进度综合考虑,左线对接区域选择在 DK37+800、右线对接位置选择在 DK37+830 处较为合适。

对 DK37+830 位置进行了钻孔取芯,上覆土层厚 42.335 m,洞顶及洞身主要为弱风化泥质粉砂地层。该层分布广泛,主要由泥质粉砂岩、泥质细砂岩组成。陆源碎屑结构,中厚层状,泥质、钙质胶结,局部铁质胶结,局部裂隙发育,岩芯呈短柱状、柱状,岩质稍碎,揭露层厚 1～

53.3 m,平均层厚 17.91 m。此位置洞顶岩层较为完整,可以满足长时间停机要求。

9.4.4 相向施工盾构地中对接施工技术

通过离心试验研究和数值模拟分析,为了满足隧道的稳定性,对接处的预留对接岩墙不应小于 2.5 m,但在保压状态下对接宽度在 0.5 m 是也是安全的。为此根据相关施工进度,对对接点工程与水文地质进行研究(对接处为泥质粉砂岩、细砂岩地层),确定不采取其他辅助措施,只要保证对接处地层稳定、不涌水突泥即可实现盾构法隧道的顺利对接,因此本工程决定在不采用辅助工法的情况下,通过保持一定的平衡压力来完成两台盾构直接掘进对接的施工方案。

(1) 地中对接施工准备

1) 针对地中对接盾构特殊设计

为了盾构法隧道对接和拆卸的方便,盾构进行了以下几个方面的特殊设计:

① 盾构内沿盾壳周圈 360°预留超前注浆孔;

② 盾构中体内预留超前钻机支架,管片安装机也可以安装超前钻机进行超前钻探和注浆;

③ 刀盘设计成分块结构,可以分块拆卸;

④ 盾构内部构件总体设计按可在盾壳内拆卸,全部能实现与盾壳的分离,并且考虑到分离的可操作性;

⑤ 限制盾构部件单件的最大重量(120 t),最大尺寸也确保洞内拆卸和运输的便利。

(2) 地中对接前施工准备

在两台盾构进行地中对接之前要做好对接准备和设备检查工作,准备工作内容如下:

① 增加对盾构和隧道的测量频率。

② 检查导向系统的精度和工作状态。

③ 检查盾构的工作状态。

④ 准备好盾构洞内拆卸的工具和材料。

⑤ 在距离交接面 200 m,100 m,50 m 处,两台盾构应加强联系,并进行贯通前测量,同时加强盾构姿态的测量,确保顺利贯通。

⑥ 两台盾构距离约 36 m 处,盾构停止推进,为防止贯通时因刀盘反力不足引起管片环缝接触松弛、张开并造成漏水,盾构到达段最后 20 环管片用[14b 槽钢将管片沿隧道纵向拉紧。

(3) 盾构地中对接施工方法

当两台相向掘进的盾构掘进到对接区域时,其中先行到达的盾构在到达的前 30 环提前开仓进行地质检查,由施工单位、监理、设计及建设单位地质专家进仓进行确认,根据地层稳定性与涌水量综合评判,共同选择地层较好一方作为对接施工位置。在地层满足对接条件时,停机保压,并加强同步注浆和采用二次注浆以较好地封堵隧道壁后渗水通道。同时利用多次平差 GPS 联测与对接定位,保证贯通限差在±50 mm 以内。然后除保留保压设备外,其他设备可进行洞内拆机,保留盾壳。当拆机完成后,进行精确定位和对接定位。

启动另一台盾构进行姿态和方向的调整掘进。当掘进到距拆机面 3 m 时,同样进行对接掘进施工。当对接面贯通后,再拆除两台盾构内部件,最后在盾壳的保护下施工钢筋混凝土衬砌结构。

盾构地中对接技术在国内是一种全新的盾构隧道贯通方案,而且是在没有拆卸洞的情况下直接对接贯通，在国内没有可参照的成熟经验，必须从各方面采取措施，全面筹划，确保两台盾构的安全、顺利和精确的对接贯通。

实际施工步序如下：

① 首先到达对接区域的盾构建立保压状态，后到达的对接区域的盾构保持平衡状态掘进趋近先期到达的盾构，在实际施工时，采用在两台盾构相距 20～30 m 时，一台盾构停止掘进，实施保压并拆除部分盾构部件，另一台盾构向前趋近对接掘进，如图 9-25 所示。

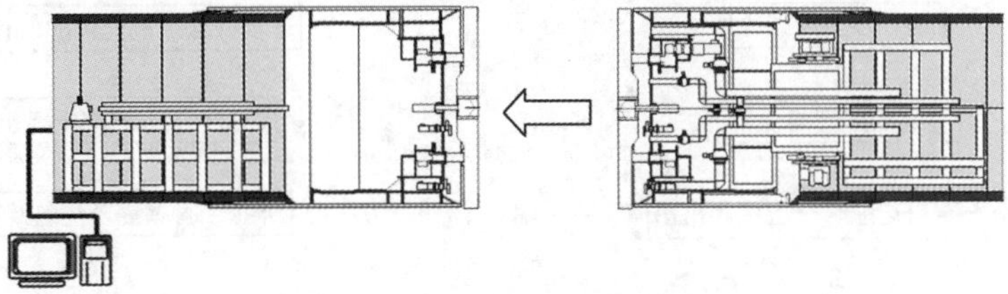

图 9-25　对接区段的趋近掘进

② 在完成趋近掘进后，进行降压观察隧道的稳定性和地下水的渗流情况，如果液位变化较大，应升高仓内压力，并进行必要的壁后堵水施工，直至卸压后仓内液位基本无变化，才能打开仓门，在常压下进行最后的拆机工作，如图 9-26 所示。

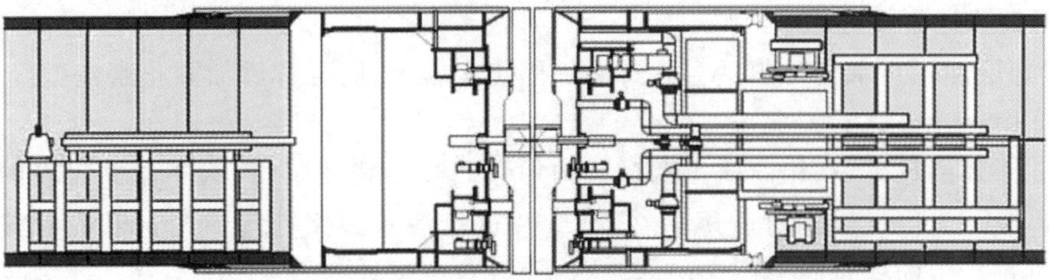

图 9-26　对接状态

③ 在盾壳的保护下，拆除盾构内部构件和拆除刀盘部件，并将两盾构间无支护围岩段用钢板分块焊接支撑环，以连接两盾构切口环，实现隧道的连通。如图 9-27 所示。

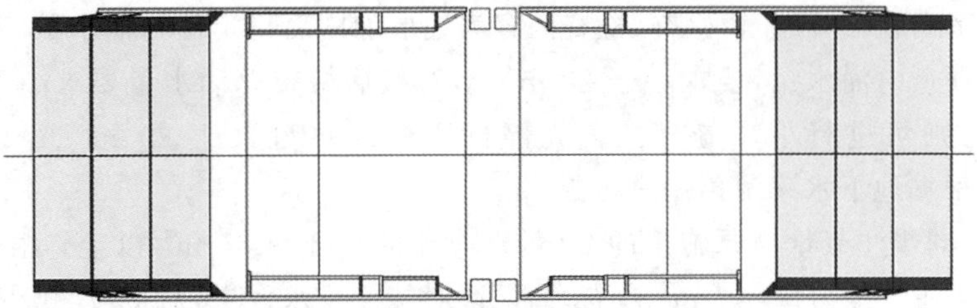

图 9-27　隧道对接后的示意图

④ 两盾构对接完成，盾构拆除后，在将盾壳内的杂物清理干净，进行圆形支护段的模筑混凝土施工。盾构对接段模筑混凝土施工与普通隧道施工类似。在模筑混凝土达到一定强度后，拆除隧道纵向拉紧装置。

(4)盾构地中对接流程

盾构地中对接流程如图 9-28 所示。

(5) 对接段地层加固及地下水处理

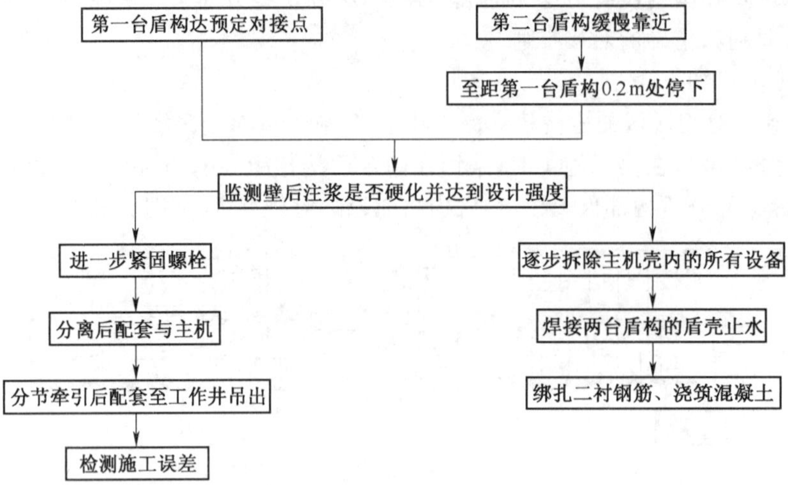

图 9-28　盾构江底施工地中对接流程图

1）对接段地下水处理

对接地层加固止水施工包括管片背后加固止水施工、盾壳背后加固止水施工。

① 管片背后加固止水施工

最后 20 环的掘进中，相向施工两台盾构加强同步注浆注浆量，为正常施工段的 2 倍。对接位置确定后，先停机盾构对盾尾后 20 环管片进行注双液浆处理。两台盾构对接剩余 3 m 时，趋近掘进后也同样对盾尾后 20 环管片进行注双液浆处理。

② 盾壳背后加固止水施工

两台盾构对接上后，在仓内采用快硬水泥对盾壳与地层间隙进行全环封闭，封堵后在前盾盾壳上开孔注入化学浆液，化学浆液注入为盾壳前端 2 m 范围。

2）注浆止水要求

注浆作业完成后，进行开仓检查，检查内容为地层加固后稳定性与涌水量。先停机一侧在对接前应先检查仓内涌水量，要求小于 20 m^3/h，对接后检查总涌水量要求小于 30 m^3/h，并要掌子面稳定，则可进行下步施工。若先停机盾构涌水量大于 20 m^3/h，总涌水量大于 30 m^3/h，则应根据地下水来源再次进行封堵。

最后 40 m 同步注浆量为原施工的 2 倍，则应保证每环在 35 m^3 以上。根据前期隧道内管片背后的二次注浆量为每环 7 m^3 左右，为保证对接段止水效果，对接段 20 环管片二次注浆量保证每环 10 m^3。

（6）对接段最后 20 环掘进

1）对接段最后 20 环盾构掘进参数

对接位置确定后，按对接施工工序，先行停机保压进行注浆作业，仓内压力设定为保证大于静水压力，以保证仓内液位不上涨。同时，开仓进行刀盘幅条开口焊接钢板封闭，对最后地层起到支护作用，封闭采用 20 mm 厚钢板，封堵期间另一方盾构降压停机进行配合。另一台盾构进行掘进施工，掘进至刀盘相距 3 m 时调整参数，逐步降低刀盘转速和贯入度，尽量保证掌子面不掉大块，以免堵塞泥浆环流。相距 20 cm 时停止掘进，利用仓内压力连续循环出渣，以尽量减少人工出渣量。

以下狮子洋隧道左右线后行盾构在对接段最后 20 环的实际掘进参数，见表 9-11 和表 9-12。

表 9-11 左线对接段最后 20 环（2 560～2 579 环）部分掘进参数

管片环号	掘进参数控制					泥水流量控制		同步注浆				
	平均掘进速度（mm/min）	盾构刀盘				进浆管输浆量（m^3/h）	出浆管出浆量（m^3/h）	注浆量（m^3）	注浆压力			
		平均转速（r/min）	平均扭矩（kN·m）	系统压力（bar）	总推力（t）				第 1 路注浆（bar）	第 2 路注浆（bar）	第 5 路注浆（bar）	第 6 路注浆（bar）
2 577	12	1.85	2 367	533	5 817	1 547	1 588	38.0	5.20	5.60	5.40	5.20
2 578	12	1.85	3 075	504	5 465	1 594	1 613	36.2	5.30	5.90	5.60	4.40
2 579	10	1.85	2 698	598	5 574	1 603	1 623	36.8	5.20	5.00	5.90	4.40
2 580	12	1.80	2 628	512	5 856	1 507	1 546	36.7	4.60	4.70	5.30	4.20
2 581	10	1.80	3 356	511	6 025	1 582	1 606	36.2	4.80	5.00	4.60	4.20
2 582	10	1.81	2 825	599	5 615	1 559	1 575	38.4	4.80	5.10	5.20	5.10
2 583	10	1.81	2 613	513	5 687	1 574	1 601	38.1	5.40	5.70	5.20	5.20
2 586	12	1.80	2 598	560	5 823	1 554	1 576	36.9	5.00	5.30	5.20	4.80
2 587	10	1.89	2 524	546	5 651	1 578	1 601	40.2	4.90	5.20	5.20	4.80
2 592	12	1.86	2 546	581	5 674	1 526	1 545	41.4	4.80	5.20	5.50	4.70
2 594	10	1.81	2 530	588	5 445	1 587	1 625	43.9	4.80	5.80	5.10	4.60
2 596	12	1.84	3 051	598	5 566	1 556	1 570	39.3	4.60	4.90	5.20	4.70
2 597	12	1.85	3 012	614	5 235	1 523	1 572	37	4.90	5.20	5.20	4.90

表 9-12 右线对接段最后 20 环（2 560～2 579 环）部分掘进参数

管片环号	掘进参数控制					泥水流量控制		同步注浆				
	平均掘进速度（mm/min）	盾构刀盘				进浆管输浆量（m^3/h）	出浆管出浆量（m^3/h）	注浆量（m^3）	注浆压力			
		平均转速（r/min）	平均扭矩（kN·m）	系统压力（bar）	总推力（t）				第 1 路注浆（bar）	第 2 路注浆（bar）	第 5 路注浆（bar）	第 6 路注浆（bar）
2 560	10	1.81	2 358	526	5 824	1 534	1 566	35.0	5.10	5.60	5.50	5.70
2 562	10	1.82	2 685	540	5 687	1 611	1 622	37.8	5.10	5.60	5.60	5.20
2 564	10	1.83	3 066	546	6 056	1 537	1 613	37.2	4.80	5.00	5.20	4.60
2 568	10	1.87	2 483	584	5 779	1 578	1 543	36.5	4.70	5.30	5.40	4.70
2 570	12	1.87	2 659	523	5 751	1 525	1 594	41.6	4.80	5.10	5.10	4.80
2 575	12	1.85	2 956	545	5 638	1 517	1 579	40.8	4.80	5.20	5.20	4.80
2 577	12	1.87	2 669	556	5 546	1 546	1 604	38.7	4.80	5.20	5.10	4.60
2 578	10	1.86	2 675	608	5 345	1 583	1 598	39.5	4.80	5.00	5.10	4.80
2 579	12	1.86	2 956	554	5 197	1 588	1 599	33.8	4.70	5.20	5.10	4.70

对接段后 20 环盾构施工掘进主要考虑渣土输出和注浆效果。根据表 10-3 和表 10-4 分析总结，右线本段掘进速度控制在 10～12 mm/min 之间，平均 11 mm/min；刀盘转速在 1.80～1.89 r/min，平均 1.85 r/min；刀盘扭矩在 2 358～3 356 kN · m，平均在 2 907 kN · m；总推力在 5 154～6 056 t，平均总推力在 5 605 t；泥水循环进浆控制在 1 512～1 611 m^3/h，平均为 1 561 m^3/h；出浆平均在 1 572 m^3/h；同步注浆平均 37.5 m^3/环，注浆压力平均为 5.0 bar。

2）对接段后 20 环掘进注意事项

通过分析，对接段最后 20 环盾构掘进时，其掘进参数控制应注意以下事项：

① 推力

从滚刀的破岩机理看，推力是主要的参数，推力越大扭矩则越大，而扭矩占破碎功的绝大部分。同时，推力越大，切刀和齿刀等入岩越深，同等条件下切削下来的渣土也越多。掘进的过程中应注意推力的分配，各组油缸的油压差不超过 50 bar，避免盾构与线路中线的偏差过大，影响对接精度。

② 刀盘转速与贯入度

对接段后 20 环掘进为了减少对掌子面的扰动和仓内渣土的堆积，相对于正常掘进阶段应降低刀盘转速和贯入度，贯入度

$$\lambda = v/n$$

式中 v——掘进速度；

n——刀盘转速。

综合考虑刀盘转速 n 取 1.8 r/min，贯入度 λ 取 5～5.5 mm。

③ 盾构进排泥流速，泥浆特性

为了减少对接后清理仓内积渣量，进排浆流量不低于 1 500 m^3/h，且保持泥浆密度在 1.15 g/cm^3 以下，可以保证环流系统有足够的携渣能力。

（7）地中对接施工效果

狮子洋隧道进出口的两相向施工的盾构地中对接非常成功，其对接面正如预期的结果一样，对接点洞室相对稳定，且残留的渣土很少。同时对接精度到达了平面偏差 28.5 mm、高程偏差为 19.6 mm 的高水平，达到了安全、精确、高效的对接目标，为我国水下盾构隧道相向掘进对接提供了宝贵经验。对接现场图片如图 9-29 和图 9-30 所示。

图 9-29 盾构精度展开图

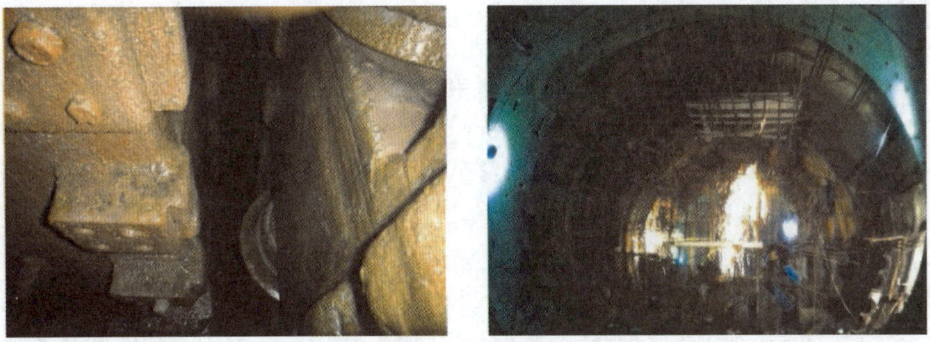

图 9-30 盾构对接与拆机后的效果图

9.5 盾构洞中解体与运输

狮子洋隧道施工所用泥水盾构主要由刀盘、前盾体、中盾体、尾盾体组成，盾体内设备及G0、G1、G2 三节后配套拖车组成，盾体部分总长 12.43 m，后配套拖车部分总长 48 m 整机重最约 1 600 t。前盾体和中盾体采用双层设计(外层厚度 4 cm)，考虑了两层独立的内外盾壳，尾盾采用单层设计，在外壳的保护下，所有内部钢结构和部件都需要在隧道内狭小的空间内拆卸，并通过其自身掘进的隧道运到地面上。盾构对接后将前盾体和中盾体内层解体拆卸，外层不拆除，永久留存于隧道中，在拆机时起到支撑围岩和安装吊点的作用。

9.5.1 盾构拆卸前准备工作

(1) 拆卸前准备工作

1) 盾构对接处满足拆卸的土建技术要求。

2) 管片加固：为防止拆机时因管片无推进油缸推压引起管片环向和纵向松动，造成管片环、纵缝漏水，盾构到达对接位置后，立即进行管片加固。管片加固方式为对到达段最后 20 环用[14 槽钢将管片沿隧道纵向拉紧。同时用 H20 型钢拱架支撑最后安装的 10 环管片，防止其纵环向松动变形。在最后一环拼装管片向掘进方向一侧端面与盾壳之间焊接 40 mm 厚钢板，最后一环管片封顶块处焊接 1 道，其他 7 块管片每块焊接 3 道。

3) 将最后安装的 20 环管片壁后补充注浆，紧固纵、环向螺栓，连接互锁。

4) 在盾壳外和盾尾刷处管片注浆填充，使盾壳与围岩结为一体。

(2) 其他准备工作

1) 对盾体外层安装吊耳区域的盾壳厚度进行超声波扫描检测或开孔实测，确认其磨损情况，盾壳厚度必须满足大于 3 cm 要求。

2) 准备拆机所需的工具、机具、材料，加工的吊耳、辅助工装等，吊耳和辅助工装必须进行探伤检测，确保加工质量合格。

3) 拆机前在作业面附近设置临时用电和抽排水设施，保证风、水、电的供应。由于隧道较长，采用接力泵排水。

4) 为了保证拆卸的质量，拆卸前做好各种标识和检查工作。

5) 制定详细的拆卸计划，编制盾构拆卸的技术说明和要求。

9.5.2 盾构解体拆卸方案

由于该泥水盾构部件多、待拆件重量和体积大，且处于水下 60 m 深水下长隧之中。受隧道条件和盾构结构影响，无法采用起重设备拆卸，只能根据盾构结构设计和受力分析制定拆解方案，利用辅助工装以及在管片和盾壳上焊接吊耳，用手拉葫芦进行拆解，作业效率低，安全风险高。

(1) 盾构解体拆卸流程

总体遵循先易后难，先小后大，由后往前、由上而下、由内而外的顺序，先断开各路管线、拆除各部件连接，然后按照 G2 拖车→G1 拖车→G0 拖车→管片拼装机→悬臂梁→米字梁→主轴承→中盾体→前盾阵→刀盘的顺序，逐一拆除。

盾构后配套拆运采用整体拆运、局部拆除或内移的方式拆运出洞。后配套拖车拆除时，在拖车顶部管片上安装 2 排吊轨和 10 t 手拉葫芦，用于拖车上设备和车架的拆卸。拆卸时注意左右对称拆移拖车上部件，保持左右受力平衡和拖车架稳定。

在尾盾顶部安装两道平行吊轨，每条轨道安装 2 个 20 t 可移动葫芦(滑车和葫芦组合)，同时，将管片顶部安装的拆卸拖车设备可移动葫芦更换为 20 t。分别拆除管片拼装机，悬臂梁左右部，米字梁，利用葫芦和吊轨将其吊至运输车上运出。

盾构主机与刀盘采用分块拆运，运输方式采用汽车平板运输。盾构部件、设备吊装主要采用在盾壳焊接及管片螺栓上安装吊耳、吊梁，个别部件并利用液压千斤顶辅助拆卸、吊装。盾构解体拆机流程如图 9-31 所示。

(2) 盾构后配套拆卸

1) 后配套拆卸步骤

① 制作支撑架，将设备桥(主机和后配套拖车的连接)牢固支撑。

② 用电瓶车依次将拖车拖至始发竖井，吊出地面。

③ 盾构后配套拖车采用轨行式，考虑与同步施工的隧底填充及沟槽的相互空间影响。在轨线位置设计时充分考虑拆卸时的需要，保证足够的轨行空间，避免拖车在外运时与隧道中其他辅助设施产生干涉。

2) 后配套洞内运输

采用负载轮中心距 1 800 mm 平板车进行隧道内的水平运输。

G2-2 拖车后向隧道进口方向空出 100 m 空间，预留后配套拖车轨道。由电瓶车将 5 节平板运输车运送至此空间。拖车整理好后，用两台卷扬机将盾构后配套拖车分节拖到相应的运输平板车上。

(3) 吊点施工

狮子洋隧道拆机吊装作业选用抗拉强度为 1 770 MPa 纤维芯钢丝绳。根据钢丝绳供应商提供的的各规格钢丝绳最小破断力及 K 值(P=最小破断力/K，K 选取 4.5)，吊装时根据实际负载选用适合钢丝绳。

盾构主机盾壳内空间狭小，不一定有合适的吊点可供选择，且吊耳在现场临时焊接，受力状况较差，故选择倒链吊装重物≥20 t)时，尽量考虑多吊点吊装，使单个吊耳和单根倒链负载减小，即使单个吊点出现问题后，剩余吊点吊具也能承受重物负载。

(4) 主机拆除前辅助准备工作

1) 线路及附件拆除

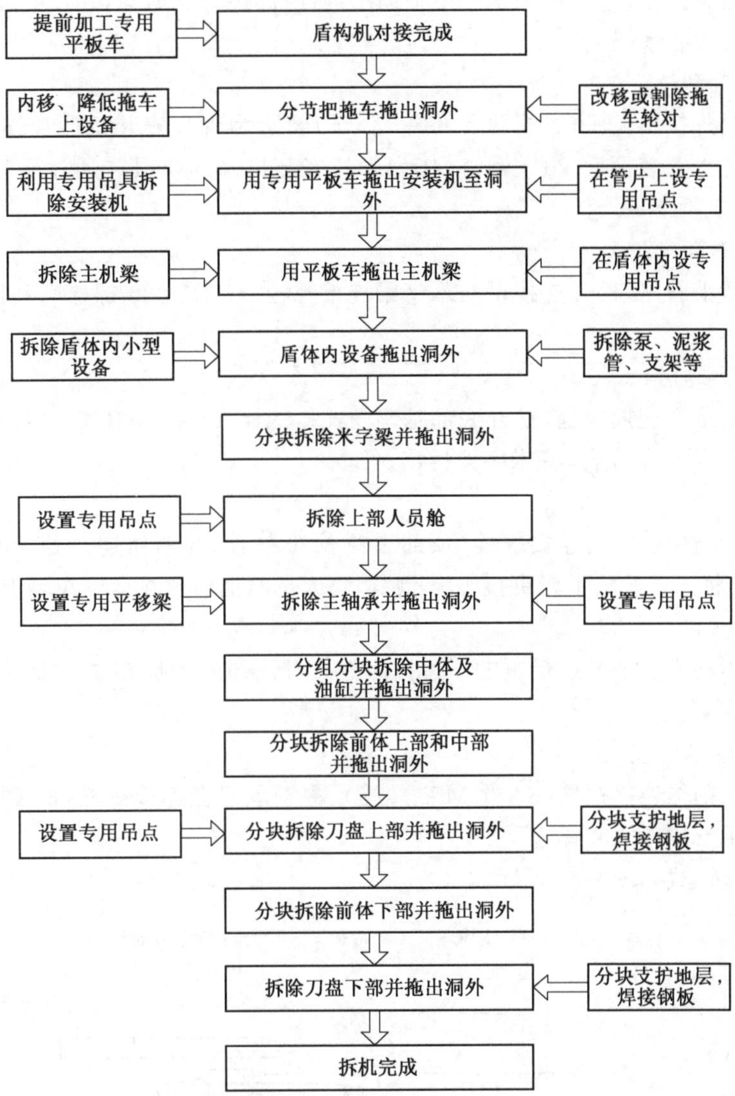

图 9-31　洞内拆机流程图

拆除主机内(含连接桥上管片安装机)信号及数据线，传感器；拆除配电箱之间连线，拆除配电柜；拖出跨越连接桥电缆线。所有线缆编码标识，并做好书面记录留底。主油箱，辅助泵站，主轴承齿轮油箱放油装桶外运。利用管片安装机将推进油缸拆除。管阀(含油脂、润滑系统)主机盾壳内所有管路、阀组全部拆除，拆卸前做好标识工作。吊耳焊接及部分大件焊逢刨除。拆除破碎机站、保压系统、齿轮油冷却系统。管片安装机减重处理，拆除附件。处理完主机内电气、管阀、部分吊耳焊接及焊缝刨除后，由上而下顺序拆除主机盾壳内工作平台。

2) 焊接吊点及刨除连接焊缝

焊接连接桥吊点吊耳，刨除中体与盾尾焊逢；焊接米字架吊点吊耳，焊接人员舱吊点吊耳；刨除米字架与上部基座之间焊缝，刨除米字梁与连接桥焊缝，盾尾焊接换钩吊耳；中体焊接吊耳，刨除部分前体焊接逢，刨除部分内外盾壳夹紧销；焊接前体与刀盘稳定连接件；刨除主轴承与前体焊缝；刨除前体封顶块伸入泥水仓内部分，刨除前体泥水仓内焊缝；对中前体内壳与外壳之间压紧柱进行倒角；焊接主轴承拆出辅助结构件；焊接刀盘吊耳，并预处理焊缝。

(5) 主机大件拆除

1) 管片机拆卸(37 t)

连接桥两侧焊接反力座，安放两台 5 t 分体千斤顶，为管片安装机脱离连接桥提供推力。安装机上方管片上安装两套 20 t 倒链，作为管片安装机吊卸机具。通过千斤顶与倒链条配合，将管片安装机拆下。

2) 连接桥拆卸(17 t)

固定连接桥上管路，松开连接桥与米字梁连接螺栓(76 颗 M36 螺栓)，利用管片与盾尾上吊点将连接桥拆出。

3) 米字架拆卸(14 t)

刨除与中盾下部连接焊缝，松开底部基座间连接螺栓(68 颗 M36 螺栓)，利用中盾与盾尾吊点用两套 20 t 倒链条配合，将米字架拆出。

4) 人员舱拆卸(6 t)

松开人员舱与中体之间连接螺栓(顶部 4 颗 M30 螺栓，与前体连接处 16 颗 M20 螺栓)，用 4 套 3 t 倒链将人员舱放下。更换 10 t 倒链，将人员舱拖出放在运输车辆上。

5) 主轴承拆卸

盾构的主驱动为整个盾构最重的不可拆卸件。对该部分的拆卸需采取一定的技术措施，以确保拆卸的安全。

① 主轴承联结处理

松开主轴承前体连接螺栓(82 颗 M56 螺栓)、主轴承刀盘连接螺栓(64 颗 M64 螺栓)，刨除前体与主轴承支撑环之间焊逢。

主轴承连接形式如图 9-32 所示。

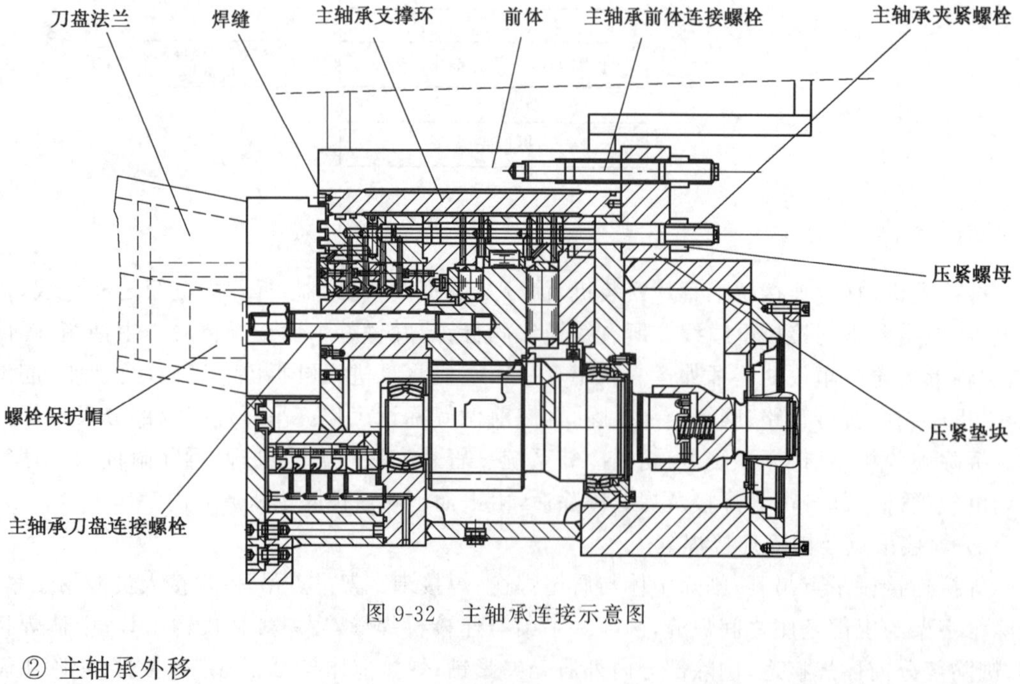

图 9-32 主轴承连接示意图

② 主轴承外移

刀盘转动合适位置，上部刀盘法兰正中必须有一根刀盘支撑爪。

刀盘分上下左右四个区域与前体间用700H型钢焊接稳定，每个区域均布置5根，20 mm厚三角筋板两侧加强，刀盘底部铺垫50 mm钢板。

刀盘连接法兰中部位置焊接主轴承外移支撑杆受力支座；刀盘法兰内圈焊接4个千斤顶反力支座，如图9-33所示。

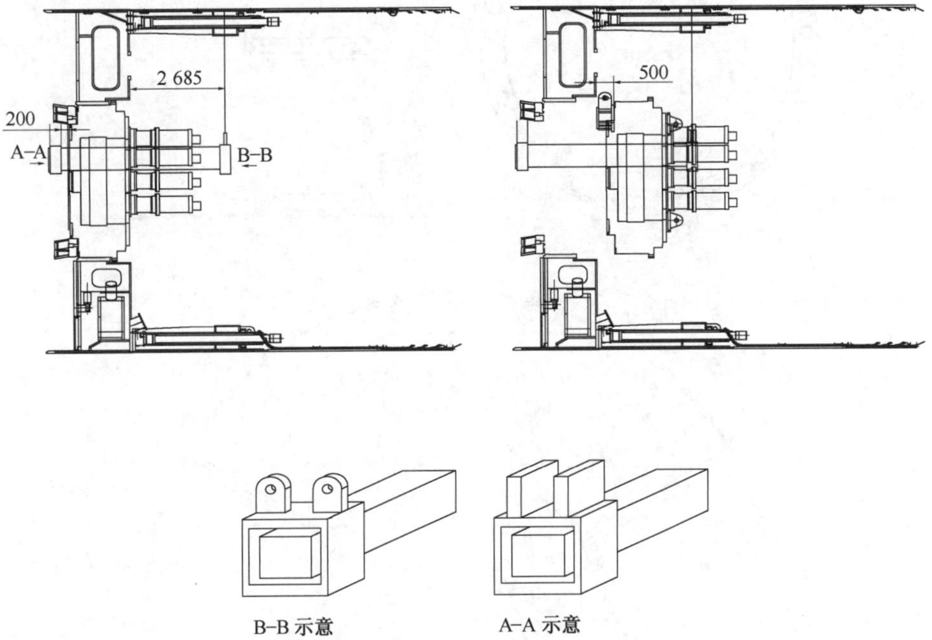

图 9-33 主轴承外移支座示意图(单位：mm)

安装调平主轴承推出支撑杆与主轴承推出支撑座，焊接主轴承推出支撑座。

用千斤顶推动主轴承出中体，千斤顶行程完全伸出后，向前移动反力座，循环作业。

主轴承推出过程中，有专人观察主轴承、吊点状况，相互呼应，如有情况及时停止主轴承推出作业，并向现场安全、技术负责人反映。

6）中体、前体拆卸

前盾和中盾由双盾壳组成。前盾和中盾的钢结构均由6块组成。

挂好倒链各两套(链条加长型)。分别拆除连接螺栓、割除焊缝、取出定位销，倒链加上负载、倒放等，最后装车，分块将中体和前体运出洞外。中体拆卸顶部块示意如图9-34所示。

7）刀盘

刀盘是分块设计的，拆除时先拆除最上面部份，再拆除中间部份，最后拆除下面部份，刀盘停机时转动位置如图9-35所示。

① 刀盘法兰(25 t)

下部焊接H型钢做好水平支撑，前体盾壳上挂好倒链，拉紧，分割开法兰与刀盘连接。用倒链条将刀盘法兰拖出。换钩，拖入中体空间装车。

② 三角面板与辐条(10 t)

按上图将刀盘分成8块，每次拆卸一个三角面板和一个辐条，在盾壳上设置吊点，分块割除拆卸、换钩后拖入中体空间装车。

三角1吊点设定与分割及吊出前的稳定如图9-36所示。

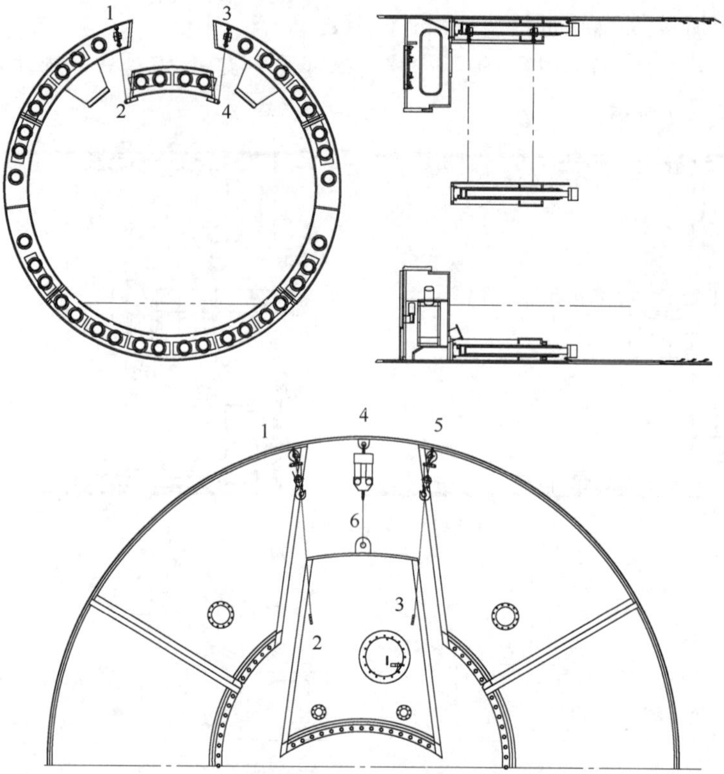

图 9-34　中体拆卸顶部块示意图

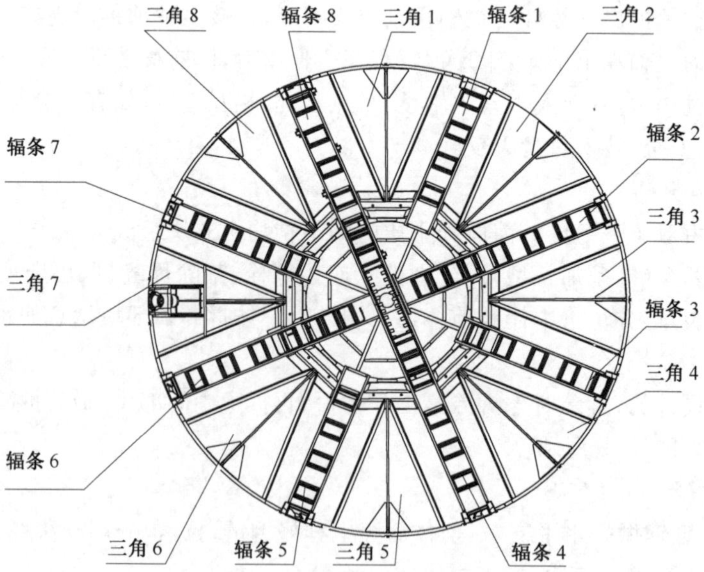

图 9-35　刀盘停机时转动位置示意图

③ 拆卸顺序

拆卸顺序参照三角 1、辐条 1 的拆卸模式，依次拆卸三角 2、辐条 2，三角 3、辐条 3，辐条 8、

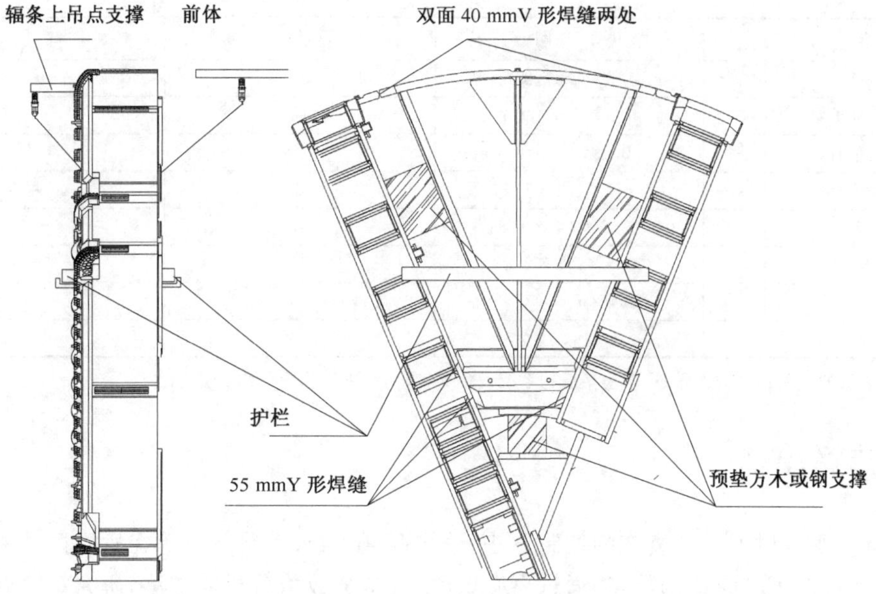

图 9-36　三角 1 吊点设定与分割及吊出前的稳定示意图

三角 8,辐条 7、三角 7,辐条 4、三角 4,辐条 6、三角 6,辐条 5、三角 5。

9.6.3　主机隧道内大件运输

主机与后配套拖车间距不小于 50 m,作为拆下来的安装机、连接桥、米字梁、人员舱等重量不超过 40 t 设备的临时存放场,待轨道拆除后由轮式运输车运出。主轴承拆下后直接由 120 t 轮式平板车运出。其余部件由定制平板车运出。主机部件规格参数见表 9-13。

表 9-13　主机部件规格参数表

项　目		尺　寸	重量(t)	备　注
刀盘		ϕ11.182×1.6	170	
主驱动		ϕ5.1×2.6	120	
前体	上	10×4.5×2.5	65	
	下	10×4.5×2.5	78	
	左	6×3.5×2.5	35	
	右	6×3.5×2.5	35	
中体	上	10.1×4.2×3.6	110	
	下	8.3×4.2 ×3.2	80	
	左	6.2×4.2 ×1.7	53	
	右	6.2×4.2 ×1.7	53	
盾尾	上	7.8×5.2×1.6	30	
	下	7.8×5.2×1.6	30	
	左	7.8×5.2×1.6	30	
	右	7.8×5.2×1.6	30	

续上表

项　　目		尺　　寸	重量(t)	备　　注
安装机		4.8×4.8×2.8	37	
安装机米子梁		6.3×5.6×1.0	14	
安装机左右臂		10.0×2.0×1.5	18	两件
安装机平台		4.7×2.1×1.6	6	两件
拖车 0		12.2×7.5×1.8	33	
拖车 1		9.5×7.5×2.4	32	
拖车 1 bis		9.5×7.5×2.4	36	
拖车 2		17×7.5×2	66	

注：此表所列为盾构结构件重量，不包括盾构系统设备重量，单台盾构总重量约 1 600 t。

9.6　本章小结

本章主要探讨了盾构姿态的控制方法，总结掘进参数、泥浆参数等在盾构掘进中的重要地位，同时针对狮子洋隧道的特点，通过离心试验、理论与数值分析等方法，研究对接点的工程地质与水文地质、对接点的隧道稳定、对接精度的控制，并制定对接与解体施工方案。本章的主要成果如下。

(1) 泥浆的功能、性能参数是实现盾构快速掘进重要条件之一。为保证满足施工需要的泥浆，考虑从泥浆密度、泥浆的黏度、失水量、pH 值等指标来控制泥浆的质量，并进行泥浆试配试验。通过进一步结合类似工程泥浆选配要求，最后提出适应本工程施工需要的泥浆指标。

(2) 泥水盾构施工过程中掘进参数选择直接关系隧道掘进速度以及开挖面的稳定。掘进参数在盾构掘进过程中是不断变化、相互影响的。施工过程中只有保持各参数之间相互匹配、相对稳定，才能使盾构处于最佳的工作状态。

(3) 合理控制盾构掘进参数、建立有效的水土压力平衡，确保同步注浆效果，是盾构施工顺利进行的有力保证。

(4) 目前国际上盾构相向掘进对接施工的方法分为两种形式，直接式对接和辅助式对接。本工程盾构对接主要综合考虑工程地质和水文地质、对接测量要求和进出口盾构掘进进度，制定了采取“水下近接、洞内解体、切口封闭、衬砌现筑”的总体施工方案。

(5) 通过对贯通精度进行影响值估算，确定合理的隧道洞内控制测量方法。利用离心试验和数值模拟确定零距离掘进对接方案，确定满足对接处隧道稳定的预留对接宽度不应小于2.5 m，但在保压状态下对接宽度为 0.5 m 也是安全的。并提出相应工程措施与施工步序。实践证明采用该方案，不仅对接贯通安全可靠，而且对接精度高、经济性好、效率高(平面贯通误差小于 30 mm，高程贯通误差小于 20 mm)，为我国长距离水下盾构隧道相向掘进对接施工提供了宝贵的经验。

(6) 盾构洞内解体分为后配套拆运和主机拆运两大部分。后配套拆运通过采用整体拆运、局部拆除或内移的方式拆运出洞，盾构主机与刀盘通过采用分块拆运，运输方式采用有轨运输和无轨运输相结合的方式，有效的克服拆机空间环境限制，大型设备无法施展，运输条件制约等不利因素，为我国盾构隧道洞内解体施工积攒了宝贵的经验。

(7) 盾构的解体拆卸主要利用在管片和盾壳上安装吊耳吊具进行，需要设计加工的起支撑及翻转作用的辅助工装较多，超大重量部件在拆除过程中产生各种位移，受力状态复杂，必须进行严格的安全校核和检算，确保采用的工装、吊耳吊具设计合格，拆卸方案安全。

参考文献

[1] 王梦恕．水下交通隧道发展现状与技术难题[J]. 岩石力学与工程学报,2008.
[2] 孙谋,谭忠盛．盾构法修建水下隧道的关键技术问题[J]. 中国工程科学,2009.
[3] 孙钧．海底隧道工程设计施工若干关键技术的商榷[J]. 岩石力学与工程学报,2006.
[4] 何川,赵强政,谢红强．岩质水下盾构隧道施工期管片开裂机理分析．中国土木工程学会第十二届年会暨隧道及地下工程分会第十四届年会论文集[A],2006.
[5] 何川,封坤,杨雄．南京长江隧道超大断面管片衬砌结构体的相似模型试验研究[J]. 岩石力学与工程学报,2007.
[6] 封坤．何川．高速铁路水下盾构隧道管片衬砌主体结构受力分析研究[J]. 现代隧道技术,2008.
[7] 许金华,何川,夏炜洋．水下盾构隧道渗流场应力场耦合效应研究[J]. 岩石力学,2009.11.
[8] 赵样平,赵文成．浅谈水下盾构隧道结构病害处理[J]. 四川建筑,2010.
[9] 耿萍,何川,晏启祥．水下盾构隧道抗震设计分析方法的适应性研究[J]. 岩石力学与工程学报,2008.
[10] 谢录科,胡旭跃,朱光涛．水下盾构隧道施工管片上浮控制[J]. 交通科学工程,2010.
[11] 杨文武．盾构法水下隧道工程技术的发展[J]. 隧道建设,2009.
[12] 张建刚,何川,杨征．大型水下盾构隧道管片衬砌结构配筋问题研究[J]. 铁道学报,2009.
[13] 田华军．泥水盾构水下带压进仓技术实例[J]. 工程机械,2008.
[14] 谭鑫．考虑流固耦合影响的水下隧道施工力学效应研究[D]. 中南大学,2009.
[15] 张小冬,凌贤长,程亚鹏,等．水下隧道周围土体及衬砌变形力学性状形究[J]. 哈尔滨工业大学学报,2003.
[16] 于洪丹,陈卫忠,郭小红．厦门海底隧道岩体力学参数取值研究[J]. 岩石力学与工程学报,2010.2.
[17] 许建聪,王余富．水下隧道裂隙围岩渗流控制因素敏感性层次分析[J]. 岩土力学,2009.
[18] 魏鑫．盾构隧道施工防止管片上浮施工技术[J]. 隧道建设,2006,26(增刊 2),50-51.